高速铁路
运营组织与管理

曲思源　主编　　徐行方　主审

Operation Organization and Management of
High Speed Railway

同济大学出版社
TONGJI UNIVERSITY PRESS
·上海·

内 容 提 要

本书分为12章，根据“问题导向”原则，从理论与方法、技术手段、案例分析、持续改进的角度出发，通过大量工程实例，给出了解决高速铁路运营组织问题的具体思路、应用技术和方法，构建了具有普适性的高速铁路运营组织与管理体系。本书文字严谨，论据充分，通俗易懂，涉及面广，集中体现了中国高速铁路运营组织与管理方面的最新动态和发展趋势。本书可供铁路运输管理人员、技术人员、作业人员以及高等院校交通运输专业的师生学习和参考，也可供社会上关心高速铁路发展的人士品读。

图书在版编目(CIP)数据

高速铁路运营组织与管理 / 曲思源主编. — 上海：同济大学出版社，2022.6

ISBN 978-7-5765-0203-9

Ⅰ. ①高… Ⅱ. ①曲… Ⅲ. ①高速铁路—运营管理—研究—中国 Ⅳ. ①U238

中国版本图书馆CIP数据核字(2022)第072785号

高速铁路运营组织与管理

曲思源 **主编** 徐行方 **主审**

责任编辑 陆克丽霞 **责任校对** 徐逢乔 **封面设计** 陈益平

出版发行 同济大学出版社 www.tongjipress.com.cn
(地址：上海市四平路1239号 邮编：200092 电话：021-65985622)
经　销 全国各地新华书店
排　版 南京文脉图文设计制作有限公司
印　刷 常熟市华顺印刷有限公司
开　本 787 mm×1092 mm 1/16
印　张 18.75
字　数 468 000
版　次 2022年6月第1版
印　次 2024年1月第2次印刷
书　号 ISBN 978-7-5765-0203-9

定　价 98.00元

作 者 简 介

曲思源，男，黑龙江林口人，中国铁路上海局集团有限公司运输部正高级工程师，工学博士。曾先后在北京交通大学、西南交通大学、同济大学求学，已发表论文200余篇。长期工作在铁路运输部门，拥有二十多年的铁路工作经验，前十年在哈尔滨铁路局车站、车务段、分局调度所、运输分处等工作，后十余年在中国铁路上海局集团有限公司调度所、运输部(处)工作。组织研究科研开发与管理创新课题50多项。研究成果紧密结合铁路运营组织实际并有所创新，分别获得省部级铁道科技奖和交通运输协会科技进步奖的二等奖3项、三等奖3项，集团公司科技进步一、二等奖若干，并多次撰写管理课题和管理创新课题，获得国家级管理创新二等奖2次和国家铁路集团公司、上海市软课题奖若干，相关论文获得省部级奖若干项次。独著的作品有《铁路运输组织管理与优化》《城际铁路运营组织与管理》《高速铁路运营安全保障体系及应用》《高速铁路运营安全风险管控》《高速铁路运营管理纵横》《长三角高速铁路运营管理创新与应用》《铁路运营组织与管理系统分析》《大国重器——高速铁路技术发展纵横》《时代脉动——高速铁路发展简史》等以及散文集《我不曾历经沧桑》；组织编写的作品有《铁路车务安全管理技术与方法》《行车工作协调艺术》等；参编的作品有《城市高速铁路运营安全风险防控》、《长三角高铁运营管理实践与探索》、《TDW铁路站场调速设备的发展与应用》、《高铁简史》(中文版、英文版)、《高速铁路建设运营管理创新成果选编》和《市域铁路规划与运营管理》等。扫码可关注作者的微信公众号——高铁书院。

序

高速铁路作为一种技术密集、高度集中化的现代化交通方式和现代工业文明的崭新成果，其以安全可靠、快捷舒适、运载量大、低碳环保等特征，成为世界交通运输业发展的重点方向。高速铁路发端于日本，发展于欧洲，兴盛于中国。目前我国是全世界高速铁路里程最长、在建规模最大的国家，并拥有成套技术和装备标准体系、工程管理和技术运营经验，技术与装备总体上处于国际领先地位。2017 年 9 月，具有完全自主知识产权的中国标准动车组“复兴号”在京沪高速铁路实现时速 350 km 的商业运营，树立起世界高速铁路运营的新标杆。

随着我国高速铁路的发展，运营组织面向市场是必然趋势。为了使高速铁路运营组织更加适应客运市场发展的变化规律，我国在高速铁路运营组织与管理方面进行了大量的创新和突破，逐步实现了规范管理、资源配置优化、科学调度、运营安全水平提升等目标，并且基本完成了从“以运输生产为中心、运输能力是关键”向“以旅客为中心、以市场为导向、以服务为宗旨”的理念转变。然而，随着高科技系统集成化程度的不断增加，高速铁路运营管理的复杂性、规模化程度和难度也随之不断增大。要解决影响高速铁路运营组织的现实问题，就需要有清晰的运营管理思路和科学的管理方法，需要提升专业管理水平。特别是在“互联网＋”、物联网、大数据、网络化、智能化的时代背景下，构建高速铁路运营组织与管理体系的相关理论、技术和方法对于工程实践具有重要的现实意义。

奥地利著名作家斯蒂芬·茨威格（Stefan Zweig）说：“一个人生命中最大的幸运，莫过于在他的人生中途，即在他年富力强的时候发现了自己的使命。”中国铁路上海局集团有限公司运输部正高级工程师曲思源博士就是这样一位杰出的实践者。他从事铁路运输实践与研究二十多年，先后在北京交通大学、西南交通大学、同济大学这三所著名院校求学。从饮水思源到同舟共济、从知行合一到宁静致远，他结合铁路运输岗位的实际工作，不断总结高速铁路运营组织与管理的相关规律，在研究和探讨中进行归纳与提炼，并从理论和实践两个层面加以分析，为当代高速铁路运营管理提供了一些实用的思路和方法。对于这本书的出版，我表示衷心的祝贺！

我国东部高速铁路率先发展，本书以长江三角洲地区的高速铁路运营管理为基点，反映了我国高速铁路运营组织与管理的最新特征以及前沿问题，具有实践性、前瞻性、理论性、技术性、实用性及资料性等特点，同时具有较强的示范作用和重要的实践意义。

我国铁路经过了几代人坚持不懈的努力，从“运输生产型”走向“市场导向型”，车辆也从“绿皮火车”发展为“高速动车”。希望未来能有更多的管理人员和研究人员关注我国高速铁路事业的发展，努力探索高速铁路运营组织与管理的科学规律，不断提升高速铁路运营管理水平。

徐行方

同济大学交通运输工程学院

2022 年 5 月 15 日

前 言

高速铁路在我国国民经济中占据非常重要的地位，并在综合交通运输体系中发挥着骨干作用，已成为我国的国家名片。高速铁路的发展离不开科学的运营组织和管理，目前我国已成为世界上高速铁路运营里程最长、在建规模最大、高速列车运行数量最多、商业运营速度最快、技术体系最全、运营场景和管理经验最丰富的国家。在此背景下，我国高速铁路运营组织与管理的理论和方法也独具特色，是从实践中积累并运用系统工程的方法分类、分层、融合、归纳而成的，具有世界一流的技术水平和发展水准。

随着"互联网＋"时代的到来，我国高速铁路正面临着从"运输能力是关键"向"以旅客和货主为中心、以市场为导向、以服务为宗旨"理念的转变。在铁路信息化朝着平台化、集成化、一体化、智能化等方向发展的驱动下，高速铁路运营组织与管理的新特征已经表现为自动化、智能化、平台化、数据分析可视化、精细化和安全风险管理体系化等方面。相应地，高速铁路运营组织与管理的技术和方法也在不断发展。作为管理人员和研究人员，我们需要结合实际工作中大量有关提升效率和效益、安全管理等案例，运用系统分析的方法，寻找相关规律并使之上升为理论，才能真正指导实践，实现认识、实践、理论多次循环的发展过程。

我国高速铁路运营场景非常丰富，而且随着"八纵八横"高速铁路网的建设与开通运营，运营组织与管理也越来越复杂，且独树一帜。然而，当今市场上有关高速铁路运营组织与管理方面的书籍其内容与实际存在信息不对称的情况，很难跟得上我国高速铁路迅速发展的步伐，其不足之处集中表现在：①相关运营组织理论很难反映当今我国高速铁路运营与管理的实践及发展趋势；②缺少最新的动态的高速铁路运营组织与管理技术方法，或是说不能反映最新的运营组织与管理实际情况。本书的撰写就是基于上述问题而展开。我国东部高速铁路率先发展，长江三角洲地区的高速铁路运营组织管理经验在某种程度上可以代表我国高速铁路。十多年来，我亲历了华东地区高速铁路突飞猛进的发展历程，对高速铁路运营组织与管理的认识逐年加深，同时，我也在不断地分析和提炼相关理论和方法，并使之不断接受新的运营组织与管理实践的检验。所以，本人有责任和义务编写这本书，为我国高速铁路运输发展贡献一份力量。

读书和学习让我成为一个有温度、懂情趣、善思考的人。在北京交通大学的求学经历让我有幸选择了铁路运输这个专业，并掌握了铁路运输的基础知识；铁路现场工作的实践磨炼了我，让我把学到的理论知识与实践很好地结合起来；阅历的增加又使我能够从客观实践出发来思考问题。西南交通大学硕士研究生的求学经历使我建立起了系统思想，我能够综合运用各种知识来解决实际问题；同济大学博士研究生的求学经历培养了我独立思考的能力，这使我在研究和处理复杂问题时能不断形成自己的体系结构。然而，读书和学习积累到的知识只能表明自己拥有了势能。如何将势能转变为动能？这就需要我在工作实践中灵活运用所学到的知识。

胡适先生曾说："问题是知识学问的老祖宗；古往今来一切知识的产生与积聚，都是因为要解答问题，要解答实用上的困难和理论上的疑难。"我将自己定位为"问题中人"而非"学术中人"，根据"问题导向"原则，从理论方法、技术手段、案例分析、持续改进的角度出发，通过大量的工程实例，给出了解决高速铁路运营组织与管理这一问题的具体思路、应用技术和方法，并不断地将数据、案例、启示等融合在一起，进一步提炼、改进和发展。

值得一提的是，我国除高密度列车运行组织复杂的场景以及 350 km/h 商业化运营速度为世界第一以外，在高速铁路运营组织与管理方面还有一个指标衡量标准——列车密度提高到 3 min 追踪间隔，如今仅有日本和法国有示范线。影响列车 3 min 追踪间隔的因素非常多，包括高速铁路站场及线路条件、列控系统特征、技术管理规章、运营组织、列车运行图铺画、制动系统、电分相、CTC 软件、司机贴限运行、技术措施和管理措施等。可以说，列车 3 min 追踪间隔是高速铁路运营组织难度最大的综合体。2020 年 7 月 1 日，沪杭高铁运行图已经安排了上、下行共计 19 对追踪运行，标志着我国高速铁路运营组织也有了示范线。新一代的高速铁路运营组织者为之自豪！我作为骨干参与了相关国铁集团重大课题研究。我将很多高速铁路运营组织与管理方面的最新成果补充在本书的相关案例中，这也成为本书的一大亮点。当中国高速铁路遇见"人工智能"，科技感十足的智能高速铁路便加速驶来。2018 年 5 月，在同济大学运输系成立六十周年庆典上，我做了"智能高速铁路现状及发展前景"的报告，我为中国高速铁路的发展感到无比自豪！2019 年 5 月，我回母校参加了博士入学十周年的庆祝活动，我庆幸自己生活在高速铁路时代。2020 年 11 月，同济大学交通运输学院成立二十周年，我被同济大学交通运输工程学院评为在学科领域有突出贡献的毕业生。

高速铁路运营组织与管理虽然是传统的运输课题，但离不开优化，并且要围绕其展开，这就给运输组织与管理带来了生机和活力。实际上到 2017 年，这本书初步成型了，但我一直不满意，原因是高速铁路运营组织与管理的先进性需要智能运营的手段。之后，我继续结合实践来考虑本书的布局谋篇，以大量长江三角洲地区的应用案例研究分析为主，通过工程实例给出了解决问题的具体思路、应用技术和方法。在本书最终完稿期间，我参阅了大量的文献资料并参考了国内外专家、学者在相关领域的真知灼见，同时，我也得到了很多同事的热心帮助、支持和启发。我在获取知识的过程中感到快乐和满足。本书由我的导师——同济大学交通运输工程学院徐行方教授主审并作序。感谢徐老师对本书认真、细致的审核，每每看到红色的修改字样，我深深地感受到学无止境和学术之严谨。中国铁路呼和浩特局集团有限公司调度所的王勇同志帮我进行了核稿和校对，在此一并致以最诚挚的谢意！同时，特别感谢同济大学出版社为本书的出版所付出的努力！

本书侧重于通道型（兼顾城际）高速铁路运营组织的理念和方法以及智能化实现的技术和手段，内容丰富、取材新颖、实用性强。本书表达的是编者的理念和观点，创新点主要体现在思想、理念、思路、方法等方面。本书运用系统工程等理论武器，对“长三角”高速铁路运营管理与组织方面精细、超前的管理理念和做法等加以分析，总结出高速铁路运营组织与管理的规律，并在研究和探讨现代铁路运营管理方法的过程中进行了有益的尝试，从而反映了高速铁路运营、技术及动态管理与优化的最新特征，具有较强的示范作用。本书可作为高速铁路运营管理的指导书籍，亦可作为现场作业的培训教材。

2021 年是个好兆头，从大的方向看，中国共产党诞生 100 周年；从铁路发展来看，京沪高铁开通运营十周年，本书的大量内容就是围绕京沪通道型高速铁路展开，针对京沪高铁的起步和发展，我一直在摸索高速铁路运营组织的规律；还有就是交通大学定名 100 周年，交通大学成立 125 周年。从个人的角度来看，这本书也是我从事铁路运输行业三十年工作经验的总结。这些都值得纪念！但考虑到高速铁路运营组织与管理是一个不断探索和完善的过程，因此我们需要坚持不懈地努力，同时，随着不断的实践，对于许多问题我们也要做更深入的研究、总结、分析和提炼。书中给出的技术和方法有些尚处在建立初期，内容体系还有待完善，再加上本人学识有限，书中不妥之处在所难免，敬请广大读者批评指正。如果说铁路的延伸是一种影响力的延伸，那么铁路能够到达的地方就是影响力能够到达的地方，希望本书的出版能为中国高速铁路贡献一点微薄之力。

曲思源

2021 年 4 月 28 日

目 录

第1章　高速铁路发展及运营组织与管理概述

1.1　高速铁路概述

1.1.1　基本概念

高速铁路作为一种安全可靠、快捷舒适、运载量大、低碳环保的运输方式,已成为世界交通运输业发展的一个重要趋势,并在多个国家得到发展,它不仅反映了一个国家在铁路线路结构、列车牵引动力、高速运行控制、高速运营组织与管理等方面的技术进步,也体现了一个国家的科技和工业水平。高速铁路促进了地区经济的发展,推进了城镇化进程,对经济发达、人口稠密地区的经济效益和社会效益的贡献尤为突出。

高速铁路其实是一个国际性概念,高速铁路的界定是一个动态过程。随着时代发展,高速铁路的定义也在不断更新。国际铁路联盟(Union Internationale des Chemins de fer,UIC)将高速铁路定义为:新建高速铁路的设计速度达到 250 km/h 及以上,经升级改造的高速铁路设计速度达到 200 km/h。同时,UIC 还指出,高速铁路的定义并不唯一,并强调高速铁路是一个系统,具有系统复杂性和多样性。随着科技的不断进步,“高速”水平还会逐步提高。

在高速铁路定义的基础上,目前形成了被广泛接受的世界铁路速度等级划分标准:120 km/h 以下为常速,120～160 km/h 为中速,160～200 km/h 为快速或准高速,200～400 km/h 为高速,400 km/h 以上为超高速,如图 1-1 所示。

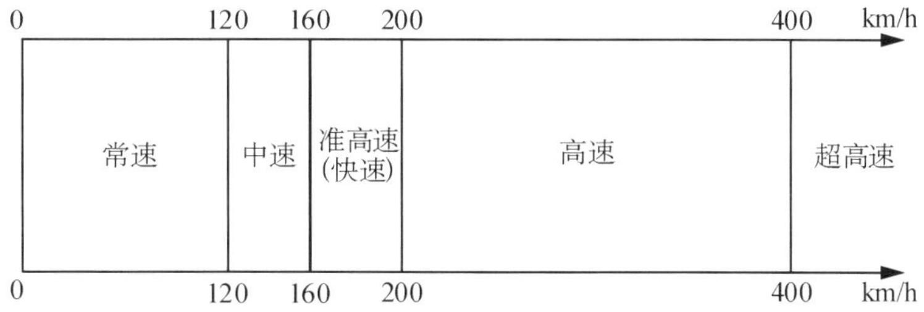

图 1-1　世界铁路速度等级

我国高速铁路起步较晚,20 世纪 90 年代《铁路主要技术政策》中第一次将高速铁路定义为:“新建设计开行 250 km/h 及以上动车组列车,初期运行速度不小于 200 km/h 的客运专线铁路。”从这个定义来看,2003 年投入运营的沈阳—秦皇岛客运专线便是我国第一条高速铁路。第二次则是根据 2014 年 11 月 1 日开始实施的《铁路技术管理规程》(高速铁路部分),其总则说明高速铁路可以定义为："200 km/h 及以上的铁路和 200 km/h 以下仅运行动车组列车的铁路。"通常在高速铁路运营实践中还使用了中国列车运行控制系统(Chinese Train Control System，CTCS)2/3 级列控(以下简写为 CTCS-2/3)和调度集中控制(Centralized Traffic Control，CTC)系统，以运行动车组为主，并装有防灾系统。目前，中国国家铁路集团有限公司(以下简称"国铁集团")所确定的不同速度等级标准高速铁路是：在高速铁路主通道建设速度在 250 km/h 及以上的高速铁路线路，其中，在人口稠密、经济发达的特大城市贯通的铁路线标准定为 350 km/h；在区域铁路连接线上，建设 250 km/h 及以下高速铁路线路。

1.1.2 技术经济特征

1. 安全可靠

我国建设了稳固耐久的基础设施，制造了安全可靠的高速列车，建立了性能可靠的控制系统。世界上通用的安全标准是高速动车组列车每运行百万公里故障不多于 2 件，我国动车组列车平均故障率低于每百万公里 0.43 件。

2. 平稳舒适

我国高速动车组列车采用了减震性良好的高速转向架，车厢内震动小，车窗大、采光好、视野宽阔，车内环境温度、湿度适宜且空气清新，衡量高速铁路运行稳定的三个指标(纵向稳定性、横向稳定性及垂直稳定性)都达到了世界领先水平。

3. 运力强大

我国目前投入运营的动车组列车有 8 辆和 16 辆固定编组，还有 17 辆长编组，在客流高峰时可以实现两列 8 辆动车组重联运行，使高速铁路具有更强的运输能力。

4. 适应性强

我国高速铁路运营环境复杂，运距长，能够满足高寒、高温、高湿、高海拔、高风沙、高密度等各种运营场景，能够适应各种复杂的气候环境和地质条件。

5. 方便快捷

运营速度是体现一个国家高速铁路技术水平和综合技术实力的主要指标，我国高速铁路最高运营速度为 350 km/h，达到目前世界最高商业运营速度。1 小时、2 小时、3 小时高速铁路出行圈正逐步拓展形成，目前北京乘坐高速铁路半日内可到达 50 多个城市。

6. 节能环保

在有条件的路段采用以桥代路，每公里桥梁可节省土地约 3.67 hm^2。动车组列车采用电力牵引，不排放污染物。当动车组列车以 350 km/h 运行时，人均百公里能耗仅 3.64 kW·h，仅为客运飞机的 1/4、小轿车的 1/6、大型客车的 1/3。

7. 性价比高

根据世界银行的专题研究，同样速度标准的高速铁路，我国的造价是欧洲的 2/3；同样类型的动车组列车，我国的造价是欧洲和日本的 3/5。我国高速铁路的平均票价仅为欧洲的 1/4、日本的 1/3。

8. 兼容性强

我国高速铁路技术标准兼容不同国家的铁路制式，可适用于世界绝大部分国家。"复兴号”动车组拥有 254 项重要标准，中国标准占 84%。

1.2　高速铁路网的定位与构建

为满足快速增长的客运需求，扩大优质高效、舒适快捷的服务供给，应优化完善高速铁路网络布局，科学有序地推进高速铁路建设，加快构建现代高效的高速铁路，更好地发挥铁路客运主力军作用。

1.2.1　层次结构

系统划分层次结构、明确层级功能定位是明确落实高速铁路建设运营权责以及有序推进高速铁路建设的基础和前提。高速铁路网由高速铁路主通道和区域性高速铁路组成。

（1）高速铁路主通道。高速铁路主通道作为具有全国政治、经济、国防等意义的重要干线通道，连接主要城市群、主要经济区、省会城市及其他大中以上城市，主要承担中长距离的跨域旅客运输，在路网中发挥客运主动脉、主骨架作用。高速铁路主通道是我国高速层次最高的铁路，是国家重要战略通道资源，是国家意志在铁路领域的具体体现，是国家铁路网的重要组成部分。

（2）区域性高速铁路。区域性高速铁路是连接区域内主要城市的非主通道高速铁路，在路网中发挥连接或延伸高速铁路主通道的作用，主要承担区域内中短途旅客运输及部分省际跨线运输，是地方铁路网的重要组成部分。

1.2.2　建设重点

高速铁路主要以旅客运输为主，客流支撑是保障高速铁路建设运营可持续发展的核心要素。我们要突出客流需求导向，尊重高速铁路发展规律，坚持规划科学指导，合理把握建设标准，规范有序推进建设，谨防高速铁路债务风险，促进高速铁路建设高质量发展。

1. 优化完善高速铁路主通道

2016 版《中长期铁路网规划》布局的“八纵八横”高速铁路主通道是我国高速铁路网的主动脉、主骨架，与我国城市群、人口及城市等空间布局高度吻合。在保持高速铁路主通道总体纵横布局大格局的基础上，结合重大区域发展战略和客流支撑需求，进一步优化完善主通道布局，使高速铁路主通道资源的布局和结构更加合理均衡。

（1）加快贯通“八纵八横”高速铁路主通道。在 4.55 万 km 高速铁路主通道中，至 2020 年 8 月底，已建成京沪通道、京哈通道、京港澳通道、沪昆通道等约 3.30 万 km，建成率为 72.5%；在建 0.69 万 km，在建率为 15.2%。在抓好在建项目的基础上，加快高速铁路主通道剩余段落的项目前期工作，争取早日开工建设，力争“十四五”期间“八纵八横”高速铁路主通道总体贯通。

（2）强化提升重要高速铁路的主通道能力。结合路网规划优化调整，科学有序地推进沿江、沿海等主通道内 350 km/h 高速铁路项目建设，覆盖吸引更多大中城市及人口，实现与通道内既有高速铁路功能合理分工，提升通道整体水平和发展质量；对于京沪、京广等客流强度大、运输繁忙、沿线经济发展水平较高的主通道，适时推进通道运能紧张段平行高速铁路线路规划建设，系统提升重要高速铁路主通道能力，优化提升网络功能和级配结构。

2. 有序建设区域性高速铁路

区域性高速铁路对于强化高速铁路主通道衔接、提升高速铁路主通道间的便捷连通、扩大高速铁路网络覆盖、促进地区经济社会发展等均具有积极作用。在需求有支撑、经济有实力、项目有规划的东中部等区域，积极推进高速铁路连接线、高速铁路延伸线等区域性高速铁路建设，更好地促进高速铁路主通道连接，拓展高速铁路网覆盖通达，满足区域经济发展需要。

3. 规划建设更高时速的高速铁路

通过保障运营安全、强化基础设施以及提升移动装备和运营管理水平，积极推动有条件的运营高速铁路实施达标提速，挖掘提高既有高速铁路的运行品质和运输能力，实现大部分既有高速铁路 350 km/h 及以上运营。在有条件的区域规划 400 km/h 的高速铁路，先期推动成渝中线高标准高速铁路建设，打造更高标准的高速铁路示范工程，适时研究发展高速磁浮铁路示范线，规划研究预留高速磁浮铁路通道。

1.3 高速铁路技术发展与崛起

1.3.1 技术发展脉络

21 世纪初，我国在谋划高速铁路引进世界一流先进技术的时候提出了“引进先进技术、联合设计生产、打造中国品牌”的基本方针，确立了“引进先进技术、通过消化吸收再创新及国产化”的运作模式。我国高速铁路通过坚持原始创新、集成创新和引进消化吸收再创新相结合的原则，经过十多年的努力，从最初使用引进国外技术、联合设计生产的“和谐号”动车组，到如今全部采用具有完全自主知识产权的标准化、系列化、简统化动车组——复兴号。目前，我国已成为世界上高速铁路建设里程最长、运行速度最快、运营场景最丰富、对自然环境适应性最强的国家，并以“复兴号”动车组在京沪高铁实现 350 km/h 商业运营为标志，我国铁路在勘察设计、工程建造、高速动车组、列车控制、牵引供电、运营管理、安全保障等领域取得了一系列自主创新成果，总体技术水平迈入世界先进行列，部分技术处于世界领先水平。我国高速铁路技术发展创新阶段如图 1-2 所示。

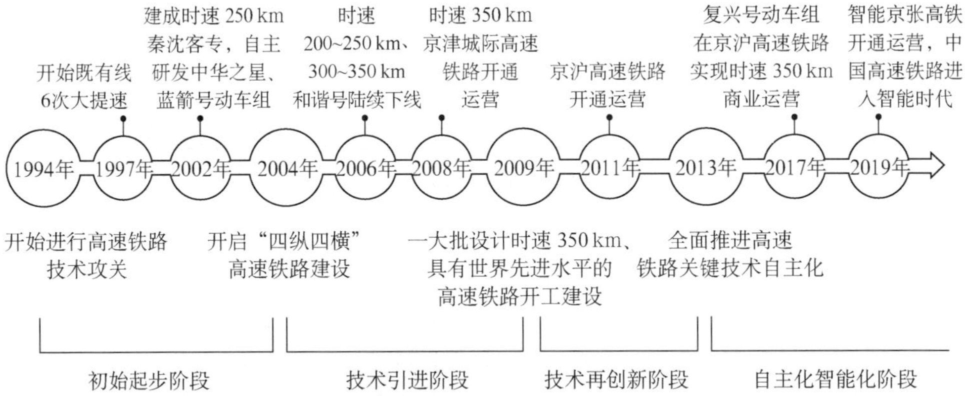

图 1-2 我国高速铁路技术发展创新阶段

（图片来源：黄民.新时代交通强国铁路先行战略研究[M].北京：中国铁道出版社，2020.）

1.3.2　系统结构

高速铁路是复杂的系统工程，是当今许多前沿科学技术（即信息技术、自动控制和新材料、新工艺等多种技术门类、多专业综合的高新技术）的创新和集成。高速铁路是由土建、轨道、车辆、供电、通信、信号和控制多个子系统构成的复杂系统，是高质量和高稳定性的土建工程、性能优越的高速列车、先进可靠的列车运行控制系统以及高效的运输组织管理体系的集合体。高速铁路最大的特点是高速、高安全性、高密度和高舒适性，围绕这些特点，高速铁路运营系统主要由六大核心系统构成，分别是工务工程、牵引供电、通信信号、动车组、智能运输（运营调度与客运服务系统等）和养护维修。各系统之间既自成体系，又相互关联、相互影响、相互匹配、协调运转，在高速铁路运营组织与管理中发挥着关键作用。以我国高速铁路为例，高速铁路巨系统构架如图 1-3 所示。我国已经掌握了不同气候和复杂地质条件下高速铁路轨道技术，线路、桥涵建设已达到国际一流水平；同时，掌握了牵引供电、动车组、通信信号等研发、建造、运营维修技术，高速技术、通信信号技术也已进入国际第一方阵，且形成了我国标准的高速铁路技术综合体系。我国高速铁路技术正在全面走向成熟，并逐步形成具有中国特色的高速铁路技术体系。

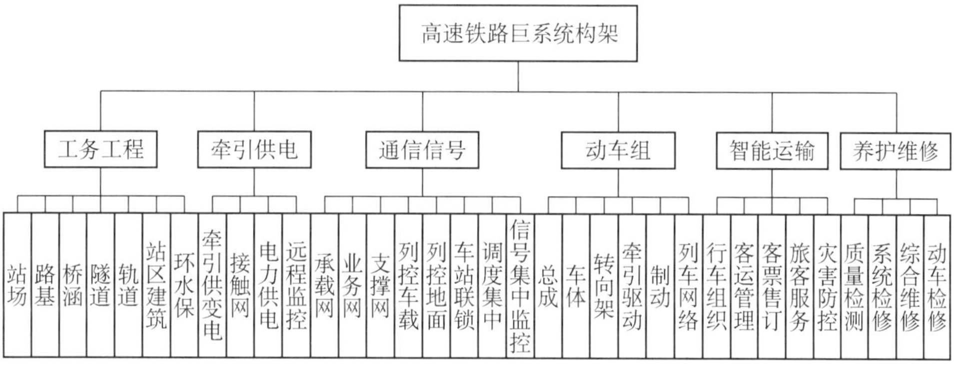

图 1-3　高速铁路巨系统构架

高速铁路是技术积累到一定程度重新组合后发生质变的结果，高速铁路全面突破了普通铁路的理论、概念、控制手段和方式。通过统筹优化高速铁路系统需要的线路、高速列车、牵引供电、接触网、信号与通信、列车运输组织、旅客服务、运营维护等不同功能，从而使各子系统间相互匹配、协调运转。高速铁路系统关系和高速铁路技术标准体系分别如图 1-4 和图 1-5 所示。

1. 工务工程

工务工程系统是实现列车高速运行的基础。工务工程通常由路基、轨道、桥涵、隧道和站场工程构成。高速铁路要求线路空间曲线平滑，平纵断面变化尽可能平缓；要求路基、轨道、桥涵具有高稳定性、高精度和小残余变形。我国高速铁路土建技术主要源自长期的经验积累，是自主开发的结晶。在线路技术方面，我国高速铁路采用道床和路基强化技术、无砟轨道、无缝道岔、跨区间超长无缝线路等，提高了轨道平顺性、刚度均匀性，大大减少了维修工作量，既保证了高速行车的安全，又满足了旅客舒适度的要求。

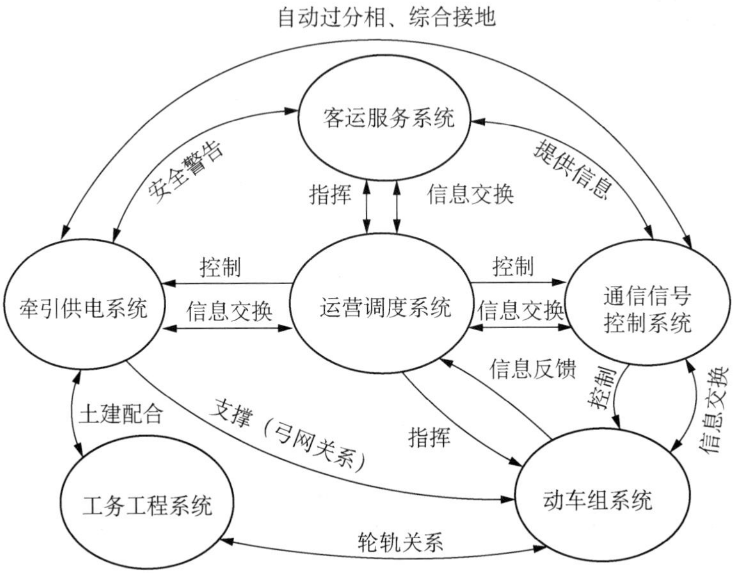

图 1-4　高速铁路系统关系

图 1-5　高速铁路技术标准体系

（图片来源：周晶晶，康仁伟，高鹏飞.高铁漫谈[M].北京：五洲传播出版社，2019.）

2. 牵引供电

牵引供电系统的主要功能是为高速铁路列车运行提供稳定、高质量的电流，通常由供电系统、变电系统、接触网系统、电力系统和远程监控系统构成。与普速列车的电力牵引相比，高速列车的电力牵引具有功率更大、所受阻力更大、受电弓移动速度快、电流易发生波动等特点。牵引供电技术依靠专门的外部装置，从三相电力系统接收电能向单相交流电气化铁道形式的列车输送电能，而电能正是列车运行的动力。接触网技术能保证电能的平稳可靠传输，包括接触网系统的组成、主要构成部件及其作用以及高速弓网受流技术。

3. 通信信号

信号与通信技术是整个铁路网络的“大脑和神经”，时刻保护着列车安全、高速运行。高速铁路信号与控制系统是集计算机控制与数据传输于一体的综合控制和管理系统，通常称为列车运行自动控制系统（Automatic Train Control System，ATCS）或者信号与控制系统，由车载子系统、地面子系统、联锁子系统、调度集中控制系统（CTC）和通信系统构成，是高速列车能够安全、高密度运行的基本保证。涉及行车安全的信号系统和电路设计必须符合故障-安全的要求，该系统采用集中管理、分散控制为主的集散式控制方式，分为行车指挥自动化与列车运行自动化两部分，其主要功能有：及时、准确地完成指挥列车运行的各种信息的传输；为旅客提供各种服务的通信；为设备维修及运营管理提供通信条件，满足维修人员沿线作业的需求。随着先进的通信、控制和计算机技术在铁路通信系统中的应用，信号与通信技术不断向更加集成化、智能化的方向发展。其中，列车控制系统是对列车运行实现自动控制的系统，包括车载设备和地面设备。所谓列车运行控制就是列车通过获取地面信息和命令来控制列车的运行速度，并调整与前车之间的距离。我国在参照欧洲列车控制系统（European Train Control System，ETCS）技术规范的基础上，结合我国高速铁路的实际情况，研发了我国的列车控制系统（Chinese Train Control System，CTCS），以分级（CTCS-0/1/2/3/4）形式满足不同线路的运输需求，在不干扰动车组驾驶员正常驾驶的前提下，有效保障列车的运行安全。

4. 动车组

动车组列车是高新技术的系统化集成，涉及机械、材料、电子计算机、网络通信、工程仿真等领域的最新技术。我国高速动车组列车的关键技术可归结为九大类：系统集成、车体、转向架、牵引变压器、牵引变流器、牵引电机、牵引控制、制动系统和列车网络控制系统。我国创新式地采用了分散式动车组技术，其发展主要经历了三个阶段。

第一代动车组：主要以 200～300 km/h 的“和谐号”动车组为主，编组类型按速度等级、车种车型确定，主要有 4 个系列运营动车组及检测用动车组，其中：CRH1：CRH1A，CRH1B，CRH1E 由中车青岛四方机车车辆股份有限公司制造；CRH2：CRH2A，CRH2B，CRH2C，CRH2E，CRH2G 由青岛四方庞巴迪铁路运输设备有限公司制造；CRH3：CRH3A，CRH3C，CRH3G 由中车唐山机车车辆有限公司制造；CRH5：CRH5A 和 CRH5G 由中车长春轨道客车股份有限公司制造。不同的字母表示不同的速度等级和编组形式，具体如下：A 表示运行速度 200 km/h、8 辆编组、座车；B 表示运行速度 200 km/h、16 辆编组、座车；C 表示运行速度 300 km/h、8 辆编组、座车；E 表示运行速度 200 km/h、16 辆编组、卧车。

第二代动车组：主要是 350 km/h 的“和谐号”高速动车组，用字母 A，B，C，D 表示各技术平台的动车组型号，其中：CRH380A/AL 代表由中车青岛四方机车车辆股份有限公司制造；CRH380B/BL 代表由中车长春轨道客车股份有限公司或中车唐山机车车辆有限公司制造；CRH380CL 代表由中车长春轨道客车股份有限公司制造；CRH380D 代表由青岛四方庞巴迪铁路运输设备有限公司制造。其中，CRH380AL，CRH380BL 和 CRH380CL 为 16 辆编组，其余均为 8 辆编组。

第三代动车组：指我国“复兴号”标准动车组。我国标准动车组形成了我国标准体系，并且标准动车组全部自行设计、自主研发，拥有全面的自主知识产权。

5. 智能运输

高速铁路运营调度系统是集计算机、通信、网络等现代化技术于一体的综合系统，对列车运行计划和基础设施维修计划进行审批和管理，指挥列车运行，是完成高速铁路运输组织特别是日常运营的根本保证，通常由计划调度、列车调度、动车组调度、综合维修调度、供电调度和客运服务调度构成。其中，CTC 是调度中心（调度员）对某一调度区段内的信号设备进行集中控制、对列车运行直接指挥管理的技术装备。CTC 综合了计算机技术、网络通信技术和现代控制技术，采用智能化分散自律设计原则，是以列车运行调整计划控制为核心，兼顾列车与调车作业的高度自动化调度指挥系统。

客运服务系统是基于高速铁路高速、高密度、大客流的特点，以旅客为中心，从旅客的角度分析其从购票进站到乘车出站全过程所需的信息和资源，通过有效利用计算机技术、网络技术和移动互联等先进的技术手段，为旅客提供高效、便捷的出行服务的信息系统。客运服务系统主要由旅客服务系统和票务系统两部分构成，其依托铁路客户服务中心、客票系统和电子支付平台，推行互联网、电话等多种售票方式及网络订餐等延伸服务，提供旅客进出站导向提示、车站广播、安全监控、紧急求助、同步时钟、旅客查询等多功能智能引导，致力打造便捷、舒适的高速铁路购票和乘车体验。

6. 养护维修

针对各种设备，各国高速铁路都构建了闭环管理的高速铁路设施设备安全检测监测系统，通过实时采集各种移动设备和固定设施的信息，并对其进行分析运用，构建了风、雨、地震等自然灾害及异物侵限监测系统，以实时监测高速铁路运行环境安全。目前，我国已建成全面覆盖高速铁路行车安全和基础设施的数十种检测监测系统，运用大数据方法，评估分析高速铁路设备设施的运用、维护和检修信息，掌握其服役状态和性能变化规律，为修程修制优化、故障预测和故障处置等提供技术支撑。

1.3.3 主要技术特征

我国是目前世界上高速铁路运营里程最长、在建规模最大、运营动车组最多、商业运营速度最快的国家。背靠日益强大的祖国，我国高速铁路突飞猛进的发展势头已成必然。通过自主创新，我国高速铁路建立了较为完备的高速铁路技术体系，涵盖线路站场、高速列车、列车控制、牵引供电、运营管理、风险防控和系统集成七个方面，高速铁路技术水平步入世界先进行列，且部分领域技术已达到世界领先水平。

1. 工程建造技术世界领先

我国已系统掌握了先进的路基、大跨度桥梁、长大隧道、轨道、大型客站等工程建造技术，攻克了大量关键技术难题，建成了一大批适应特殊气候环境和复杂地质条件的铁路；创立了路基沉降和冻胀控制技术，形成了我国隧道建造理论，成功研制了我国高速铁路标准板式无砟轨道、40 m 跨度简支梁，修建了南京大胜关长江大桥、武汉天兴洲长江大桥等一大批跨越大江大河的大跨度桥梁，其中有 7 座桥梁位列世界前十；建成了狮子洋隧道、秦岭隧道群等一大批大断面、复杂地质隧道，已建成的高速铁路隧道总长约 4 000 km。

2. 装备技术世界领先

我国已构建了动车组标准体系，成功研制了具有完全自主知识产权、达到世界先进水平的“复兴号”动车组，创造了在运营线路上 420 km/h 交会和重联运行的世界纪录；全面掌握了列车控制系统核心技术，能够满足不同速度等级列车共线跨线运行控制需要；成功研制了大张力接触网、高强度接触导线和远程监控等成套供电装备，建成了世界上规模最大的高速铁路数据采集与监视控制系统（Supervisory Control And Data Acquisition，SCADA）、高速铁路供电调度系统，实现了高效智能化远程数据采集与控制。

3. 运营管理世界领先

我国已掌握了复杂路网条件下的高速铁路运营调度技术，建立了适应大客流、高密度的客运服务系统，构建了高速铁路安全风险防控体系，为高速铁路安全运营提供了可靠的技术保障。我国高速铁路在运营过程中，不仅构建了闭环管理的安全保障体系，可对各种移动设备和固定设施的信息进行实时采集、实时分析，还建造了庞大的铁路调度指挥系统，从而有力地保障了列车大密度开行。目前，每天全路运行旅客列车 7 000 多列，其中动车组 3 000 多列。

4. 铁路安全发展水平总体平稳

与法国、德国、俄罗斯、日本、美国等铁路发达国家相比，在铁路网规模快速扩充、内外部环境日益复杂严峻的情况下，近十年来我国铁路十亿吨公里事故率、死亡率等铁路安全指标的数值都比较低，我国铁路运输安全持续稳定，安全发展总体可控并处于先进水平。我国还建立了从勘察设计、工程建设、设备制造、项目验收到运营维护、人员培训等一系列配套的高速铁路安全保障体系。

5. 能够提供一揽子出口技术

我国高速铁路技术在工务工程、通信信号、牵引供电、动车组制造等方面能够提供一揽子出口，而这是其他国家难以做到的，因为他们的技术往往分别掌握在不同公司的手中。我国高速铁路紧紧抓住国家实施“一带一路”倡议的难得机遇，大力实施国际化经营战略，积极拓展海外经营业务，品牌价值和国际影响力逐年攀升，以高速铁路为代表的现代轨道交通装备，正成为我国高端装备“走出去”的亮丽名片。我国的高速铁路已出口全球六大洲近百个国家和地区，出口产品实现了从中低端到高端的升级，出口市场实现了从亚非拉到欧美的飞跃，出口形式实现了从产品出口到产品、资本、技术、服务等多种形式的组合出口。

数字铁路与智能设备共同构成了智能铁路。数字铁路是智能铁路的“中枢神经”和“大脑”，通过对物理铁路进行数字化，再结合信息系统来实现智能铁路的虚拟映射；智能设备是智能铁路的“五官”和“四肢”，实施监控和执行智能化操作。我国高速铁路正朝着智能化的方向快速发展。

1.4 高速铁路运营组织与管理概述

1.4.1 高速铁路运营组织与管理的特征

高速铁路运营组织与管理是指通过综合协调运输需求与各类硬件条件，为旅客提供良好的运输服务的各类组织技术和方法，其目的是为乘客提供安全、快速、准时、便利、舒适的运输服务，使乘客能够便利地进站候车，舒适地出行，快速、准确地到达目的地，而安全运行和优质服务的前提是保障高速铁路系统正常、协调运行。与日本、德国、法国等国家的高速铁路相比，由于我国地域辽阔，因此高速铁路运营线路长，沿线地区客流需求较为旺盛，在乘降区间、运行速度、价格、服务质量以及客流特征等方面存在很大的差异。我国高速铁路列车开行频率高、密度大，对准时性和可靠性的要求较高，相较于普速铁路，高速铁路对列车运行计划编制的一体化、调度指挥的灵活性、列车运行调整响应的快速性等均提出了更高的要求。我国高速铁路无论在技术装备、运输服务还是在运输组织上都与常规铁路有着显著的差别。纵观世界各国的高速铁路，基本上都会根据本国情况，在运输组织工作上采用不同的运输组织模式，其基本特点如下：

(1) 路网整体性。路网整体性是高速铁路客流组织坚持的原则之一。高速铁路是一种基于网络的交通运输方式，其所承担的客流量与其他线路运输方案之间相互协调、相互影响、相互作用，路网客流的产生与分布并不是一个单向的作业机制，而是一种相互反馈的动态平衡机制。高速铁路路网客流是在区域空间分布、不同区域之间的空间联系及区域经济发展状况等基础上形成的；路网整体性是高速铁路集中运营、统一指挥的基础，将有利于统筹均衡运输，满足不同种类客流的运输需求，并有利于提高运输整体效率。

(2) 系统联动性。高速铁路是技术集成和创新的重要标志，涉及多个技术领域，专业协同和系统联动特征明显，由于系统构成复杂，涉及设备与环节繁多，因而高速铁路的运营工作必须处理好不同部分、环节间的联动。各种设备间的运行有严格的相互依托关系与技术配合，例如列车和钢轨、接触网、信号、通信、供电等不同的设备设施之间每天 18～24 h 协调地正常运行，这种联动性就需要通过运输计划来实现，而运输计划的核心是列车运行计划。

(3) 客运产品多样性。客运产品多样性是市场细分的结果，不同的运输产品适应不同类型的客流需求，客运市场可按照旅客行程、旅客对旅行条件的需求、地理位置、运行径路等进行细分。产品多样性是高速铁路进行差别化服务的手段之一，以旅客需求为导向，提高高速铁路的上座率，从而提升高速铁路的整体效益。

(4) 时空关联性。运输需求在时间和空间上是不可调整、不可代替的，列车运行晚点会造成运输供给的偏离，从而降低服务水平。一旦遇到设备故障以及影响系统正常运行的情况，就要立即处理，尽快恢复正常，确保列车正点运行。同时，高速铁路与其他线路相关程度高，呈现本线、下线、跨线等多样化的运输组织方式，这就要求高速铁路与其他线路运输方式密切配合。

1.4.2　运营组织与管理面临的问题

1. 运输组织模式复杂

(1) 我国高速铁路对于跨线客流主要采用跨线运输组织模式,沿用了传统的铁路既有线旅客运输组织模式,采取多种列车共线模式,即通过组织本线运输与跨线运输相结合的旅客输送方式。但我国高速铁路列车的运行模式和行车组织复杂,跨线列车与多种速度、多种运行模式的叠加影响增加了主要通道上的运输组织压力。如何科学地分析客流出行需求和行为,确定合理的列车运行速度、开行方案和线路间换乘方案,正确处理跨线列车和本线列车的关系,提高线路通过能力和利用效率,是高速铁路运输组织急需解决的问题。

(2) 高速铁路客流是高速铁路制订技术标准和确定设备数量的基础,是制订运营方案、调整及优化行车组织的重要依据。掌握客流的分布特点和发展趋势是高速铁路运营组织与管理的重要内容,但客流的波动性和叠加性使得掌握客流规律变得较为困难,因而这就成了运营组织工作中的一个难点。特别是在网络运营条件下,由于网络覆盖面大,导致影响客流在时间、空间上分布的因素不断增加,故客流的动态性难以及时掌握。同时,在改善客运组织和提高客运服务水平的基础上,引导旅客进行适当换乘、改变旅客的出行习惯和优化出行结构,也是提高客运服务水平、拓展铁路客运市场的重要任务。

2. 精细和精准化组织问题

(1) 运输组织需要综合优化列车开行方案,并进行批量处理,例如有跨线和本线批量列车的时间带协调与衔接问题,而这不是单一的始发和终到时刻优化问题。而且,由于高速铁路具有客流高峰和平峰的显著时段性特征,因而在行车作业技术标准方面要有所区别。应保证旅客在车站的快速换乘,尽量缩短旅客的换乘接续时间。

(2) 高速铁路均采用动车组列车,具有折返时间短、列车接续时间快等优点。高速铁路线路里程长,无砟轨道所占比例大,线路曲线半径大(一般大于 7 000 m);动车组系列化齐全,转向架结构形式、悬挂参数、轮对等差异较大;实行网络化运营,地质条件和气候环境复杂,高速列车持续高速运行时间长,使用频次高,并且不同速度等级、不同型号动车组共线运行。

(3) 为了保障高速铁路的行车安全,需要开设长时间的综合维修天窗,而天窗前后对通过能力会产生很大影响。长途跨线列车及朝发夕归、夕发朝至列车开行是高速铁路运营组织的难题之一。

(4) 运行图编制对方向性、时段性和区段性的特点把握还不够,在综合考虑高速铁路线路通过能力、客流变化、动车组运用、运行交路等因素方面,还做不到既与基础客流相匹配,又具有一定弹性以满足运行调整的需要。由于铁路客流具有季节性、波动性特点,目前,我国高速铁路在运价、票额分配及列车开行方案等方面的决策还不够灵活,因此我们必须制订灵活机动的高速铁路价格机制、票额调节策略和列车开行方案,实现高效、节能,以提高社会效益和经济效益。

(5) 动车组列车交路运用更加精细。为了提高车底运用效率、提高劳动生产率、降低运营成本,车底交路和乘务交路的运用变得更加多样化。为了充分挖掘运能,提高客车车辆和动车组车底利用率,动车组在线解编和车底异地存放的比例在不断增加。

1.4.3 研究思路和方法

高速铁路运营组织与管理需要适应客运市场发展的变化规律，而提高市场竞争力是高速铁路运营组织与管理的不懈追求。其总体思路是：围绕提升运营品质的目标，以市场为导向、以旅客为中心，研究市场，掌握客流需求，集客运产品设计与评价、运营组织指挥与协调、客票销售与收益管理、运营评价与调整、客运服务与管理等内容于一体，为生产、管理、经营、服务各个环节的精确、精准、精细管理和科学决策提供技术支撑，构建高度集成、信息流畅、指挥有力、应对有序、面向市场的营销系统和资源管理系统；并以高速铁路安全为核心，建立各系统专业融合、条块结合、系统集成的运营组织系统；围绕快速响应、智能比选的要求，为专业部门提供科学、系统、高效的管理辅助手段和运用支撑体系。根据问题导向原则，针对遇到的问题或"问题层"，注重其动态性和联系性，有些问题甚至是局部优化的出发点，对此就需要统筹把握局部和整体的关系。关于运营组织与管理，本书注重以下几个方面。

1. 注重系统融合与优化

由于铁路客流具有季节性、波动性特点，高速铁路运输组织的核心在于协调好铁路行车组织与运输市场营销之间的配合关系，建立起对运输市场需求变化做出全面、迅速、准确反应的运输组织新机制。未来我国铁路应更加面向市场导向，以一体化设计思想为基础，基于客流动态变化进行高速铁路运输计划的编制。

(1) 运输计划的协同一体化。高速铁路运营计划应以市场导向为基础，合理运用运力资源，实现客流预测与列车开行方案、列车运行图、动车组交路图的一体化设计，这是进行市场导向型运输组织的有效途径。因此，高速铁路运营计划具有协同一体化的技术特征和要求。

(2) 运输计划的动态性。铁路客流具有季节性波动特点，一年、一季、一周甚至一日内各小时的客流都会有急剧的起伏变化。为了充分发挥高速铁路的社会和经济效益，提升高速铁路适应市场变化的能力，我们必须根据客流规律按年度、分季节地编制高速铁路运行日常图、周末图和高峰图。因此，高速铁路运营计划具有显著的动态性特征。

(3) 运输计划编制的智能化。我国已形成由高速铁路和既有普速铁路贯通成网运营的复杂客运网络，为了高效运用高速铁路运力资源，充分满足市场需求，快速适应市场变化，我们必须缩短高速铁路运营计划的编制周期，并且提高其编制质量。因此，从技术上而言，实现高速铁路运营计划的智能化编制是高速铁路运输组织的客观要求。

2. 注重过程管理

(1) 我国高速铁路客运市场逐渐由卖方市场转为买方市场，旅客有条件自由选择出行方式。高速铁路合适的营销方向、市场化定价机制和运能的灵活调整之间是相辅相成的。高速铁路运营组织与管理源于客运市场，客流需求决定了客运产品的设计，通过客流调查和客流需求预测分析可以掌握客流数量、结构、时空分布等特性，在运输组织模式的制约下，充分考虑运营策略和高速铁路运输资源的配置及其供应能力，鉴于客流需求的不均衡性，相应地就需要动态化的运力配置，即设计并制订满足客流需求的列车开行方案。

(2) 围绕列车开行方案编制以列车运行图为核心的运营方案，从而体现完整的客运产品，这个运营方案还包括制订动车组运用、施工计划、票额分配及调整计划等，为完成客运任务做好计划方面的准备。

（3）根据日客流波动等实际情况，具体制订以调度日班计划为核心的日运营计划，围绕这个日运营计划，通过客运服务、调度指挥等来完成客运产品的实现。车站、乘务工作等客运组织直接对应外在的客运服务，目的是让旅客得到满意的出行体验。调度指挥是从高速铁路内部体现出的客运服务，一旦遇有应急处置，要坚持“以人为本”，按照故障导向安全原则，把保障旅客安全作为第一要务。

（4）高速铁路运营组织与管理再回到客运市场。从旅客角度来看，通过以上过程可获得一次出行的体验和感知。其中，在旅客需求的导向性方面：旅客需求的满足程度体现了高速铁路的竞争力，以旅客需求为导向，针对性地开行旅客列车、提供便捷乘降与换乘、设置醒目的标识与导向，是高速铁路客流组织的重要原则。以旅客需求为导向，能吸引更多的高速铁路客流，提高高速铁路的上座率和设备利用率，从而提升高速铁路的整体效益。在客运产品的多样性方面：产品多样性是市场细分的结果，不同的运输产品适应不同类型的客流需求。客运市场可按照旅客行程、旅行条件、地理位置、运行路径等方式细分。产品多样化是高速铁路进行差别化服务的手段之一。

（5）高速铁路运营组织与管理的过程也体现在客流组织的全过程。铁路客流组织工作按照组织层次的不同可以分为网络客流组织和车站客流组织两个层面。网络层面侧重于对客流整体特征的把握，其主要目标是通过准确把握客流规律，制订合理的列车运行计划，组织全网安全、舒适和高效的客流运输，其核心是开行方案设计。车站层面则侧重于对车站客流的组织、引导和服务，其主要目标是安全、高效、顺畅地组织旅客乘降和集散，其重点是车站流线组织。

车站客流组织是微观角度的高速铁路客流组织，是对旅客在车站发生的一切行为的工作组织，主要包括流线组织、售票组织、检票组织、乘降组织和其他客运组织等。客流组织包括掌握客流数量、结构、分布等特性，综合考虑现有车底数量、型号和线路技术条件，优化编制列车开行方案、列车运行图和动车组运用计划，安全、迅速、便利地组织客流在网络和车站的运输，从而最大限度地满足旅客运输需要。在新技术、新设备条件下，一方面，利用资源优化配置理论，尽可能地满足旅客运输需要，使设施设备的使用效率最大化；另一方面，在掌握客流基本特征的前提下，从人性化服务角度，拟定吸引客流的手段和方式，使高速铁路的运输效益最大化。

高速铁路运输组织的目的是在高效使用铁路固定设备、活动设备和人力资源的基础上，满足旅客的运输需求，并保持良好的运输秩序和运营效果。为此，高速铁路运输组织的一般流程如图 1-6 所示。

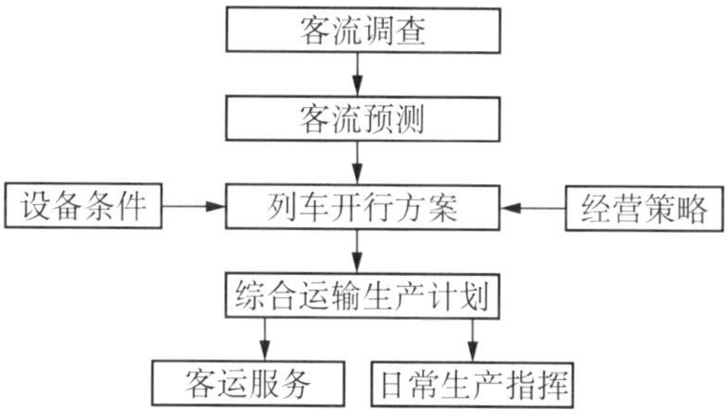

图 1-6　高速铁路运输组织的一般流程

高速铁路运营组织与管理的优化过程如图 1-7 所示。

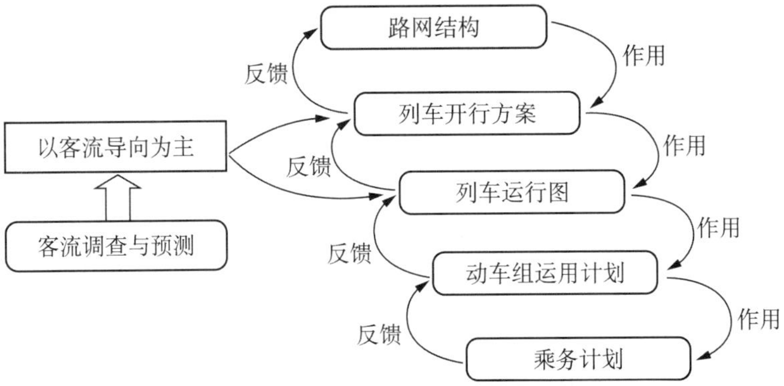

图 1-7 高速铁路运营组织与管理的优化过程

3. 加强运营管理技术一体化、智能化、人性化

（1）实现客流预测与开行方案的有机结合。随着先进的计算机技术在铁路广泛运用，一些发达国家开始尝试采用客流预测与列车开行方案、列车运行图一体化设计的思想来编制列车开行方案和列车运行图。德国铁路长途客运公司利用科学的手段和方法加强客流预测和分析，结合客户需求，不断优化列车开行方案，在客流预测分析的基础上，利用先进的列车开行方案模拟系统，设计出既符合旅客运输需求，又能实现运能与运量最佳匹配的列车开行方案。

（2）采集分析各类数据以提升运输效率。国外铁路利用远程通信、自动控制、大数据技术等，对车站、调度、运行、维修等数据进行采集、分析，实现各业务系统的相互协调，对铁路运行进行统一管理，以提高铁路的整体运行效率。德国 VTG AG 公司与瑞士 Nexiot 公司共同研发了基于远程信息处理技术的车辆智能定位装置 VTG Connector，其可实现位置精准确定与数据频繁传输，从而有效提高铁路货运物流与车辆管理效率，还能满足用户的个性化服务。欧盟提出要不断提高远程通信的实时传输和信息系统性能，将列车定位及相应的控制管理有机结合，从而更好地管理铁路客货运输。

（3）注重评价体系。落实“效益优先”为基本目标，在运营组织与管理过程中，分别从旅客和企业两个角度，对高速铁路的服务品质和经济效益进行评价，从评价结果分析出高速铁路运输过程的弱项与短板并对其不断改善，形成产品与市场相互反馈的动态平衡机制，从而提高旅客满意度、列车客座率以及企业的经济效益。

综上所述，高速铁路运营组织与管理中的各个环节都是围绕客运市场以保证运营品质而展开的。客运市场既是高速铁路运营组织与管理的出发点，也是落脚点。作为出发点的客运市场，其客流需求是预测的市场需求，而落脚点则是实际的客运量，也就是为了完成预测的客流需求，经过努力后实现的实际客流，重新回到客运市场，即作为落脚点的客运市场，也可以说是达到了一次相对均衡，这个相对均衡是指需求与供给处于暂时平衡的一种状态，是一种动态的均衡。需求与供给是决定客运市场行为的最基本的两种力量，二者之间的平衡是相对的，不平衡是绝对的。当需求与供给不平衡时，可通过票额与票价调整、运量与运能供求的相互冲突与调整等来恢复并维持二者之间的均衡。然而，由于客运市场的不确定性，市场“不均衡—相对均衡—不均衡—相对均衡”的变化过程是反复进行的，整个过程如图 1-8 所示。

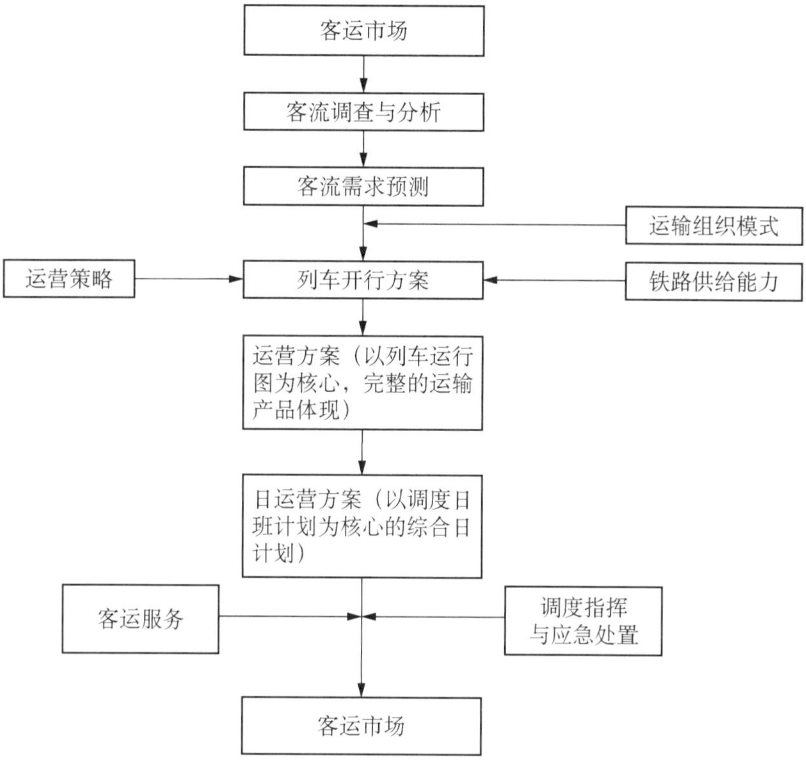

图 1-8　基于客运市场的高速铁路运营组织与管理过程

第2章　高速铁路运输组织模式分析

2.1 影响因素

高速铁路运输组织模式是指在一定的运营管理体制、社会经济和科技发展水平、路网功能结构条件下，高速铁路所承担的列车的组织形式和方法，集中表现在高速铁路列车开行的组合方式上。合理的运输组织模式是确保安全、高效运营的基础。高速铁路运输组织模式是制订高速铁路运营组织方案的基础和前提，它决定着高速铁路上所运行列车的性质和特点，也决定了高速铁路能否有效发挥其作用。

2.1.1 列车开行模式

1. 直达模式

根据列车起终(OD)点的分布情况，直达模式可分为本线直达和跨线直达。根据途中是否停站，又可分为一站直达和停站直达。另外，直达模式还可分为不经过衔接站和经过衔接站两类。直达模式的缺点主要有：增加运输成本；客流不足时容易产生运能的虚縻；发生列车延误时，延误容易在整个网络中传播扩散。

2. 中转换乘模式

换乘模式的客流组织需要考虑换乘枢纽的条件以及枢纽内的车站分工，其优点是可减少一线列车对其他线路通过能力和运输秩序的影响，在一定程度上有利于平衡区段运输能力，避免运能虚縻。中转换乘模式需要依赖换乘的可靠性，因此也就提高了对车站作业组织的要求。另外，换乘也将影响旅客途中休息，增大疲劳度，若列车接续不合理还将引起旅客换乘费用的增加。为保证中转客流的换乘服务质量，应尽可能地减少旅客的换乘次数及换乘等待时间。法国采用中转与直达相结合的客流组织模式，500 km以下的客流OD主要以直达为主，900 km以上的客流OD主要以换乘为主。客运枢纽的衔接组织方式有平行、垂直和放射型组织以及多种类型的综合组织。

3. 周期化(节拍式)模式

1931年，荷兰学者提出了以1 h作为列车运行线铺画周期的周期性列车运行图的概念。此后，欧洲其他国家根据各自国情调整了周期时间，形成了多种模式的周期性列车运行图概念。详见本书第5章列车运行图中周期化运行图部分。

4. 公交化模式

公交化列车模式源于城市公共交通，随着对城际铁路、市域铁路等短途运输组织模式研究的开展，关于“公交化”的定义也由定性概括逐渐转向定量描述。公交化列车是指具有运能保证、售票手续简便的旅客列车。度量公交化的主要指标包括同一线路相同去向的两列车的发车间隔、不同线路两列换乘列车的平均到发间隔时间。通道型高速铁路的公交化趋势明显。公交化运营主要体现在列车密度高，并要做到各方向、各时段有较密的车次，保证旅客随到随走。由于旅客候车时间较短，因此节省了旅客的出行时间。

5. 夕发朝至与朝发夕归模式

运输条件和服务质量是吸引客流的重要因素，夕发朝至列车是指 17:00—24:00 始发、次日 6:00—9:00 终到的列车，其运行时间在晚上，不占用白天时间，这在中长途旅行中受到旅客们的青睐。由于与高速铁路综合维修天窗的时间有冲突，因此必须综合考虑夕发朝至列车的运行与维修天窗的要求。因夜间天窗设置的限制，铁路部门也推出朝发夕归列车，即 6:00—8:00 始发、21:00—23:00 终到的列车，避免夜间天窗的影响。

2.1.2　客流输送方式

1. 本线客流输送方式

(1) 短途本线客流。短途本线客流通常产生于城际铁路，客流对便捷性的要求很高，由于在途时间和出行距离都较短，可采取公交化、节拍式的列车开行模式，也可在每日的不同时段采取差别化的组织模式。

(2) 中途本线客流。中途本线客流的输送模式可采取公交化、节拍式或朝发夕至的列车开行模式，同时，可组织开行多种速度等级的列车，编组灵活，并且与既有线列车间有合理的中转衔接。

(3) 长途本线客流。对于长途本线客流，可组织夕发朝至、朝发夕至开行模式。为减少旅客换乘，铁路部门在主要干线开行了大量的日间长途动车组列车，运行里程超过 2 000 km，运行时间在 12 h 以上，在方便旅客出行的同时也提升了铁路部门的效益。

2. 跨线客流输送方式

对于高速跨线客流，有开行跨线直达和衔接换乘两种运输组织模式。影响高速跨线客流运输组织模式选择的主要因素有：

(1) 跨线客流的强度。高速铁路运营最基本的特征之一是提供便捷的服务，因此就要保证较高的行车频率。跨线客流的特征是影响跨线客流组织的关键因素，只有跨线客流达到一定强度，才能组织跨线列车。

(2) 跨线列车对线网运营的影响。高速铁路根据线路的客流特征，合理确定列车密度、发车间隔和旅行速度，运营组织较灵活，可以采用大站直达或交错停的模式，也可以采用类似城市轨道交通的单交路或多交路的运输组织模式。若与其他线路开行跨线列车，交路数量一般在 3 个及以上，这便增加了运输组织的难度，对运营调度指挥也提出了较高的要求。开行跨线列车虽然避免了跨线客流中途换乘，但运输组织复杂，对调度指挥要求较高，线网运营关联性强，容易受相邻线路的影响，因此要求相关线路能力有一定冗余。而且，在开行跨线列车的线网间，列车晚点具有传导性，一条线路列车的非正常运行状态往往会波及相关路网，从而给调度调整带来困难，不利于线网的平稳运营。另外，跨线交路的设置还增加了乘客的识别难度。

2.1.3 线路分工

（1）两线的合理分工。两线是指走向平行的既有铁路与高速铁路。尽量引导旅客选择高速列车，减少既有线路旅客列车的开行数量，以提高既有线路货物列车的开行数量和客货列车的旅行速度。

（2）高速铁路功能定位的变化。高速铁路的功能定位决定了线路分工及列车开行结构，从而导向市场定位。高速铁路的功能定位往往有其历史局限性，随着政治、经济、社会的发展，以及衔接线路、平行线路、枢纽建设等外部因素的变化，高速铁路的功能定位也会随之调整。

（3）能力使用情况。跨线列车由于运输组织较为复杂，要求线路有一定的能力冗余，如果线路能力较为紧张，则不宜组织跨线列车。此外，高速铁路运输组织模式要考虑与既有路网的兼容性。从列车性质来看，应考虑高速铁路是否为客货共线或客运专线、客货共线是否为混行或分时段开行、客运专线开行几种类型的旅客列车等。从列车速度来看，单一速度列车共线运行，一般列车间无越行；多种速度列车共线运行，可按需要组织列车越行。从是否跨线运行来看，高速铁路可运行全是无跨线的本线列车，组织旅客在跨线点换乘；当跨线和本线列车共线运行时，可组织跨线列车上、下高速铁路线运行。高速铁路运输组织模式划分类型见表 2-1。

表 2-1 高速铁路运输组织模式

分类标准	类型	特征
列车性质	客运专线	高速铁路线上只开行动车组旅客列车
	客货共线	混行或分时段开行货物列车
列车速度	单一速度	单一速度列车共线运行，一般列车间无越行
	多种速度	多种速度列车共线运行，列车间存在越行
跨线列车	全本线列车	无跨线列车，组织旅客在跨线点换乘
	跨线和本线列车共线	可组织跨线列车上、下高速铁路线运行；当跨线和本线列车存在速度差时，运营组织较为复杂

2.1.4 速度匹配

对于采用多种速度列车共线的运输组织模式，应考虑不同等级速度列车之间合理的速度匹配关系，以减少能力损失，从而创造良好的行车组织条件。不同的列车速度匹配，对通过能力的影响不同，对工程造价等的影响也不同。列车速度匹配的原则有：

（1）适应相关线路的技术条件，充分考虑高速铁路相关线路的速度目标值与列车速度等级之间的相互协调。

（2）从系统角度出发，充分发挥线路的技术优势和高速铁路的运输能力，尽量提高列车的运行速度和旅行速度，方便旅客出行，吸引更大客流，提升高速铁路的市场竞争力。

（3）为创造良好的行车组织条件，尽量减少跨线列车晚点对本线列车的影响，保证列车的运行安全。

（4）从“效益-费用”上全面衡量高速铁路列车速度匹配关系，以获得良好的经济和社会效益。我国高速铁路目前开行两种速度等级的高速动车组列车，一种是 300～350 km/h 的速度等级，另一种是 200～250 km/h 的速度等级。2017 年 9 月 21 日，京沪高速铁路有 7 对速度是 350 km/h 的列车上线运行，之后又逐渐增多。目前，我国高速铁路上列车速度匹配关系有两种：350 km/h 和 300 km/h；300 km/h 和 250 km/h。

2.2 高速铁路运营模式

国外高速铁路经过几十年的发展，已经形成了较为先进且完善的运营理念，以日本、法国和德国为典型代表，形成了三个不同体系的组织模式。例如，日本 JR 东海、西日本、东日本等公司负责高速铁路的日常运营管理与维修；法国、德国则采用网运分离模式，法铁公司和德铁股份公司分别负责法国和德国的运营管理，而这两国铁路网的维护维修则由路网公司专门负责。这三个国家均充分利用了先进的技术装备，结合本国的经济发展水平、社会文化发展程度、高速铁路网的特征及其既有铁路的衔接情况，形成了与本国国情相适应的运营组织方法，并取得了良好的经济效益和社会效益。各国高速列车的上座率随着高速铁路运营管理的不断加强和完善而逐年上升，日本、法国和西班牙的列车平日上座率都在 60%～70%，德国在 50%～56%，节假日则呈超员状态。

2.2.1 “全高速-换乘”模式

高速线上只运行高速列车，无跨线列车运行，跨线旅客采用换乘方式。高速列车仅运行于高速线，简称“全高速-换乘”模式，适用于自成体系的高速客运专线，如日本的新干线。其优点是列车运行速度高、列车追踪运行间隔时间短（最少仅为 2～3 min）、运输组织简单、便于管理、运输能力大等。但由于跨线客流要全部在衔接站进行一次或多次换乘，因此会延长旅客出行时间，导致部分客流可能会转向其他交通工具，从而加重市内交通压力，给旅客出行带来不便和困难。所以，旅客换乘是“全高速”模式的关键性问题。

日本高速铁路为独立体系，跨线客流在高速站换乘，白天运行、夜间维修。高密度、长编组、多定员、停站时间短、停站方案多、车站站线利用率高、列车服务频率高是日本新干线列车运营组织的主要特点。1964—2002 年，日本共建设了 8 条高速新干线，都是国际标准轨，无法与既有线的窄轨相连接。所以，日本新干线运输组织模式是全部运行高速动车组列车，几乎没有跨线运行的其他列车，而跨线出行的旅客只能采取换乘方式。日本新干线主要有东海道、山阳、东北、上越和北陆新干线，都自成体系。日本新干线的换乘条件尽管很好，但仍致力于创造更多的直达条件。日本国铁民营化后便划片管理，新干线和既有线归同一公司运营，为了使新干线高速列车服务范围扩展到更多的周边城市，部分公司采取将新干线列车延长运行到既有线的措施，以提高全程旅行速度，拓展高速铁路的运营范围，减少旅客换乘。

2.2.2 “全高速-下线运行”模式

高速线仅运行高速列车，但高速列车可以在所衔接的既有线路上运行，简称“全高速-下线运行”模式。在该模式下，高速列车在高速线上按照高速线路允许的速度运行，当其跨线即高速列车下高速线后则按普通线路允许的速度运行。该模式适用于与既有线路相衔接的高速客运专线，例如法国的高速铁路。该模式的优点是：一方面，高速线上只运行高速列车，列车速度基本相同，可按平行运行图运行，通过能力大；另一方面，高速列车下线运行可以增加高速列车的通行网络，扩大高速线路的服务范围，吸引更多的客流，提高高速线的利用率，减少旅客换乘，较好地解决跨线旅客的运输问题。其缺点是：需要较多的高速列车车底；要求高速客运专线必须与既有线兼容。法国的 6 条高速铁路线(不包括巴黎联络线)以巴黎为中心向四周辐射，能通往 6 个方向的不同地区和城市(包括比利时、荷兰、瑞士、意大利等国家的城市)，并与既有线相连接。如巴黎东南线高速铁路长 454 km，高速列车运行总里程可达 1 500 km，通达法国南部各个主要城市，高速运行距离延长近 5 倍。从整体上讲，法国高速铁路可以归为这种模式，一方面使得高速线运力得到最佳发挥；另一方面能充分利用既有的基础设施，尽量减少在高度都市化地区进行操作困难且昂贵的工程建设，列车可以方便地进入更多的城市。法国高速铁路的运营特点是高速铁路网以巴黎为中心，呈放射状，保证高速铁路与既有铁路网的联网互通，通达里程远大于高速线里程，在高速铁路还只有1 576 km长时，TGV 高速列车的运行范围就已达7 500 km 以上。法国高速铁路首先从市场需求的角度考虑行车组织方案的基本设计要求，由此确定初步方案，如每条线路的发车频率、中间站数量、列车班次与时段配置等，然后据此决定每一列列车的精确调度。法国铁路运输组织一般根据客流量大小配备相应的列车对数，在一天中不同时段内根据客流量的大小，开行不同数量的列车。由于运输组织模式适应市场需求，因此能够保证高速铁路及整个路网的整体可靠性，从而使列车上座率较高，停站较少，列车旅行速度较高，整体经济效益良好。一日、一周及突发的高峰时刻实行两组列车重联。但这种运输组织模式的缺点是：列车运行间隔不规律，旅客出行不便，线路利用率下降。对此，为了提高运输能力，必须增加列车数量和存车场的规模以及检修段的数量，减少列车回空。

德国高速铁路采用新线建设和既有线改造方式，将 ICE 高速列车主要用于城市间特快列车运行网，高速列车通达里程已超过 5 000 km。ICE 摆式车体被用于曲线较多的既有线电气化区段；高速线与既有线联网运营，客货分时混合运行。

另外，国外速度等级相同的高速铁路间普遍采用跨线运行，即使是在不同速度等级的线路间，也尽量通过跨线来扩大高速列车的运行辐射范围，以便于有效提高客运产品的竞争力。在欧洲和日本的部分山区或客流较少地区，速度 280 km/h 的高速列车甚至下线至 160 km/h 以下的线路运行，以扩大高速铁路市场份额。

枢纽地区开行跨线列车。巴黎、柏林等城市的大型客运枢纽往往是高速列车集中始发/终到地，同时也有跨线枢纽位于城市不同位置的情况。考虑到旅客进入城市换乘将增加城市交通设施的压力，特别是类似巴黎这样的大城市，每个方向的列车都在不同车站到发，若以换乘模式为主，有可能会损失很大一部分客流。因此，欧洲很多城市都修建了枢纽联络线，在主要的旅客出行方向开行跨线列车，最大限度减少旅客在城市交通中的换乘。

2.2.3 “混合运输”模式

高速线不仅运行旅客列车(包括高速列车和普速列车)，还运行货物列车，简称“混合运输”模式。这种运输组织基本与常规的既有铁路运输组织模式相似，多适用于改建线路，例如德国、英国、俄罗斯等国的高速铁路。其优点是线路的工程投资小；缺点是线路上由于运行的客货列车速度差大(客车的速度一般为 200 km/h，货车的速度一般为 100 km/h)，导致客车的扣除系数大，通过能力较小，列车运行组织较为复杂，同时，客车的最高速度也受到限制，一般只能达到 160～200 km/h，旅客的旅行时间较长。

德国高速铁路的发展是把改造既有线、新建高速线、发展摆式列车三者紧密结合起来。德国的高速铁路由两部分组成：一是改造既有线，将列车最高运行速度提至 200 km/h；二是新建 4 条高速铁路线，前 3 条均为客货混运，2002 年 12 月投入运营的第 4 条科隆—法兰克福的高速线是客运专线。由此可见，德国的高速铁路网是由改造的旧线(最高速度 200 km/h)和新建高速线(最高速度 250～300 km/h)组成的。由于德国高速铁路的建设特别强调增强货物的运输能力，改善运输质量和消除运输瓶颈地段，故采取了这种模式。

德国的 ICE 动车组实行节拍式运输，采取基于运输能力的运输模式。德国以固定的时间间隔组织列车运行，在许多大城市每隔 1 h 发出 1 列高速列车。这样做便能为大多数旅客全天提供均衡的列车，节拍时间容易记忆，也便于旅客选择车次。对于铁路经营者而言，这样的运输组织模式所需列车数量较少，有规律的运行使运营人员的工作更为井然有序。同时，优化的检修程序减少了列车回空，固定发车间隔的列车运行图使得与其他交通工具易于衔接，便于换乘，缩短旅客在站停留时间。这种运输组织模式的缺点是：列车平均运行速度较低，在发车间隔小的情况下很难实现客货共线运行。

德国高速铁路为了方便旅客换乘，采取了在路网枢纽站组织两列车同站台换乘的方式，旅客可以直接从站台一侧的列车换乘到另一侧的列车。这种运营组织方式，必须以整个路网列车运行的可靠性和准时性为前提条件，任何列车晚点都会影响换乘的实施。在客流组织方面，德国尽管具备良好的旅客换乘条件，但仍致力于创造更多的直达条件，例如采取大量的 ICE 列车和 IC 系列列车下高速线的方式。同时，德国铁路为了适应客流变化的需要，在某些线路上还采用了短列运输方式，即根据需要可以两列连挂运行，也能在运量小的区段分解成两个短列分开运行，达到节省运能、满足运量的需要。

意大利、瑞典和西班牙的高速铁路也是客货混跑。意大利是高中速客车和高速货车混跑。瑞典是通过既有线改造，采用摆式列车提速至 200 km/h。西班牙是高中速列车混跑客运专线，采用速度分别为 300 km/h 的本线 AVE 列车和 200 km/h 的跨线 Talgo 列车混跑。西班牙客运专线上采用的是国际标准轨距(1 435 mm)，而其既有线是历史遗留下来的宽轨轨距(1 668 mm)。为了使高速动车组列车从标准轨距运行到宽轨距，西班牙研发了一种特殊的会改变轮距的动车组——Talgo 可变轨距电动车组。

2.3 高速铁路路网结构现状分析

2.3.1 国外高速铁路路网结构现状

欧洲各国及日本的铁路系统发展较早，已经具备了相当完备的铁路网络和成熟的运营模式。总体而言具有以下特点：

(1) 网络层次分明，干支衔接顺畅，终端可达性高。欧洲各国及日本的铁路网络干线和支线层次清晰，高速运行的干线与速度较低的支线换乘节点多，衔接较为顺畅，铁路网络覆盖率高，可将大小城市与乡镇连接在一起。

(2) 换乘组织便捷，旅客可选性强，跨线列车较少。欧洲各国及日本的铁路网络中换乘节点多，换乘站大多规模适中，客运组织流程简洁，旅客乘降及换乘便捷。同时，由于各等级列车密度较高，运行时刻衔接紧密，换乘的时间和地点选择多，因此旅客无须过多等候，受限较少。当旅客选择铁路出行时，对于行程中1～3次的换乘接受度较高，跨线直达模式被线间换乘替代的比例也较高，因此通道型铁路的跨线列车较少。

(3) 高速列车适应客流变化，运行模式多样。欧洲各国及日本的铁路高速线路和普速线路客流压力相对不大，线路输送能力充足，可依据客流需求选择形式多样的列车运行模式。从通道型高速铁路上列车运行速度来看，以法国和日本为代表的高速通道上主要运行速度差异不大的高速列车，以德国为代表的高速通道上高速列车和速度较低的普通列车混行。从通道型高速铁路上跨线列车的比例来看，以日本为代表的高速通道采取“全高速-换乘”模式，高速通道主要运行本线高速列车，跨线客流采取换乘方式出行，以德国和法国为代表的高速通道则允许跨线列车运行，其中法国采取“全高速-下线运行”模式，通道上允许跨线高速列车运行，高速列车也可在既有线路上运行，德国则允许其他列车在高速通道上运行。上述国家高速铁路的列车运行模式多样，不过均是以客流压力不大、运输能力充足为基础的。

2.3.2 我国高速铁路路网结构现状

与欧洲各国和日本的铁路系统相比，我国铁路客运网络及客运组织有着自身的特点，其他国家的运营经验并不能直接运用到我国高速铁路行车组织的优化中。高速铁路的开通促进了地区间的交流，满足了旅客多样化的出行需求，但对铁路运输企业而言，在市场化导向的背景下，铁路运输通道运力资源配置及开行方案是否与客流规律相匹配，直接影响市场竞争力和运输效益。高速铁路的实力不仅体现在运营里程、动车组数量、运输能力、服务质量和运行速度等方面，还体现在将城市连接起来，从而形成四通八达的网、形成庞大的运营网络，故运营工作还需要在如何充分发挥高速铁路网络效应上下功夫。

(1) 网络规模大，但线路衔接协调尚不完备，终端可达性还不发达。目前，我国高速铁路的网络规模领先于世界各国，但网络规模大的同时，也存在高速铁路与既有线的衔接协调尚不完备、铁路网络终端可达性尚不发达、铁路网络与其他综合运输网络的衔接换乘也不够便捷等问题。

(2) 旅客出行对换乘较为敏感,倾向于选择跨线直达模式。受传统铁路客运组织方式及出行习惯的影响,旅客对出行中的换乘较为排斥,更倾向于采用跨线直达模式出行。因此,在高速铁路通道中存在较高比例的跨线列车,这直接影响了通道的通过能力利用和本线列车旅行速度的提高。

(3) 通道型高速铁路运距较长,衔接线路较多,运输组织复杂,能力日趋紧张。从国外高速铁路的开行经验来看,"换乘为主、直达为辅"已成为各国高速列车普遍采用的开行模式。目前,我国动车组列车主要采取点到点直达方式,跨线列车占绝对数量。尽管这种开行模式满足了旅客直达目的地的需求,减少了旅客换乘,有利于吸引客流,但是也会导致部分干线区段能力更趋紧张,制约了整个高速铁路运输网综合能力的发挥。

以京沪高速铁路为例,可根据客票数据对通道型高速铁路客运需求和客流出行特征进行系统性、精细化分析,并将客票数据与民航客流数据进行对比,研究高速铁路网络和主要通道的客流吸引力,以及优势运距和合理的旅行时间范围,研究高速铁路跨线运输对主要通道客运组织的影响,提出改善通道型高速铁路客运服务的组合策略;基于高速铁路网络客流需求进一步提高出行便捷性和旅行速度,研究通道型高速铁路列车运行的基本模式及合理运行速度;进一步研究多种模式列车开行条件下通道型高速铁路通过能力的利用,以及跨线列车对通道通过能力的影响,从而确定本线及跨线列车合理的分配比例;提出多模式列车运行条件下的通道列车开行方案,研究通道与支线衔接节点的列车运行组织及客运组织方法;基于列车提速需求和跨线列车接入条件,提出满足能力使用最大化和客流需求最大化的通道型高速铁路运行图编制模式和方法,形成"层级分明、干线优先、支线衔接便捷"的通道型高速铁路运输组织模式。

第3章　高速铁路客流分析与管理

3.1　客运市场与目标市场细分

3.1.1　客运市场

高速铁路客运市场是与普速铁路、公路、航空等的运输市场相比较而言的。各种交通方式各自最优应用的速度范围是:公路运输为50～100 km/h,铁路运输为100～400 km/h,航空运输为500～1 000 km/h。当行程在300～1 500 km时,基本形成1 h、2 h、3 h高速铁路出行圈,乘坐高速铁路出行总体上比公路、飞机花的时间更少,相对旅行速度最佳。公路、高速铁路和航空的优势运距如图3-1所示。

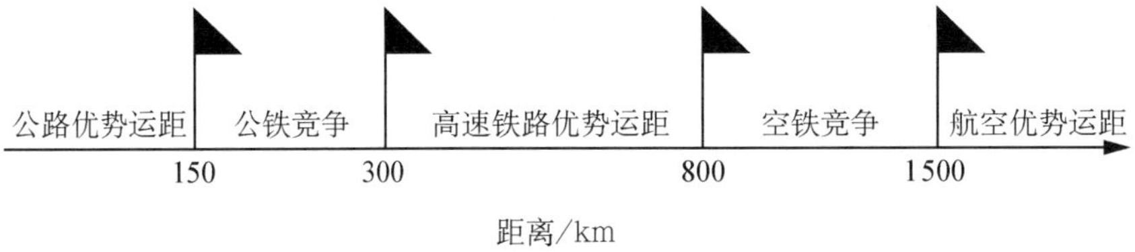

图3-1　公路、高速铁路、航空的优势运距

(图片来源:黄民.新时代交通强国铁路先行战略研究[M].北京:中国铁道出版社,2020.)

(1) 高速铁路与普速铁路比较,差别主要体现在设施、速度、舒适度和票价等方面。普速铁路大多采用有砟轨道,高速铁路一般采用无砟轨道。普速铁路车辆使用传统机车牵引的可拆解车底,高速铁路则采用动车组。普速铁路运行速度低,在160 km/h以下,高速铁路运行速度高,通常在250 km/h以上。因设施设备的原因,高速铁路给旅客带来的舒适度远高于普速铁路。高速铁路票价与普速铁路票价也存在较大差距,除了与高速铁路自身的高成本有关,部分普速铁路本身更多的具有公益性属性。

(2) 高速铁路与公路运输比较,高速铁路在运行时间、乘车环境等方面优势明显,但公路运输的机动性更强,开行班次、停靠中小站点更加机动灵活,一些中低端旅客仍然选择乘坐票价低的汽车出行。因此,高速列车对高速公路客运综合替代效应较强,而对一般公路的客运综合替代效应较弱。具体而言,高速铁路与公路中程运输(300～600 km)相比,高速公路客运在速度上没有优势,再加上高速列车舒适的乘车环境、较高的安全系数和几乎全天候的运营,所以在中程运输方面高速铁路的综合替代效应强。随着高速列车密度进一步加大,并增加停站频次,综合替代效应会进一步增强。与公路远程运输(600 km以上)相比,高速铁路在运行时间、舒适程度、安全系数等方面优势更强，综合替代效应也就更强。

(3) 高速铁路与航空运输比较。高速铁路与短程航段(800 km以内)相比，无论是从价格上还是从密度上都具有明显的优势。新建高速铁路开通后，上海—合肥、南京—武汉等航线逐步停飞，原因有：①在国际原油价格一路飙升、其他运输方式征收燃油附加费的情况下，这无疑增加了铁路的竞争力；②高速铁路开通后，铁路与航空二者的行程时差进一步缩小，考虑到手续时间、转接时间，二者的行程时差在3 h左右；③铁路具有市中心到市中心的“区位优势”、方便地面交通衔接服务、发车正点率高、沿途停靠站点多、受天气影响很小等特点，这些特点使得民航运输的时效性和性价比逐渐弱化。因此，在短程航段上，高速铁路对民航的冲击效应较大，综合替代效应较强。

与中程航段(600～1 000 km)相比，高速铁路对民航的冲击也很大，航班上座率明显下降，班次减少，如上海—武汉、西安—成都、南京—北京的旅客大多选择了高速铁路。通过对高速铁路和飞机在旅行时间、票价水平、旅行环境、服务频次等主要特征的对比分析可知，二者在不同的运行里程范围内优势各不相同。总体而言，当运行里程在800 km左右时，高速铁路在票价、运行时间、开行班次上都具有绝对优势；当运行里程在1 000 km以上时，民航在运行时间、票价等方面的优势则相对增加。此外，随着旅客多种交通方式换乘需求的增加，新型联运模式也呼之欲出。上海虹桥综合交通枢纽的建成，为推进长三角地区零换乘、无缝隙的“空铁联运”组织模式提供了必要的基础设施及先决条件。

关于旅行速度、旅行时间与旅客舒适度的关系，日本交通省研究发现，大部分身体状况好的旅客坐5～6 h没问题，一般4 h以内最舒服，超过4 h开始感到疲劳，最好不要超过5 h，这也是考虑列车上座率的一个因素。研究结果表明，高速铁路的有效竞争半径为旅行时间5 h以内，若单程旅行时间超过5 h，高速铁路相对于航空的快捷优势就会减弱。因此，若1 500 km的行程用时不超过5 h，那么旅行速度就得300 km/h。欧洲大部分城市之间的距离在1 000～1 500 km，日本的东京—北海道、东京—九州的距离都在1 000 km左右，故发展这个距离的高速铁路具有竞争优势。

与远程航段(2 000 km以上)相比，如单纯从价格上来看，高速铁路具有较大的竞争优势，但由于长途旅行疲劳度较大，列车密度也较小，与航空相比旅时相差较大，因而高速铁路在远程航段上对民航的冲击效应较小，综合替代效应较弱。但可采取优化客运产品的方式与民航竞争，如开行夕发朝至动卧列车。

另外，从旅客在途全程时间分析，高速铁路车站一般设在城市中心或距离市中心不远的城市边缘，旅客到达高速铁路车站相对比较方便，考虑到高速列车正点率高、公交化运营等因素，旅客通常只需提前30 min到站安检候车即可；而机场通常设在城市郊区，一般要提前1.5～2 h到达机场，再加上途中乘坐其他交通工具时间较长，相应地，飞机出行的全程在途时间就比较长。

城市数据团联手汇联易做了一个“全国商务差旅出行”的研究，结果表明：在200 km以下的短距离差旅路线中，汽车和高速铁路平分秋色；在200～800 km的中长距离路线中，高速铁路是大多数人的选择，偏好飞机的比例开始增加；在800～1 400 km的长距离路线中，选择高速铁路和飞机的差旅人群比例略有波动；在1 400 km以上距离路线中，选择飞机的比例越来越高。

高速铁路产品设计源于旅客出行需要，根植于客运市场发展，利用有限的线路、动车组等运输资源，在合适的运营时间内，设计开行满足大部分旅客需要的动车组列车。高速铁路主要围绕线路分工、客运市场特点、高普分工以及与其他交通工具融合发展进行市场定位，并在市场变革中不断调整适应。同时，通过大力实施铁路运输供给侧结构性改革，优化客运产品供给，实现高速铁路经济与高速铁路品牌的交相辉映。运输供给的要素包括：运输能力、运输布局（基础设施在空间的分布和活动设备的合理配置及其发展变化的状况）和运输管理体制（运输业发展的结构、制度、资源配置的方式以及相应的政策、法规等）。高速铁路客运产品具有专业化、高速化、舒适化、多样化、全程化的发展趋势。

3.1.2 目标市场细分

高速铁路目标市场可依据旅客出行目的、出行距离、旅途时间等进行细分，旨在制订收益最大化策略。

1. 旅客出行目的

就高速铁路旅客出行目的而言，主要可以分为商务、度假旅游、探亲访友及回家、上学和其他这五类。在京广线，通过调查问卷研究，关于出行目的的调查结果显示，商务出行占问卷调查总数的27.2%，度假旅游占24.34%，探亲访友、回家占36.4%，这三类出行目的占比总和为87.94%，而上学出行的占比仅为4.4%。可以看出，商务、度假旅游、探亲访友及回家的旅客是高速铁路旅客的主要组成部分，他们对铁路运行速度、便捷及舒适度有较高的要求而对价格敏感度较低。通过问卷调查发现，针对这部分旅客，高速铁路需要着重提高服务水平。另外，学生及其他旅客对出行速度及舒适度有一定程度的要求，同时对价格的敏感度也较高。问卷调查还表明，高速铁路可以应用效益管理模式，即通过确定适宜的价格来吸引这部分旅客。

2. 出行距离

根据专家调查显示，运输里程在300 km以内的高速铁路对民航的冲击力几乎到达100%；运输里程在300～500 km范围内，高速铁路的优势有所下降，但对民航的冲击力仍达到了50%以上；运输里程在500～800 km范围内，高速铁路的竞争优势明显不足，对民航的冲击力继续减弱；运输里程在800～1 000 km范围内，高速铁路对民航的冲击力仅为20%左右；运输里程在1 000～1 500 km范围内，高速铁路对民航的冲击力仅为10%左右；运输里程在1 500 km以上便是民航的天下，高速铁路对民航的冲击力几乎没有，即长距离运输高速铁路相对于民航竞争优势已不存在。对不同地区而言，管理模式、旅客需求和票价各不相同，应拓展其运行距离相对占优的市场份额。

高速铁路客运市场细分如表3-1所列。

表3-1 高速铁路客运市场细分（按出行距离）

市场类型	旅行时间/h	旅行距离/km	高速铁路客运市场特点
短途流	<1.5	<300	大部分为通勤客流，客运产品的主要竞争对手为既有铁路、公路，竞争重点更多在费用、方便性、服务等软因素上

（续表）

市场类型	旅行时间/h	旅行距离/km	高速铁路客运市场特点
中途流	1.5～3	300～800	客运产品与既有铁路、公路竞争激烈，可实现“朝发夕归”，具有相对竞争优势
中长途流	3～5	800～1 500	客运产品与既有铁路、公路相比，在旅行时间上具有竞争优势；与航空相比，在价格、服务上具有竞争优势
长途流	5～8	1 500～2 000	可成为夕发朝至客流，客运产品与航空相比，旅行时间总耗时接近，但在价格、服务上具有竞争优势
超长途流	>8	>2 000	可成为夕发朝至流、一日到达流，客运产品与航空相比，航空的竞争优势为旅行时间；若开行动卧动车组，可实现夕发朝至，虽然其费用可能与航空持平，但由于可充分利用夜间时间旅行，故有一定的竞争优势

3.2 客流特征

客流是对于旅客有目的的移动的一种宏观描述。旅客根据出行需要，按照自己的支付能力，选择一定的运输方式，在一定时间和空间范围内进行有目的的移动，便形成了客流。根据自身需求，通过铁路运输方式完成其在时间和空间上的移动的旅客集合称为铁路客流。客流由流量、流向、流距、流时四个要素组成，分别表示客流的数量、方向、行程以及客流产生和持续的时间。

客流组织的基本任务是掌握客流数量、结构、分布等特征，综合考虑现有车底数量、型号、线路技术条件，优化编制列车开行方案、列车运行图和动车组运用计划，从而安全、迅速、便利地组织客流在网络上的运输，最大限度地满足旅客的运输需求。一方面，利用资源优化配置，尽可能地满足旅客运输，使得设施设备使用效率最大化；另一方面，从人性化服务角度，通过不同的产品设计来吸引客流。客流组织首先对高速铁路路网客流进行调查、分析和预测，以此为基础制订列车开行方案、列车运行图、动车组运用计划，并根据计划的扰动情况进行动态应急处置。高速铁路运输组织要适应客流变化，制订运输计划和旅客列车开行方案。

高速铁路客流是一个复杂的要素集合体共同影响的产物，其形成和发展是内外各种动因共同作用的结果。系统内部因素主要有运输组织计划、运输服务质量和客票价格等；系统外部因素包括系统环境方面和旅客方面等因素，其中，系统环境方面主要是社会稳定性、国家经济发展水平、人文与自然环境条件和交通结构等因素，旅客方面的因素诸如个人、社会经济条件和消费偏好等。高速铁路旅客流量是在不同内因和外因共同作用下得到的复杂产物，具有以下主要特征。

1. 客流量巨大并具有动态性

我国高速铁路客流主要集中分布在经济发达、人流稠密的地区，在客流特征上呈现出区域间客流量不均衡、旅客出行需求层次多、平均运距长、客流波动大等特点。这些因素共同造就了高速铁路独特的运营环境。近年来，我国高速铁路客流大幅增长，全国铁路动车组列车的旅客发送量已占铁路旅客总发送量的40%以上。

2. 流向集中

我国工业布局、人口分布主要集中在长三角、珠三角、京津冀等工业发达、商业繁荣、人口密集的地区，从发展情况来看，四川的成渝、长江中游的武汉、东北的辽沈、西北的关中也将形成都市带(群)。这些地区和都市群主要分布在6大繁忙干线的沿线，旅客流向会更加集中。上海站原本是铁路网线的一个尽头站，如今"四纵四横"高速铁路骨干网中，有6条与管辖上海、上海南、上海虹桥和上海西、南翔北、安亭北3大3小共6个车站的上海直属站直接或间接相关。上海站年发送旅客量从2013年的6 000万人次到2020年突破1亿人次，实现了67%的增长，成为全路第一个旅客年发量跨上"亿"级台阶的车站。每天有超过900趟高速列车进出上海，意味着平均1.6 min就有一趟列车驶离或到达。

3. 行程长

我国疆域广阔、旅游景点分布范围广等原因形成了旅客行程长，如上海—昆明、上海—北京等线路。据统计，2014年铁路旅客平均行程为492 km，说明跨线客流的重要性。高速铁路已成为许多人出行的一种选择。日益完善的高速铁路网络、公交化的开行模式、科学高效的调度能力和较强的天气适应性吸引了更多的旅客选择高速铁路。"按流开车"是组织列车开行的首要原则。我国高速铁路客流很大一部分是从既有铁路、航空等客流转移过来的。在高速铁路网络化运营前，旅客夕发朝至的需求通过既有线来实现；高速铁路网络化后，相应地，高速铁路旅客出行的平均运距增加，高速铁路中长距离运输的优势愈加明显，高速铁路客流在不同的运输距离所占的比例也在发生着变化。

4. 波动性

高速铁路客运量在季、月、周、日和一日内各个时段之间都会有变化，列车开行方案以及列车运行图具有弹性适应能力，可适时采取相应的组织方法。高速铁路旅客出行的时间波动性较强，客流出发和到达的时间域更为集中，即便是在高速运输模式下，列车开行数量的调整也无法充分适应客流的变化。高速铁路客流在一年里最大的是春运及暑运。春运以春节为中心前后一次高峰，并延续40 d左右，此时也是探亲、购物、旅游十分活跃的时期。暑运以7月为中心，旅游旺季来临，公务流及商务流活跃，形成客流高峰。一年中12月的高速铁路客流量最小，这是因为公务流、商务流在这一时期正是结束期，同时也是为下一年特别是春运积蓄力量的时期，因而，高速铁路客流量较小，成为高速铁路客流量的低谷。缓和客流在时间上的不均衡性比较困难，因为旅客对运输的需求是有时间性的，为了满足客流量的高峰需求，必须建立一定的后备客运能力。一年当中2—3月、11—12月的客流量较小，铁路部门往往会停运部分旅客列车或缩减编组来减少运能投放，从而减少亏损额。

5. 规律性

周规律波动是指以一周为单位，客流随工作日、双休日呈规律性变化，一般周一至周四为平峰或低谷，周五至周日呈现高峰。季节性波动是指随着四季气候转变，旅客出行时间、出行频率、目的地等均会弹性调整。假日波动是指春节、小长假、国庆黄金周等节假日以及学生、教师的寒暑假期间旅游客流量直线上升，从而带动整体客流量波动。天气波动是指除通勤、商务等刚性客流外，部分客流随天气变化波动明显，其中旅游、探亲流影响最大。大型活动影响包括大型运动会、博览会、国家重要会议，以及大型体育赛事、娱乐晚会和旅游活动等。

高速铁路客流具有周波动规律，其中周五、周六、周日客流量较大，且显著大于周一至周四的客流量。高速铁路客流季节性、周期性、时段性波动明显，根据对南京、杭州、上海等客运站的调查分析，针对中短途高速客流，周末一般比平常增加15%～25%的客流，因此对客流进行分析预测，推知年周末日均客流增加15%～25%，如此客流量是非常可观的，具备增开列车的条件，运行图编排上可分工作日基本图及周末增开图，以满足各类周末高速客流出行。

通过对周波动图、月波动图、小长假波动图、国庆黄金周波动图进行分析可知，高速铁路客流呈现明显的规律性，主要表现在：周一至周四为工作日，客流基本稳定，波动不大；周五、周六、周日客流明显增大，其中，周六的客流量比周五、周日有所回落。我国高速铁路客流周期性规律决定了开行周期性夜间列车的必要性，在周五至周日期间、在有较大客流量交换的直辖市和省会等大城市之间(如在京广 2 294 km、京哈 1 612 km、沪广 1 647 km 之间)，存在大量公务、商务和旅游等中高端客流，可通过高速铁路动卧列车产品的开发来进一步拓展长距离高端客流市场。

6. 体验性

高速铁路产品的消费必须耗用消费者的时间，过程的体验与消费结果——到达目的地，共同决定着消费者对这个产品的满意度，在一次乘车活动消费结束后，体验会转变成某种回忆，影响着后续乘坐选择和对后续产品的满意度。

提高列车速度是铁路赖以生存和适应社会发展的出路之一。尽管每个国家的铁路网和运营方式差异明显，但乘客体验始终是铁路服务之首要。快、稳、准，正是这些乘坐需求在推动着铁路技术不断革新发展。例如，旅客对高速铁路与普速铁路差别的直观感受体现在舒适度、速度和票价方面。在舒适度方面，高速铁路的环境与服务质量接近航空甚至优于航空，从而提升了旅客的乘车体验。例如，在推进供给侧结构性改革方面，铁路部门持续改进售票组织工作，售票组织的精细化水平也在不断提升，如延长互联网售票时间、引入“支付宝”支付、自助售取票、自助验证验票、自助检票进站、出台并完善车票挂失补办法、增加购票信息查询服务、优化网络购票验证码、与银行合作推广 ATM 铁路自动售票机、发售京津城际同城优惠卡、互联网订餐、接续转乘和动车组选座等，从而使旅客购票更加便捷，铁路售票服务再上新台阶。

铁路客运服务评价客观上表现为供给对需求的适应性，其中对质量需求的适应情况主要通过铁路硬件、软件设施设备等资源及用户满意度得以体现，而对数量需求的适应情况主要通过列车时刻表得以体现，如旅客输送能力、路网节点覆盖率、车站服务频次、列车平均停站距离、列车始发终到时刻满意度、直达与换乘方便性、列车平均运距、列车平均旅行速度、高速列车运行情况等，尤其表现在旅客发送量和列车平均运距等指标上。铁路运输企业提供的运输产品也是一种服务产品，具有一般服务产品的特征。铁路客运服务是介于有形的实物产品与无形的服务产品之间的一类特殊产品，结合了有形产品和无形产品的一般特征。

3.3 客流结构

客流分析是根据有目的性的客流调查资料和客流统计数据来分析列车开行优劣的原因、方向性运能短缺或富余、各线路能力利用情况、某区域/某城市的旅客出行结构、高速铁路列车收益情况、旅客出行规律等，为优化列车开行方案、提高客运服务水平提供决策依据。依据客流研究内容的不同，客流分析主要包括客流出行特征分析、客流时空分布特征分析和客流成长规律分析等。

3.3.1 影响因素

高速铁路客流是一个复杂的要素集合体共同影响的产物，其形成和发展是内外各种动因共同作用的结果。客流出行特征主要包括客流的年龄、职业结构、出行目的、对票价的敏感性等，由于每个出行者的特征都不相同，每个旅客的出行行为选择也各不相同，继而导致高速铁路客流量的相应变化，客流出行特征分析方法主要是对旅客或潜在的旅客进行出行调查。

可从客观层面和主观层面分别对影响高速铁路客流的因素进行分析。其中，客观层面是以客流外部的影响为主，主观层面主要是针对旅客运输需求的角度。

1. 客观因素

客观因素包括经济发展水平、地理区域、居民消费水平、人口数量、季节及气候、其他运输行业的竞争等。

2. 主观因素

从旅客出行需求的主观角度来看，旅客对运输产品的选择是综合了多种影响客流的因素的结果。影响客流的因素不会单方面发挥作用，而是相互交织、相互作用，其影响因素可归纳为以下几个方面：

(1) 安全：高速铁路安全是对旅客生命财产的基本保障。高速铁路的运营安全情况直接影响旅客对高速铁路出行方式的评价、选择和依赖程度。

(2) 列车正点率：在经济发达地区，因旅客消费水平较高，故对时间成本和效率非常关注，尤其对列车的正点率要求很高，列车晚点大多会导致高速铁路客流的流失，而列车正点率高则能吸引更多的客流。

(3) 速度(旅行时间)：有关调查表明，速度领先者在运输市场中具有竞争优势。速度是运输业产品性能的基本体现。对旅客而言，高速铁路速度的提高、旅行时间的缩短是激发其旅行需求的首要因素。

(4) 发车密度：集中反映了运输部门所能提供给旅客的运输服务产品的数量水平。列车开行间隔及到发时间对于高速铁路客运产品的便捷性至关重要，对旅客的旅行需求也有较大影响，是旅客出行时选择交通工具的一个重要考量因素。一般而言，缩短发车间隔、相应地增加列车发车密度可增加旅客选择高速铁路这种出行方式的概率，同时也能缩短旅客在车站的平均候车时间。

（5）票价：合理的票价是旅客选择某种出行方式的一个重要的影响因素。在我国经济还不是非常发达的情况下，票价对旅客的影响是很大的，甚至有时起决定作用。当然，不同消费水平的旅客对于"合理的票价"有着不同的衡量标准。价格可以成为调节客流的杠杆。运价灵活可以提高高速铁路对市场的敏感度，加快融入市场的步伐，也可以使高速铁路的收入预期与经营环境有所改善。一般而言，高速铁路旅客的消费水平较高，经济承受能力较强，对票价的敏感性较低。

（6）舒适度：随着人民生活水平的不断提高，旅客对出行工具的舒适度有越来越高的要求。旅客不仅有满足于能实现位移的需要，而且要求在接受运输服务的过程中感到舒适，对这方面的需求也是多层次的。差异化、个性化服务让旅途更加温馨。例如，铁路部门在细节上做文章，拓展服务内容和方式。围绕旅客购票、进站、候车、检票、上车、乘车、下车、出站八大环节，优化服务流程，改进服务方式，为旅客提供通畅有序、便捷温馨的服务；继续抓好老弱病残孕等重点旅客进出站、上下车预约服务，旅客遗失物品查找服务，视力障碍旅客携带导盲犬乘车等服务。同时，高速铁路服务品质不断提升，随着自助售取票、自助验证验票、自助检票进站、互联网订餐、机器人问询、App资讯查询、车站智能导航、服务预约、站车Wi-Fi等一批创新服务产品的推出，极大地改善了旅客的出行体验。

（7）营销策略：指寻找适应高速铁路客运市场需求的各种营销手段，如降低销售价格、实行优惠价、改进产品性能、提高列车速度及档次、提高服务质量等。目前，铁路12306网络客户端、手机客户端和自助售取票机等售票方式已成为主要的售票渠道，方便了旅客购票，相比较而言，车站窗口和代售点的售取票数量降幅较大。

3.3.2　客流分类

1. 按旅客成分分类

高速铁路客流按照旅客出行目的可分为公务性和私务性两大类，前者包括商务、通勤、会议等，后者包括旅游、探亲、务工等。总体上，高速铁路客流主要集中体现在商务、通勤、旅游、探亲等，其客流特征存在明显差异，相对应的组织措施也不同。只有明确服务对象的需求特征，才能更好地为高速旅客提供更好的服务，满足旅客的日常出行需求。不同服务对象的需求特征不同，若以公务、商务客流为主，其需求特征更侧重于快速与舒适；若以通勤、通学客流为主，其需求特征更侧重于便捷与经济；若以探亲、旅游客流为主，其需求特征更侧重于安全与舒适。服务对象的需求特征是设计与调整高速铁路运输产品的一个重要依据。

2. 按列车运行区段分类

（1）本线客流是指起、终点均在某条高速铁路的客流。本线客流组织较为简单，通常采用全程高速列车进行输送。例如，沪宁城际铁路本线客流的输送量占总输送量的70%，本线23个站（含上海虹桥站、南京南站）间的交换客流占全线各站总到发量的90.2%。

（2）跨线客流是指起点和终点分别在不同铁路线路上的客流。这种客流通常跨越高速铁路线。例如，上海（上海虹桥）到合肥、武汉、宁安、淮南东站等方向的各次动车在沪宁城际铁路跨线运行，输送上述方向的客流，同时也输送沪宁区域客流，因而跨线列车在沪宁城际铁路线的停站方式就要合理安排好。

（3）换乘客流。针对高速铁路本线客流，考虑到旅行时间不长，为了最大限度地方便旅客出行，更好地吸引客流，在停站方案编制时，通常采取尽量保证各 OD 之间有较好的通达性、减少旅客换乘的方式。但也存在本线换乘部分客流，若中转换乘方式衔接方案不合理，会给旅客出行带来很多不便，从而导致旅客倾向于选择较为便捷的直达方式。通常，换乘量较大的客流是在枢纽站换乘到其他方向的客流，或是高速铁路网络化后，存在跨线的换乘客流。例如，常州—杭州方向，旅客选择乘坐沪宁城际铁路到达上海虹桥站后，再换乘沪杭高速铁路的动车组列车。换乘模式的特点是：交路少、运输组织相对简单、线路单独运营、相互干扰少、旅客等待时间少。

3. 按客流来源分类

（1）趋势客流是指本线客流，该部分客流占据着客流的最大部分。趋势客流反映的是整个国家或某一地区由于社会人口的增加及经济总量的增长，越来越多的旅客选择铁路这种运输方式出行。这部分客流呈现出连续渐进的增长态势，其历年流量表现为一种有序有界的序列。新开通运营的高速铁路，趋势客流可视为零，但运营一段时间后，便有了趋势客流。

（2）诱增客流是指由于交通设施等硬件条件的改变（如新建高速铁路），或者是软件条件的变化（如交通管制措施的改进以及政策导向的改善），人们在心理上产生了出行的愿望，从而形成一种客流。例如，由于高速铁路的正点率及其安全、高速、便捷的特性，使得人们的出行需求由隐性转为实际，这便构成一部分诱增客流。

（3）转移客流是指由于高速铁路的修建及其较好的服务特性，本来选择其他运输方式的旅客改选高速铁路而形成的吸引客流，其中也包括既有线铁路向高速铁路的转移客流。

4. 其他分类

根据客流性质特征的不同，客流还可进行如下分类：从旅客选择列车的等级来分，可分为高速、中速客流；从客流流动的数量（流量）来分，可分为大、中、小客流；从客流流动的方向（流向）来分，可分为上行、下行客流；从客流流动的时间（流时）来分，可分为高峰、平峰、低峰客流。另外，为了实现精细化管理，高峰客流还可以进一步细分为高峰和次高峰客流。

3.3.3 结构分布

客流时空分布包括客流时间分布与客流空间分布。客流时间分布主要包括客流按年、季度、月的变化规律，客流在工作日与双休日、平日与节假日的变化规律，以及一日内 24 h 的客流波动规律。客流空间分布主要包括不同车站、区间、方向的客流分布。高速铁路客流结构呈现多层次和交叉组合的特点，其分布与变化因时因地而不同。我们对历史数据的分析主要从客流的时空分布以及运输产品属性等角度进行，具体包括客流按照线路、区段的时间分布、空间分布和运距分布等。

1. 客流时间分布

客流时间分布包括一日内每小时和高峰时段、日、周、月、高峰期分布，衡量项主要是客流发送量。高速铁路客流的客流状况具有一定可遵循的规律，在时间上包括客流的日时段、周规律、季节规律等。例如，高速铁路上开行的列车受到旅客出行时段和市场需求的影响，列车运行线一般并非均匀分布，往往是一个时段密集开行，而另一个时段则相对稀疏，从而使得高速铁路列车运行线分布具有明显的时段性特征。我们可根据旅客出行和市场需求，把一日 24 h 划分为不同的时段。

(1) 高峰时段：由于不同等级的列车密集开行或不同速度的列车分布不均匀而产生的列车在某一时间段内密集到发或通过，这个时间段被称为高峰时段。在一日之内可能产生几个高峰时段，对于不同线路、不同区段或区间而言，其高峰时段是不同的。高峰时段是运能最为紧张的时段，也是决定高速铁路能否满足客流需求的关键。

(2) 平缓时段：在这个时段内，到发或通过的列车相对较稀疏，是运能缓和时段。

(3) 空闲时段：指夜间最后一趟列车到达至次日首趟列车开行前的时段，在这个时段内，没有列车开行。

2. 客流空间分布

客流空间分布主要包括站间客流分布和断面客流分布。站间客流分布规律只能掌握各车站的客流情况；断面客流分布规律是指分上、下行方向的各个区间的客流分布，反映列车与客流的匹配程度。例如，沪宁城际铁路全天断面客流分布特点基本与高峰小时(8:00—9:00)类似，曲线形状如一个倒放的花瓶，“花瓶”底部位于上海站，头部位于南京站，在每个站上、下行断面流量的大小成正比，即除了线路两端的上海站和南京站，中间上行流量大的车站，其下行流量也较大；上行流量较小的车站，其下行流量也较小。

3. 客流运距分布

客流运距分布就是客流出行距离范围的分布。高速铁路服务范围的研究中包括服务的时空距离，即分析区域内不同层次旅客出行范围的需求特征，研究旅客的出行距离特征。高速旅客的出行距离视城镇密集程度而定。若区域内短距离客流特征显著，要求高速铁路站间距离不宜过长；若区域内中长距离客流特征显著，则要求高速铁路的站间距离适当增加。时空距离的不同决定着高速铁路的速度目标值选取、运输组织模式、车辆选型及车站分布等均会有所不同。高速铁路的服务范围还包括对研究区域内旅客对外交流提供服务的选择。

有时还把产品类型分布和客流属性特征归为客流分布结构中的内容，前者主要指高速客流在各种类列车、席别的分布；后者主要包括年龄、性别、收入、职业、出行目的和出行意愿等。

3.3.4 统计分析

根据已掌握的历史资料和直观材料，运用个人经验或团队经验以及分析判断能力，对客流变化做出性质和程度上的判断。然后，再通过一定形式综合各方意见，作为客流规律的依据，根据历史统计资料，定性分析客流量的月波动变化情况，找出客流高峰期、客流淡季，并对影响客流波动的变化因素进行分析。定量分析主要是通过客流数据，主要有客票存根数据或者客流调查数据，对客流的数量特征、数量关系和数量变化进行分析，从而找出客流的变化规律。目前，客流数据分析方法主要有直接统计分析方法、基于统计学的数据分析方法和基于计算机算法的数据分析方法。大数据分析是目前的一个新趋势和新方法。

客流统计方式包含分车次、分方向、分线别、分区段、按交路、按乘车时间、按期限等，根据客流分析需要，采用不同的统计方式，如：分车次统计是最简单的统计方式，主要用于统计各车次列车能力的利用情况；分方向统计是将到达方向有意识地归纳为几个或多个方向，用于统计方向性客流数据，如从中国铁路上海局集团有限公司（以下简称“上海铁路局集团公司”）出发，可划分云贵、川渝、两广、两湖、安徽、西陇海、京津、东北等方向；分线别统计是指按高速铁路线别，分别统计各线列车客流情况；分区段统计是指比分线别更为具体，统计具体线路各区段间的客流交换数据；按动车组交路进行统计主要用于统计高速铁路列车每组车底产生收入、成本以及效益情况；按旅客乘车时间进行统计主要是统计各时段的上车人数，用于分析客流高峰与低谷，研究客流的基本规律；按期限统计包括年、月、周、日统计，春暑运、小长假统计，非假日统计，春游、大型活动等特殊期限统计；按席别分类统计则用于分析列车各席别的市场认可度。

客流统计的主要指标包括客座率、上座率和上车人数，又可细分为各席别及综合指标。其中，客座率高低直接体现全程运能的利用率；上座率体现席位复用情况；上车人数体现服务能力和水平等。

3.3.5 客运营销

高速铁路内部营销数据主要来自铁路客票系统，随着售票实名制、学生卡识别、银行卡互联网售票、手机 App、电话订票等方式的逐渐完善，客票系统数据库蕴含的信息量非常大，因此需要定期做好数据备份，并注意数据分类的维度。高速铁路外部营销可对城市人口基础资料、学校资料、大型活动以及公路、民航、自驾等方式的出行客流进行调研，并根据气候变化对人们出行的影响进行调查，对旅游团体和旅客个性化需求进行跟踪分析等。

通过内、外营销数据采集，能够掌握车站所在城市的客流总体情况，能够掌握每日大到全路、小到车站的车票销售情况，能够掌握哪个方向是旅客发送量多，哪个方向旅客发送量少，哪个时间段运能不足，哪个时间段运能过剩等，之后便可根据有限的数据分析提出加开或停运列车的建议。依据客票发售数据以及采集到的其他相关旅客运输数据，采用客运营销辅助系统，进行客流运输的统计和关联性分析，以辅助进行合理的运输组织和调整。其中，关联性的数据分析可以提示在高峰时段高峰方向，对于超出目前所能提供的能力，还有多少人需要乘车出行；可提示某个地方某个大型活动在某个时间段存在客流量突发增量；某个时间段气候恶化带来出行困难人数等信息。另外，通过某个时间段某个区间运能和实际购票量信息，可以推断该时间段该区间客流量是旺季或淡季，可以获取相关动车组列车的上座率、运能利用率和席位复用量；通过购票方式的不同可掌握旅客是喜欢自助服务还是更依赖人工服务。

为开展收益管理工作，铁路局集团公司以原有客票分析统计系统为基础，对系统做了进一步拓展，增加了客流分析、预测以及过程监控等功能，初步建成客运营销辅助系统，其总体功能结构如图 3-2 所示。

在正常条件下，铁路局集团公司总是希望先让旅客购买长区段车票（从始发车站或临近始发站的车站到列车终到站），然后通过席位复用产生短区段席位（长区段车票被使用一个或多个有效区段后剩下的区段车票），再让部分有短区段票额需求的旅客来购买。实际上，

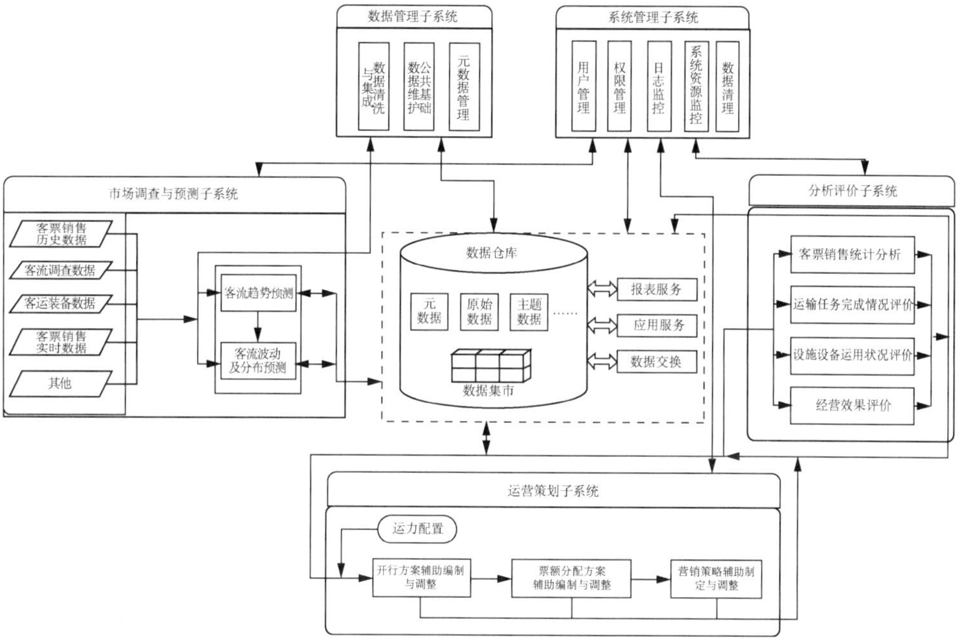

图 3-2　客运营销辅助系统总体功能结构

（图片来源：上海铁路局集团公司2019年科技项目“高速铁路客运营销辅助系统研究”。）

旅客不可能按照铁路局集团公司的设计顺序来购买车票，他们会根据出行需求、运能情况，采取不同的购票行为：有的旅客需要购买长区段，有的需要购买短区段，有的提前较长时间购买车票，有的提前较短时间购买车票。这种时间和需求的随机性，大大增加了票额销售的技术复杂度，同时也影响了列车上座率和收益。

铁路局集团公司通过大数据分析发现，旅客的购票时间与铁路运能紧密相关，随着高速铁路的大量开行，铁路运输能力得到了极大提高，原本一票难求的局面也得到了一定的缓解，广大旅客的购票行为正在悄然发生改变。对旅客购票时间进行分析，结果见表3-2。

表 3-2　旅客购票时间分析

类型	时间											
	0.5 h	0.5～1 h	1～1.5 h	1.5～2 h	2～2.5 h	2.5～6 h	6～12 h	12～24 h	24～48 h	48～120 h	5～9 d	10 d以上
全部列车	11.7%	14.4%	7.5%	4.5%	3.3%	9.8%	7.9%	11.8%	12.4%	9.6%	6.1%	1.0%
高速铁路列车	20.2%	23.1%	8.9%	4.1%	2.6%	5.5%	4.1%	10.4%	8.8%	7.3%	4.5%	0.5%
高速铁路大站	26.7%	30.2%	10.9%	5.6%	3.6%	6.2%	3.1%	4.7%	4.4%	3.4%	1.2%	0.0

由于高速铁路运能较为充裕，高速铁路旅客在购票上要求快捷、方便、简单，大部分旅客预购车票的时间都在开车前 2 h 以内。而旅客购买车票区段的长短则是由旅客的出行需求所决定的，在社会、经济、人口、交通等条件相对稳定的情况下，其概率分布也具有规律性。各次列车的客座率和收入基本按照一定周期（日常、周末、节假日等）运行，同时也验证了其变化规律。

高速铁路营销的核心是体验。要求高速铁路从销售导向转向营销导向，将营销贯穿于企业经营活动的全过程。营销的核心是交换，即从卖方市场向买方市场转变，若一直沿用卖方市场的销售思路，只重视所生产的产品，而没有关注顾客真正所需，结果必然走向衰落。营销可采取整合性的经营手段，全面规划企业的经营活动，并有计划地、相互协作地开展企业各个部门的经营活动。高速铁路营销的关键在于品牌建设，品牌建设包括品牌忠诚、知名度、品牌联想、其他独有资产，企业要将战略和营销活动、产品与服务、信息与传播渠道整合起来，对内部进行流程再造，将优质资源投入到给顾客提供价值增值的关键环节。

1. 运营营销系统

日常客流监控，对基础数据做到“日盯控、旬分析、月总结、季分析、（半）年总结”，详细掌握各个车站、各个时段重点类车等流量流向情况，通过分线、分站、分流向，积累客流增减数据，进行同比、环比分析，为优化调度打下良好基础。

2. 节假日客流监控

通过对周末、小长假、黄金周、两运等客流的监控，掌握高峰日情况以及运能紧张方向客车加开、票额增加等需求情况，及时提出加开、短编改长编、票额共用等建议，进一步满足高峰时段的客流出行需求。

3. 预售客流监控

通过对客流预售量的统计，提前掌握车站列车预售基本情况，对发售量超过 200 张的重点列车，通过客票系统查询车票余额，当始发站余票较多时，及时联系增加共用票额。例如，某日嘉兴南站监测发现车站至上海、杭州方向有 5 趟列车预超售 300 张车票，经了解当日有明星演唱会在嘉兴举办，嘉兴南站立即查询车票剩余情况，及时申请了部分列车的共用票额，从而较好地满足了突发旅客的返程需求。

4. 改进销售渠道

根据每日早、中、晚三个时段，节假日、周末、日常等不同时期的客流波动特征，机动灵活地调整人工窗口的售票方案，改进班次设置，优化每班次的工作时间，为旅客提供方便。同时，拓展路铁联合售票服务，做到与其他交通方式的无缝衔接，在售票窗口增设发售长途公路车票窗口，方便接续其他交通方式的旅客换乘购票。

每年 3—6 月客运淡季，铁路部门根据旅游客流去向，有针对性地组织自局管内、邻局间推出“樱花专列”“桃花专列”“踏青专列”“草原专列”等旅游品牌，并随季节变化动态调整。同时，铁路部门设计推广“联程组合”客运产品，采取高速铁路间、普速铁路间、高速铁路与普速铁路间的不同接续方式，通过组合生成新的“夕发朝至”客运产品来吸引客流。

此外，铁路部门还不断优化售票组织和票额智能预分，综合运用票额共用、席位复用、限售区段调整等手段，对剩余运能进行动态调整。

3.4 客运需求及特征分析

3.4.1 客运需求

关于客运需求，有三个概念需要阐述，即客流量、客流需求和客运量。客流量是从总的方面反映旅客需要乘坐高速铁路的数量。高速铁路市场客流需求是指在一定的地理区域和时间期限内，在一定的营销环境和营销策略下，由特定的旅客群体所购买的产品总数量，即有支付能力的需要。客运量是指在一定运输供给条件下所实现的人员的空间位移量，也就是实现了的旅客运输需求。在大多数情况下，客运量并不能完全代表客流需求。客流需求能否实现取决于运输供给的状况。客运量仅仅代表运输供给限制条件下实现了的客流需求量。运输企业若增加运输设施，改进运输生产技术，扩大运输能力，潜在的客流需求就会相应地变成实际的客运量。客流需求是编制运输计划、组织调度、配置运力、分析运营的前提，常常包括需求总量和时空分布特征等内容。

根据运输需求产生的地域不同，可分为区域内的运输需求、区域间的运输需求和过境的运输需求。运输需求的起点与终点在同一区域 A，称为 A 区域内的运输需求；运输需求的起点在 A 区域而终点在 B 区域，称为 A 和 B 区域之间的运输需求；运输需求的起点、终点均不在 A 区域，但运输对象利用 A 区域内的运输线路完成其位移的，称为 A 区域的过境需求。结合高速铁路，也就有了本线和跨线运输。运输需求具有派生性、不平衡性、异质性（服务质量多种要求）和可替代性等特征。

运输需求分析是基于既有客流数据，对客流总量、客流方向、时段分布等主要客流要素做出的相对客观判断，并对新线诱发客流、经济形势、社会发展等内外关联因素进行分析和预测。

运输需求与路网规划、线路分工密切相关。线路分工决定了市场定位与开行方案，旅客需求影响线路分工。运输需求分析的目的是通过对客流数据综合分析，促进高速铁路线路合理分工、有序衔接，为设计高速铁路运输产品提供数据支撑。

对客流的分布特征与动态变化进行实时跟踪和系统分析，掌握客流现状与变化规律，有助于高速铁路的运力安排和设备配置，优化日常运营组织和管理工作。为确保高速铁路的可持续发展，就要根据“以人为本”的原则，研究旅客出行行为特征，如其对候车时间的敏感性、节假日的出行选择、不同收入人群对票价的敏感性差异等。这些研究能指导高速铁路在运力资源允许的情况下更好地满足旅客出行需求。对于旅客出行时间意愿的研究也有利于列车调整开行方案，减少不必要的资源浪费。同时，还要分析客流产生的机理，发现客流迅速增长的来源以及这种来源的发展趋势，从而有利于指导高速铁路短期内的开行计划。

从高速铁路运营实践来看，现阶段大部分高速铁路能够满足客流需求，但有部分高速铁路受区域旅客出行需求量大和波动等因素影响，如沪宁城际铁路在节假日、高峰时段存在供不应求等现象，高峰期客流具有明显的时间特征和区域特征，从而极易造成运输能力的阶段性紧张和短缺。换言之，在节假日、高峰时段虽然充分利用了运输资源，但是运输供给能力仍存在不足，其他时段基本能够满足客流需求；在非高峰时段则出现一定的运能虚糜现象，需要运输资源的进一步优化调整。

3.4.2 需求特征

旅客运输需求是在一定时期内和一定价格水平下，旅客社会经济生活在旅客空间位移方面所提出的具有支付能力的需要。一个旅客的业务流程包括：旅程规划、信息获取、购票、乘降、乘车、乘降、体验、评价。一列旅客列车的业务流程包括：开车依据、车底、司乘人员、服务用品、机车、整备、上道、乘降、途中、退乘等。

通道或区域内客运需求的影响因素主要包括：社会经济发展水平、城市化水平、人口数量及结构、人均收入水平、综合交通发展水平和客运产品的价格等。我国铁路旅客运输市场总量大，受地域影响，旅客平均运距大、客流流向分散、分布不均衡。按出行目的分，我国既有传统铁路的客流成分主要有日常通勤、商务、旅游、学生、农民工出行等几部分。在某些时期，各种客流会大量叠加，例如春运、暑运、黄金周等。从需求偏好属性上看，旅客注重安全性、经济性和可达性，且对票价敏感度高。

影响运输需求的因素有经济、政治、体制及政策、技术、运输网络布局、运输能力和市场价格等。

随着高速铁路路网结构与质量不断优化提升，客流需求压力也在逐渐增大。在产品多样化、运输能力等方面竞争力不足现象仍然明显，铁路客流呈现时间性、方向性的不均衡分布特征，如波动性、刚性需求和地域性。通道内客流主要是高速铁路本线客流和跨线客流，在网络条件下，会诱增更多的跨线客流，旅客出行距离也会更远；从需求偏好属性上看，高速铁路旅客时间价值高，对安全性、快速性、准时性、方便性和舒适性有较高的要求。旅客运输市场划分见表 3-3。

表 3-3 旅客运输市场划分

划分依据	划分类别	具体描述
运输距离	长途客运市场	运输距离在 1 200 km 以上，铁路具有票价优势
	中长途客运市场	运输距离在 300～1 200 km，铁路占主导地位
	短途客运市场	运输距离在 300 km 以内，铁路具有一定竞争力
客流性质	学生客运市场	寒暑假期间的往返高峰
	农民工客运市场	春节前后往返高峰
	商务客运市场	经常性商务公务往返
	旅游客运市场	旅游客流往返
	日常通勤客运市场	通勤客流往返
服务区域	高速客运市场	城市群间商业、通勤乘客往来
	市域(郊)客运市场	城市与市郊客流通勤往来
	大城市间客运市场	大城市间商业、经济、旅游等客流服务
	跨国客运市场	服务跨越国境的乘客

高速铁路时代的出行需求主要体现为三点:更短的停留时间(快进快出);更高的出行时间价值;更强的直达、无缝衔接需求。

1. 旅客的共性需求

(1) 旅客出行的目的性。旅客跨区域的出行是旅行过程的重要组成部分。旅客的出行目的基本上也是旅行的目的,如商务活动、公务活动、教育培训、务工、求学、探亲、旅游等。

(2) 旅客需求的多样性。根据旅行的不同目的,旅客的需求会存在差异性。比如以公费为主的商务、公务旅客对价格相对不敏感,但对环境、舒适性和服务质量要求相对较高。根据旅客的不同层次,旅客的需求也会各有不同。比如务工人员对价格较敏感,但对旅行时间的要求相对不高。

(3) 旅客需求的共同性。旅客跨区域出行,对交通运输有着共同的需求,也是基本的需求,比如安全性、服务频率、旅行时长、始发/终到时间、价格、便捷性、信息获取、预售时间、电子车票、支付方式、品牌感知和无干扰等。

2. 旅客人性化服务需求分析

要想为旅客提供人性化的需求,首先要弄清楚旅客的具体需求。所谓需求就是人在一些特定场所特定情况下对于某种目标的渴望。需求通常是在某种条件的刺激下产生的,包括来自人体自身的刺激、外部环境的刺激。例如,商务旅客即所谓的1人或3人以下出行,需要的是安静优雅的旅行环境;旅游客流大多以家庭、团队为主,喜欢热闹欢快的氛围,同时对旅行目的地的交通、住宿等信息有着很高的需求。旅客的需求是旅客在乘车过程中对某种目标的渴望,可以分为生理需求和心理需求两个方面。

(1) 生理需求。生理需求是旅客在出行过程中的基本需求,生理需求包括旅客在出行过程中的饮食需求、活动需求和环境需求等。饮食需求是指旅客在出行过程中感到饥饿后产生的进食欲望,这个时候高速铁路列车如能提供较为优质的服务,旅客便能感觉到出行更加舒心。活动需求是指要为旅客提供一个较大的活动空间,当出行时间较长时,旅客一直处于静坐状态会感到疲劳,此时列车上要有一定的空间能够为旅客提供活动场所。环境需求是指旅客在出行过程中希望能够有一个较好的环境,列车内温度适中,噪声较小。

(2) 心理需求。旅客在乘车出行过程中的心理变化有两个影响因素,一个是旅客自身的心理变化,另一个是周围环境的刺激。旅客自身的心理机制包括旅客的性格、兴趣、偏好、修养、乘车习惯等;周围环境的刺激主要包括列车环境(如列车的卫生环境)、其他旅客的群体影响、服务交流等。

旅客的心理变化过程一般分为三个步骤:首先,旅客上车后对列车的环境有一个认知过程,通过五官的感知来确定乘车环境,如列车的卫生情况、旅客情况、乘务员的整体形象等;其次,旅客会通过分析周围环境,对本列车不同因素、需求满意度进行比较;最后,旅客在比较了各种服务后得到具体的感受与评价。

旅客在乘车过程中除了受本身情绪和环境的影响外,还会受到列车乘务员的服务影响。高速铁路优质的列车人性化服务可以使旅客在出行过程中感觉到安全以及被人尊重。

从整体上看,旅客需求主要表现在:旅客对出行体验的要求越来越高,旅客对旅行时间的要求高,旅客运量非对称性可能成为常态,旅客对服务质量的要求高,旅客对应急保障能力的要求高。

3.4.3 客流调查内容与方法

客流调查是客流分析和预测的基础。高速铁路客运市场调查是指运用科学的方法,系统地收集、记录、整理有关客运市场营销方面的各种信息,包括市场的外部环境、旅客需求、运力资源和营销手段等,分析研究客流需求的变化规律,了解并掌握市场的现状和发展趋势的活动过程,为制订旅客运输计划、做出经营决策提供重要依据。通过掌握客运市场规律,可为客流预测、设计列车开行计划等提供重要依据。

通过客流调查,可以掌握客流变化的动态信息与规律,为制订客运计划提供可靠的资料;通过对市场环境和旅客行为的调查,为产品的营销提供一定的支持。例如,运营管理者可以优化运输产品设计;客运产品营销部门可根据旅客对票价变动的反应,在符合价格政策的前提下,研究不同列车的适宜票价,制定客运的定价策略;可通过进一步调查继续掌握市场动向和发展趋势,为客运服务保持现有市场、开拓未来市场服务。

客流调查是指根据年度的客流统计数据,对不同时段的各种客流成分的计划出行人数、时间、方向和需求等进行全面详细的调查,为客流分析和预测提供基础数据。客流调查针对高速铁路的客流吸引范围进行,按时间一般分为日常调查、节假日调查和年度调查(综合调查)三种形式,以日常调查为主。

高速铁路客运市场调查的主要内容有:市场环境调查,如政治经济、社会文化环境等;市场需求调查,包括客流量调查、旅客旅行行为调查等;市场资源调查,包括铁路设备能力和其他运输方式调查;市场营销组合调查,如产品价格调查、销售渠道、促销方式等的调查。

调查的基本方法包括样本连续调查法、询问法、观察法、问卷调查、网络调查法等。其中,问卷调查是采用书面形式通过向调查者发出简明扼要的征询单,请示填写有关问题的意见和建议来间接搜集研究材料的一种调查手段。一份问卷应该满足合理、有效、明确、非诱导和便于分析整理等方面的要求。调查手段可运用网络技术,开展网络调查,但是要确保调查资料的真实性,可通过扩大样本量来提高调查精度。

根据不同的调查内容和调查实施阶段,高速铁路市场调查可以分为新线开通前调查和运营调查,二者在调查内容和调查目的方面存在一定的差异。

(1) 新线开通前主要调查沿线的经济发展情况、客流的吸引范围、客流出行频率、票价接受情况与舒适度等方面的客流需求情况以及其他方式分担情况等内容。

(2) 运营调查主要是指在线路开通运营后,对服务情况、营销情况、旅客满意度等情况进行考察,对线路的运营情况进行分析。

高速铁路客运市场分类繁多,根据调查的目的、性质和内容,调查的时间范围等的不同,相应地,调查类型也会有所差别。如节假日客流特征差异较大,其中还包括一般节假日调查,以及春运和暑运调查。

(1) 以调查时间为主进行划分,可分为日常调查、节假日调查和年度调查。

(2) 以调查的线路性质进行划分,可分为新线开通客流调查、既有线路客流调查等多种。

(3) 其他项目的专题调查。

加强市场调查，按照不同群体、不同时段、不同距离、不同服务等细分客源结构，充分了解个性化、差异化的运输需求所对应价格的接受度，为客运产品定价提供支撑。推进客运价格信息系统建设，依托大数据系统，建立客运价格信息系统，建立市场价格信息库，提高市场调查效率，为实现弹性票价调整提供参考依据。

3.4.4 客流需求预测

客流预测主要是根据当前客流现状，结合历史数据、运输周期、天气、社会事件等变动因素对目标客流进行分析预测，再结合线路规划、经济发展对远期客流趋势做出判断。根据现有数据进行客流需求预测是高速铁路投入运营后亟待解决的现实问题。客流预测的难点在于对运输需求众多影响因素的全面考量以及所采用的模型方法的合理性。客流调查本身又是客运量预测的一种方法。同时，考虑到高速铁路客流的复杂性，需要大量数据和新的分析方法。高速铁路客流预测按照预测的范围、目的、时间以及性质可分为以下几类。

1. 按预测涉及的范围划分

(1) 宏观预测指针对某条线路客流、某车站全年发送量等的客流总量及构成进行预测，其精度要求一般相对较低。

(2) 微观预测指针对特定车站特定日期特定车次上车客流量所进行的预测，其精度要求一般相对较高。

2. 按预测目的划分

(1) 新线开通客流需求预测指新建高速铁路开通前，为了设计初期运营方案，需要在充分调查地区经济社会发展的基础上所做的预测。

(2) 日常客流量趋势预测指为了优化和调整已开通的高速铁路运力资源，根据客流的波动规律所做的客流趋势预测。工作日客流预测：按每年、每月、每周、每日、每小时等不同时间长度进行高速铁路客流预测，以满足在工作日开行方案编制过程不同阶段所需的客流预测支持。

(3) 特殊时段客流需求预测指为了应对节假日、暑运等特殊时段的运营需要而进行的预测。节假日客流预测：提供对高速铁路各列车、区域、线路在节假日期间每日、每周的客流预测，如春节、暑期客流的短期预测，以满足制订节假日开行方案调整的需要。

3. 按预测时间的长短划分

高速铁路客流预测以时间为依据可划分为长期、中期和短期预测。中期、长期客流预测通常针对待建线路，用于把握未来客流的总体规模和发展趋势，短期预测则是高速铁路运营组织和市场营销的依据，其预测结果直接影响运输计划的编制、运营组织的效率以及经济效益和社会效益。短期客流预测的模型与方法主要有灰色预测法、时间序列模型 、神经网络预测法、支持向量机(Support Vector Machine，SVM)预测法等。各种短期客流预测方法都有其自身的特点与适用条件。

不同领域划分的时期及长短也各不相同，可以根据需要来确定。在传统的铁路客流预测领域，一般把预测周期达10年以上的客流预测称为长期预测，把预测周期为5～10年的客流预测称为中期预测，把预测周期在5年以内的客流预测称为短期预测。此外，近年来也有研究将预测周期与客票预售期相当或类似短时期的客流预测称为短时预测。

4. 按预测的性质划分

(1) 定性预测。通过对事物的属性进行描述性分析来预测,一般用于历史数据不易获得的属性,目的主要是判断事物未来发展的性质和方向。这种预测综合性强,需要的数据少,能考虑无法定量的因素。

(2) 定量预测。以调查统计资料和信息为依据,考虑事物发展变化的规律性和因果关系,建立数学模型,可以对事物未来发展前景进行量化分析。

5. 按预测的机理划分

(1) 基于影响因素的预测。事物的发展总有前因后果,即便是在未探明事物发展的因果关系时,也会在事物发展过程中存在一些对其发展具有深刻影响的因素。我们可以借助这些因素来预测事物的发展。在进行预测时,首先要对收集到的大量数据进行分析,确定具有较强影响作用的因素,再建立这些因素之间相互影响的关系模型,并进行参数标定。最后,还需要建立预测模型进行验证。

(2) 基于时间序列分析的预测。考虑到客流出行需求变化的时间序列、客流量变化的观测序列等都能以时间序列的方式呈现出来,时间序列蕴藏着事物发展的丰富信息,具有其他形式所不能代替的知识,而其最典型的特征之一,就是相邻观测时刻之间存在难以分割的依存关系,而这种在时间维度上的依赖关系具有极大的实用价值,是进行预测的根本依据。

按照整体性、惯性、相似性、相关性、概率推断、反馈的预测原理,预测方法是根据预测原理,根据事物的发展规律,或在事物发展过程中出现了随着事物发展而显现出来的现象。铁路客运量预测方法众多,常用的方法有运输市场调查法、乘车系数法、回归分析法和时间序列法等。随着高速铁路的发展,针对高速铁路产品设计和开行方案设计的各类 OD 客运量预测方法的研究和应用也迅速发展。影响预测方法选择的因素有很多,包括预测的目标特性、时间期限、精度要求、费用预算、资料的完备程度、模型的难易程度、历史数据的变动趋势等,高速铁路系统中各因素的不确定性、随机性和模糊性决定了高速铁路客流预测的复杂性。相关的预测建模技术发展至今已形成了众多的方法,依据预测手段和方式可划分为:

(1) 统计理论。通过统计数据得出固有规律,通常假设未来走向具有与历史相同的特性。代表性方法有历史平均模型、线性回归预测模型、时间序列预测模型和卡尔曼滤波模型等。大多数方法是建立在线性基础上的,然而在时变性强的情况下,预测效果不佳。

(2) 交通仿真。仿真模型可分为三种:基于连续性描述的流体力学模型、基于概率性描述的气体动力学模型、基于离散性描述的跟驰模型和元胞自动机模型。从物理的角度可以认为是宏观模型、介观模型和微观模型。宏观模型便于把握客流的整体特性,简化后容易得出解析解,但不适合于非线性强的情况。微观模型虽然捕捉到离散性和非线性,但模型参量很难客观准确地确定。介观模型在考虑客流整体特性的同时有时涉及系统中的离散个体,但是待定参数增多且确定起来较为烦琐。

(3) 模式匹配。从历史客流数据中总结出一组模式,把当前采集的数据与历史模式进行比对,找到最为接近的一个或几个模式作为预测的依据,其中比较有代表性的方法是非线性回归法。这种方法不需要建立模型和先验知识,可直接从历史数据中挖掘信息,但不易提炼总结潜在的规律,并且需要大量的数据以便建立完整的数据库。

(4) 神经网络。通过对历史数据学习确立网络模型，再利用建成的神经网络进行预测。因其具有自学习的特点，近年来得到广泛关注。不足之处是：建模需要大量的历史数据；经学习确定的输入与输出关系不易被理解；由于利用经验最小化原理进行学习，因此不能实现期望风险最小化，这是其理论上的缺陷。

(5) 非线性理论。此类方法是在混沌、耗散、协同、分形理论等非线性理论的基础上形成的，其中研究的热点较为集中在基于混沌理论的预测方法和小波分析预测法。此类方法对于短时期内非线性较强的问题的预测结果是不错的，但不适合中长时期预测。

(6) 综合预测。各种预测方法均有优缺点，综合预测方法就是试图借助融合技术综合多种不同的预测方法，达到取长补短的效果。由于预测的不确定性，并且不同的预测方法各有其优缺点及适用范围和使用条件，近年来，有学者综合各单项预测方法的特点，将不同的单项预测方法进行组合，提出组合预测方法的概念。所谓组合预测，就是设法将不同的预测模型组合起来，综合利用各种预测方法所提供的信息，以适当的加权平均形式得出最终的预测模型。组合预测的主要问题是加权平均系数的确定，适当的加权平均系数会使组合预测模型更加有效地提高预测精度。有关组合预测的内容可参见相关文献。研究重点是如何有效地把多种方法结合起来，如何分配及调整各种方法的权重。

6. 案例分析

下面介绍通过售票数据和大数据分析进行预测和分析的方法。在传统观念下，人们总是致力于找到一切事情发生背后的原因，然而很多时候，寻找数据间的关联并利用这种关联已足够，这种思想上的重大转变使人们尝试着不再探求难以捉摸的因果关系，转而关注事物的相关关系。所谓相关关系，其核心是指量化两个数据值之间的数量关系。在大数据时代，建立在相关关系分析基础上的预测是大数据的核心。从另一个角度来说，数据如果不被融合、联系在一起，也不能称之为大数据。从数据到大数据，不仅是量的积累，更是质的飞跃。海量的、不同来源、不同形式、包含不同信息的数据可以很容易地被整合、分析，原本孤立的数据变得互相连通，这使得人们通过数据分析能发现小数据时代难以发现的新知识，从而创造新的价值。统计学依然是大数据分析的灵魂。

大数据的核心是预测，即把数学算法运用于海量的数据来预测事情发生的可能性。预测分析是一种统计或数据挖掘解决方案，可在结构化和非结构化数据中使用以确定未来结果的算法和技术，可用于预测、优化、预报和模拟等多种用途。随着越来越多的数据被记录和整理，未来预测分析必定会成为所有领域的关键技术。大数据是指所涉及的资料量规模巨大到无法使用目前主流软件工具在合理的时间内达到撷取、管理、处理，并整理成可以帮助企业进行经营决策等积极目的的资讯。相对于传统的数据库应用，大数据分析具有数据量大、类型多样、价值低密度、处理速度快等特点。

1) 大数据分析

为提高客流分析和预测的可靠性、精确性和可行性，客运营销辅助决策系统主要采集售票存根、席位、运能、票价、天气、主要事件(包括节假日、学生寒暑假、重要社会活动、重要社会事件等)等约 10 TB 容量的信息数据，然后对这些数据进行清洗、计算，最后分门别类地进行数据存储。整个系统使用 Sybase 数据库及智能应用来对数据进行采集、清洗、计算和存储;利用 Sybase IQ 对数据进行长期、大量存储,方便大数据查询;利用 IBM 公司 Cognos 商业智能工具对数据进行智能挖掘、分析和展现。

该系统主要能够实现列车运能统计及分析、列车上座率及收入分析、车站客票发售及收入分析、售票过程监控等功能,另外还具有大数据收集、清洗、挖掘、展现等功能,能够有效分析旅客高速铁路出行行为特征,基本满足铁路局集团公司及站段营销分析人员的客流分析需求。

2) 客流预测

客流预测是铁路实施客运收益管理的基础条件,根据民航实施收益管理的经验,客流预测的准确性直接决定了收益管理的经济效益。显而易见,如果客流预测准确率低,不但不能使效益提升,反而有可能降低既有效益。影响客流预测准确率的主要有预测算法和元数据两方面的原因。很多专家、学者提出各自的预测算法,并广泛运用到人民群众的生产生活实践中,且很多算法已日臻成熟。关键问题是:如何选择适合铁路客流特征的模型和算法。

在实际应用中,铁路局集团公司一般选择多种算法(如时间序列法、指数平滑法、概率法、组合法、神经网络等),根据所需预测的目标、种类或精度选择相应的算法。元数据是为预测未来而准备的相近历史数据,主要包括历史客流数据、历史社会经济活动数据、气象数据和节假日数据等。铁路客流预测系统就是基于以上因素构建而成的,在客票系统、客运营销辅助系统的基础上,利用合适的客流预测模型算法,对列车、区域、线路的总量客流或者 OD 客流进行预测,为收益管理提供科学的依据,其客流预测流程如图 3-3 所示。

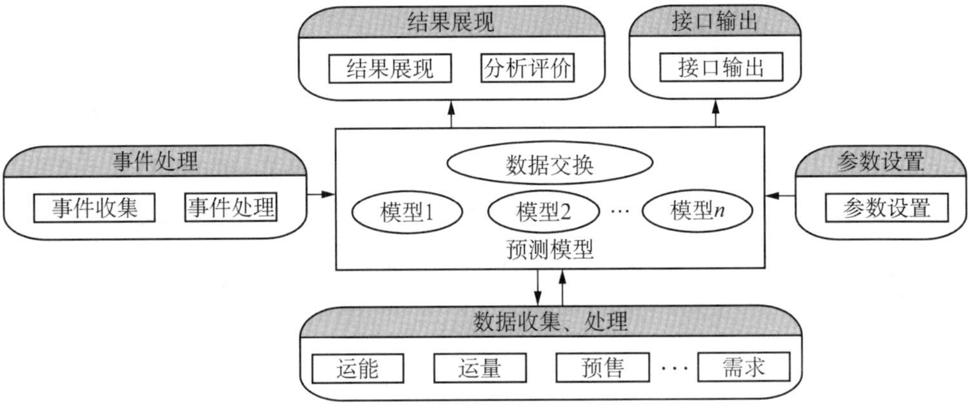

图 3-3 客流预测流程

3) 运能与需求分析

客流预测是制订售票策略的前提和基础,为此铁路局集团公司充分利用客票销售数据、运能数据、社会经济数据、天气数据、节假日数据、售票政策等资源,按照先区域后线路、先线路后车次、先日常后节假日(含周末)的分析原则,对运能和需求进行综合评估,然后基于预测模型按各时间段、各线路对客流进行预测。

在确定研究区域后,铁路局集团公司找出所有到达、通过这一区域的线路和列车,然后按时间段对总体运能及实际客流进行比对,明确各次列车的运能、运输定位(主要运输目的)以及实际旅客需求,并根据社会经济、天气、节假日、售票政策等数据对实际旅客需求进行修正，以确保当前数据的准确性和科学性。例如，对于上海—合肥的客流进行分析，铁路局集团公司首先按时间段罗列出所有上海—合肥的旅客列车，然后按目的地进行分类，基本分为去武汉方向、始发终到列车、安徽其他地区列车（六安、淮南东等），再结合运能和实际客发情况，按时间段明确各次列车的运输能力。

根据运能和需求分析结果，利用合适的客流预测模型算法，对列车、区域、线路的总量客流或 OD 客流进行预测，详细计算出未来各次列车、线路的客流需求。G2 次列车客流预测和京沪高速铁路客流预测，分别如图 3-4 和图 3-5 所示。

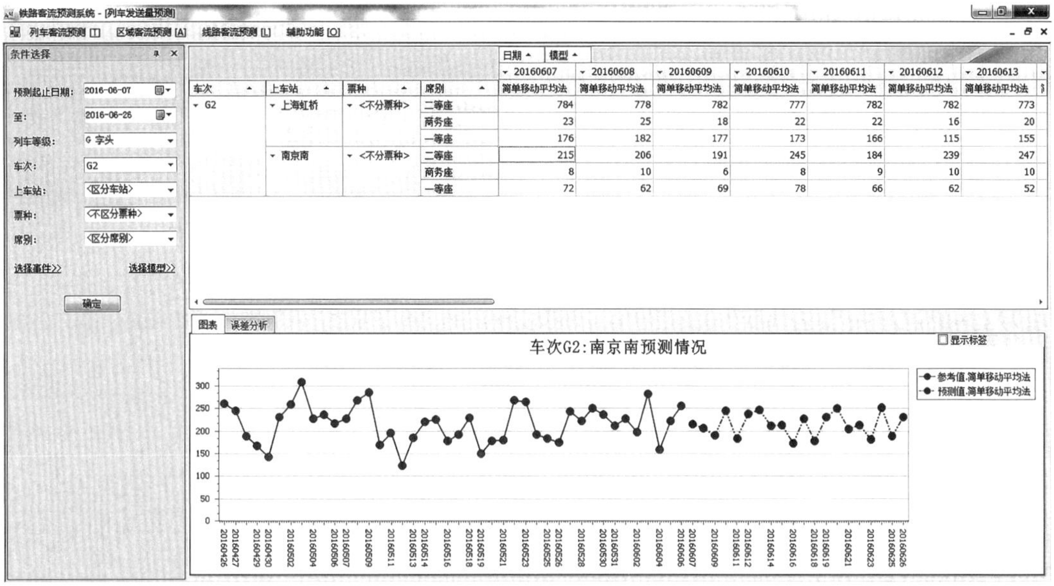

图 3-4　G2 次列车客流预测

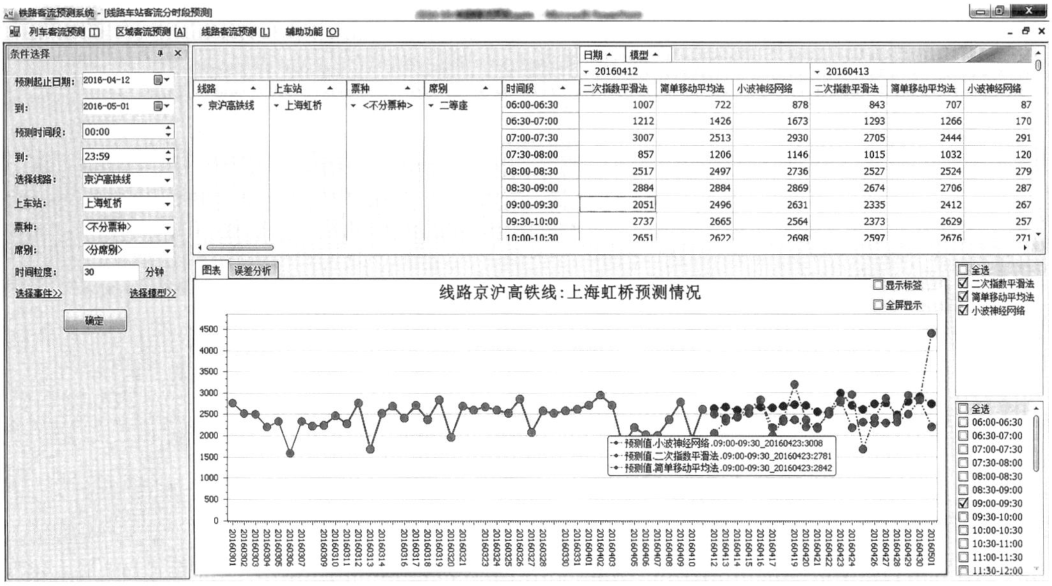

图 3-5　京沪高速铁路客流预测

4）监控及评估

由于系统的预测结果并不是那么精准，实际与预测难免有差距，因此需要人工介入售中监控、策略调整以及售后评估。具体来说，主要利用营销辅助系统中的监控模块，实时监控各次列车的每日客座率情况以及销售趋势，如图 3-6 所示。若发现实际情况与预测趋势差别较大时，主动预警，然后进行人工分析，并根据分析结果对预分票额进行微调。

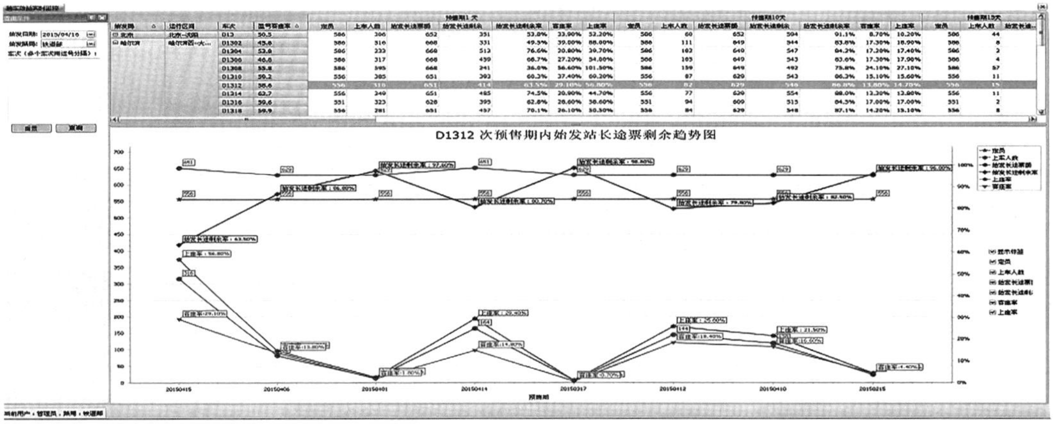

图 3-6　售票趋势

售后效益评估是对客票预售策略进行修正、完善的必要手段，铁路局集团公司每半个月会对预测客座率及收入与实际情况进行比较，重点分析客座率出入超过 5%的列车，找出原因，并提出策略调整方案。通过一段时间的实际运作，策略调整方案已基本稳定且日趋成熟，客票效益也明显上升。

另外，早期的客流预测模型由于忽略了日期属性，导致预测结果不能很好地解释客流的异常波动，因此需要区别日期的节假日、非节假日属性，并分别进行短期客流预测。但现有的日期属性上的特征细分度还不够，其实日客流波动特征与日期所在的月份、节假日甚至所在节假日相邻日期的属性均有关系，同时，我们还要结合天气等情况，将所有的影响因素综合起来进行预测。

3.5　收益管理

3.5.1　概念分析

对于易逝商品供应商，如何用相对固定的供应能力来满足多样而又随机的需求，找到供求关系的最佳平衡点？如何将适当数量的适当产品在适当的时间以适当的价格卖给适当的顾客，从而获得尽可能多的利润？收益管理正是用来解决上述问题的专门方法和技术。收益管理就是通过差别定价来获得易逝品的最佳收益。1989 年，Kimes 结合营销学提出了收益管理的 4R 理论：在合适的时间和地点（right time and place），以合适的价格（right price）向正确的顾客（right customer）提供合适的产品或服务（right product or service），其目标是实现资源约束下企业收益最大化。从本质上讲，收益管理就是采用一定的机制和策略，使得有限的供给能够与变化的市场需求达到一个平衡，从而实现企业收益或利润最大化。其核心理念就是运用价格手段调节供求平衡，强调用收益驱动的经营理念取代成本驱动的经营理念，通过科学合理的价格策略和市场供给策略来追求更多的收益，从而获得更高的利润。收益管理应用条件包括：

（1）产品或服务的易逝性。产品具有明显的时效性，产品或服务只能在某个时间段供给，过后产品或服务就不复存在，产品或服务不能被储存，不能采用一般的库存管理方法加以管理，如航空和铁路的客票。

（2）供给能力相对固定。提供产品或服务的企业的生产能力和容量是有限的，短期内无法根据市场的供需关系改变产量。

（3）消费者需求的多样性和不稳定性。市场的需求是多种多样的，且易受诸多因素的影响，波动较大，难以实现供求平衡。这种场景对市场细分的要求较高，而划分的依据是消费者对产品特性的需求多样性或价格敏感度。

（4）高固定成本、低可变成本。在容量范围内产品或服务的固定成本较高、可变成本相对低很多，每多销售一单位产品的可变成本微乎其微。

（5）支持预订。支持预订的产品需要通过预订系统提前获取顾客信息，结合预测技术和控制需求，制订合适的价格。

符合上述条件的产品和服务有很多，目前应用收益管理最多的是航空业，并逐渐拓展到旅游、酒店、电力、通信、铁路等领域，被华尔街称为“头号涌现式经营战略”。

3.5.2　功效分析

1. 调整供求平衡

客流市场是变化的、波动的，如果铁路部门按照最大需求去配备运能，可能会造成较大的运能浪费，那么如何平衡有限的运能与波动的市场需求？通过大数据分析及客流预测能够知道未来某一天内各时间段的客流市场需求，但在高峰时期运能有限，为此可以通过差异价格，即高峰时段提高票价，非高峰时段降低票价，从而将高峰时段对价格敏感的部分客流吸引至非高峰时段，从而实现供求平衡，如图3-7所示。

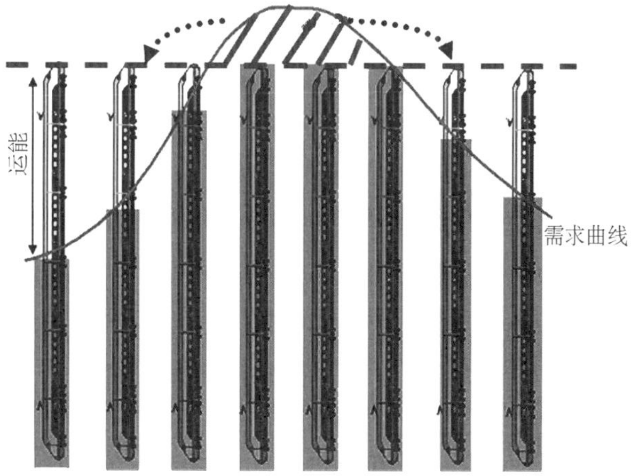

图3-7　运能与需求的关系

2. 收益最大化

根据经济学基本原理，若给出价格与需求的关系曲线，则该曲线与坐标轴围成的面积即为商品或服务提供者的理论可获得收益。然而，当所有商品只设定一种价格的时候，收益只是曲线上某个点的横、纵坐标所围成的长方形的面积。如果进行多等级的差别定价，则可获得更多的收益，减少潜在收益的流失。这样既能满足价格敏感性差的“刚需”用户并收取原定价格，又可以通过提供高端商品或服务给要求较高的高端客户，还能以较低的价格优势诱增对价格敏感的新需求，从而尽可能地增加潜在收入，如图 3-8 所示。

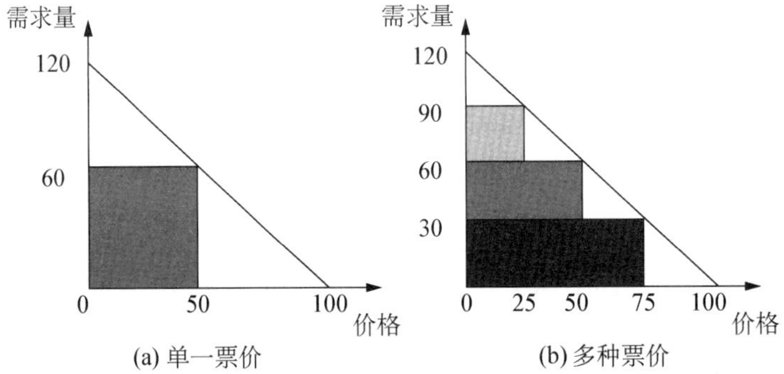

图 3-8 单一票价和多种票价

3. 风险共担

收益管理采用以旅客可承受风险和旅客忠诚度为准则的定价方式。旅客愿意承受的风险越高，则可获得越低的票价；反之，愿意承受的风险越低，则需要付出的票价就越高。另外，旅客越忠诚，则可享受越低的价格，即对提前购买车票天数越多的旅客给予更多的优惠，但是对这些车票会进行某些限制（如退票、改签等）。旅客和铁路部门对这种需求和供给共同承担风险。铁路部门通过把可能虚糜的运能提前销售出去，便可有效减轻车站的售票压力，提高列车运营组织的水平。

在市场经济环境下，建立科学合理的机制，顺应市场的不均衡性，采取差别定价的方法实行多等级票价，通过价格引导旅客出行选择，缓解高峰时期运能不足和非高峰时期运量虚糜，使客票价值客观反映客票的价值属性。这样做既可以提高高速铁路运输企业的市场竞争力和经济效益，又符合国家、铁路、旅客各方的利益需求。

3.5.3 收益管理系统

2000 年以后，我国航空公司引入欧美航空公司的收益管理系统，并开始研究国内外客流、营销政策等方面的差异，然后对引入的收益管理系统进行优化、改进。在铁路客运领域，欧美等国从 20 世纪 90 年代就开始在铁路客运行业开发、使用收益管理系统，美国铁路客运公司 Amtrak、法国国营铁路公司 SNCF 等通过运用收益管理都进一步扩大了市场份额，提高了铁路收益。高速铁路收益管理系统主要涉及客流预测模型、席位存量控制模型、车票价格浮动模型、客流市场分析、客流数据仓库等模块，体系结构如图 3-9 所示。

图 3-9 中，ODS（Operational Data Store）即“操作数据存储”，它面向各种应用系统，对各应用系统的数据进行抽取、计算、转换等操作，最后将整理好的数据加载到数据仓库中；收益决策系统从数据仓库中提取所需数据，然后进行预测，提供席位存量控制和票价浮动策

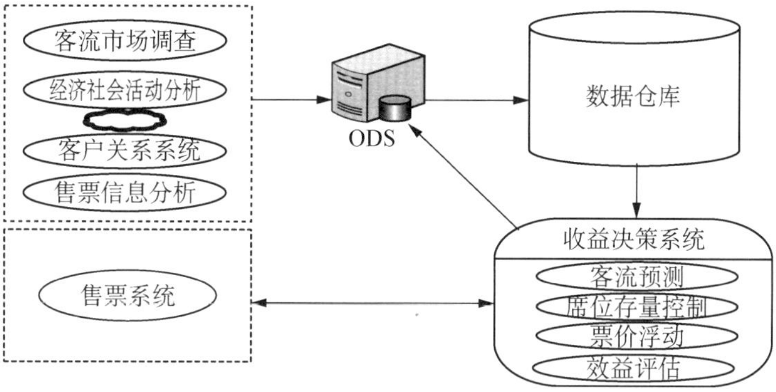

图 3-9　高速铁路收益管理系统的体系结构

略，并直接或间接作用于售票系统，最后还要对预测和策略实施效果进行评估与分析。随着客票系统中席位存量管理的实现，未来同一日期同一车次同一席别将进行差异化存量票额及票额策略，并将逐步推广到所有高速铁路列车上。

收益管理的实施要结合高速铁路的具体情况。针对现行高速铁路运营体系的实际情况，其收益最大化模式框架可包含客流信息收集、旅客行为分析、客流预测、价格策略、售票策略、策略执行和收益评估等，如图 3-10 所示。

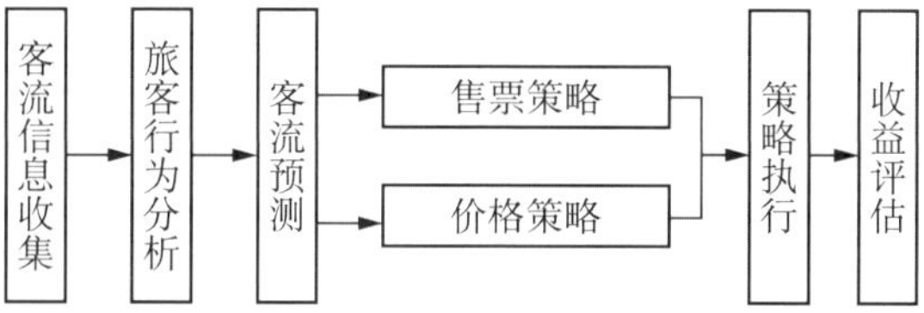

图 3-10　高速铁路收益最大化模式框架

收益管理首先是需要进行客流信息的收集，收集旅客出行的相关数据，以此作为旅客行为分析的基础。其次，基于收集到的客流信息对旅客行为进行分析，根据旅客的不同特征进行分类、细分市场，并针对不同特征的旅客进行出行需求预测，从而提出收益优化策略，包括价格策略和售票策略，继而在实际应用中执行相应的定价策略并及时获得旅客购票行为的反馈，以进行收益评估，进而对收益管理模式及策略应用效果进行评估。一个收益管理周期完成后，旅客行为及客流量会作为新的信息成为新一轮旅客行为分析的基础，进而形成新的策略，并不断完善整个收益优化进程。优化策略与市场反应同步呼应，从而寻求科学的收益最大化管理策略。

客流信息收集是实现收益管理的基础，任何优化策略的提出都不能脱离市场数据的支撑。高速铁路客流信息主要包括两个方面：一是旅客的行为特征，即旅客的出行目的及规律、消费偏好以及价格敏感度等；二是高速铁路的竞争环境，即公路、普速铁路以及航空的市场份额及竞争能力等。完备的客流数据是客运决策部门进行运量预测、经营决策的重要依据。

旅客行为分析的重点在于旅客市场分析，国铁集团公司应充分了解旅客出行的差异化需求，以及旅客对票价、服务品质的敏感程度，并根据旅客的不同特性进行分析，得出其市场行为及客户价值，从而为优化策略提供基础。高速铁路旅客出行受多种主、客观因素的影响，如出行原因、旅途时间、出发时点、收入水平、列车服务水平等都会影响旅客的出行选择。在获得旅客出行数据的基础上，对旅客出行目的、出行时间、价格敏感性、对服务水平的要求等进行分类，以分析不同因素对旅客出行选择影响程度的大小，从而为提高服务水平、增加客运收入提供更有针对性的依据。

预测客流量是高速铁路系统能够有效实现收益管理的基础，同时，预测客流量是行业的重点，也是难点，对客流量的预测越准确，就越能够提升收益水平。从整体来看，客流量的大小主要取决于旅客的出行需求以及出行意愿，其中出行需求主要受当地经济水平的影响，而出行意愿则受多种因素（如旅客的收入水平、旅客对价格的敏感程度、节假日、列车的服务水平等）的影响。

我国高速铁路对收益管理的探索及应用尚处于起步阶段，在国家发展改革委发布《关于改革完善高速铁路动车组旅客票价政策的通知》之后，国铁集团有了一定的自主定价权。该政策规定设计速度在 200 km/h 以上的高速铁路动车组列车一、二等座票价由铁路运输企业根据与价格有关的法律法规自主制订，商务座、特等座、动卧等票价，以及社会资本投资控股的新建铁路客运专票价继续实行市场调节，从而给予了我国国铁集团公司调整高速铁路客运价格、实行票价策略的自主性和灵活性。结合我国高速铁路运营现状，国铁集团公司开始尝试对部分高速铁路票价做出相应调整，以期扩大客票收益。

第 4 章　列车开行方案设计及优化

4.1　列车开行方案内容

列车开行方案是高速铁路运能供给的一种产品形式，是从客流到列车流的组织方案，既是运输组织工作的开端，又是计划工作实施的延续，是联系以运输需求为导向的“客运产品”与运输生产计划之间的桥梁，是客运产品的前身和初步设计，也是编制列车运行图的重要基础。

列车开行方案是列车开行的框架计划，在铁路运营组织中占有极为重要的地位。列车开行方案是以既有客流需求为基础，以估算或既有历史统计资料（如客流性质、数量、特点和出行规律）为依据，科学合理地安排列车运行区段、等级与种类、开行数量、车底编组和停站方案等，最大限度地开发合理的客运产品，满足潜在的客流需求。列车开行方案内容如下。

1. 列车开行区段

高速铁路列车开行区段包含列车始发站、终到站及列车经由线路（运行径路），起终点一般选在中心城市、客流较大地区、线路起止车站、动车运用所或存车场相邻车站。以沪宁城际铁路为例，本线列车开行上海（虹桥）至南京（南），经停常州、无锡、苏州。上海和南京具备开行始发列车的全部条件，常州、苏州设置有存车场且客流量较大，无锡是客流较大地区。根据通勤客流的需要，还会在周一早高峰临时开行昆山南至上海区段的列车。

确定开行区段是编制列车开行方案的首要问题，是整个开行方案编制过程的第一步。列车始发站和终到站的选择需要根据站间 OD 客流量来判断。列车开行区段存在以下几种可能：

（1）高速铁路线路是一个封闭的独立系统，不与其他线路连通，这时高速铁路上列车的开行径路是唯一确定的，其上开行的列车称为本线列车。

（2）高速铁路线路与其他线路有连通关系，这时列车在有些始发站、终到站之间就可能存在由多条不同线路组合产生的径路可供选择。例如，上海站和上海虹桥站、南京站和南京南站都可设为沪宁城际铁路的始发站和终到站。始发站和终到站要有相应的动车组维修、整备设施。

（3）确定跨线列车的运行区段。例如，沪宁城际铁路和京沪高速铁路上海虹桥—南京南段存在平行径路，其中昆山南站是共同的节点站，合肥、武汉、郑州方向的列车可以经京沪高速铁路，而不经由沪宁城际铁路线。

2. 列车开行对数

以匹配客流为原则，并适当留有一定的运能冗余来满足高峰时段的客流需要，一次成图、灵活上线，可通过日常、周末、高峰三种方式安排实际开行列对。在预测客流时，不仅要考虑既有客流总量和转移运量，还要考虑高速铁路便利带来的诱发出行旅客数量；在安排列车开行对数时，根据客流量上限来安排高速铁路列车对数，具体开行时则视季节、节假日、天气等因素灵活调整。

高速铁路要根据客流的出行特点、客流性质和客流需求，合理配置列车的开行密度和不同时段的开行数量。

(1) 时段分配。将列车对数分配到每日的各个时段，包括高峰时段和平峰时段等，以满足不同时段旅客出行的需要。

(2) 开行密度。各类列车开行对数要体现客流需求的特点，并确保基本服务频率(开行密度)的需要。

(3) 梯次方案。考虑到日常、周末、节假日(含黄金周)旅客出行的需要，建立日常、周末、节假日三套梯次动车组列车开行对数。

考虑到高速铁路通勤客流时间的限制，早、晚高峰客流明显，在高峰时段需要加大列车开行密度，平峰或波谷时则可适当减少。

在高速铁路列车开行方案中，要遵循均衡运输的原则。均衡运输是指开行方案在时间上的均匀分布，包括整体均衡、方向性均衡和相对均衡。整体均衡即基本运输框架的均衡性，避免出现运行间隔过大；方向性均衡即按列车去向有序开行，避免同时段过密或长时间无车；相对均衡即按照客流高峰、低谷适应性地调整开行密度。

3. 列车停站

我国高速铁路具有运营里程长、沿途站点多等特点。我们在编制列车开行方案时，既要考虑高速列车的旅行速度，又要照顾节点间的服务频率。我国列车开行方案对于起讫点的选择主要根据城市人口规模、社会经济发展程度、区位地理特点等因素。一般情况下，可作为高速铁路起讫点的城市有：首都、直辖市、省会城市。高速铁路与既有线连接或相交的点位于主要大、中城市或客运枢纽。在停站频率方面，同样以节点的等级进行划分，重要节点为必停站，而其他节点根据等级来设置次数不等的停站频次。

列车停站方案，即每列车在沿途车站如何停靠，具体包括停站、停时、办客股道。高速铁路列车停站设置遵循客流匹配原则、均衡原则及通达性。根据产品定位，设置全程停站上限，以确保旅客的乘车体验；车站停站数量根据客流量确定，以实现运能与旅客需要的相对匹配；停站设置按时间顺序均衡分布，以便于客流集结与旅客选择；客流量较大的车站间应有列车通达，从而方便旅客出行。

高速铁路列车按等级可分为高速动车组列车、动车组列车和城际动车组列车，分别冠以“G,D,C”字母开头，G 字头列车使用 300 km/h 以上动车组车底，在最高运营速度 250 km/h 以上线路或部分跨往低等级线路运行；D 字头列车使用 200 km/h 以上动车组车底；C 字头列车主要在城际线路上开行。

列车停站方案是列车开行方案的重要组成部分。列车种类常常与列车停站次数结合在一起。停站次数既要适应客流需求，又要保证列车的高速特性。沪宁城际铁路、沪杭高速铁路列车历次停站方案调整显示，高速铁路客运量变化与列车停站次数关系密切。总体而言，增加停站可提高沿途旅客的便捷性，对吸引客流有利，但为保证高速列车必要的旅行速度，停站次数须受到一定限制。

从发挥列车技术速度的角度，可以确定如下原则：按技术速度运行的距离应达到总运行距离的 60%以上，因停站产生的加减速距离，应控制在总运行距离的 40%以下。结合我国高速铁路动车组运营特征，依据 CRH2 型和 CRH3 型列车的加减速性能，高速列车最多的停站次数公式为

$$[N]=\frac{\lambda D}{(d_{加}+d_{减})}-1 \tag{4-1}$$

式中　$[N]$——合理的沿途停站最多次数，取整数，不含始发站和终到站，次；

λ——分配系数，取 0.4；

D——高速列车运行区段距离，km；

$d_{加}$，$d_{减}$——不同性能列车动车组的加、减速距离，km。

取无风无雨、平直线路状态下，CRH3 型列车从静止加速至 300 km/h 后，立即常规制动减速至停车的加减速走行距离为 $d_{加}+d_{减}=29$ km；CRH2 型列车从静止加速至 250 km/h 后，立即常规制动减速至停车的加减速走行距离为 $d_{加}+d_{减}=20$ km。经计算，沪宁城际铁路列车停站次数参考值为：250 km/h 列车沿途合理停站次数不超过 5 次；300 km/h 列车沿途合理停站次数不超过 3 次。

停站方案有“站站停”“隔站停”和“大站停”三种停站模式。日本、荷兰等国的列车停站均采用了这三种停站模式。例如，荷兰将路网划分为 IC、IR 和 AR 三个等级的系统，分别为城市间、区域间和地方的客流服务，相应地，车站也被划分为 IC 站、IR 站和 AR 站。不同种类的列车在对应等级的车站停车，如 IC 列车只在 IC 站停，IR 列车在 IR 站和 IC 站停，AR 列车则站站停。我国高速列车的停站模式主要有一站直达、大站停、择站停（交错停）和站站停这四类，如图 4-1 所示。

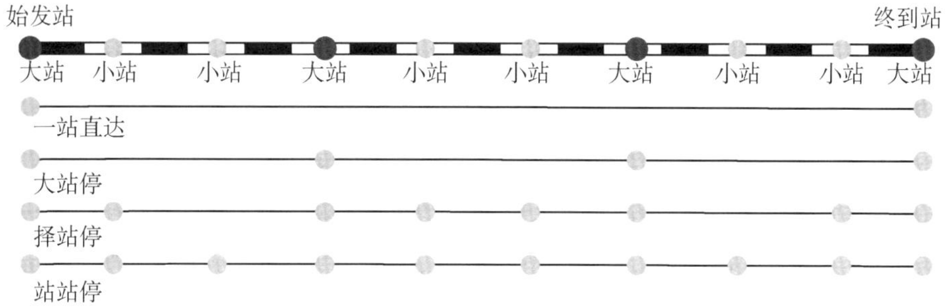

图 4-1　我国高速铁路列车停站模式示意

（1）一站直达。一站直达指在起讫点间客流量足够大时，高速列车从始发站出发后，中间不停站，直接到达终到站。该停站模式的优点是能充分体现高速列车的“高速”性，缩短了始发站和终到站之间旅客的旅行时间，符合区域内旅客出行对时间高要求的特点，有利于吸引直达客流。其缺点是当高速铁路始发站和终到站之间客流量不足时，大量开行一站直达

列车会导致客座率难以保证。该停站模式比较适用于起讫点都为大型城市，两地间的客流需求大，客流量足够大，且运输能力充足，运输距离比较短的情况。如京津城际高速铁路便采用了一站直达的停站模式。

(2) 大站停。大站停是指在运行区段内高速列车只在沿途大站停车，而各个中、小车站直接通过的停站模式。在设计列车停站方案时，途中大站和小站可以通过参考车站所在节点的城市规模、GDP、人口基数、政治经济地位、客运设施规模以及车站客流量等综合确定。该停站模式主要针对高速铁路沿线大中城市间旅客交流量占有较大比重，且以商务、公务出行为主的客流开行。该停站模式的优点是保证了大站间的服务需求，停站次数较少对旅客的旅行时间不会有太大影响；缺点是停站方式较为固定，灵活性差。如沪宁城际铁路联系着上海和南京，两大城市的客流交流量巨大，开通运营初期开行过一站直达列车，后来考虑到客座率以及苏州、无锡、常州三站客流量大，故调整为三站停列车。为了便于旅客掌握，始发站在整点或半点安排"大站停"列车，这种列车被称为骨干列车。

(3) 择站停(交错停)。择站停又称大站套小站停，是指高速列车在沿途各大站停靠并选择合适的小站交错停车的模式，是大站停和站站停模式的有机结合。该停站模式的优点是不仅能满足大站间旅客的出行需求，还保证了大站与小站间的客流交流。择站停模式适用于各大站客流交流量大，小站客流交流量小，列车开行密度大，且旅客乘车距离较长的情况。与站站停模式相比，择站停模式列车停站数量较少，在一定程度上保证了列车的旅行速度。择站停模式比大站停模式服务更全面，比站站停模式服务更有针对性。其缺点是择站停导致部分旅客出行需换乘，而且由于停站设置灵活性较强导致停站规律性略显不足。

(4) 站站停。站站停是指高速列车在运行区段内各个车站都停靠，是一种较常见的停站模式。站站停模式的优点是能够为区段内所有车站服务，对于其他列车停站模式下未满足的客流需求和未达到的服务频率是一个很好的补充，实现运行区段内所有 OD 的可达。站站停模式有利于高速列车提供公交化的运输服务，便于城区、城镇间短途旅客的出行。与非站站停列车相比，旅客出行无须换乘，也没有必要去关注站台以及车内的信息提示，乘坐非常方便。这种停站模式的缺点是停站次数多，列车旅行速度较慢，对线路通过能力影响大，延长了动车组的周转时间，也增加了铁路部门的运营成本。同时，当始发、终到客流所占比例很大时，这种停站模式下旅客的总旅行时间会有所增加，服务水平效率较低。

在编制列车停站方案时，任何一种停站模式都不可能独立存在，单一的停站模式无法满足不同层次旅客的出行需求。因此，合理的高速列车停站方案是将各种停站模式巧妙地组合在一起，以满足各种出行需求，才能形成一套较为完善的停站方案，而且停站模式的组合并不是一成不变的，在高速铁路运营的不同时期，会根据客流的实际情况进行相应调整。

4. 列车编组

根据动车组牵引方式，8 节车厢动车组通常称为"标准列"，16 节车厢动车组则称为"重联"。当 16 辆编组时，列车沿途停靠站的站台长度应满足要求。列车编组应根据客流波动特点，结合运营维修的实际情况，从服务旅客、节约运营成本等方面统筹考虑。固定编组动车组列车不可拆编，在实际运输中，对高速铁路运营企业的制约越来越明显。高速运输有客流淡季和旺季之分，春运期间和平时差距很大，线路繁忙程度不同，然而，固定编组的动车组不能增加车厢来应对客流高峰，也不能减少车厢来减少支出或避免运力浪费，因而运能和客流常常形成冲突。若出现故障，对于固定编组动车组而言，维修期间整列动车组将无法运营，而可变编组动车组只需拆解要维修的一节，减少备用车组数量。可变的动车组编组为2～16 辆任何节数的动车组，以适应灵活的客流变动情况。可变编组动车组根据实际运营需求，采用合适的编组数量。

(1) 固定编组动车组检修备用率高，维护成本高。传统的固定编组动车组在高级修、定期修、故障修及热备等过程中均需要占用整列动车组，加上高级修周期长，致使动车组检修备用率高，从而降低了动车组的运用效率。根据有关数据，一列 8 辆编组的动车组年均检修、维护费用高达 1 500 万元，占整列动车组采购成本的 8%～12%。

(2) 可变编组动车组能更好地适应客流变化。可变编组动车组可实现长、短可变编组，有效适应不同运量水平的高速铁路线路，实现“大运量大编组、中运量中编组、小运量小编组”的组织方式。可变编组动车组由于采用模块化设计，可适应客流波动，提高列车客座率，提高运输装备利用率。在客流量不足的情况下，可以采用小编组动车组形式，适当加大列车开行频率，就可以明显增大高速铁路的公交化运行水平。另外，可变编组动车组还便于故障车辆的拆解、更换和维修，有效缩短临时检修周期，降低动车组的检修成本，提高固定资产利用率。

综上所述，高速列车开行时域可分为高峰、次高峰、平缓和虚糜等若干时段，重点是确定每个时段内列车的运行区段、运行径路、列车种类、开行对数、开行数量、追踪列车开行数量、停站方案等。同时，根据高速客流总量和各时段客流量合理安排列车开行密度，在满足市场需求的同时，根据已有经验，按照席位和时段，对高速铁路客流进行分析，建立日常、周末、节假日三套动车组列车开行方案。这也是设计高速铁路客运产品的核心问题。

4.2　影响因素分析

1. 客流量及结构

旅客市场需求在时间分布、地理位置分布、流向分布的不均衡性是客观存在的，同时，旅客的出行要求也是千差万别的。客流量及客流性质反映着旅客的出行需求。编制旅客列车开行方案的基本原则是“按流开车”，客流分布是制订列车开行方案的基本原则，但客流量不是确定列车开行和停站设置的决定性因素。客流的流量、流程、流向以及旅客出行行为的特征和规律决定了要开行的列车种类、数量、列车运行区段。在编制方案时，要考虑以下几点：

(1) 轮廓时刻。在选择列车轮廓时刻时，要尽量保证符合潜在客流的出行需求。一旦列车轮廓时刻基本确定后，会对列车车底及乘务交路设计有着重要影响，因此轮廓时刻是旅客选择出行产品的重要考虑因素。

(2) 开行规律。列车开行包括日常开行、周末开行和高峰期开行动车组，能较好地适应不同时间段客流不均衡的情况。

(3) 票额分配方案。合理制订票额分配方案有利于日常客流组织时增加旅客发送量和客票收入。

2. 列车定员

根据客流变化、车票预售情况，进行单组、重联或长短编调整，或者进行抽线、增开临客等安排。

3. 车站、动车运用所、区间通过能力

由于动车组养护、维修、夜间驻留的需要，客运专线列车开行的起讫点不宜过多，但是也必须考虑列车集中到发的大型枢纽站自身的能力。根据国外的运营经验，车站特别是衔接方向较多的车站，其能力往往比较紧张。为了吸引客流，各个车站都希望增加列车停站的频率。但是，列车停站数增多会降低运输能力，这样不仅要求车站增加接发能力，还会影响区间能力，特别是导致高峰时段区间通过能力紧张。另外，早高峰时段，由于始发站连续始发，导致始发站能力紧张，动车运用所能力不足；晚高峰时段终到站集中到达，导致动车运用所检修能力不足。

4. 旅客旅行时间消耗及效用

列车开行方案必须考虑旅客多样化的出行需求。在设计旅客列车开行方案时，我们要以最大限度节省旅客旅行时间、方便旅客出行以及提高旅客服务质量为目标，尽可能地减少旅客的换乘次数和在途时间，合理安排列车服务频率，并为旅客提供良好、舒适的乘车环境，以满足旅客安全、快捷、方便、舒适的出行需求。

从旅客角度来看，不同列车开行方案的总出行成本不同。旅客的出行成本主要包括：购票费用以及旅行时间、购票时间、候车时间、换乘时间等时间成本。列车开行方案起讫点、停站次数、列车等级和列车开行频率决定着旅客上述费用的多少。因此，列车开行方案的编制必须考虑旅客旅行时间消耗及效用。

停站方案主要是为沿途旅客提供必要的停站次数和停站时间，并使旅客换乘成为可能。各列车通过恰当的停站设置为旅客提供良好的换乘接续。但是，停站设置也会造成列车旅速降低，旅客的旅行时间延长。

候车时间、停站时间等都是旅客旅行耗费的时间。我们可从旅行时间着手分析停站方案的设置。同时，旅行时间也是旅客出行时选择交通工具的一个重要因素。旅行时间消耗包括候车时间、运行时间、停站时间和换乘时间四个部分。

(1) 候车时间是指旅客在站(始发站或中间站)的平均等待时间，其值与列车服务频率、乘车手续、进站时间有关。

(2) 运行时间是指旅客旅行过程中的主要时间消耗，与列车在各区间运行的平均技术速度和线路里程有关。在运行径路确定的情况下，要降低运行时间消耗只能提高列车技术速度。在一定时期内，该值为一定值。

(3) 停站时间是指由于列车沿途停站而使通过旅客增加的时间消耗，其大小主要与列车停站次数和停站时间有关。但是，停站时间与停站方案不直接相关，如两个方案停站数相同，但停不同的车站，停站时间却是相同的。

(4) 换乘时间是指旅客由于途中换乘列车而消耗的时间，主要与可换乘列车的开行密度、换乘手续、换乘通道距离等有关。由沪宁城际铁路客流调查可知，因沪宁城际铁路各大站之间列车开行频率较高，故换乘旅客数量很少。目前，因为车站不具备硬件条件，所以通常很难实现同站台换乘。

5. 车底交路方案

通俗地说，车底交路方案是列车由出库到入库一级修期间，开行列车的有序衔接。车底交路方案是高速铁路列车开行方案的核心内容之一，车底交路方案决定了车底使用数量，同时，车底交路方案也是乘务交路、站场作业计划的前提。车底交路接续遵循技术作业标准，在列车运行区段、列对数量框架下，以节约车底、提高经营效益为准则，实现列车开行的合理接续。

6. 成本及效益

1）成本

吸引客流多的列车开行方案会给运营者带来高收入，但是单位时间内开行列车数量越多、等级越高，相应地，成本也会越高。所以，以预测客流为基础，设计若干可能的列车开行方案，并确定其实际吸引客流以后，还要以效益为标准进行方案比选，最终确定两站之间单位时间内开行的列车数量和列车等级。

铁路运输企业要在满足旅客需求和体现铁路公益性的前提下，遵循经济效益原则，在编制旅客列车开行方案时，合理使用动车组车底，充分发挥运载工具的运输能力和铁路运输固定设备的利用率等，以达到用最小的成本获得最大的效益。在实际应用中，有以下两个途径：①合理确定列车上座率。合理确定列车席位利用率将有利于减少列车运能虚糜，从而铁路运输企业的成本就会相应降低。②合理运用动车组。在满足客流需求的情况下，合理运用动车组，优化动车组的周转，从而达到节约客运专线运输成本的目的。

高速列车经济效益是衡量其开行方案优化设计的基本条件之一，也是很多学者研究列车开行方案的切入点。设计方案时要分析列车开行的经济效益。

列车经济效益包括营业收入、成本支出和营业税金，其计算如式(4-2)所示：

$$Q = Q_y - Q_z - Q_{ys} \tag{4-2}$$

式中　Q ——动车组列车经济效益，万元；

Q_y ——营业收入，万元；

Q_z ——列车成本支出，万元；

Q_{ys} ——营业税金，按照现行国家税法规定，交通运输业需缴纳营业税，现行税率为3%，城建税和附加费为0.24%，税金及附加费占营业收入的3.24%，万元。

（1）营业收入：

$$Q_y = Q_p + Q_b \tag{4-3}$$

式中　Q_p ——票价收入，指车站发售的旅客票价收入，万元；

Q_b ——车补收入，指在列车上补收的旅客客票收入、旅客随身携带品超重或超限运杂费、铁路专用乘车证票款以及各种手续费，万元。

（2）成本支出：

$$Q_z = Q_{rg} + Q_{rf} + Q_{dz} + Q_{sz} + Q_{jx} + Q_{lf} + Q_{ff} + Q_{jg} \tag{4-4}$$

$$Q_{zj} = Q_{dz} + Q_{sz} \tag{4-5}$$

式中　Q_{rg} ——人员工资，包括乘务人员、检修人员以及其他人员（如车辆段、客运段有关人

员以及铁路局集团公司车辆部门和调度部门的相关人员等)的工资,万元;

Q_{rf} ——附加工资,指医疗保险、住房公积金等费用,万元;

Q_{zj} ——折旧费用,既包括动车组折旧费用 Q_{dz},也包括动车运用所及其他设备资产折旧费用 Q_{sz},万元;

Q_{jx} ——检修支出,动车组施行计划性预防检修,分五个等级,因此,该项支出包括一、二级检修支出和三至五级检修支出,万元;

Q_{lf} ——旅客服务支出费用,包括列车服务(如保洁、清洗工作)全部委外实施和提供纯净水、杂物袋等费用,万元;

Q_{ff} ——付费支出,包括线路使用费、接触网使用及电费、车站旅客服务费、售票服务费和上水服务费,万元;

Q_{jg} ——间接管理费,包括吸污费、滤尘网清洗费、动车看守费、水电煤支出、职工劳动保护支出等,万元。

显而易见,由于动车组列车运行速度快,对线路等基础设施的要求高,因此其运行、维修、保养及服务支出定额成倍高于一般客车的支出定额。根据某集团公司的统计数据,动车组列车成本支出有关费用见表 4-1。

表 4-1 某集团公司动车组列车支出费用

列车支出项目		费用/(万元·月$^{-1}$)
工资	乘务人员	2.2
	检修人员	1.2
	其他人员	0.5
	工资附加	2.0
折旧	动车	26.4
	其他设备	2.7
检修	一、二级	15.2
	三至五级	51.3
动车旅客服务		2.8
付费	线路使用费	89.1
	接触网使用及电费	17.7
	车站旅客服务费	24.0
	售票服务费	2.9
	上水服务费	0.5
间接管理费		2.3
税金		9.2
支出合计		250.0

2）效益

在优化高速铁路列车开行方案时，我们要确保运输企业的经济效益。高速铁路的经营风险可以通过盈亏平衡条件下的高速列车上座率来衡量。盈亏平衡点越高，表明运输企业经营该高速铁路时，达到盈亏平衡所需的上座率越高，企业的经营风险就越高。在决定是否开行某一线路高速列车时，要综合考虑和权衡经营效益和经营风险这两个方面：

（1）准确定位高速铁路产品构成。

通常意义下，客、货运输是铁路运输企业的主要产品。在目前铁路运输企业"客运按担当，货运按管界，提供服务相互清算"的铁路部门财务清算政策下，铁路运输企业产品概念的外延已经有所拓展，铁路运输企业的产品不再是单纯的客、货运输，还包括路网服务、委托运输管理等其他项目。基于目前国家铁路集团公司清算政策，高速铁路相关产品主要包括：

① 担当高速铁路动车。担当高速铁路动车是指各铁路运输企业以高速铁路动车资产归属为依据或者通过客车资产归属企业和线路资产归属企业间的协议确定担当企业，高速铁路动车运营的全程客票收入归属担当企业，担当企业在获取全程运营收入的同时，需向线路所属企业支付线路使用费、接触网服务费等。担当高速铁路动车按运行速度可分为担当"G"和"D"字头动车；按单组、重联以及管内、直通（跨两个以上铁路局集团公司）又可以有不同的产品分类。

② 提供高速铁路路网服务。提供高速铁路路网服务是指为其他铁路局集团公司或合资公司担当高速铁路动车提供线路使用服务、接触网服务、车站旅客服务等路网设施设备服务，并向担当企业收取线路使用费、接触网服务费等服务费用。

③ 高速铁路运营委托管理。高速铁路运营委托管理是指控股客专、高速铁路公司委托铁路局集团公司对路网设备进行运营管理，以及非控股高速铁路公司委托铁路局集团公司对路网设备和担当高速铁路动车进行运营管理。

（2）高速铁路产品盈利能力分析。

根据《铁路运输企业成本费用管理核算规程》的规定，铁路运营成本主要包括线路及建筑物类支出、设备类支出、运输类支出、其他类支出和资本成本支出等。与既有普速铁路相比，高速铁路运营成本有以下特点：①固定资产折旧所占比重较大；②人力消耗在运营成本中所占比重较大；③维修比重较大；④资金成本占用较多。

在实际财务核算过程中，从成本属性的角度分析，运营成本可分为固定成本和变动成本两部分。其中，固定成本是与线路基础条件和投资情况相关的成本，不随运营量的变化而变化，每年自然发生、固定支出，一般包括财务成本和线路维管成本。其中，财务成本主要包括折旧成本和利息费用两项，占据了财务成本的绝大部分（约 90%）。线路维管成本在线路稳定运营、线路里程不变的情况下，年发生额基本保持不变，因此，可以认为线路维管成本是固定成本的一部分。变动成本则是与线路使用方式相关的成本，受运营量影响，与列车开行对数、客流量等变量相关，主要包括人工成本和电力成本。由于高速铁路列车随着运行速度提高、风阻增大，能耗将以指数级增大，因此，电力成本是变动成本的主要构成部分。在正常的财务核算中，由于车底配备相对固定，因此车辆运用成本可作为固定成本。而在新线开通方案制订估算过程中，由于车底配备随方案变动，因此车辆运用成本应作为变动成本。车辆运用成本归属需根据集体情况合理确定。

总体而言，高速铁路列车开行方案要根据季节、天气的变化，充分考虑平日、周末、节假日等因素，掌握客流的波动规律，结合区域性、网络性的特点，利用路网资源，统筹兼顾，针对不同高速铁路区域性服务特点和网络性通道运行的实际情况，设计开行不同运营区段、不同运营时段、不同等级的本线和跨线动车组列车，从而较好地满足社会经济发展和旅客的需要，并且不断做大做强客运市场，提高高速铁路的整体利用率和盈利水平。

4.3 列车开行方案设计

4.3.1 统筹考虑

列车开行方案的编制与列车运行图、客流需求之间是相互影响的，因此需要协调好运营组织与市场营销之间的关系，建立起能及时对运输市场需求变化做出全面、迅速、准确反应的运营组织机制。编制旅客列车开行方案的基本原则是以客流为依据，经济合理地利用铁路现有的客运设备，努力提高开行方案的经济效益和社会效益。编制列车开行方案，一方面要考虑旅客的出行需求，满足安全、快捷、方便、舒适等要求；另一方面要考虑铁路企业的效益，遵循经济效益最大原则。铁路旅客列车开行方案的编制需要考虑的因素较多，归纳起来，应遵循可达性、时效性、便捷性和经济性原则，在设计过程要注意以下几方面内容。

1. 考虑与既有线分工及跨线运行方式

高速铁路和既有线协调运输才能使客运通道运输效益最大化。高速铁路运行本线高速列车和少量跨线列车，且跨线列车应尽量减少对本线列车的影响。对于沪宁城际铁路而言，其与京沪高速铁路(沪宁段)的合理分工是研究列车开行方案前首先需要确定的问题之一。例如，京沪高速铁路(沪宁段)各站均远离市区，较近的昆山南站距市区 3 km、镇江南站距市区 6 km，较远的无锡东站距市区 25 km、苏州北站距市区 11 km，公交旅行时间普遍超过 60 min；除上海虹桥站与南京南站可以分流部分上海与南京间沪宁城际铁路客流外，其他车站基本不能吸引沪宁城际铁路的现有客流。

2. 列车运行区段

适度增加行车密度是增加旅客选择、方便旅客出行、减少旅客等待时间的一种有效办法。有关研究表明，提高服务频率(即车次密度)对于吸引客流有着明显的作用。然而，服务频率与吸引客流二者之间的关系是：服务频率提高，吸引客流量增加，但服务频率达到一定的次数后，再增加服务频率对客流的影响就不大了，且有时服务频率的提高是以牺牲直达率为代价的。因此，旅客列车开行方案的优化要综合考虑二者的关系，适度增加行车密度和服务频率。

合理确定旅客列车始发、终到时刻范围是提高旅客列车服务质量和吸引客流、提高旅客列车客座利用率的重要措施之一，也是编制旅客列车运行图时需要着重考虑的问题之一。通常，列车的始发、终到时刻以及经过途中主要客运站的时刻最好在白天。同时，应根据列车衔接的需要安排始发、终到时刻以及接续列车的到发时刻，从而缩短旅客中转换乘的时间。但客流需求的不均衡性致使能力配置成为一道难题，按高峰流量需求设计，存在淡季时运能浪费等状况。

列车开行方案的确定,除了需要满足客流这一基本条件外,还需统筹考虑点线能力、客运设备的配置等,同时也受到客流计划、通过能力、车底数量等众多因素的制约。在列车开行方案优化过程中,要体现各个限制条件的统一。客流需求决定了高速铁路运输供给必须具有一定的适应能力,只有妥善安排好各种类列车,才能满足多层次的需要。因为一昼夜内客流需求不同,会出现高峰和低谷等不同的需求时段,从而导致列车运行线不均衡。然而,运输质量的需求决定了高速铁路以提高运输质量为出发点,确保列车运行的安全正点。

客流周波动规律是客流以周和节假日为周期的波动情况。以沪宁城际铁路为例,周末及节假日基本一票难求,而日常则会出现部分列车虚糜的情况。虽然针对客流波动采取了一些列车开行方案调整措施,但受高速铁路开行技术条件等因素限制,现行的列车调整措施难以完全适应客流的波动,从而造成运能供给有时紧张、有时虚糜。因此,采取新的营销技术手段势在必行。

由于客流需求的不均衡性,有效配置客运能力便成了一道难题。若按高峰客流需求配置,不仅存在客流淡季时的运能浪费,而且还有线路通过能力的限制。目前,沪宁、沪杭等线路的能力均已按最大值进行配置,但在高峰期仍然满足不了客流需求。因此,我们必须采取其他技术手段来引导客流错时、错峰出行,从而达到平谷削峰的目的。

3. 高速铁路列车旅行速度与停站方案

停站方案的编制是一个复杂的系统组织过程,既要满足旅客多样化的出行需求,又要实现运输资源的高效利用,并最大限度地降低铁路运输成本。高速铁路列车停站方案编制的影响因素包括高速铁路的客流量及客流特征、基础设施设备的能力、客流节点等级和列车旅行速度等。

高速铁路列车具有明显的速度优势,而列车的旅行速度与列车的停站次数和停站时间息息相关。因此,为了保证高速铁路列车具有较高的旅行速度,在编制停站方案时对列车的停站次数就会有一定的限制。但并不是停站次数越少越好,列车停站次数减少,有可能导致无法满足中间站的旅客出行。因此,在制订列车停站方案时,应该合理设置列车的停站次数,一方面既要满足中间站旅客的出行需求,另一方面又要保持列车的高速运行。

列车开行方案的优化设计可以提供更加方便的乘车条件,提供适应客流需求的服务频率,以满足各时段的客流需求。根据高速客流总量和各时段流量,合理安排列车开行密度,建立周中、周末、节假日三套梯次列车开行方案,在条件优化的允许范围内,加大高峰时段列车发车密度,并根据车组投用数量和客流增长需求,不断优化高速列车的开行方案。具体来说,在全面优化列车开行和停站结构的基础上,可实行周中、周末两种开行方案。周五至周一实行满图、大编组运行;周二至周四则根据不同季节的客流情况,通过重联改单组、停运部分列车等方式,尽量减少运能浪费和成本支出。在运行图上具体体现为:

(1) 视不同区段、时段、停站列车客座率情况,按列车客流特性分别勾划交路,合理安排车底交路单组、重联,尽量将大客流列车进行交路接续,使用大编组、重联车底运行。

(2) 预留周末交路,周中停运、周末开行。

(3) 预铺画运营时段两端客流低谷运行线,逢节假日、周末等客流高峰开行。

4. 公交化运营和停站方案

一般而言，经济发达的城市之间客流交流量大，区域高速客流充足，两地间的客流量与两地间距离的平方成反比，同时，受经济、文化联系紧密程度和行政隶属关系的影响，城市与其所辖城镇之间的出行客流量往往大于城市与无隶属关系(或经济联系不紧密)的其他城市(镇)之间的出行客流量。因此，一般两个城市之间的高速铁路客流分布特征为中间小、两头大的哑铃状，这与城市轨道交通断面客流为两头小、中间大的纺锤状特征显著不同。

按照客流需求，各时段旅客出行都要满足公交化运营需要，而公交化运营的主要特征是各时段旅客随到随走，在车站等候时间最短。这就要求客流交换站全覆盖，统筹考虑动车组站站停、大站停、择站停、一站直达等各种开行方案。另外，还要重视在一城多站情况下旅客换乘的时间，充分考虑其便利性。根据客流密度分布特征，在制订列车开行方案时，可以采取大站套小站的停站方式，对于与区域中心城市经济联系紧密的周边小城市(镇)可适当增加停站，对于处于两大城市之间与周围城市客流交流量小的小城市(镇)可适当减少停站，这样可以适当地提高列车的旅行速度，但同时也要兼顾沿线客流，适当增加沿途停站，对此可以采取择站停的方式来协调“提速”(减少停站)和“加密”(同到站列车密度)二者之间的关系，尽可能方便城市群区域高速旅客的出行。

5. 动车组运用和运行图编制

列车开行方案要与动车组运用方案相结合，在满足客流需求的基础上，尽量减少动车组的需求量，均衡各动车组运用效率。运行图编制涉及列车开行间隔及其运行规律、途中停站方案、不同种类列车间的相互影响及其优化策略，通过运行图的编制可实现各时段的列车开行方案。而通过列车运行图的编制来优化列车开行方案，主要体现在设计和优化高速列车的运行区段、列车种类及其开行对数，确定列车在运行图上的时空位置。同时，各时段动车组的列车编组要结合区段客流需求的不均衡特征，合理设计单组与重联开行，以提供足够的运输能力来保证旅客运输。另外，特别要注重高峰时段运输能力的安排。

6. 运能配置要求与供给能力

客流量及客流性质不仅反映了旅客的出行需求，也是制订旅客列车开行方案的首要原则。按流开车就是以客流需求分析和预测为依据，掌握客流特征，确定合理的列车开行方案，从而最大限度地吸引客流。在客流密度变化幅度较大的区段，可设计不同的列车开行方案，使方向上开行方案提供的运能与运量相适应。同时，列车开行方案的制订要从既有线基于运输能力的传统模式转向基于客流需求的新模式，既体现出公交化运营的特点，又方便旅客出行，即在车站可随到随走。考虑到客流需求具有不确定性，我们可在适应客流需求的基础上，适当调整开行方案，使其具有适度超前性的特征。

由于列车开行方案的制订会受到铁路基础设施设备条件的限制，因此，在制订列车的停站方案时，必须考虑铁路基础设施设备的能力限制，主要体现在区间通过能力和车站接发车能力两方面。高速铁路旅客列车每停一站便会增加停站时分和起停附加时分，相对于不停车通过的高速列车而言，其额外占用的时间将对通过能力产生不利影响。一般而言，高速铁路旅客列车在站停留时间越长，停站次数越多，对通过能力的削减也就越大，通过能力就越小。因此，停站方案的制订会受到区间通过能力的影响。另外，车站接发车能力主要受限于车站到发线数目，即在一定的时间内在车站停靠的列车不能超过一个常数，这个数值可以根据车站的协调作业能力以及车站的到发线数目进行确定。

7. 场景设计

铁路在产品设计中面临的场景可以说是较为复杂的。为了提高列车开行方案的可实施性、稳定性以及系统的整体优化效果，同时，反映客流需求情况，使不同阶段客流需求和运力配置相匹配，就需要场景设计。我们通常采用运行仿真设计，并要求仿真系统的输出结果能静态地显示高速铁路场景，特别是跨线列车和本线列车协调运行的可视化场景、高峰时段通过能力利用情况以及扰动条件下列车运行计划调整优化设计和突发事件发生下的情况等。

4.3.2 设计原则

列车开行方案是高速铁路运营组织的核心，在设计列车开行方案时，既要考虑经济要素对旅客出行选择行为的影响，又要兼顾站点运输能力和服务水平的限制。依据客流特征，在不同开行日期条件下的列车开行方案优化，应满足运能运量的适应性、运力资源配置的合理性、旅客出行的舒适性及快捷性等方面的要求。列车开行方案是客流到车流的基础性的铁路运输组织计划，能从源头上影响后续运输计划的实施效果。合理的列车开行方案能为高速铁路旅客提供快捷、舒适、方便的乘车环境以吸引更多客流。列车开行方案作为高速铁路运营组织与管理中一个起着承上启下作用的策略层技术文件，可直观地表示为列车服务网络。

法国高速铁路遵循“按流开车”的原则，即根据客流需求的变动来决定列车编组、数量等的设置。其高速铁路运行图每年变化一般较大，计划中约 80%运行线不变，余下 20%的运行线会新增或变动，在图定计划制订完成后，在正式实施前 2 个月开始预订票，通过实时跟踪订票信息来预估客流需求，从而对图定计划进行一定的调整，并于列车开行前 2 天结束。他们根据订票反映的客流量和上座率情况，决定是否调整上座率变化较大的列车开行方案及动车组运用计划。

日本新干线是周期性列车运行图的典型代表。所谓周期性列车运行图，是指列车在各个规划周期内的运行轨迹和列车间的关系是循环反复发生的一类列车运行图。它极大地方便了旅客出行，同时，也提高了列车的运营效率，体现出高速铁路方便和快捷等优点。日本新干线旅客列车时刻表每月发布 1 次，发布频率比其他国家高出许多，但除了较大运行图调整外，每月发布的旅客列车时刻表实际上变化不大，主要调整为旅客列车的增开和停休，即部分列车根据客流需求或者线路情况进行及时调整，以符合“流车对应”的原则。

我国高速铁路旅客列车开行方案的调整主要由铁路客运部门制订，调整依据同样为实际客流需求。铁路客运部门选择上座率作为主要的数据来源，并根据以往的旅客客流情况及未来的客流量预测结果，以及相关新建线路开通情况，对列车的运行径路、开行对数、列车等级、运行时间和停站方案等进行调整。

在编制高速铁路列车开行方案时，我们需要在开行目的、开行方式上遵循一定的组织原则，主要包括主次原则、匹配原则、均衡运输原则、直达优先原则和能力利用原则等。

(1) 主次原则：以满足主要客流需要为核心，制订列车开行方案，有条件时尽量兼顾通勤、通学等公益性需要。由于列车开行方案难以做到面面俱到让所有人满意,因此往往需要以满足大多数旅客为原则,在确定主次目标后设计总体方案。

(2) 匹配原则:即运能与客流基本匹配,包括列车开行数量、时空分布、停站数量等,即按总体客流安排列车开行起讫点、对数、时刻,按车站客流大小匹配停站数量。客流是动态的,是不均衡的,因此固定式列车开行方案无法匹配客流需要。围绕匹配客流原则,基本开行方案按平均客流量、波动规律相对固定安排,以确保基本方案的匹配性与稳定性。同时,对紧张去向、周末、小长假等高峰进行选择性运能补充,而在每年 3 月、4 月、11 月、12 月等客流淡季则适当减少列车开行数量,在满足旅客出行需要的同时,提高开行质量与效率。

(3) 均衡运输原则:在高速铁路列车开行方案中,均衡运输是指开行方案在时间上的均匀分布,包括整体均衡、方向性均衡和相对均衡。其中,整体均衡即基本运输框架的均衡性,避免出现运行间隔过大;方向性均衡即按列车去向有序开行,避免同时段过密或长时间无车;相对均衡即按照客流高峰、低谷进行适应性调整。

(4) 直达优先原则:这是目前我国高速铁路制订列车开行方案的原则之一。组织直达运输有利于减少旅客换乘、改善乘车体验,也有利于加速车底周转、提高运输效率。在客流饱满地区开行直达列车或大站直达列车,在方便旅客出行的同时,也会快速形成高速铁路品牌效应。

(5) 能力利用原则:列车开行方案要根据季节、天气的变化,充分考虑平日、周末、节假日等因素,掌握客流的波动规律,结合区域性、网络性的特点,利用路网资源,统筹兼顾,针对不同高速铁路区域性服务特点和网络性通道运行的实际,设计开行不同运营区段、不同运营时段、不同等级的本线和跨线动车组列车,从而较好地满足社会经济发展和旅客的需要,不断做大做强客运市场,提高高速铁路的整体利用率和赢利水平。例如,自 2018 年 1 月 12 日起,周末往返于沈阳和锦州 240 km 间的旅客量大幅增加,为进一步满足旅客出行需求,依据大数据平台和信息化手段的科学分析,每周五和周日开行 2 对 G 字头周末城际列车,以充分缓解客流激增时的运输压力。

4.3.3 设计内容

一个研究热点领域集中在列车开行方案设计方面,国内外有关列车开行方案的研究主要集中在两个方面:网络条件下列车运行径路、服务频率的综合优化。以 Bussieck 为代表的欧美学者提出了一个以直达旅客数最大化为目标的混合整数规划模型,该模型考虑的主要约束是全部运送旅客和区段行车量的大小满足区段运能上、下限值的要求。

给定路网 $G=(V, E)$, V 为车站集合, E 为线路集合,简记 $t=\{a, b\}\in T$ 是路网上非零 OD 对, $tr:\{\{a, b\}\mid a, b\in V, a\neq b\}\longrightarrow \mathbf{Z}^{+}$ 表示列车客流量。P_t 表示最短径路。L 表示开行列车集合, $l\in L$, f_l 为其开行频率, $lfr(e)$ 为路段 e 上需要的最少列车数, $d_{t,l}$ 为 $t=\{a, b\}$ 间使用列车 l 的直达旅客数, C 为列车成本。

$$D^{*}=\max\sum_{l\in L}\sum_{t\in T}d_{t,l} \tag{4-6}$$

s.t.

$$\sum_{\substack{l \in L \\ l \subseteq P_t}} d_{t,l} \leqslant tr(t) \quad \forall t \in T \tag{4-7}$$

$$\sum_{\substack{l \in L \\ e \in P_t \subseteq l}} d_{t,l} \leqslant C \cdot f_l \quad \forall e \in E, l \in L \tag{4-8}$$

$$\sum_{l \in L} f_l = lfr(e) \quad e \in E \tag{4-9}$$

$$d_{t,l}, f_l \in \mathbf{Z}^+ \quad t \in T, l \in L \tag{4-10}$$

利用上述模型的线性松弛模型,应用 CPLEX 软件包可得到问题的初始解,再引入割平面方法,在较为理想的时间内可得到原问题的较优解。

另一个研究热点领域集中在列车停站方案设计,主要研究内容包括列车停站设置原则、列车停站方案的模型及算法研究、基于停站方案的客流分配研究。近期的研究热点主要集中在列车停站方案与列车运行图协同编制一体优化方面。

列车开行方案的编制可归结为确定旅客列车运行区段(即起讫点、运行径路和停靠车站)、确定列车种类与对数这两个过程。高速铁路列车开行方案是根据高速铁路客流情况和设备条件,确定高速列车和中速列车的起讫点、经由线路、经停站及对数。而跨线旅客列车开行方案则是根据跨线客流的流量、流向和大量客流的产生及消失地点,为了方便跨线客流的旅行,从而确定出既运行在既有线,又运行在客运专线的旅客列车的运行区段、种类和对数。这类旅客列车在客运专线上以较高速度运行,在既有线上则以线路的限制速度运行。

1. 跨线和本线列车设计

随着高速铁路的发展,目前开通的高速铁路新线均与既有高速铁路线路连接成网,列车开行方案按照跨线列车方案、本线列车方案两类编制。

高速铁路和既有铁路共同承担旅客运输任务,但又发挥着各自不同的作用。在设计高速铁路与既有线铁路的旅客列车开行方案时,必须合理分配在同一通道内的客流输送任务,并考虑跨线列车在运输组织上的协调问题。若同一铁路运输通道内还有如高速线路等其他铁路时,也应综合考虑其中。具体到实际操作上,首先对同一通道内高速铁路与既有铁路的客流输送承担比例进行合理分配;其次应同时编制跨线列车开行方案,以合理协调跨线列车在客运专线和既有铁路上的运输组织工作。

(1) 跨线列车方案根据新开通线路与既有高速铁路连接的程度,开行中长距离的跨线列车,一般采取开行担当铁路局集团公司当日往返列车数量居多(便于担当铁路局集团公司动车、车辆段检修),兼顾少部分隔日往返列车。列车类型有直通跨线列车、管内跨线列车。在跨线列车中,一般以开行速度值高的列车为主,同时避免因速度差影响高速铁路线路通过能力。

(2) 本线列车方案要在满足跨线列车方案的基础上,结合本线的客流量来安排本线列车方案。列车类型有直通本线列车、管内本线列车。在本线列车中,一般开行与本线线路允许速度相同速度的列车,以提高线路通过能力。

2. 确定列车开行对数

列车开行数量是指在一定客流量和客流分析的基础上，采用某一列车定员，一昼夜必须开行的不同种类旅客列车对数。一般认为区段上、下行客流量相等，列车数相同，故以“对”来表示。采用铁道科学研究院高速铁路技术研究总体组给出的客运专线旅客列车开行数量计算方法来确定列车开行数量，旅客列车开行数量的计算公式如式(4-11)所示：

$$N_i = \frac{T_i}{a_i k_i} \tag{4-11}$$

式中 N_i——第 i 种客运产品的开行数量，对/d；

T_i——第 i 种客运产品的客流量，人/d；

a_i——第 i 种客运产品的平均列车定员数，人/列；

k_i——第 i 种客运产品的席位利用率，在列车不超员的条件下，$k_i \in (0,\ 1]$。

在黄金周、春运、暑运等客流高峰期，考虑到客流波动，此时的列车开行数量较往常应有所增加，计算方法为

$$N_{i(\text{高峰})} = N_i R_{\text{波}} \tag{4-12}$$

式中，$R_{\text{波}}$ 为客流波动系数。

3. 列车停站方案优化

列车停站方案设计受经济和社会发展的影响，其设置不仅应当考虑客运需求、线路基础设施条件、行车组织的可行性等问题，还与列车开行理念(如“开车引流”还是“按流开车”)、车站在路网中的作用、车站所在城市的发展规划甚至整个国家的综合运输发展战略密切相关。列车停站方案设计通常采用的方法是通过对原始问题的合理简化来构建数学规划模型，而这些模型包括整数规划模型、多目标整数规划模型、线性规划模型以及非线性规划模型等。由于列车停站方案的复杂性，一般通过设计启发式计算方法迭代求得满意解。

例如，用 N 表示总的列车开行对数，每一条运行线的停站不确定，作为未知条件，设决策变量 x_{ij} 表示第 i 条运行线在第 j 个车站有无停站(停站时值为 1，不停站时值为 0)。

1) 目标函数

根据文献查阅结果，高速铁路停站方案设计的目标有多种，一种是以总的运输成本最小为目标，一种是以旅客旅行时间损失最小为目标，也有研究采用多目标规划，即在一个数学模型中，纳入多种目标，进行统一优化。通过对多种目标的分析可以看出，停站次数最少是降低旅客旅行时间损失的基本目标之一，故本书采用该目标作为优化目标函数，即：

$$\min \sum_{i=1}^{n} \sum_{j=1}^{m} x_{ij} \tag{4-13}$$

式中，i 表示运行图中开行列车数，j 表示停站总数。

2) 约束条件

根据节点服务的要求和列车开行约束条件，本模型的约束条件有如下 5 个：

(1) 节点服务频率约束。对于某个车站而言，其全天的停站次数(含始发)不得低于节

点等级对服务频率的要求，如要求一级节点服务频率不低于 4 次/h，二级节点服务频率不低于 2 次/h，三级节点服务频率不低于 1 次/h，等等。

由于乘客对时间范围的选择并不完全均衡，每个小时的服务数量也并不均等，因此，本约束用全日总服务频率代替小时服务次数。

$$\sum_{i=1}^{N} x_{ij} \geqslant Z_j,\ j=1,\ 2,\ 3,\ \cdots,\ M \tag{4-14}$$

(2) 站间服务可达性约束。在技术经济可行的条件下，高速铁路应提供尽可能多的直达服务，以提高旅客服务水平。这一原则反映在模型中即为某两个节点之间是否有直达列车的要求。例如，在列车开行方案设计中，通常使绝大多数客流直达，为了达到这一目标，一般一级节点之间必须有直达车，二级节点之间必须有直达车，二、三级节点与一级节点之间必须有直达车，三级节点之间通常由于客流量小且多为短途客流，可以考虑利用既有线运输，也可以考虑利用一、二级节点换乘，故将三级节点作为可变动因素灵活设计。根据这一约束设计服务可达性矩阵 $\boldsymbol{Y}_{jk(M\times M)}$ (0 或 1) 表示两个车站间的直达性要求，约束条件如下：

$$\sum_{i=1}^{n}\sum_{j=1}^{m}\sum_{k=1}^{m} x_{ij}x_{jk} \geqslant \boldsymbol{Y}_{jk} \tag{4-15}$$

(3) 单个列车停站次数约束。高速铁路停站对通过能力影响巨大，在平行运行图上，每停站 1 次，至少损失 1 列车的通过能力；过多的停站将大大影响高速列车的旅行速度，列车每停站 1 次，旅行时间增加 8～10 min。因此，无论从提高通过能力角度，还是从提高旅客服务质量角度或与既有线列车合理分工角度，对列车或每条运行线的总停站次数应有一定的要求，否则技术经济效果将受到严重影响。另外，由于客运营销的需要，不同等级、不同速度、不同运程的高速列车，亦有最小和最大停站次数的要求，当给定运行线 i 停站数量的下限和上限分别为 $W_{\mathrm{l}i}$ 和 $W_{\mathrm{h}i}$ 时，本约束可以表示为

$$W_{\mathrm{l}i} \leqslant \sum_{j=1}^{m} x_{ij} \leqslant W_{\mathrm{h}i} \tag{4-16}$$

(4) 列车开行区段约束。对于停站变量 x_{ij}，存在该停站变量是否属于设计开行方案变量的判别，如果开行方案无该停站，则 $x_{ij}=0$；如果该站属于开行方案径路内变量，则 $x_{ij}=1$(始发站、终到站)。

(5) "0-1"约束。停与不停可以分别用 0，1 变量来表示，即

$$x_{ij} \cdot (1-x_{ij})=0 \tag{4-17}$$

3) 模型求解

由于站间服务可达性约束中存在向量积，为非线性约束，因此，以上所建模型是非线性优化模型。求解非线性规划问题的方法通常有罚函数法、拉格朗日乘子法、可行下降方向法等。但这类方法对向量积约束的处理具有一定难度，并且由于停站数量存在组合爆炸问题，因此直接求出最优解有很大难度。参考相关文献，可采用计算机模拟求解。先将 0 1 规划问题转化为连续规划，在此基础上，模拟迭代求解，当无法求出最优解时，松弛部分约束条

件，并重复上述过程，直到求出满意解。

步骤 1：构建 $N \times M$ 停站矩阵，并根据列车开行区段属性和非技术需要，对部分停站制订强制值；初始化车站服务频率向量、列车最大停站次数向量 $\boldsymbol{Z}_j$ 和站间服务可达性矩阵 $\boldsymbol{Y}$。

步骤 2：计算列车停站概率，见式(4-18)，当有多种等级列车时，停站概率按不同等级列车分类计算。

$$P = W/W(S_i) \tag{4-18}$$

式中 P——列车停站概率；

W——某一等级某一列车停站次数；

$W(S_i)$——该等级列车所有停站次数。

步骤 3：根据停站概率，更新初始停站矩阵。

步骤 4：统计停站矩阵，根据停站矩阵检索约束条件满足情况，若同时满足，则算法找到最优解，否则转入下一步。

步骤 5：松弛约束条件，对约束条件的满足车站数或列车数减 1。如对车站服务频率，若只有 1 个车站或 1 条列车运行线不满足约束，也认为可以接受。转入步骤 3，直到求出满意解。

4.3.4 编制流程

国外一般将列车开行方案问题称为线性规划问题(Line Planning Problem，LPP)，采用数学规划方法，从列车开行方案费用(包括运营者的固定费用与变动费用)、旅客的旅行时间、开行方案的影响因素和优化模型等多个角度进行了研究，主要包括运用图论、离散数学、运筹学等方法建立了列车开行优化模型，例如利用割平面法、有效不等式、列生成法、拉格朗日松弛法的分支定界法、遗传算法、多目标优化法等对问题进行处理。目前，对列车开行方案的研究主要是基于客流预测的高速铁路列车开行方案优化，在静态调度方面，从列车开行总类、开行数量、停站方案这三个方面进行优化，主要以旅客出行总时间最少或铁路部门效益最大为目标来建立规划模型并采用智能算法进行求解。在列车开行方案多目标模型中，专家学者多以经营者效益最大或成本支出最小、列车上座率最高或运能虚糜损失最小、旅客等候时间最少等为目标建立模型，然后将这些目标合理地融入开行方案优化过程中，并采取适当的方法求得满意解。

一个合理、完整的列车开行方案编制流程能分阶段、分层次地处理有关要素并将其有机合成，从而更易于实际操作，这一流程对于形成高速铁路列车开行方案编制理论具有重要意义。列车开行方案制订需要在前期进行相关准备工作，后期调整后才能投入实际应用。可以说，列车开行方案的编制流程与方法直接影响并制约列车开行方案的质量及优化理论体系的形成。列车开行方案编制流程如下：

(1) 宏观客流分析。根据客流需求发展趋势制订路网规划、运输基础设施和移动设备配置方案；预测铁路吸引客流总量。

(2) 路网客流 OD 生成。将客流总量转化为路网客流 OD 分布,然后将客流分配到对应的路径上。这种配流模式基于路网分级节点进行,而分级节点又决定了列车开行种类、停站方案和运行径路。

(3) 备选集生成。列车开行方案优化时将从备选集中选取部分列车组合成最终方案。备选集是所有可能开行列车的一个合理全集。备选集的生成是基于路网客流 OD 分布,给出可能开行列车的起讫点、运行径路,以及服务频率和编组辆数的可选值范围。另外,根据移动设备的技术特性,可灵活地将列车编组视为变量或常量。

(4) 开行方案优化。运输资源的稀缺性特点决定了我们需要通过优化手段来缩小备选集规模,使其满足特定的目标函数(如直达客流最大、运营成本最低、总旅行时间最短等),还要满足客流、运输能力的约束。

(5) 动态调整。通过模拟旅客对列车服务的选择行为,从而对列车开行方案进行评价和调整,使其很好地满足客流需求,同时,也能更为合理地利用运输资源。另外,通过仿真方法,使运输需求、开行方案与运输装备之间能协调匹配。

4.4 列车开行方案评价

4.4.1 指标体系

建立评价体系是综合评价的基础,体系的合理性在很大程度上取决于所建立体系的结构和指标内容,要求能够充分反映被评价对象不同侧面的属性及系统的整体功效。评价体系的影响因素很多,对旅客而言主要是运输服务产品质量,对运输企业而言需要考虑运营成本和效益,即产品成本和效益。高速铁路列车开行方案要能提供低成本、高质量的服务,因此,要从服务质量和运营成本两个主要方面来评价方案。同时,高速铁路具有企业属性、公益属性,相应地,列车开行方案的评价体系就应当从安全、效益、能力、技术、旅客服务指标等方面得以体现。这些指标能够反映列车开行方案的各方面特征。由于整体评价不易看出每一次列车对运营效益的影响,因此应结合方案逐次进行效益分析,在建立指标体系时,也应考虑对开行方案同时建立总体和个体指标。高速列车开行方案指标体系,如表 4-2 所列。

表 4-2 高速铁路列车开行方案指标体系

一级指标	二级指标	三级指标
安全指标	安全指标	事故率
		事故伤亡人数
		设备故障率
效益指标	成本与经济效益	运营收入
		运营成本
		运营收益
		列车平均保本上座率

（续表）

一级指标	二级指标	三级指标
效益指标	社会效益	各站空间覆盖率
		各站时间覆盖率
	市场竞争力	列车到发时刻
		列车停站次数
		列车正点率
能力指标	输送能力	平均列车发送能力
		平均列车运送能力
		高峰时段列车发送能力
能力指标	周转量指标	客座周转量
		平均旅客周转量
		列车平均运距
		旅客平均运距
技术指标	速度指标	平均技术速度
		平均旅行速度
		旅行速度系数
	动车组运用指标	车底需要数量
		车底周转时间
		车底平均走行公里
		车底总旅行时间
旅客满意度指标	经济指标	旅客票价总支出
		旅客总换乘时间
		旅客总旅行时间
	便捷指标	列车服务频率
		旅客出行方便度
	列车服务指标	列车平均旅客直达率
		高峰时段发车率
		列车停站次数
		列车平均停站距离
		旅客平均换乘次数
		旅客旅行时间损失
		相同始发终到站的列车数
		中转衔接方便程度
		列车的直达性、通达性

由此可见，影响列车开行方案优选的因素有多个方面，每个方面又有若干个评价指标，它们分别从某一侧面反映了列车开行方案的某个特征。在众多评价指标中，一些指标不能量化，而能够量化的评价指标，其量纲也不尽相同。在实际评价过程中，可结合高速铁路运营输入和输出指标，通过筛选和分析来确保各输入和输出指标不相互独立，从而优选出几项指标综合衡量高速铁路列车开行方案。但各项指标中，为了满足精细管理的需求，例如在高速铁路每一区段、时段、站与站之间，统计各次列车的上座率，就要评估出站间各时段的利用率，分上下行、全区间的平均上座率，如此才能真实地反映出某次列车的上座率情况。

4.4.2　评价方法

列车开行方案评价是优化高速铁路列车开行方案的重要手段之一，同时，它也是一个复杂的多指标综合评价问题。对于列车开行方案评价目前有多种方法，常见的主要有层次分析法、主成分分析法、数据包络分析法和模糊评价法，各种评价模型都具有一定的代表性和实用性。

要使评价结果符合科学评价规则，必须具备两个条件：一是能提供多个备选方案；二是能提供从多个备选方案中挑选最优方案的科学方法。原则上，对同一类对象，一个属性集与一种评价方法相结合，可产生一个评价方案；对同一个属性集，若采用多种评价方法，便可产生多个评价方案。因此，建立一个用于判断评价方案优劣的标准成为能否实现科学评价的关键。

从实施角度来看，列车开行方案可分为实施前评价和实施后评价。从列车开行方案总体特性角度出发，评判各备选方案的优劣，从中选出最优方案，用于开行方案实施前的必选。

4.5　列车开行方案调整与优化

列车开行方案的调整是高速铁路适应旅客市场的必经阶段和过程。特别是随着我国经济的快速发展，人民生活水平的显著提高，旅客出行需要更高质量的运输服务供给。但是，我国目前的列车开行方案调整方法大多根据旅客总体的需求趋势，从宏观上进行调整，而在针对旅客实际的选择方面，缺少相应的方法与手段。

客运产品的设计方案更加重视方案与客流间的信息反馈和客运产品的及时性调整，以提高列车开行方案对市场的适应能力，进而提高客运产品的运输效益。在列车运行图编制过程中，还会根据运输资源配置和技术条件限制不断进行修订反馈，直至最终编制成相应的各类客运产品，并以运行图文件的形式予以公布执行。

4.5.1　调整与优化的原因

1. 适应客流需求和季节性客流波动需求

客流预测是旅客列车开行方案制订的前提和基础，但是，列车开行方案制订的优劣反过来也会影响高速铁路线路吸引的客流量。因此，客流预测与列车开行方案的优化互为因果关系。将客流预测与列车开行方案综合起来优化，可以使客流预测结果更加准确，列车开行方案更加合理,更符合实际情况。

(1) 考虑到高速铁路沿线季节性客流波动非常明显,在大幅度波动的情况下,列车开行方案也需要进行相应调整,以满足客流的季节性需求。例如,每年长三角地区春游、清明节旅客运输方案中春游运输期限计为 30 d。客流以踏青旅游为主、扫墓祭祖为辅,周末客流总量较大,出行时段相对集中,其中管内客流比重大,需要在精准客流预测的基础上,全方位地安排好临客开行,以便确保旅客顺畅出行。

(2) 高速铁路列车开通运营后,旅客会根据自身的出行需求,在列车时刻表中选择适合的车次来完成旅行。在经过一段时间的运营后,旅客在整体上形成了出行习惯或出行规律,而原有列车开行方案如何适应旅客的出行习惯和出行规律是列车开行方案调整需要考虑的。另外,开行方案制订后,还应紧随客流变化不断调整,以进一步适应客运市场的需求。开行方案调整的主要目的是适应客流变化并引导客流变化。当某种产品的上座率等相关指标达到一定阈值时,就应进行有预见性的调整,以进一步吸引客流。

(3) 列车开行方案的优化设计可以提供更加方便的乘车条件,以适应客流需求的服务频率,满足各时段的客流需求。方案的优化是一个动态的调整过程,需要在实践中根据客流变化情况不断完善,从而方便旅客出行、提高旅客服务质量和列车秩序。高速铁路拉动沿线城市经济快速发展,不仅带动客流量的提升,而且也增大了旅客的出行频率。然而,相对固定的列车开行结构与实时变化的客流需求之间存在较大差距。

(4) 在列车开行方案设计中,需要考虑动车组运用及检修、司乘组织、通过能力、在站作业时间等铁路内部因素,由于列车开行方案的编制受到这些内部因素的影响,致使其与客流需求不相适应。

2. 新线列车开行方案优化需要

新线列车开行方案编制是根据预测的理论客流量和客流出行的基本规律,而这些与旅客出行的实际选择(如始发时间、票价、在途时间、起讫点等)还是存在较大差距。新建高速铁路开行方案的客流是根据各种交通方式的客运量综合预测而来,而开行方案是在综合考虑客流情况等一系列因素后制订的。由于客流预测在一定程度上具有不确定性,所以新线开通初期的列车开行方案不一定适应实际沿线各站的客流需求。随着客流发展稳定,并呈现周期化特征后,需要对列车开行区段、停站方案以及列车编组等开行方案中的部分内容进行调整。

3. 运力资源优化配置

列车开行方案是列车运营组织的核心,所涉及的列车运行区段、种类、开行对数、中途停站以及始发、终到时间等方面,均会影响旅客出行过程中对列车的选择,由此便出现了有些车次上座率极高,有些车次严重虚糜,致使高速铁路列车开行方案与旅客需求不相匹配。受限于高速铁路开行技术条件,现行的列车调整方案还不能完全适应客流的波动,这便造成运能有时紧张有时虚糜,因此需要采取营销手段。

每当春运的脚步日益临近时,铁路部门提出的目标是“平安春运、有序春运、温馨春运,让旅客体验更美好”。而且,每年春运运力都开创了春运历史新高,动车组列车主力军的作用更加凸显,为旅客出行提供了可靠运力。为了应对高峰客流,春运期间,长三角直通临客通常采用基本和应急两套梯次运力方案，管内临客按节前、节后两套方案实施。此外，春运期间，高速铁路还将实行高峰运行图，并根据客流需要适时调整加密开行。

4. 衔接新线开通与增加跨线列车

随着衔接新线的开通，一方面，部分旅客可以更加方便地到达本线外的某些节点；另一方面，本线外节点的旅客也可以更加方便地到达本线节点，但是，这有可能会产生一部分额外的诱增客流，导致本线与跨线客流都会发生变化，如此便需要增开部分本线列车和跨线列车，以使开行方案能适应本线与跨线客流的需求。

5. 经济效益最大化需要

确定高速列车开行方案时，要确保运输企业的经济效益，当运输收入等于运输成本时，处于盈亏平衡状态，高速列车的经营风险可以通过盈亏平衡条件下的高速列车上座率来衡量。盈亏平衡点越高，表明运输企业经营该高速列车时，达到盈亏平衡所需的上座率就越高，企业的经营风险也就越高。在决定是否开行某一线路高速列车时，要综合考虑和权衡经营效益和经营风险两个方面。通过分析一段时间各种类列车在各个时段内的盈亏点，可适当调整列车开行方案，确保列车开行效益最大化。对市场调查收集得到的有关数据进行科学归类分析，借助营销分析软件，做好数据的积累、对比和预测，确保市场预测的准确性和可参考性。重点围绕集团公司担当动车组列车，按交路做好日常客座率、发送人数、票款收入等统计与分析工作，以便更好地了解现行列车开行方案是否满足市场需求，为优化、调整列车开行方案提供重要参考。

4.5.2　调整、优化策略和方法

（1）依据列车运行区段的客座率，对列车开行方案进行调整。为了能更加有针对性地对列车开行方案进行调整，以运行图为依托结合旅客对列车的实际选择对各车次的列车运行区段进行分析。旅客对列车的选择直接体现在作业车站旅客上、下车的人数所形成的列车运行区段客座率（列车运行区段内客流量与列车定员的比值）上，这项指标能够反映列车在该运行区段的运输供给与客流需求，以及所创造的运输经济效益。客流区段密度显示图可以直观地反映出旅客对列车的选择和出行习惯，所以把列车区段密度作为调整目标选择的标准。

（2）针对选择出来的目标车次，根据调整策略及原则进行相应调整。高速铁路列车开行方案的调整主要由铁路客运部门制订，根据列车上座率对列车的始发终到站、开行对数等进行调整。例如沪宁城际铁路开通初期，由于上海的始发终到站是上海虹桥站，其离市中心较远，不方便旅客出行，因此开通后无法达到预期客流量。之后将始发终到站移至上海站，其客流量显著上升。对于重点车次上座率，通过分站/线、分方向的大数据积累和统计分析，定期选定关键车次，密切盯控票额分配、车票预售、运能利用等情况，从而不断提升关键车次收入率。

（3）以服务旅客为出发点。任何列车开行方案的调整都应以满足客运市场客流需求为目标，根据季节、线路性质及分工特点，实行不同季节内工作日与周末“按流开车”原则。例如，停开部分上座率低的始发终到列车，同时增加直达列车停站以提高上座率。除了通过调换列车编组，取消相邻同质客运产品也是解决列车区段密度低的另一个解决途径。

（4）保持列车运行线规律。为了便于旅客记忆列车时刻，且维持整点列车框架，可充分

应用节拍式、正点、半点等运行线，使高峰时段保证较高的服务频率。非高峰时段则按 30 min 或 60 min 较为均衡地分布每个方向的运行线。例如，考虑到周期性运行图极大地方便旅客记忆，但我国高速铁路路网复杂，跨线列车开行数量大，所以列车开行方案在编制时是采用非周期性与周期性列车开行方案相结合的方式，同时，充分考虑部分重点车次或重点方向的列车实行周期性开行，如京沪高速铁路北京南—上海虹桥停一站的直达列车，每日的 7:00、9:00、14:00 整点开行；省际直达列车，每日 8:00、10:00、11:00、15:00、16:00、17:00 整点开行。

(5) 体现客运产品的差异性。我国高速铁路主要有 200 km/h 和 300 km/h 两种速度等级的客运产品，二者在票价、运行速度、停站设置、开行数量等方面均存在差异。在不降低线路通过能力的前提下，提高客运能力，以最大限度地满足旅客的出行需求。单一的铁路产品并不能满足旅客的需求，因此必须努力创新客运品牌，不断改善旅客出行体验。例如，合肥是我国中部地区省会城市，近年来发展势头强劲，商旅高端客流增长较快，为了锁定高端客流，合肥向上海、杭州、北京等重点方向开行一站直达列车。

(6) 对于运能利用进行充分分析。目前，高速铁路列车客座率主要呈现以下特点：一是同一日的不同时段，出发时间较为适宜的列车的上座率居高不下，而时段不适宜的列车的上座率较低；二是同一趟列车不同站间的客座率不同，例如沪宁城际铁路，上海站到苏州站、无锡站间的客流很大，到中间其他站的客流相对较少。营销部门注意到这个特点，努力在周末增开一些临时列车或是动车重联运行；淡季通过甩车来减少运能。

4.5.3 客流增长的列车开行方案调整

通过研究长三角客流规律和旅客出行习惯，同时发挥铁路成网的优势，故动态调整客车开行方案，如大量增开、调整、优化东、中、西部和区域内各方向列车，夜间动车组列车实行常态化开行，使不同旅客的不同需求能得到满足，具体来说主要有延伸区段、特殊需求开行列车、增加车次、停运车次等方式。以沪杭高速铁路为例，经调研分析，为适应客流需求，沪杭高速铁路列车开行方案精细化综合调整建议如下：

(1) 按月动态安排方案。根据沪杭高速铁路在一年中各个月出现的客流波动情况，应针对每月客流的特点编制对应的列车运行图。对于客流量明显上升的时间段，诸如暑运、节假日等，应提前做好应对大客流的准备，及时增开列车数量或增加列车编组；对于客流量较小的月份，应根据实际情况调整列车编组，并及时分析原因，同时，利用好这段时间加强对动车组的维护以及高速铁路服务人员的培训。

(2) 日常客流的组织改进方案。在对沪杭高速铁路全线一周的全日客流进行统计后发现，工作日中周一的客流量要明显高于周二至周四的客流量，但在实际的开行方案中周一并未与其他工作日有所区分，而是统一划分在日常开行方案中；另外，尚未考虑工作日各天客流量也存在不同的特点。因此，我们可以针对沪杭高速铁路工作日中周一客流量较大的情况，对日常开行方案做进一步细分，即周二至周四仍采用原开行方案，周一则采取早高峰期间缩短列车发车间隔以及适当增加列车编组的做法。

(3) 节假日客流组织改进方案。节假日期间沪杭高速铁路的客流量较平时有明显的增加，且客流一般从节前一天开始增长，并于节后逐渐回落至平常。以三天节假日为例，铁路部门针对节假日客流的变化特点，一般从节前一天就采取增开列车以加大运能，而且从列车增开的数量来看，节前这一天增开的列车数量最多，而节日放假的三天中增开的列车对数则明显下降，且较为平均。但是，根据沪杭高速铁路在三天节假日期间的实际客流变化情况来看，客流经历了增长、平缓、再增长三个变化阶段，且客流最高点普遍出现在节日的最后一天，这就说明运输组织并未与实际的客流需求充分吻合。因此，应根据最后一天返程客流较大这一实际情况，及时调整增开的列车数量，即在原先增开对数的基础上对节假日最后一天进一步增开晚高峰时段的列车，而考虑到返程高峰大部分集中在 16:00—18:00 这一时段，因此，加开列车的开行时段也应集中在这一时段。

(4) 按旅客出行时段需求调整开行方案。在沪杭高速铁路旅客的问卷调查中，旅客对于 8:00—10:00 以及 14:00—16:00 这两个时段有着较高的出行意愿。然而，在实际的列车开行方案中，反而是 10:00—12:00 以及 18:00 以后的列车开行数量较多，故需求与实际在时段上是不匹配的。为了更好地满足旅客的出行时段意愿，可将部分 10:00—12:00 时段开行的列车提前至 8:00—10:00 时段开行，相应地，可将 8:00—10:00 时段的列车发车间隔调整为平均每 7 min 一列；另外，可以适当减少 18:00 以后的列车开行数量。

任何一种列车开行方案都需要通过实际运营的检验，特别是在不同时段、不同出行需求情况下选择的列车开行方案，需要通过对实际运营情况进行性能分析，如此才能为不断优化列车运行图铺画提供有益的参考。高速铁路列车开行方案的调整是高速铁路适应客运市场变化不可避免的过程和阶段。为了满足旅客需求、提升铁路经济效益，应根据客流变化不断调整列车开行方案。然而，在列车开行方案的实际调整中，还需考虑动车组运用及检修、司乘组织、通过能力、在站作业时间等铁路内部因素。

4.5.4　淡季列车开行方案

为了努力实现精准开车、有效供给，以把握客流规律为根本，实行平/高峰、淡/旺季不同开车模式，尤其在客运淡季加大列车停运、减编力度，有力促进客运经营效益的进一步提升。例如，每年上半年春运、下半年十一黄金周后，客运市场进入传统客运淡季，根据客流分析结果，结合同期旅客列车开行情况，在满足旅客基本出行需求的基础上，实施规模化减编以实现集约经营。

1. 淡季列车开行方案研究的意义

(1) 节约直接成本。通过淡季规模化减编，促使运输资源合理配置，导向集约化经营，节约运营成本；通过客流分析，在传统客流淡季进行规模化减编，有效减少虚糜运能的投放，引导客流向有效运能流动，实现运能投放与客流需求的精准匹配，提高运能的利用效率。

(2) 减少用工总量。列车停运减编可减少淡季乘务人员的使用数量。这个阶段可为职工公休、培训、疗养创造条件。

(3) 创造施工条件。在淡季规模化减编方案制订的过程中，可与施工管理部门对接，以了解影响旅客列车运行的施工项目、进度以及影响程度，从而相应地调整减编方案，为施工改造创造条件。

(4) 利于动车检修。根据车辆部门检修计划，对接车辆检修需求，通过交路合理调整、编组调整、重联改单组等多种手段来调整图定车底的运用结构。车底运用需围绕检修展开，不仅为动车组高级修创造条件，也为后续春运车底运用打下基础。

2. 淡季规模化减编优化方法

1）传统做法

（1）提前谋划。在传统淡季前两个月着手进行减编准备工作，研究通勤流、商务流、旅游流、探亲流等各股客流的季节性特点，科学掌握淡季旅客的出行规律，按列车、整交路分析历年列车的实际开行情况，总结同期淡季规模化减编列车开行效果。摸底施工计划、车辆检修计划，与运输、车辆部门对接工作需求，为淡季规模化减编方案的制订提供依据。

（2）优选方案。根据客流分析结果，统筹优化淡季规模化减编方案。首先，在考虑旅客出行方向、时段性规律的基础上，有针对性地安排开车计划，确保淡季减编能够满足旅客出行的基本需求。其次，统筹考虑车辆检修计划需求，为动车组高级修及客车检修创造条件。最终，通过比选优化，形成淡季规模化减编方案。

（3）方案落实。淡季规模化减编方案确定后，由客运部、调度所下发至站段执行，车辆部门根据淡季减编方案调整车辆检修计划，财务部门配合进行节约成本清算，客运部跟进淡季列车开行情况，动态掌握运能投放、客票预售情况，根据市场反馈实时进行梯次减编。

2）停运车次

加强担当高速铁路动车的盈亏分析，对于无法达到弥补变动成本保本点的客车要及时分析原因，有条件优化的则要及时停运，以减少损失。虽然，担当客车的开行与停运受较多内、外部因素的制约，如客流需求、管理部门平衡等，但是能争取停运的亏损客车还是应尽量停运。

3）建立健全的淡季规模化减编机制

梳理现行的淡季规模化减编做法，并进行科学评估，实现淡季列车开行减编制度化、模式化。建立基层站段参与、机关处室联动的管理机制，形成提前研究、制订方案、落地实施、实践分析、动态调整的减编工作流程。研究落实减编车底的合理运用和减编人员的科学管理制度。例如，在优化规模化调整方案方面，做到各专业协同研究分析淡季规模化减编工作，根据历年淡季规模化减编情况，细分客流成分，总结客流特点，掌握客流变化规律，分析预判下一年度淡季客流需求，将淡季客流预测按照“一日一图”规定时间节点纳入年度客流预测；按列车、成交路进行分析，预估年度淡季规模化减编减少动车组用车情况，将其纳入年度动车组运用需求轮廓计划。

4）构建信息化系统保障

配套建立信息化管理系统，实现信息的实时监测、动态分析，为合理决策提供技术保障。

5）优化车辆检修与配属

目前，动车组配属结构制约了淡季减编的实施，一是短编车底配属减少，导致长编车底使用率过高，用车灵活度受限；二是各动车运用所检修车型固化，网络修实施范围有限，导致部分交路需减编却减不掉。对此，可进一步优化动车配属结构，将短编车型占比控制在合理范围内；同时，考虑适当地调整各动车运用所检修车型，扩大网络修实施范围，增加用车灵活度。

6）完善评价机制

我们可从担当列车客座率、增加的经营效益、节约的经营成本、减少用工总量和淡季动车组高级修数量增加等方面进行综合评价，并形成合理的激励制度。

4.5.5　系统优化协调

高速铁路列车开行方案的设计与优化，涉及旅客列车方案运行图的编制和 OD 客流的预测与分析。其中，OD 客流的预测与分析是旅客列车开行方案制订的前提和基础，而旅客列车方案运行图的编制则属于方案的具体实施，同时它还决定了车底运用、停站时间、运行时间等内容。高速铁路列车开行方案优化的程度直接影响开行方案的优劣，而且方案优化贯穿于方案形成的整个过程中。

客流预测、开行方案、列车运行图这三阶段应综合优化。开行方案不仅与客流预测有关，还与列车运行图密切相关，三者之间互为因果关系。客流预测阶段所需的列车服务属性（如旅行时间、票价等）不仅是在开行方案制订后才产生的，而且是在列车运行图编制以后才能准确计算得到的。因此，客流预测结果不但影响列车开行方案以及列车运行图的编制，列车开行方案以及列车运行图反过来也会影响客流预测的结果。在开行方案形成的整个过程中，各阶段应顺序优化，通过参数调整、循环迭代，最终实现各阶段的综合优化，也就是要实现动态调整运能，按流开车、适需开车，实行日常图、周末图和节假图，实施“分号运行图”，使客运能力与市场对接更加紧密，列车运行图成为便民图。高速铁路列车开行方案优化过程如图 4-2 所示。

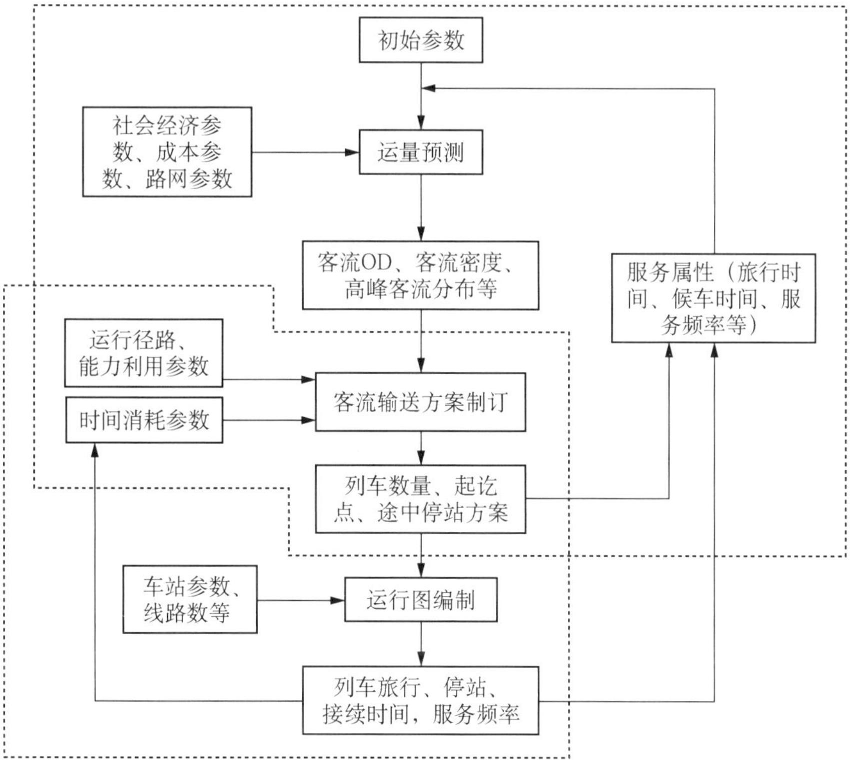

图 4-2　高速铁路列车开行方案优化过程关系

第 5 章　列车运行图编制与评价

5.1 列车运行图概述

列车运行图作为铁路运输工程中的核心技术和最主要的经营决策系统，涉及旅客和货主的利益。列车运行图是铁路运输企业最主要的产品，也是铁路行车组织的基础和运输生产工作的框架。如今，铁路企业改革不断深入，运输市场需求灵敏多变，编制适应市场需求的列车运行图是铁路运输企业生存的根本以及不断向前发展的前提。列车运行图的编制管理水平直接反映了铁路运输企业的经营管理水平和经济、社会服务能力。

列车运行图是对列车开行方案的进一步细化，即增加了时间维度，同时，也是高速铁路运营组织与管理层的关键技术文件。高速铁路列车运行图是高速铁路运输生产的一个综合性计划。高速铁路运营组织与管理强调工电供一体、机辆一体、动车运用所内作业（运输、机务、车辆、客运作业）一体、站车一体等，通过列车运行图把各部门连成一个统一的整体，各部门须严格按照运行图规定的程序进行工作，如机务部门根据运行图的要求确定动车组运用交路、安排动车组的整备和乘务员的作息；其他部门（如工务、电务等）也都根据运行图安排线路和设备的施工与检修；车站则根据运行图所规定的列车到达和出发时刻，安排本站接发列车作业和客运工作。

高速铁路列车运行图是用以表示列车在高速铁路区间运行及在车站到发或通过时刻的技术文件，它规定了高速铁路各次列车占用高速铁路区间的先后顺序、列车在每个车站的到达和出发（或通过）时刻、列车区间运行时分、车站停站时间、列车在折返站的折返时间、列车交路和出入段时刻等。列车运行图的具体编制工作涉及客运、运输、机务和车辆等部门。其中，客运部门主要负责高速铁路列车开行方案、交路方案、停站方案、编组方案、加水作业方案的制订与调整；运输部门负责按照技术规范铺画列车运行图，包括列车径路、到发时刻、停站、股道；机务部门负责动车组乘务交路；车辆部门负责提供对应动车组使用方案、吸污作业方案。

列车运行图是铁路经济效益和社会效益的源头，是列车开行方案的落实体现，是运营方案的基本参照，也是客运产品的完整体现。高速铁路列车运行图是组织运输生产的依据，是实现“按图行车”的技术组织措施，也是确保运输产品质量的基础。

列车运行图能为旅客提供较为方便的乘车条件，包括满足不同旅客对出行时间的要求。例如，针对上下班客流及早出办事（旅游）并在傍晚返回的客流，应安排早（7:30—9:00）、晚（16:30—19:00）列车密集到发。同方向同等级的列车在运行图上应尽可能均衡开行，比如每隔 0.5～1.0 h 一趟，便于旅客记忆。从这个意义上讲，向社会公布的列车时刻表，实际上就是高速铁路服务供给运输产品的目录。它对于铁路来说，是铁路运输产品的供销计划；对于用户来说，则是旅客安排旅行计划的依据。

由此可见，高速铁路列车运行图是高速铁路运输生产和产品供应销售的综合计划，是铁路运输生产联结社会生活的纽带，也是铁路运输企业向社会提供运输供应能力和承诺运输服务质量的一种有效形式。

5.2 列车运行图分类

(1) 列车运行图按照表示时间的方式可分为二分格、十分格、小时格运行图。

(2) 列车运行图按照运行速度可分为平行运行图和非平行运行图；按照上下行是否成对可分为成对运行图和不成对运行图。

(3) 列车运行图按照所处时期不同可分为基本运行图、分号运行图、日常运行图、周末运行图和高峰运行图等。其中，基本运行图是以当前阶段能力利用最大化为基础制订的运行图。日常运行图、周末运行图、高峰运行图是在基本运行图的基础上抽线形成的分号运行图。例如，高速铁路可根据客流规律铺画多种版本的列车运行图以便更好地满足客流需求，具体分为日常运行图、周末运行图和节假日高峰运行图。

日常运行图是指周一至周四实行的运行图，周末运行图为周五至周日实行的运行图，如沪宁城际铁路、沪杭高速铁路所采用的运行图。另外，也有实行周一至周五的日常运行图，周末运行图为周六、周日实行的运行图，这种称为工作日运行图和非工作日运行图。

节假日运行图是指针对客流量波动较大的主要节假日所编制的列车运行图。节假日高峰运行图有春运、暑运、黄金周、小长假等运输期间实行的运行图。如果在日常和周末遇有突发客流，也可开行节假日高峰运行图中未开行的高速列车；另外，根据旅游旺季、特殊社会活动等，可编制春游、清明扫墓等高速铁路列车分号运行图。

此外，也可以将高速铁路列车运行图分为如下三种：①节假日使用的列车对数最多的运行图，又称基本运行图或高峰运行图；②周末(周五至周日)使用的运行图，从基本运行图抽减一定数量的运行线，列车对数较少的运行图；③日常(周一至周四)使用对数最少的列车运行图。

(4) 按照运行图上各时间点的规律性可分为非规格化运行图和规格化运行图(欧洲又称之为周期运行图)。

(5) 按照是否有施工天窗可分为施工日运行图和非施工日运行图。在繁忙干线铁路全面实行非施工日分号图，在施工日实行基本图，在非施工日实行非施工日分号图。非施工日图中客车可利用基本图天窗时间开行，最大限度地增加客车车底及线路通过能力等资源的利用，实现效益最大化。

目前，运行图编制时基本上一次性编制完毕。日常运营时，根据客流情况安排列车运行计划，遇有特殊情况，可临时安排临客运行线。

5.3 列车运行图要素

高速铁路列车运行图要素包括：列车区间运行时分及起停车附加时分、列车在中间站停留时间、动车组在折返站和动车段(所)停留时间、列车追踪间隔时间、列车开行时段、分时段行车密度、综合施工维修天窗时间等。

5.3.1 列车区间运行时分及起停车附加时分

列车区间运行时分是指列车在两相邻车站(线路所)之间的运行时间标准。它由机务部门采用牵引计算及试运转或采用动力试验车加以检验的方法确定。列车区间运行时分的影响因素很多，其中主要有动车组类型及列车编组、线路允许速度、线路平面及纵断面、桥隧(涵)限速情况和接触网分相位置等。

列车区间运行时分是按车站(线路所)中心线之间的距离进行计算的。列车不停车通过区间两端车站所需的运行时分，称为区间纯运行时分。高速列车由车站起动出发比不停车通过车站所增加的运行时分，称为起车附加时分；高速列车到站停车比不停车通过车站所增加的运行时分，称为停车附加时分。

5.3.2 列车在中间站停留时间

列车在中间站停留时间主要是指动车组列车在中间站办理必要作业所需要的最小时间。目前，高速铁路动车组的上水、排污等作业通常在动车段(动车运用所)、拥有相关吸污设备的始发站进行，中间站一般只办理旅客乘降作业(有时有待避等其他技术作业)，动车组在中间站的停车作业过程具体包括：

(1) 动车组在到发线上规定位置停稳后司机开启车门。

(2) 旅客上下车。

(3) 列车长在旅客乘降完毕后，通知司机关闭车门。

(4) 车站开放发车信号，列车起动出发。

从以上动车组停站流程可以看出，影响动车组在中间站停留时间的因素主要有：①开启车门时间；②中间站旅客的乘降量；③单位旅客平均上、下车时间；④列车长通知司机关门的时间；⑤发车确认时间。

5.3.3 动车组在折返站和动车段(所)停留时间

动车组列车在折返站的停留时间以及在动车段(所)的维修时间是体现动车组运用效率和运输组织水平的重要参数，也是列车运行图铺画的基本要素之一。

高速铁路动车组列车开行密度大，为提高动车组的运营效率，动车组往往需要连环套跑或往复立折运行。在动车组列车终到站变更运行方向，进行折返作业，动车组列车在折返站内办理必要的技术作业所需的最小时间即为动车组在折返站的停留时间。动车组折返时间与动车组在折返站的折返方式、具体作业内容、作业流程等有关，应根据实际情况确认折返时间。

动车组在折返站的作业内容大致包括：列车停稳至车门开启、旅客下车、吸污作业、保洁作业、司机换乘、旅客上车、发车确认、关门和列车出发。上述作业内容部分为串联作业、部分为平行作业。

动车组库内检修作业时间是指动车组列车从进入动车段（所）到出段（所），在动车段（所）内的最小停留时间，其时间标准与动车段（所）的布局、检修作业内容和检修作业流程等有关。

5.3.4　列车追踪间隔时间

列车追踪间隔时间定义为：在自动闭塞区段，同一方向追踪运行的两列列车之间互不干扰的最小间隔时间。高速铁路列车追踪间隔时间是指在自动闭塞（含准移动闭塞和移动闭塞，下同）区段内，同方向追踪运行的两相邻高速列车之间所必须间隔的最小空间间隔距离范围内列车运行的时间，不仅包括同类型动车组、相同速度等级列车间的追踪间隔，也包括不同类型列车以及不同速度等级间的列车追踪间隔时间。

1. 闭塞方式与列控系统

在自动闭塞区段，一个站（所）区间内同方向可有两列及以上数量的列车，以闭塞分区间隔运行，称为列车追踪运行。追踪运行的列车之间的最小间隔时间即为列车追踪间隔时间。影响列车追踪间隔时间的因素主要包括列车运行速度、同方向列车间隔距离、列车控制系统、列车起动性能和制动性能、线路坡度及曲线、站场咽喉区布置、车站信联闭设备以及供电分相设置等。

当高速铁路列车运行控制系统采取目标距离控制模式时，采用准移动闭塞方式或移动闭塞方式。

在准移动闭塞方式下，线路被划分为固定位置、某一长度的多个闭塞分区，一个闭塞分区内只能被一列车占用；后行列车的追踪目标点是前行列车所占用闭塞分区的始端，并留有一定安全距离，后行列车从最高速度开始制动的起始点是根据目标点距离、目标点速度及列车本身的性能所决定的。目标点是前行列车所占闭塞分区的始端，因此这个目标点是相对固定的，在同一闭塞分区内不随前行列车的走行而变化，而制动的起始点是随列车性能和线路参数的变化而变化的，终点则固定在某一分区的边界处。因此，为了与移动闭塞有所区别，我们称之为准移动闭塞，其原理如图 5-1 所示。

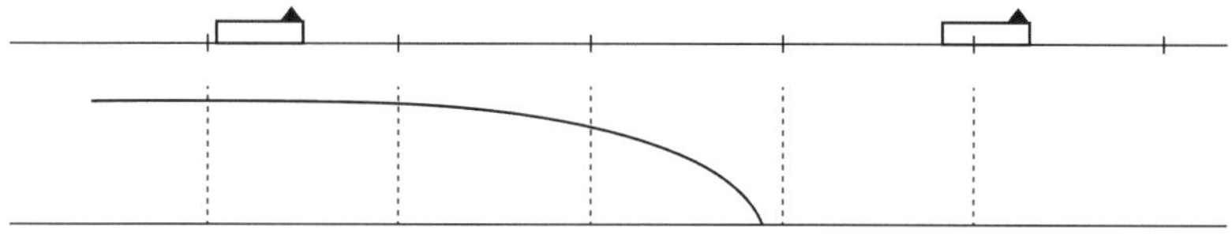

图 5-1　准移动闭塞原理示意

在移动闭塞方式下，线路没有预先设置闭塞分区，而是通过“车-地”实时双向通信，以列车的实际运行速度和列车位置，动态计算相邻列车间的安全距离，即移动闭塞的闭塞区间是移动的，它随着前后两列列车的运行速度、距离、列车性能和线路条件的改变而变化，且跟随列车的运行而移动。移动闭塞原理如图 5-2 所示。

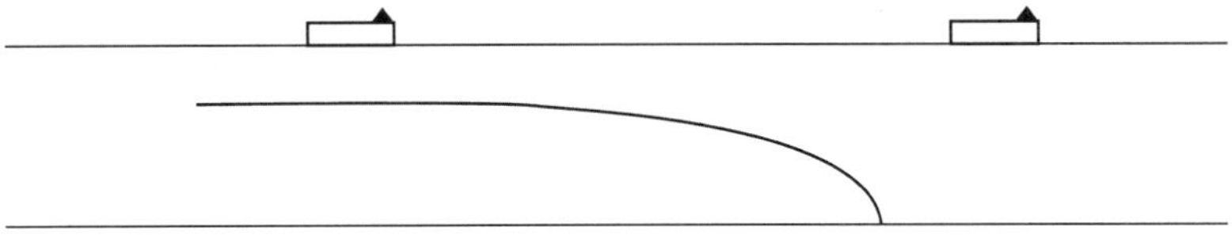

图 5-2　移动闭塞原理示意

在移动闭塞方式下，后行列车的追踪目标点是前行列车的尾部，并留有一定安全距离，如图 5-2 所示，后行列车从最高速度开始制动的起始点是根据目标点距离、目标点速度及列车自身性能所决定的。因此，不同于准移动闭塞方式，移动闭塞方式的目标点与前行列车的位置和速度有关且随时变化，制动的起始点也随着线路参数和列车性能的不同而有所变化。

中国列车运行控制系统(CTCS)(以下简称“列控系统”)按系统条件和功能分为 5 个等级：CTCS-0—CTCS-4，见表 5-1，均为“目标距离”控制模式(又称连续式一次速度控制)。其中，CTCS-2 级及以上均配备列车自动保护(Automatic Train Protection，ATP)系统，具备超速防护功能，主要应用于客运专线和高速铁路。

表 5-1　我国高速铁路列车控制系统概况

项目	列车控制系统(CTCS)				
	CTCS-0	CTCS-1	CTCS-2	CTCS-3	CTCS-4
地面设备	轨道电路	轨道电路、应答器、地面电子单元(LEU)	车站列控中心、轨道电路、应答器、地面电子单元(LEU)	车站列控中心、无线通信(GSM-R)地面设备、轨道电路、无线闭塞中心(RBC)	车站列控中心、无线通信(GSM-R)地面设备、无线闭塞中心(RBC)
车载设备	通用机车信号、运行监控记录装置(LKJ)	机车信号、应答器信息接收模块、安全型 LKJ	ATP(含机车信号、应答器信息接收功能)、LKJ	GSM-R 接收模块、ATP	
地对车信息传输	多信息轨道电路	多信息轨道电路+应答器	多信息轨道电路+应答器；或数字轨道电路	无线通信双向信息传输	
适用区段	160 km/h 及以下		200～250 km/h 提速干线 高速新线	300～350 km/h 高速新线	特殊线路
轨道占用检查	轨道电路			轨道电路等	无线定位应答器校正
闭塞制式	固定闭塞	准移动闭塞			移动闭塞或虚拟闭塞
对应 ETCS 标准	—	—	ETCS-1	ETCS-2	ETCS-3

我国高速铁路采用 CTCS-2 级和 CTCS-3 级列车控制系统。CTCS-2 级列控系统主要应用于线路允许速度 250 km/h 及以下的高速铁路，CTCS-3 级列控系统主要应用于线路允许速度 300 km/h 及以上的高速铁路。正是使用了 CTCS-3 级、CTCS-2 级列控系统，才使

得高速铁路动车组列车能以更快的速度、更小的列车间隔运行。

CTCS-2 级列控系统是基于轨道电路和点式应答器传输列车运行许可信息的列车运行控制系统，其工作原理如图 5-3 所示。

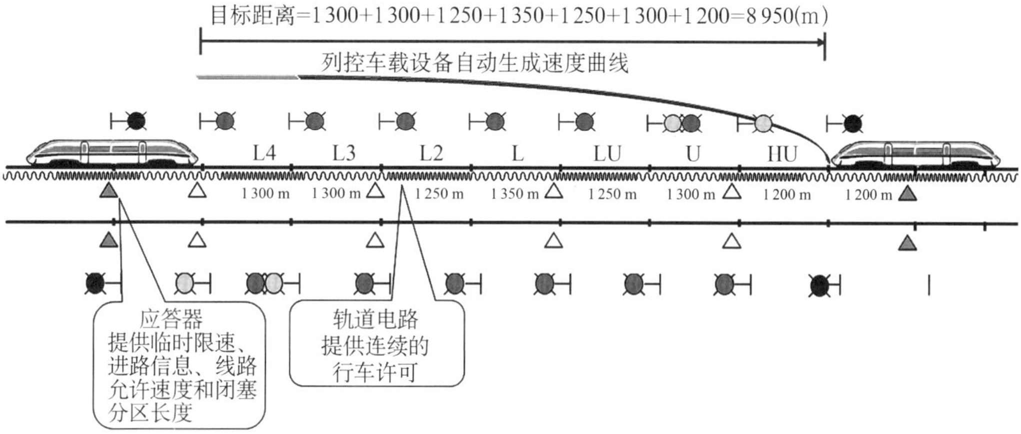

图 5-3　CTCS-2 级列控系统工作原理

CTCS-3 级列控系统是基于无线通信(GSM-R)的列车运行控制系统，由轨道电路完成列车占用检查，无线闭塞中心(Radio Block Center，RBC)生成行车许可，并将行车许可、临时限速及线路描述等信息通过连续的无线通信传送给列控车载设备，并且其兼容 CTCS-2 级列控系统，CTCS-3 级列控系统组成如图 5-4 所示。

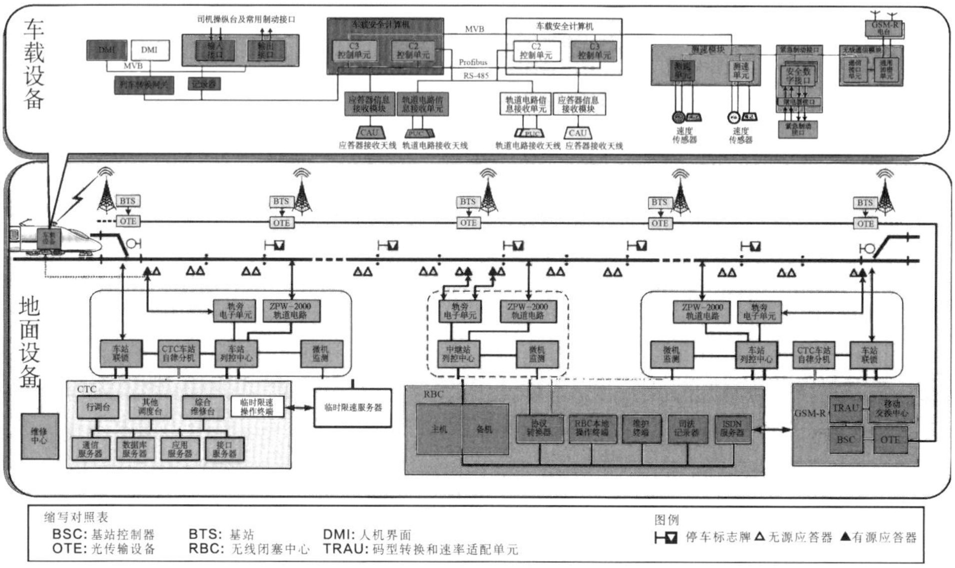

图 5-4　CTCS-3 级列控系统组成

CTCS-3 级列控系统的总体结构包括四部分：地面设备、车载设备、GSM-R 无线通信网络和信号数据传输网络。该模式的基本原理类似于移动闭塞，即根据前行车的位置来确定后行车的允许位置，同时，利用前方传输回来的列车速度、线路条件等信息和列车自身的制动性能等计算出列车制动所需距离，以确保前后行车之间的间隔距离大于列车的全制动距离，并以此为依据生成模式曲线，从而控制列车安全运行。

我国高速铁路采用的CTCS-2级、CTCS-3级列控系统，使得前行列车和续行列车间、列车和车站间、车载设备和地面设备间的信息交互变得更加实时、快捷、精准和长距离。车载设备根据地面设备反馈的车站进路状态和前行列车目标距离来获取行车许可，从而控制列车的运行速度，其代替了传统的司机通过看信号来人工加减列车速度的模式，使得列车能以更高的速度和更小的间隔运行。同时，地面设备根据车载设备反馈的列车运行信息来自动控制车站进路排列，代替了传统的人工开放信号模式，使得车站能更加及时地发出行车或停车信号。

CTCS-3级列控系统相比CTCS-2级列控系统有以下优势：能够实现车-地之间的双向通信；可以实现3 min最小列车追踪间隔时间；采用无线传输方式可减少地面设备数量；在保证安全的前提下，列车速度可以大幅提高。

2. 列车追踪间隔时间分类

高速铁路列车追踪间隔时间分类与普速铁路列车追踪间隔时间分类相同，均划分为四类：区间追踪间隔时间 $I_{追}$、车站到达追踪间隔时间 $I_{到}$、车站出发追踪间隔时间 $I_{发}$ 和车站通过追踪间隔时间 $I_{通}$。高速铁路列车追踪间隔时间 $I=\max\{I_{追}, I_{到}, I_{发}, I_{通}\}$。

3. 列车追踪间隔时间确定原则

根据高速铁路列车追踪间隔定义，结合行车相关理论，制订科学合理的高速铁路列车追踪间隔时间标准，同时，需要对高速铁路列车追踪运行过程进行系统分析，并充分考虑列车追踪运行关系以及车站进路的办理作业。基于此，高速铁路列车追踪间隔时间标准的确定就需要满足以下几个基本原则：

(1) 保证列车在正常情况下不限速运行。

(2) 保证以列车区间最高速度运行的列车在接收到限速信号并实施制动减速时，能够在限速信号前的安全防护距离范围内完成调速任务；由于特殊情况，触发并实施列车紧急制动时，能够在绝对防护点前的安全防护距离范围内安全停车。

(3) 保证前行列车在进行相关的车站接入、出发或通过作业时，后行列车不会因为受到前行列车影响而出现非正常减速、甚至非正常停车的情况。

(4) 满足信号系统为列车办理信号的联锁关系条件。

(5) 尽可能地贴近列车实际运行过程，避免所确定的间隔时间标准过于理论化，从而得到更有实际参照价值的列车间隔时间标准。

4. 列车追踪间隔时间影响因素

影响列车追踪间隔时间的因素较多且较为复杂，具体包括：闭塞分区长度、车站咽喉、道岔侧向限速、列控系统技术方案、ATP速度监控模式曲线、列车牵引制动性能、线路条件、线路限速、接触网电分相、司机作业标准及作业水平等。

1) 闭塞分区长度

对于基于分级速度控制模式的列车间隔时间研究，由于列车之间间隔固定的闭塞分区数目，因此闭塞分区长度会直接影响前后两列列车之间的空间间隔距离，闭塞分区长度越长，对列车间隔时间的不利影响就越大。

对于基于一次模式曲线列控方式的列车追踪间隔时间研究，一方面，由于后行列车追踪点为前行列车所占用闭塞分区的入口位置，只要前行列车未出清所占用的闭塞分区，后行列车的追踪目标点就不变；考虑最不利情况，即前行列车将要出清所占用的闭塞分区但还未出清，此时分析列车空间间隔应该加上前行列车所占用闭塞分区的长度。另一方面，调度集中系统 CTC 办理列车通过或发车作业时，需要满足一定的条件，即需要等前行列车出清一离去闭塞分区后，才能办理后行列车相应作业，因此反向进站信号机外第一离去区段设置的长度越大，前行车出清一离去所花费的时间就越长，从而影响前行列车的出清，进而影响后行列车的作业办理，造成列车间隔时间增大。

虽然，闭塞分区长度增大不利于列车追踪间隔时间的优化，但闭塞分区的划分需要满足列车安全制动距离的需求，因而需要对闭塞分区长度的设定有更深层次的研究，以便于定量分析其对列车间隔时间的影响。

2）车站咽喉

车站站场咽喉区布置对列车追踪间隔时间的影响体现在两方面：一方面是影响列车进出站过程，进而影响列车追踪间隔时间；另一方面是车站站场咽喉区布置不合理而造成的特殊类型的间隔时间。

列车进站和出站需要通过车站站场的咽喉区，由于列车在进出站过程中受到道岔侧向限速的影响，运行速度较低，通过进站、出站咽喉区的时间较长，所以咽喉区长度成为制约列车追踪间隔时间的重要影响因素之一。咽喉区越长，列车运行通过咽喉区的时间越长，对列车追踪间隔时间的影响就越大。一般而言，大型车站的咽喉区较长，而影响车站咽喉区长度的主要因素是车站站场咽喉区的布置，当车站站场股道数量多、所衔接的方向也较多时，就会造成咽喉区配置较多的道岔、渡线等线路连接设备，从而造成咽喉区长度增加，并且列车在进出站过程中需要限速运行，因而对列车间隔时间的影响就会比较大。车站各股道之间的咽喉区长度不一样，特别是大型车站最外方股道的咽喉区会比靠近正线的股道咽喉区长很多，而小型车站各股道数量较少，各股道之间咽喉区长度较为一致。

另外，车站站场咽喉区布置不合理会导致特殊站型的产生，从而造成进路之间敌对交叉较多，影响接发车进路的办理，进而影响列车追踪间隔时间。

综上所述，从优化列车追踪间隔时间的角度考虑，在工程设计中，应尽量紧凑合理地布置车站站场咽喉区。

3）道岔侧向限速

车站咽喉区道岔侧向限速会影响列车在车站的到达和出发过程，进而影响列车追踪间隔时间。在列车进站过程中，列车需要由区间运行速度减至道岔侧向限速，并以不高于道岔侧向限速的速度通过车站咽喉区，且在停车标处制动停车，因而道岔侧向限速会影响列车进站过程。列车从车站出发过程中，需要从到发线起动并以不高于道岔侧向限速的速度通过车站出发端咽喉区，因此咽喉区道岔侧向限速也会影响列车从车站出发的过程。

道岔侧向限速是由道岔号数决定的，道岔号数越大，道岔侧向限制速度越高，列车进出站过程所花费的时间就越短。但列车运行速度提高，其所需的制动距离就会增大，因此道岔侧向限速对列车追踪间隔时间的影响有待进一步的分析研究。值得注意的是，道岔号数的增大，虽然会提高道岔侧向限速，使列车速度提高，但是也会相应地造成列车咽喉区长度的增加，而咽喉区长度的增加对于缩短列车追踪间隔时间是不利的。因此，我们需要进一步定量研究道岔侧向限速、车站咽喉区长度和列车追踪间隔时间三者之间的关系，以列车追踪间隔时间最短为目标，寻求最优方案。

4）列控系统技术方案

在不同的列车运行控制系统下，会有不同的列车运行模式，在行车过程中，这将使列车追踪间隔时间产生差异。高速铁路列车采用连续式一次速度曲线控制模式运行。一次速度曲线控制模式（目标距离模式）条件下的列车追踪间隔是根据列车当前位置距目标点的距离、目标点速度以及列车性能、线路条件等实时计算出目标距离速度模式曲线。CTCS-2 级和 CTCS-3 级控车模式虽然都采用一次速度曲线控制模式，但由于二者的车-地信息传输方式不同，列车信息的传递流程和时间不一样，所以会对列车追踪间隔时间产生不同的影响。

CTCS-3 级列控系统是借助 GSM-R 无线通信网络技术实现车-地间信息的双向连续传输，通过无线闭塞中心（RBC）生成行车许可（Movement Authority，MA）的列车运行控制系统。CTCS-3 级列控系统控车模式下列车运行过程如图 5-5 所示。

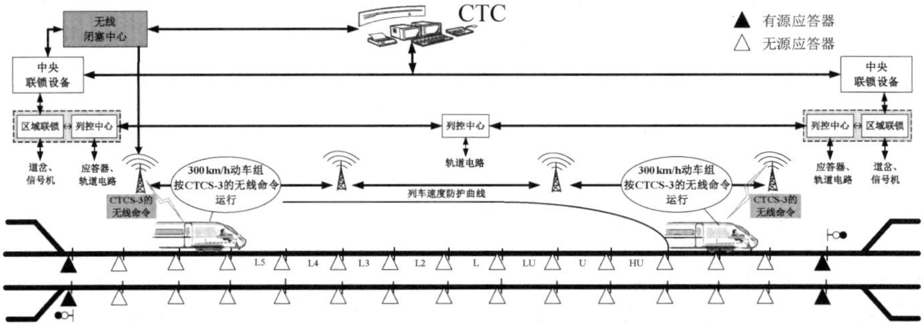

图 5-5 CTCS-3 级列控系统控车模式下列车运行过程示意

CTCS-2 级列控系统是通过 ZPW-2000A 型轨道电路和有源/无源应答器传输地对车的信息，依靠轨道电路传输移动授权凭证 MA，依靠线路旁的应答器提供沿线线路数据，为点连式系统。CTCS-2 级列控系统与 CTCS-3 级列控系统采用同样的列控模式和闭塞方式。CTCS-2 级列控系统控车模式下列车运行过程如图 5-6 所示。

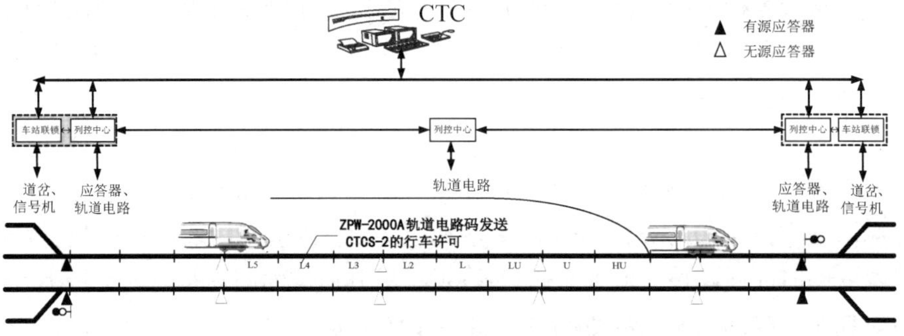

图 5-6 CTCS-2 级列控系统控车模式下列车运行过程示意

CTCS-2级列控系统采用轨道电路作为媒介来连续传输移动授权凭证；CTCS-3级列控系统则由无线闭塞中心(RBC)产生移动授权凭证，并通过GSM-R无线通信系统传输到列车的车载设备上。由于二者车-地间信息传输方式的不同，相应地，设备动作流程和时间也就不同，从而影响列车追踪间隔时间。列控系统技术方案中对于动车组列车上各项信号设备的响应以及动作时间均有相关的规定。

5）ATP速度监控模式曲线

列控系统速度监控模式曲线的设定会影响车载ATP控车模式曲线。高速铁路列车按照ATP速度监控模式曲线运行，而列车实际运行曲线位于监控模式曲线之下，这主要与不同信号厂家设置ATP控车模式曲线的原理及参数有关。不同厂家的产品会影响列车监控制动距离以及列车的实际运行过程。

6）列车牵引制动性能

列车在运行过程中主要有牵引、惰行、制动三种工况。在惰行工况下，列车不受牵引力和制动力影响，主要受线路条件影响。牵引、制动工况分别与列车的牵引、制动性能有关，列车的牵引制动性能会在很大程度上影响列车追踪间隔时间的长短。

列车的牵引性能能够反映出列车从速度为0加速到允许速度所需的时间。在列车出站过程中，列车需要牵引加速出清车站。在分析与发车相关的列车追踪间隔时间时，列车的牵引性能会影响列车出清车站的时间。列车的牵引性能越好，与发车相关的列车追踪间隔时间就越短；反之，列车的牵引性能越差，与发车相关的列车追踪间隔时间就越长。

列车的制动性能能够反映出从允许速度减速为0所需的时间。列车在进站过程中，列车需要采用制动工况减速进站，由于列车制动性能影响列车制动距离，也影响列车进站制动过程的运行时间，因此会对列车追踪间隔时间产生影响。列车的制动性能越好，列车追踪间隔时间就越短；列车的制动性能越差，列车追踪间隔时间就越长。因此，采用牵引制动性能较好的列车可以有效减少列车追踪间隔时间。

7）线路条件

列车在线路上运行，会受到线路条件(包括坡道、曲线等)的影响。客运专线正线最大坡度可达30‰；长大坡道对列车区间运行会产生很大影响，列车在长大坡道上由于受到坡道附加阻力的影响，牵引提速无法达到列车区间最大运行速度，因此会浪费一部分运行时间，线路条件，特别是极端情况下(如长大坡道、小曲线半径等)均会影响列车在该区段上的运行，进而影响列车追踪间隔时间。线路条件越恶劣，对列车间隔时间的影响就越大。

8）线路限速

线路静态限速及临时限速会对车载ATP的最严格限制速度曲线产生影响，列车在限速区段运行速度较低，且在限速区段前需要提前减速到限速值，在通过限速区之后则要牵引加速至更高的限速，该过程会浪费列车的运行时间，进而影响列车追踪间隔时间。限速区越长、限速越低，对列车间隔时间的影响就越大。图5-7—图5-9分别为限速区对列车区间运行过程、出站过程以及进站过程的影响示意。

9）接触网电分相

由于列车在电分相区段内不能从接触网获得牵引列车运行的电能，因此列车在该区段

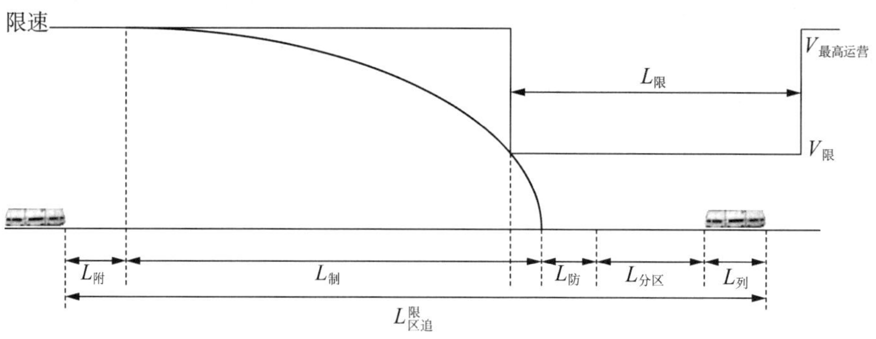

图 5-7 限速区对列车区间运行过程影响示意

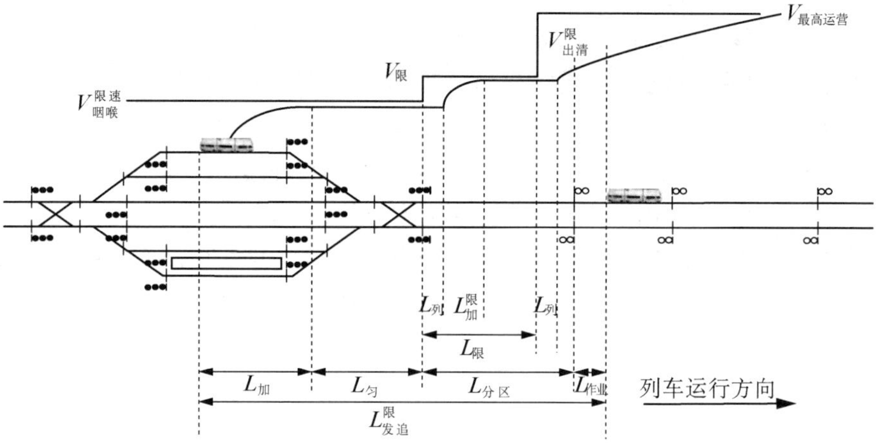

图 5-8 限速区对列车出站过程影响示意

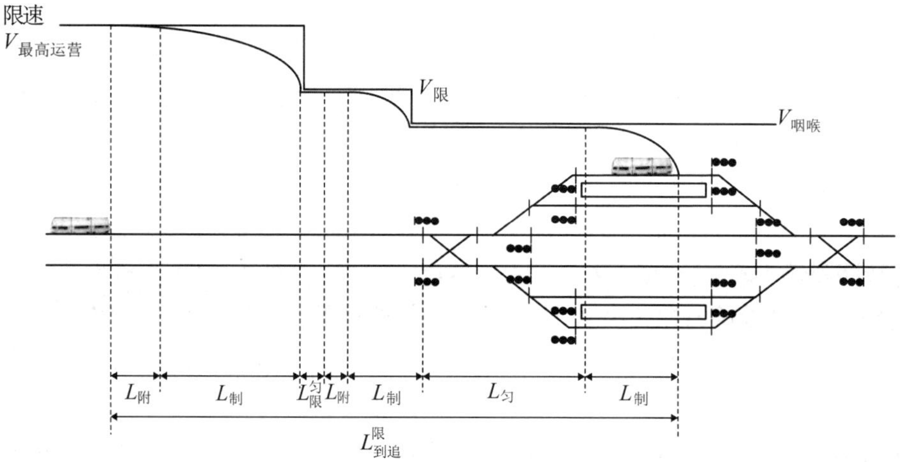

图 5-9 限速区对列车进站过程影响示意

内为惰行状态。在不同线路条件下，列车在电分相区段内速度会有不同程度的损失，这会影响列车通过电分相区段所需的时间，且列车在通过电分相区段后需要重新牵引加速至进入电分相前的速度，这便会产生额外的时间。特别是在车站出发端存在接触网电分相的情况下，如列车从车站刚发出不久便遇到电分相，则会严重影响列车从车站出清的过程，增加出清过程所需的时间，从而影响相应的列车追踪间隔时间。

由于列车在不同的运行过程中采用不同的工况，所以电分相对于列车不同运行过程（出站、进站以及区间运行过程）的影响程度也是不同的。

由于列车出站过程需要采用牵引工况，所以当列车在出站过程中遇到电分相时只能采用惰行工况，这对于列车出站过程的影响较大；同时，对相应列车从车站出发的间隔时间影响也较大。列车在区间运行过程中，在电分相内采用惰行工况，在不同线路条件下所造成额外的速度损失会不同，但对区间列车追踪间隔时间的影响不大，因为列车追踪间隔时间一般取决于列车运行的线路条件。列车在进站过程中主要采用制动或惰行工况，当采用制动工况过程中进入电分相区，电制动并不会停止，反而还会将再生电流传送给辅助变流器供电，因此列车在电分相内仍然可以维持制动工况。故列车在进站过程中存在电分相情况下，对相应的列车到站的间隔时间基本无影响。但对于大型车站而言，其可能会由于受到线路工程条件限制，列车在进站过程中需要先从区间最高运行速度制动到线路静态限速值，然后又转为牵引工况进入电分相的情况下，而电分相对列车的进站过程亦存在一定程度的影响。电分相对列车运行过程的影响如图 5-10—图 5-12 所示。

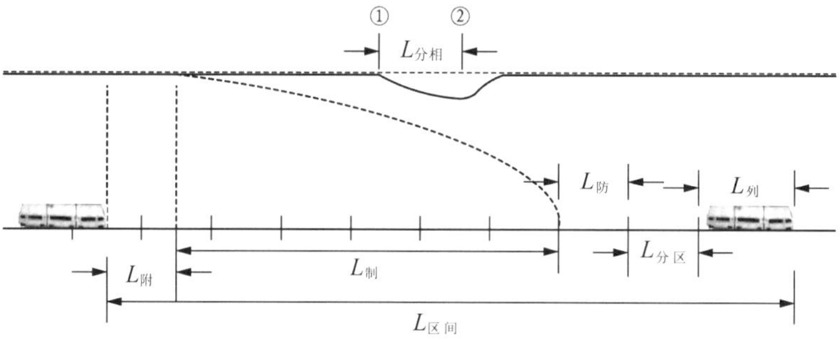

图 5-10　电分相对列车区间运行过程影响示意

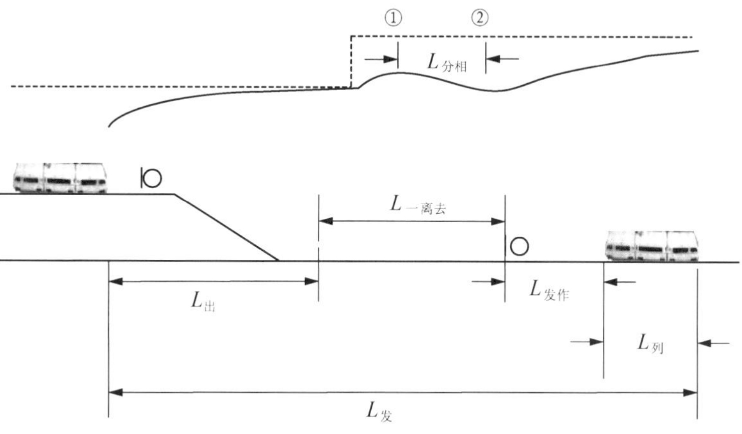

图 5-11　电分相对列车出站过程影响示意

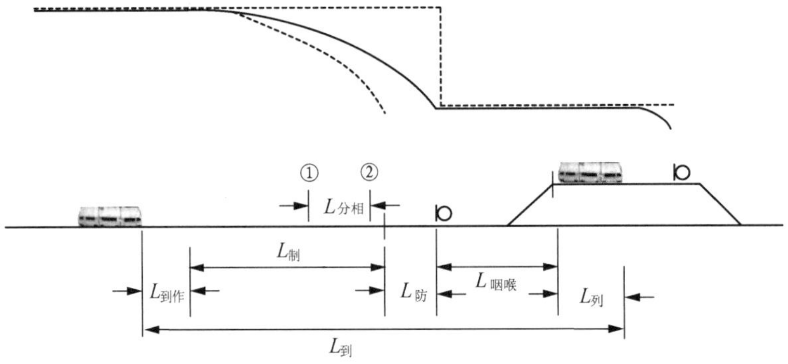

图 5-12　电分相对列车进站过程影响示意

列车在正常运行过程中，电分相不同的设置位置以及长度会造成列车实际运行速度不同程度的损失，进而会对列车追踪间隔时间产生不同程度的影响。一般而言，电分相区越长、电分相距离车站咽喉区越近，对列车追踪间隔时间的影响就越大，因此尽量采用“短分相”形式，并且电分相应尽量远离车站咽喉区设置，以减少接触网分相对列车追踪间隔时间的影响。对于电分相的设置形式和位置，我们需要综合考虑列车编组、闭塞分区的划分以及电分相所处线路坡度等。同时，我们需要结合牵引计算来检验电分相的设置是否满足列车运行条件。

10）司机作业标准及作业水平

司机作业标准的相关规定会对司机确认信号作业、司机发车的作业操作以及列车过分相操作等各项作业操作做出规范，司机须按照作业标准规范进行相应的作业，如此就会人为地影响列车追踪间隔时间。司机对列车的操控会在很大程度上影响列车的实际运行过程，而列车追踪间隔时间的查定以及计算均是以列车实际运行曲线为基础的，司机操纵列车运行越接近监控曲线，所得到的列车追踪间隔时间就越小。具体作业规定需要根据机车以及动车组操纵规程进行查定。

以上是对列车追踪间隔时间影响因素的整体定性分析。需要注意的是，其中有些影响因素可能仅仅影响个别列车追踪间隔时间，并不是对所有的列车追踪间隔时间类型均产生影响，因此需要根据列车追踪间隔时间的种类进行具体分析。

5. 列车追踪间隔时间

列车追踪间隔时间是指列车运行图中相邻的同向或对向列车运行线间必须保持的最小间隔时间。列车追踪间隔时间是列车运行图的组成要素，是计算区间通过能力的重要参数，也是规范 CTC 系统开发和应用的重要依据。

高速铁路的列车追踪间隔时间类型与普速铁路相同，包括列车区间追踪间隔时间、列车出发追踪间隔时间、列车到达追踪间隔时间和列车通过追踪间隔时间，其中的最大者即为列车追踪间隔时间。

列车车站间隔时间包括：同方向列车到通间隔时间，同方向列车通发间隔时间，同方向列车不同时到发间隔时间 $I_{到发}$，同方向列车不同时发到间隔时间 $I_{发到}$，敌对进路相对方向列车不同时到发间隔时间 $I_{敌到发}$，敌对进路相对方向列车不同时发到间隔时间 $I_{敌发到}$，相对方向列车不同时到达间隔时间 $I_{不}$ 等。

1）列车追踪间隔时间种类及组成要素

（1）列车区间追踪间隔时间。

列车区间追踪间隔时间是指相同速度等级列车区间追踪运行时必须间隔的最小距离的运行时间。它是以前行列车所在闭塞分区入口附加一定的安全防护距离为追踪目标点，在满足目标制动距离条件下，后行列车正常运行而必须间隔的最小距离范围内的运行时间，如图 5-13 所示。

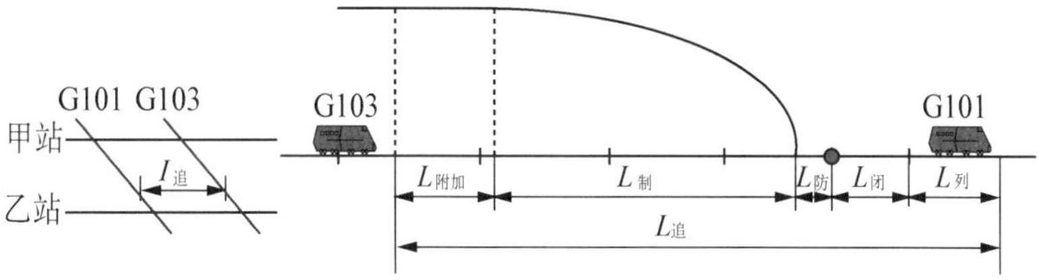

图 5-13　列车区间追踪间隔时间示意

$I_{追}$ 的计算公式如下：

$$I_{追}=3.6\times\frac{L_{制}+L_{防}+L_{闭}+L_{列}}{v_{区间}}+t_{附加} \tag{5-1}$$

式中　$I_{追}$——列车区间追踪间隔时间，s；

$L_{制}$——列控车载设备监控制动距离，m；

$L_{防}$——安全防护距离，m；

$L_{闭}$——闭塞分区长度，m；

$L_{列}$——列车长度，m；

$v_{区间}$——列车区间运行速度，km/h；

$t_{附加}$——列车区间追踪运行附加时间，s。

式(5-1)中的 3.6 为单位换算系数，余同。

（2）列车出发追踪间隔时间。

列车出发追踪间隔时间是指自前行列车由车站发出时起，至由该站同方向再发出另一列车时止的最小间隔时间。它包括前行列车从车站出发至出清第一个闭塞分区时间和办理后行列车出发作业时间，如图 5-14 所示。

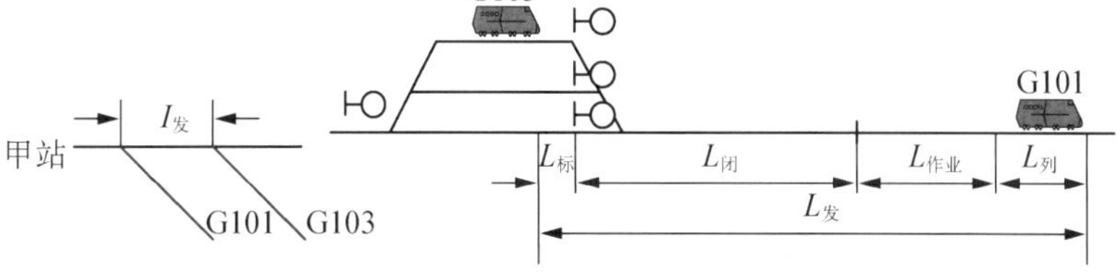

图 5-14　列车出发追踪间隔时间示意

$I_{发}$的计算公式如下

$$I_{发}=3.6\times\frac{L_{标}+L_{闭}+L_{列}}{v_{出发}}+t_{出发作业} \tag{5-2}$$

式中 $I_{发}$——列车出发追踪间隔时间，s；

$L_{标}$——列车停车标至出站信号机的距离，m；

$v_{出发}$——列车从车站出发的运行速度，km/h；

$t_{出发作业}$——列车出发作业时间，s。

(3) 列车到达追踪间隔时间。

列车到达追踪间隔时间是指自前行列车到达车站时起，至同方向后行列车到达该站时止的最小间隔时间。它包括办理后行列车到达作业时间和后行列车从进站监控制动距离运行至站内的时间，如图 5-15 所示。

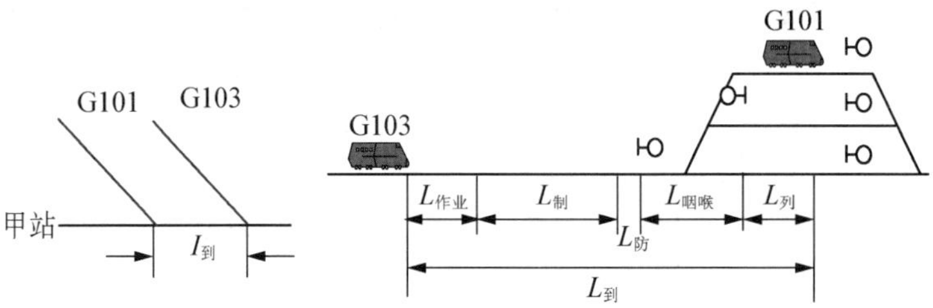

图 5-15 列车到达追踪间隔时间示意

$I_{到}$的计算公式如下：

$$I_{到}=3.6\times\frac{L_{制}+L_{防}+L_{咽喉}+L_{列}}{v_{到达}}+t_{到达作业} \tag{5-3}$$

若需要设置延续进路，$I_{到}$的计算公式如下：

$$I_{到}=3.6\times\frac{L_{制}+L_{防}+L_{咽喉}}{v_{到达}}+t_{到达作业}+t_{延续} \tag{5-4}$$

式中 $I_{到}$——列车到达追踪间隔时间，s；

$L_{咽喉}$——车站进站信号机至股道反向出站信号机的距离，m；

$v_{到达}$——列车到站停车的运行速度，km/h；

$t_{到达作业}$——列车到达作业时间，s；

$t_{延续}$——列车头部进入车站股道后进路不解锁而延续的时间，s。

(4) 列车通过追踪间隔时间。

列车通过追踪间隔时间是指自前行列车通过车站时起，至同方向后行列车再通过该站时止的最小间隔时间。它包括前行列车出清第一个闭塞分区后办理后行列车通过作业时间、后行列车以正常运行速度通过监控制动距离至“一离去”范围的运行时间，如图 5-16 所示。

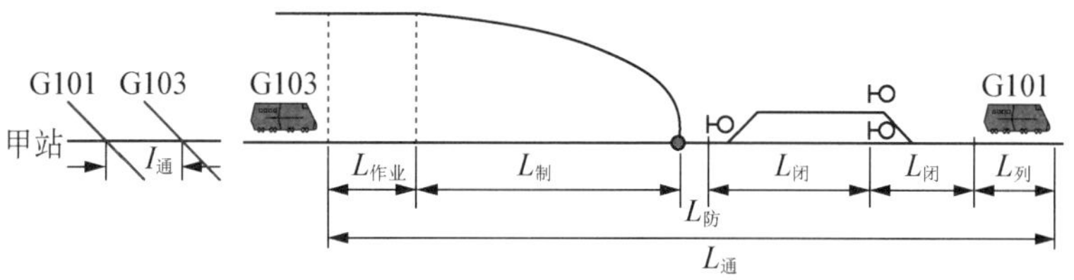

图 5-16　列车通过追踪间隔时间示意

$I_{通}$的计算公式如下：

$$I_{通} = 3.6 \times \frac{L_{制} + L_{防} + 2L_{闭} + L_{列}}{v_{通过}} + t_{通过作业} \tag{5-5}$$

式中　$I_{通}$——列车通过追踪间隔时间，s；

$v_{通过}$——列车通过车站的运行速度，km/h；

$t_{通过作业}$——列车通过作业时间，s。

2）列车车站间隔时间种类及组成要素

（1）同方向列车到通间隔时间。

同方向列车到通间隔时间是指自前行列车到达车站停稳时起，至同方向后行列车通过车站时止的最小间隔时间。它包括办理后行列车通过作业时间和后行列车以正常运行速度通过监控制动距离至进站距离的运行时间，如图 5-17 所示。

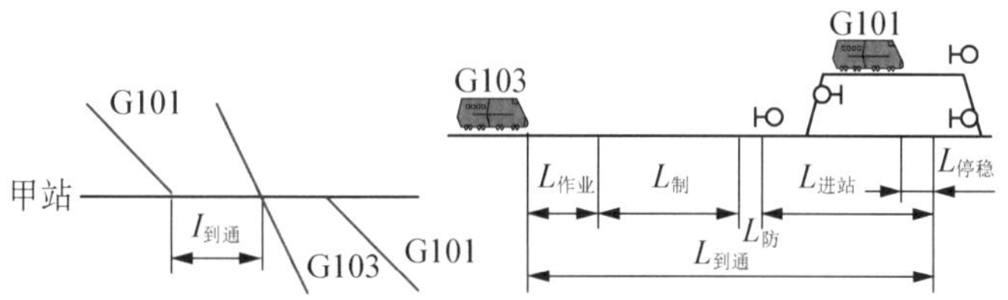

图 5-17　同方向列车到通间隔时间示意

$I_{到通}$ 的计算公式如下：

$$I_{到通} = 3.6 \times \frac{L_{制} + L_{防} + L_{进站}}{v_{通过}} + t_{到达作业} - t_{停稳} \tag{5-6}$$

若需要设置延续进路，$I_{到通}$ 的计算公式如下：

$$I_{到通} = 3.6 \times \frac{L_{制} + L_{防} + L_{进站}}{v_{通过}} + t_{到达作业} + t_{停稳延续} \tag{5-7}$$

式中　$I_{到通}$——同方向列车到通间隔时间，s；

$L_{进站}$——进站信号机至列车停车标的距离，m；

$t_{停稳}$——列车完全进入车站股道后运行至列车停车标停车的时间，s；

$t_{停稳延续}$——列车进站停稳后进路不解锁而延续的时间，s。

（2）同方向列车通发间隔时间。

同方向列车通发间隔时间是指自前行列车通过车站时起，至同方向后行列车从该站发出时止的最小间隔时间。它包括前行列车通过车站至出清第一个闭塞分区时间和办理后行列车出发作业时间，如图 5-18 所示。

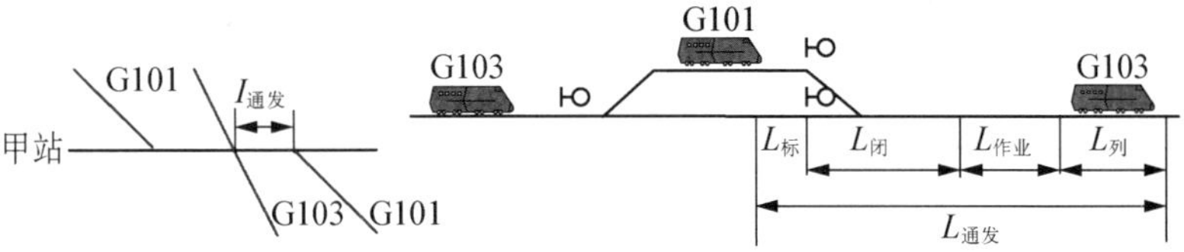

图 5-18　同方向列车通发间隔时间示意

$I_{通发}$ 的计算公式如下：

$$I_{通发}=3.6\times\frac{L_{标}+L_{闭}+L_{列}}{v_{通过}}+t_{出发作业} \tag{5-8}$$

式中，$I_{通发}$ 为同方向列车通发间隔时间，s。

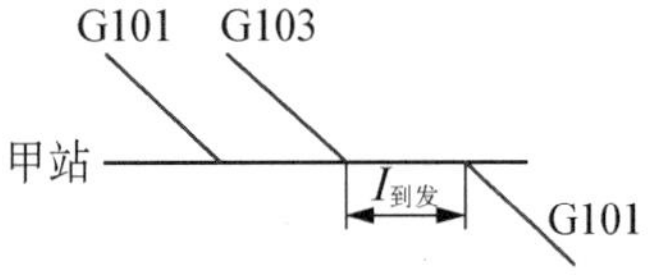

图 5-19　同方向列车不同时到发间隔时间示意

（3）同方向列车不同时到发间隔时间。

同方向列车不同时到发间隔时间是指自列车到达车站时起，至该站发出同方向另一列车时止的最小间隔时间，如图 5-19 所示。

只有需要设置延续进路的车站，才应查定 $I_{到发}$。$I_{到发}$ 的计算公式如下：

$$I_{到发}=t'_{停稳延续}+t_{出发作业} \tag{5-9}$$

式中　$I_{到发}$——同方向列车不同时到发间隔时间，s；

$t'_{停稳延续}$——列车进入车站股道停稳后进路不解锁而延续的时间，s。

（4）同方向列车不同时发到间隔时间。

同方向列车不同时发到间隔时间是指自列车由车站发出时起，至同方向另一列车到达该站时止的最小间隔时间。它包括出发列车从车站发出至出清车站时间、办理同方向另一列车到达作业时间和列车从进站监控制动距离运行至站内停车的时间。

$I_{发到}$ 可以分为不同股道不同时发到间隔时间和相同股道不同时发到间隔时间。针对沪杭高速铁路的线路特点，研究重点主要是相同股道不同时发到间隔时间，如图 5-20 所示。计算公式推导如下：

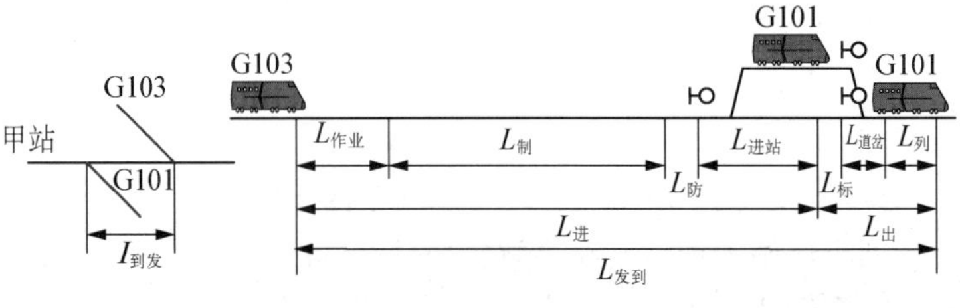

图 5-20　同方向列车不同时发到间隔时间示意（相同股道）

$$I_{发到}=t_{出}+t_{作业}+t_{进}=t_{到达作业}+3.6\times\frac{L_{标}+L_{道岔}+L_{列}}{v_{出发}}+3.6\times\frac{L_{制}+L_{防}+L_{进站}}{v_{到达}}$$
$$=t_{到达作业}+3.6\times\frac{L_{标}+L_{道岔}+L_{列}}{v_{出发}}+3.6\times\frac{L_{制}+L_{防}+L_{咽喉}+L_{列}+L_{停稳}}{v_{到达}}$$
$$=t_{股道出清}+I_{到}+t_{停稳} \tag{5-10}$$

式中　$I_{发到}$ ——同方向列车不同时发到间隔时间，s；

$L_{道岔}$ ——出站信号机至车站最外方道岔岔心的距离，m；

$t_{股道出清}$ ——列车从车站出发至尾部出清股道的运行时间，s。

(5) 敌对进路相对方向列车不同时到发间隔时间。

敌对进路相对方向列车不同时到发间隔时间是指在有敌对进路的车站，自某一列车到达车站时起，至由该站发出另一相对方向列车时止的最小间隔时间，如图 5-21 所示。

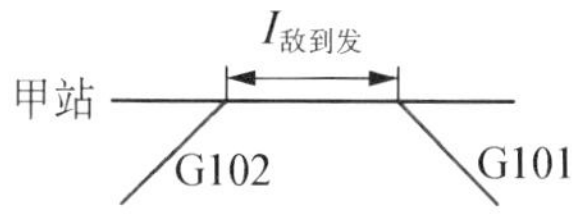

图 5-21　敌对进路相对方向列车不同时到发间隔时间示意

$I_{敌到发}$ 的计算公式如下

$$I_{敌到发}=t_{出发作业}-t_{停稳} \tag{5-11}$$

式中，$I_{敌到发}$ 为敌对进路相对方向列车不同时到发间隔时间，s。

(6) 敌对进路相对方向列车不同时发到间隔时间。

敌对进路相对方向列车不同时发到间隔时间是指在有敌对进路的车站，自某一列车由车站发出时起，至相对方向列车到达该站时止的最小间隔时间。它包括列车从车站出发至出清车站时间、办理对向列车到达作业时间和对向列车从进站监控制动距离运行至站内停车的时间，如图 5-22 所示。

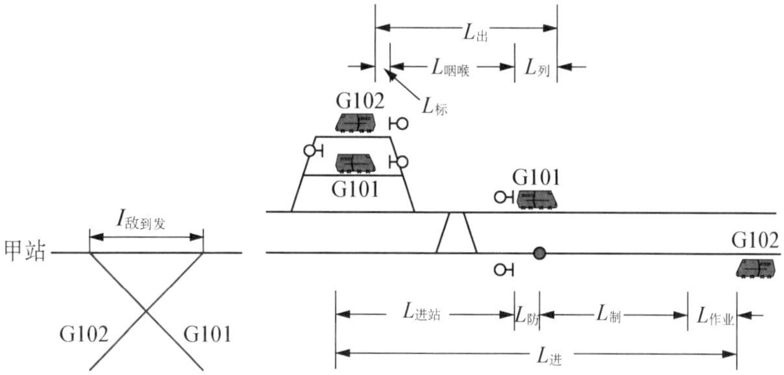

图 5-22　敌对进路相对方向列车不同时发到间隔时间示意

$I_{敌发到}$ 的计算公式如下

$$I_{敌发到}=3.6\times\frac{L_{标}+L_{咽喉}+L_{列}}{v_{出发}}+3.6\times\frac{L_{制}+L_{防}+L_{进站}}{v_{到达}}+t_{到达作业}$$

$$I_{敌发到}=t_{车站出清}+I_{到}+t_{停稳} \tag{5-12}$$

式中，$I_{敌发到}$ 为敌对进路相对方向列车不同时发到间隔时间，s。

3）其他间隔时间。

（1）列车站停时间 $t_{站停}$：列车在车站办理客运作业所需的最小停留时间。

（2）动车组在站折返时间 $t_{折返}$：动车组列车到达车站时起至担当下次对向列车从该站出发时止的最小间隔时间，可分为相同股道折返时间和不同股道折返时间。

（3）列车始发站作业时间 $t_{始发}$：动车组从到达始发站时起至担当列车从该站发出时止的最小间隔时间。

（4）列车终到站作业时间 $t_{终到}$：列车从到达终到站时起至完成各项作业后离去时止的最小间隔时间。

5.3.5 综合施工维修天窗

天窗是指列车运行图中不铺画列车运行线或调整抽减列车运行线为施工和维修作业预留的时间，按用途分为施工天窗和维修天窗。

高速铁路综合施工维修主要是指对线路、信号、供电等固定设备进行日常维护和检修。在列车运行图上预留的用于施工维修所需的行车“空隙”称为天窗。它是解决高速铁路列车运行与设备维修施工之间矛盾的技术保障措施。在高速、高密度的行车条件下，综合施工维修天窗的开设形式和施工维修时间的确定会对铁路通过能力、行车组织方式有很大的影响。高速铁路综合施工维修所需的时间一般为 4 h，通常设在 0:00—4:00，且在综合施工维修天窗内是禁止行车的。

对于高速铁路上仅运行动车组列车的区段，在天窗结束后开行动车组列车之前，应开行确认列车，并对高速铁路线路设备设施进行检查确认。

5.4 我国高速铁路运行图特征

高速铁路在行车组织、列车运行速度、天窗设置等方面与非高速铁路有很大区别，其列车运行线的铺画方法与双线非高速列车运行图相比也有较大差别。我国高速铁路列车的运行具有开行时刻规律(采用周期式列车运行图)、充分考虑客流波动性等特点，主要表现如下：

（1）按照客流规律安排列车运行线。随着铁路客运市场化程度的不断提高，列车运行图中旅客列车的开行规律也逐步向多样化、差异化、市场化方向发展。旅客列车除按每日开行、隔日开行外，另有按周循环或每月的指定日循环的情况；除传统上开行图定列车和图内、外临客外，图定列车也开始分别按日常线、周末线、高峰线开行。

(2) 不同速度值的高速列车混跑。高速铁路是铁路网的重要组成部分，除了承担本线运输任务外还承担着大量的跨线客流运输任务，不同速度等级(300～350 km/h、200～250 km/h)的高速列车共线运行，这种情况在相当长的时间内是存在的。多种速度列车共线模式，不同等级列车之间速度差大，列车之间扣除系数比也比既有线要大。跨线列车的存在，使得运行图的框架结构受到限制。

(3) 高速铁路列车运行图具有鲜明的时段特性。为旅客出行提供快捷、舒适的旅行条件是高速铁路运输组织的出发点，因而列车运行线的安排必须满足旅客出行规律的要求。高峰时段大量列车密集到发，造成运力资源利用极不均衡。例如，6:30—9:30 和 17:00—20:00是列车密集到发的高峰时间带。列车运行线的安排必须满足旅客对出行时间的需求，形成列车晨间密集发车及晚间密集到达的早、晚高峰时间带。由于高峰时段大量列车的密集到发，而非高峰时段列车又较少，因此造成运力资源利用极不均衡。

(4) 高速铁路列车运行线具有较高的弹性。列车运行图必须要有足够的应变能力，即具有高度的弹性。当列车运行紊乱时，要能尽快恢复正常，以保证大部分时间能处于按图行车的状态。另外，列车运行线也要预留一定的冗余时间，以减少个别列车晚点的影响；或者预留一定数量的备用线，让晚点列车按就近的备用线运行。

(5) 旅行速度要求高。旅客对缩短旅行时间的期望很高。在一定的技术条件下，列车旅行速度与停站频次、停站时间有关。减少停站次数和停站时间可提高旅行速度，但也会减少客运服务频率和客运收入。因此，应在保证一定服务频率和旅客上下车的前提下，尽量提高旅行速度，以充分体现动车组的速度优势。

(6) 列车开行与综合施工维修天窗统筹安排。高速铁路建成运营后，均在夜间设置综合施工维修天窗，而综合施工维修天窗开设的时间大多为 0:00—6:00，且在综合施工维修天窗时间内禁止行车。

(7) 有效时间带的出现。0:00—6:00 为施工维修天窗时间，由于天窗多采用矩形，列车只能在 6:00 或 6:00 后出发，0:00 或 0:00 前到达。高速电气化铁路垂直矩形维修天窗的设置，使得高速铁路列车运行图铺画列车的时间带较普速铁路大为减少，并在天窗附近形成三角区，在该区域内可组织短途列车开行，从而对不同运行距离的列车形成有效时间带。如沪宁城际铁路 21:40 上海虹桥到南京、南京南最后一班夜车有效时间带如图 5-23 所示。

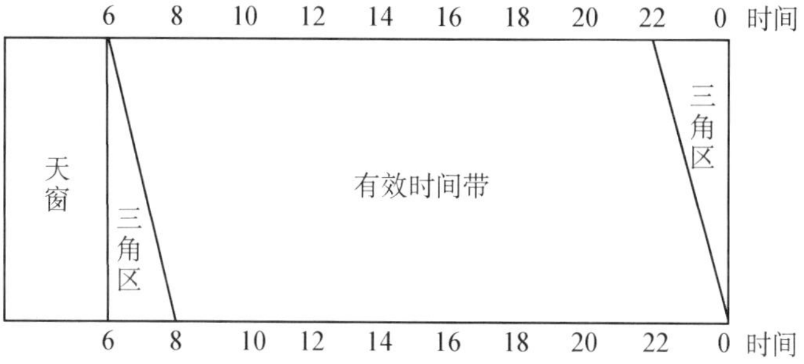

图 5-23　有效时间带示意

5.5 列车运行图编制

编制列车运行图是一项复杂的系统工程，其涉及面广、制约因素多、技术难度高，同时，也是一项与铁路技术设备运用、生产力布局、工作量调整有关的复杂而细致的工作。

5.5.1 国外周期性列车运行图的编制

周期性列车运行图是在运输能力合理负荷下，以一定时间间隔(单元时间)为单位，循环重复铺画的饱和运行图。所谓周期性，是指单元时间内的高、中速列车开行方案及停站方案基本相同。例如，以小时(h)为单元时间，则运行图上每小时内高、中速列车的种类、数量以及停站地点、时间基本相同。

周期性列车运行图的优势明显，极大地方便了旅客出行，充分体现了高速铁路快捷、舒适、方便的特点，是欧洲、日本以及我国台湾地区高速铁路普遍采用的运行图模式。周期性列车运行图凭借其在运输组织和客运服务上的明显优势，已在日本、欧洲等发达国家实施运行。随着欧洲一体化的加速，欧洲各国的铁路联系越来越紧密，并逐渐形成“泛欧高速铁路网”，列车周期性的运行模式也将进一步在欧洲高速铁路网上推广。

周期性列车运行图具备列车开行密度大，开行时刻、停站方案在各时段内相对固定，各单元时间内列车衔接方案相同等特点。因此，周期性列车运行图下的旅程组合非常灵活，后续旅程又顺畅衔接。此外，周期性运行还可带动票制、车站服务方式等相关工作的转变和完善，提高高速铁路运输企业在客运市场的竞争力。总体而言，周期性列车运行图具备方便旅客出行、方便旅客记忆、运输组织有规律、有利于与其他交通方式衔接、有利于晚点列车运行调整、线路能力利用率高、具备较大调整弹性等优势，但也存在一些缺点：

(1) 固定的停站方案导致相对单一化的客运产品。周期性运行的列车停站方案相对固定，而为了照顾部分旅客就需要额外增加停站。因此，在铺画运行图前，必须充分了解客流和线路的特点，在充分利用运能的条件下，选择合理的运行范围和停站方案。

(2) 增加了部分旅客的换乘次数。为实现周期性的运行线铺画，需要调整部分列车的起讫点。因此，开行频率较低的列车可能被取消，导致这部分旅客需要换乘。由于周期性列车运行图中列车的运行线路、运行时间均相对固定，故不能充分利用线路的通过能力，从而造成通过能力一定程度的浪费。

(3) 为满足方案周期性，以较少的列车运行方式满足众多的旅客出行需要，就要结合旅客出行规律，保证运行线间良好的接续关系。由于模型中增加了周期性的变量和约束，因而增加了模型的复杂度和求解难度。

(4) 周期性列车运行图因具有很强的规律性，较难与实际的客流需求相匹配。

5.5.2 我国高速铁路列车运行图的编制

1. 列车运行图编制管理现状

国铁集团公司统一组织、领导我国列车运行图的集中编制和专业管理工作，并制定列车运行图编制管理规则。我国高速铁路列车运行图与国外列车运行图在编制理念和编制方法方面存在较大差异，主要表现在：

(1) 国外高速铁路一般是对某条线或者某公司铁路的列车运行图进行优化，而我国高速列车往往涉及较多的跨线铁路，跨局长途列车的编图情况则更为复杂。

(2) 国外铁路运能充足，其编制目标关注的是列车正点率、运行图的均衡性和可调整性、吸引旅客的方便性等，并较多地考虑换乘衔接；而我国铁路运能较为紧张，运行图编制首先考虑的是运能利用，在保证运能的基础上优化其他目标。

我国高速铁路列车运行图受运输组织模式和客流动态变化的影响，目前采取了部分具有周期性特征的运行图，如整点开车、半点开车。沪宁城际铁路苏州、无锡、常州三站主要起讫点间列车实行周期性运行，上海、南京对开，铺画节拍式、正点或半点发车的运行线，高峰时段保证有较高的服务频率，非高峰时段按 30 min 或 60 min 较为均衡地分布每个方向的运行线。

在有条件的线路上，如宁杭、沪杭高速铁路开行环形或半环形列车。加强动车组车底运用组织，注重市场需求、开行方案、车底调配三者相结合的深化研究。考虑到高峰时段列车开行，编图时要贯彻一次铺画、按需开行的理念，编制中要全盘考虑图的整体，把所有列车数量都安排好，同时，在实际组织中，结合每日的客运需求状况，根据日计划合理设计列车开行对数。

现阶段国铁集团公司每季度定期召集各铁路局集团公司中运输、客运、机务、车辆等部门的相关人员集中编制列车基本运行图，每年春运、暑运前还会召集各铁路局集团公司集中编制春运、暑运分号图，其中跨局列车运行线由国铁集团公司组织各铁路局集团公司协同编制，而各局管内列车运行线则由铁路局集团公司负责编制。各铁路局集团公司编图人员统一在国铁集团公司的编图专用服务器上，利用专业的列车运行图编制软件完成跨局和管内列车运行线的铺画及相关参数修改。编图周期结束后，各局将编制完成的客/货列车运行图和相关技术资料、运输生产指标，以及列车运行图数据库上报国铁集团公司核备。铁路局集团公司由客运、运输等部门不定期地组织相关站、段的专业编图人员来集中编制各类局管内小长假图及施工分号图等。

(1) 具体权限：直通旅客列车、主干线上旅客列车的运行图由国铁集团公司统一协调，管内旅客列车的运行图由铁路局集团公司自行编制。

(2) 具体方法：运输部负责铺画列车运行线，事先要将编图软件灌装 LKJ 数据、列车运行标尺及追踪、会让等技术条件，可通过人机对话方式进行，并根据人工需要对运行线逐一修正。

(3) 办客站的确定：直通旅客列车办客站由担当局与经由局商定，国铁集团公司统一协调。

(4) 其他内容：车站股道运用、三固定、车底出入库安排、车底编组、机车或司机交路均由人工安排。旅客列车开行方案落实、调整和汇总，包括办客站、车底交路、动车组走行公里、编组、时刻表等重要信息，均由客运编图人员手工完成。

2. 编图软件

列车运行图的编制管理水平是铁路运输企业服务水平的一种体现，只有与时俱进，根据铁路技术设备设施发展水平和运输物流的发展趋势，不断提高列车运行图编制技术能力和管理水平,编制出高效、合理的列车运行图,才能满足客货运市场需求,适应现代化铁路企业的发展。

列车运行图涉及面广、影响因素繁杂,难以用特定的模型进行描述,有时某些因素还难以用数学公式表达,甚至有些因素本身之间就是相互矛盾和相互制约的。对于这样一个多目标、复杂的 NP 问题,通常难以通过数学模型和相应的求解算法得出满意且都符合实际的列车运行图。我国列车运行图的编制经历了人工手工铺画和计算机系统铺画两个阶段。20 世纪 90 年代初,铁道部与西南交通大学等相关单位合作开发了相应的计算机编图软件,从此铁路运行图的编制工作打破了原先铅笔橡皮铺画费时耗力、周期长的窘境,进入了运行图网络化编制和管理的时代。经过 20 多年的不断完善,列车运行图计算机编制系统也在不断优化,并且广泛应用于铁路列车运行图编制工作中。计算机编制列车运行图兼顾了能源消耗最低、列车运行时间最少、列车运行成本最小等目标,并采用最优化方法、启发式算法、智能算法等进行求解。2022 年开始使用铁道科学研究院开发的智能列车运行图编制系统。

列车运行图编制系统包含列车运行图计划、数据管理、技术资料管理、动车组交路计划、车辆分配计划、机车周转计划、车站作业计划、列车牵引计算、运行仿真、列车运行图信息共享与查询等功能。编图软件的日常更新维护是由国铁集团公司编图中心组织铁道科学研究院等单位完成的,列车运行图编制系统结构如图 5-24 所示。

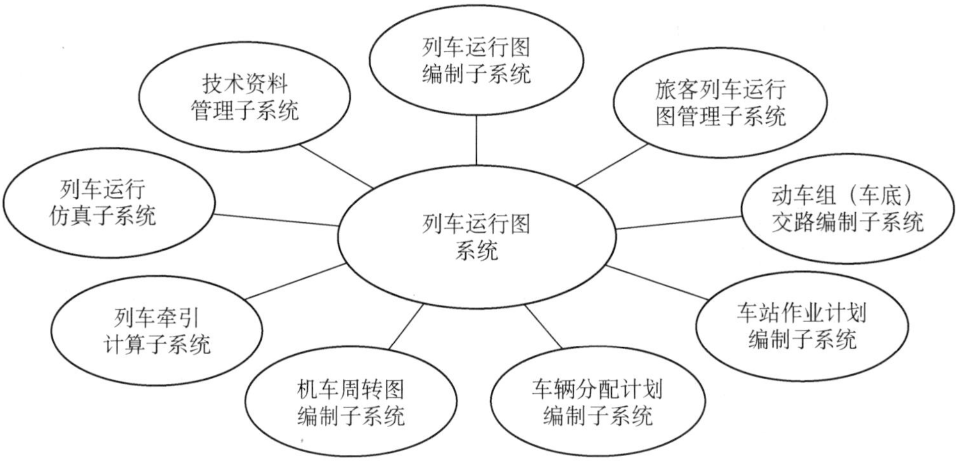

图 5-24 列车运行图编制系统结构

列车运行图编制与综合运用系统主要是支持列车运行图的国铁集团公司-铁路局集团公司-站段三级管理模式,通过建立一个综合信息平台,可以实现多专业、多工种参与列车运行图本地和异地联网编图,实现列车运行图编制相关作业计划的一体化编制,依靠铁路局集团公司编图人员实现列车运行图基础数据的动态管理,实现列车运行图的信息发布和共享,从而满足国铁集团公司各部门和各铁路局集团公司相关业务部室、站段、岗点实现列车运行图信息查询、指标统计、报表输出等综合运用的需要。

目前,列车运行图编制系统主要以人机交互的形式展开,缺少一定的智能化。未来,列车运行图的编制需要不断提高计算机的智能化水平，并要在适应市场需求、施工天窗设计优化以及协同智能优化运行方案和停站方案的协同智能等方面进行优化，主要包括以下几个方面：

（1）完善线路通过能力的汇总计算。目前，软件尚不能提供准确的线路通过能力计算汇总表以及自动完成线路通过能力效率计算等，对于各线的能力使用计算尚需人工复核，这不仅耗时费力，而且对于编图系统的自我优化计算也是一个障碍。因此，对编图系统技术资料的计算、整理、汇总有待于进一步的研发。

（2）优化数据库比对。目前，数据库比对功能只能在主数据库和副数据库之间进行，需要增加一个数据库不同时段的比对功能，以减少作业时间，提高效率。

（3）新增列车智能铺画。例如，新增上海—乌鲁木齐的列车，只需输入始发站、终到站，由系统提示可选择径路，待人工选择后，由系统自动生成列车径路，从而大大提高工作效率。

（4）优化天窗设置。目前，天窗的更改指向性差，特别是枢纽地段，需要人工在天窗列表里仔细寻找。对此，建议优化相关设置，提高鼠标所在区段的天窗指向性，实现实时显示天窗调整结果，以满足天窗调整的快捷化需求。

（5）优化错误信息提示。将技术标准数据载入编图系统，在编图过程中实现自动纠错功能，实现编图软件的智能化。目前，系统错误信息提示中无用的提示过多，导出的文本信息冗杂，这给编图人员的查错纠错带来很大困难。对此，建议优化相关错误信息提示，在导出的文本中能分类显示相关的错误信息，以便查找更正。

（6）加强系统的数据共享功能。列车运行图编制系统相对独立封闭，与其他数据平台信息共享不足。每次新图公布后，编图系统的数据不能直接全部交换到调度系统、铁路客票系统、铁路客服系统和车站股道编制系统，运行图编制系统与其他系统间的数据交换均需由人工操作导入，未能真正实现与其他系统数据信息的全面共享，自动化作业程度低，数据交换过程中安全风险增大。建议开放系统接口，实现与调度系统、客票系统等的信息交换和数据共享以及与12306网站直接关联，从而确保信息的同步、统一。

（7）列车办客股道自动生成。在高速铁路运输组织中，动车组列车的固定办客股道是高速铁路基本运行图的一个重要组成部分。在每一次铁路调图时，铁路局集团公司运输部门会综合考虑开行动车组车次、型号以及车站股道长度等信息，将各次动车组列车在每个客运站的固定办客股道纳入基本列车运行图文件，并以数据格式写入CTC系统中，列车调度员在下达阶段计划时，会将各次列车的股道信息一并向车站自律机下达。当发生非正常情况列车需变更到非固定股道办客时，列车调度员通过CTC系统修改办客股道参数，并通过阶段计划下达到车站自律机，自律机便会自动排列变更后的列车进路。

3. 编制原则

（1）原则上高速铁路列车运行图的编制纳入全路编图工作，全路定期性的列车运行图编制工作由国铁集团公司负责；铁路局集团公司管内的列车运行图编制工作则由铁路局集团公司负责。

（2）严格遵守各项技术作业标准，保证高速铁路列车运行安全。

(3) 适应高速铁路客流特点，最大限度地满足旅客的出行需求，做好高速铁路列车运行线与客流的结合。

(4) 做好高速铁路与既有线的衔接，最大限度地提高高速铁路及既有线的通过能力。

(5) 高速列车运行与高速客运站的技术作业过程相结合，合理安排列车停站，以提高列车的旅行速度。

(6) 充分利用线路和车站的通过能力，合理安排高速铁路综合施工维修天窗。

(7) 合理勾画动车组运用交路，最大限度地提高动车组的运用效率。

(8) 根据均衡铺画原则，处理好列车密度、列车种类、动车组交路等几方面的关系，减少各种列车间的越行与避让，使列车运行图保持合理的弹性。

4. 编制步骤

列车运行图的编制主要包括三个步骤：预铺画、调整、定图。按照设计原则以及实际客流条件、设备条件和技术条件确立初步列车方案后，为确保方案可行，一般通过预铺画来进行检测验证。通过预铺画暴露出股道运用、进路交叉等方面存在的问题，其中部分问题可能会导致开行方案不成立，从而反向要求旅客列车方案进行调整适应，直至方案完全成立后，进行定图铺画，确定交路、停站、编组、乘务等方案。

(1) 国铁集团公司根据铁路运输市场需求、铁路技术装备或运输组织方式的变化，下达新图编制通知，提出本次编图原则、任务及要求。

(2) 各铁路局集团公司根据国铁集团公司的要求确定本局编图的任务和要求，提出新线工程及项目，组织列车进行牵引试验，组织新线的联调联试工作，查定列车技术作业标准，提出高速铁路本线、跨线列车开行方案建议，以及既有线跨线列车上高速铁路运行的方案。

(3) 召开全路编图准备会议，审定编图相关技术资料，确定跨局高速铁路列车开行方案(列车开行对数和列车运行径路)、动车组运用交路计划等。

(4) 铺画全路跨局高速铁路列车运行方案图。编制高速铁路列车运行方案图，主要是为了解决高速铁路列车运行与动车组周转相协调的问题，解决跨局高速铁路列车与管内高速铁路列车相协调的问题；解决高速铁路列车与其他运输工具在开行时间上的相互竞争与相互协作的问题；解决高速铁路列车运行与客运站的技术作业过程和能力配合的问题；解决高速铁路列车在始发站、终到站的到发时刻及途经主要城市的时刻与方便旅客出行的问题等。

(5) 编制高速铁路列车运行详图。在全路跨局高速铁路列车运行方案编制的基础上，编制全路跨局高速铁路列车运行图(含本线高速铁路列车运行图)、各局管内高速铁路列车运行图，勾画动车组车底运用交路。

(6) 在高速铁路列车运行图编制完毕后，国铁集团公司和各铁路局集团公司分别下发新图文件，并整理各项列车运行图指标、打印列车时刻表、绘制列车运行图，从而为新图的实施做好准备工作。

5. 协同优化

(1) 基础数据维护。列车基础数据即列车基本参数，包括车次、运行区段、径路、速度等级、运行标尺、慢行时分、技术作业站及标准。

（2）动车组车底运用方案。动车组车底运用方案是在车底交路方案的基础上，评估交路中各列车的客座利用情况，进而配置适合的车型。动车组运用基于配属和车底运用方案需要平衡检修及存放能力。

（3）编制其他关联方案。其他关联方案主要包括天窗、确认列车、办客股道、乘务交路和新旧交替等方案。其中，办客股道是指动车组列车按照规定固定办客股道、办客站台和停车位置标，在列车运行图中应公布办客股道。乘务交路是指动车组司乘人员（包括司机、机械师、客运乘务员、保洁及餐饮人员、公安人员）接续交路。新旧交替方案是指新、旧列车运行图的过渡方案，包括列车开行起止日期、变化列车在交替期的接续及临时性调整，涉及运行区段（含运行径路）、时刻、车底、编组、乘务担当等内容。

（4）联动机制。更新《列车运行图编制管理规则》（TG/CW 101—2008 铁运〔2008〕206 号），优化目前的“国铁集团公司-铁路局集团公司（站段）”两级编制，改为“国铁集团公司—铁路局集团公司—站段”三级编制，同时，以规章形式明确说明站段参与到列车运行图的编制过程中，这对于提高枢纽车站“点”的能力运用优化大有帮助。目前，通道能力紧张的干线区段，其中枢纽车站的能力则更为紧张，受股道、接发车进路、车站调机、吸污、上水、多方向天窗及各专业人员作业等因素制约，“点”上能力紧张的情况更为突出。通过让车站参与到编图过程中来，则能更合理地分配车站作业能力，减少相互干扰。

（5）运行图调整及反馈。高速铁路通常实施的是列车动态调图策略。对于铁路而言，列车运行图涉及面广，牵一发而动全身。高速铁路的每一次调图都是在调查分析客流、跟踪市场、广泛听取各方面意见的基础上进行的。每一次调图都是无数铁路人辛劳的付出。大量客运新产品的推出，不仅增加了运输收入，更重要的是也让铁路部门看到了市场的空间和自身的潜力，找到了市场突破口，增强了拓展市场的信心。不过一次调图不可能解决所有问题，因此编图与调图注定是一个长期的、持续优化的过程。就目前来看，针对季节性、节点性的客流变化，铁路客运市场的反应还不够迅速；在运行时刻、站停设计上，与市场对接得还不够充分，导致有些潜在客流还没有挖掘出来，因而未来可调整的空间依然很大，这就需要对高速铁路运行图进行不断的调整。

6. 编制顺序

合理确定高速铁路列车运行线的铺画顺序，可减少列车运行线间隔检查与调整次数，提高编图效率。高速铁路列车运行图一般按下列顺序进行编制。

1）列车运行线按列车等级高低顺序铺画

先将列车按性质及运行距离长短划分等级，再按照等级高低顺序铺画列车运行线。在列车等级划分过程中，应考虑到高速铁路不同速度等级混跑的运输组织模式，兼顾高等级高速列车的有利发到时间、均衡性以及低等级跨线高速列车在既有线上时间的衔接。综合各类列车性质，将列车划分等级如下：中、长途高等级高速列车，跨线低等级高速列车，短途高等级高速列车，短途低等级高速列车。

（1）中、长途高等级高速列车运行线的铺画：中、长途高等级高速列车运行线所形成的基本框架对整个高速铁路列车运行图的布局以及能力利用起决定性的影响，因此其分布应尽量做到均衡，为低等级高速列车运行线的铺画创造良好条件。

(2)跨线低等级高速列车运行线的铺画:铺画跨线低等级高速列车运行线须符合全路跨线高速铁路列车方案的要求,并保证一定的旅行速度。

(3)短途高等级高速列车运行线的铺画:短途高等级高速列车运行线一般利用中、长途高等级高速列车运行线与跨线低等级高速列车运行线之间的空隙插入铺画。为了不影响已建立的整体框架,原则上不调整已铺运行线,只在特殊情况下,允许进行微量调整。

(4)短途低等级高速列车运行线的铺画:短途低等级高速列车运行线没有与全路跨线高速铁路列车方案的衔接问题,一般跨越区段较少,因此其始发、终到时刻的选择范围相对较大,通常利用列车运行线空隙插入的方法铺画。

2) 同等级列车按出发时刻先后顺序铺画

高速铁路列车运行线按等级由高至低顺序铺画。对于同等级列车,首先按出发时刻先后进行排序,然后按照此顺序对列车进行铺画。

3) 高等级及先铺画列车具有优先权

在高速铁路列车运行线铺画及间隔调整的过程中,在当前铺画的列车与已铺画列车发生冲突时,先调整当前列车,然后再调整与其冲突的列车。这样可减少检查、调整的次数,提高编图效率。

运输的方便、快捷、舒适以及运营的安全、正点、可靠是高速铁路吸引旅客的主要优点,要保证这个目标,除技术上提供必需的保障外,运输计划编制是否科学合理也是极为重要的因素。高速铁路列车速度快、密度大,列车之间联系紧密,一旦出现干扰,列车调整会较为困难。鉴于此,在编制高速铁路列车运行图时,要在保证运输能力的基础上,合理安排各趟列车的到发时间,并在适当的时间与空间加入缓冲时间,使列车运行图具有较好的抗干扰性和自我恢复能力。

7. 铺画方式

1) 同类列车成组铺画

成组铺画的追踪列车的列数越多,每一趟列车占用运行图的时间就越少,B类列车(即速度较低的列车)的影响越少,可铺画的总列数就越多,如图5-25所示。

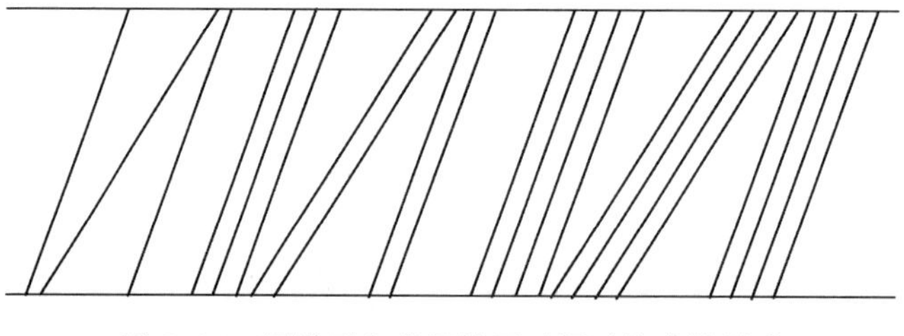

图5-25 同类列车成组铺画对通过能力的影响

2) 交替停站铺画

A类列车(即速度较高的列车)采用交替停站的方式,停站顺序可由远及近,也可由近及远,但两种方式对高速铁路通过能力的影响不同,如图5-26所示。

3) 减少越行与待避的次数

A类列车不越行过多的B类列车,以减少运行图的空费时间;同时,B类列车待避次数

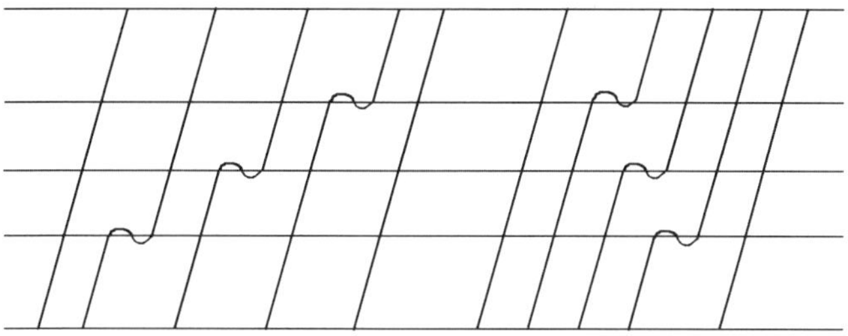

图 5-26　交替停站方式对通过能力的影响

不宜过多，否则将严重影响 B 类列车的旅速，如图 5-27 所示。

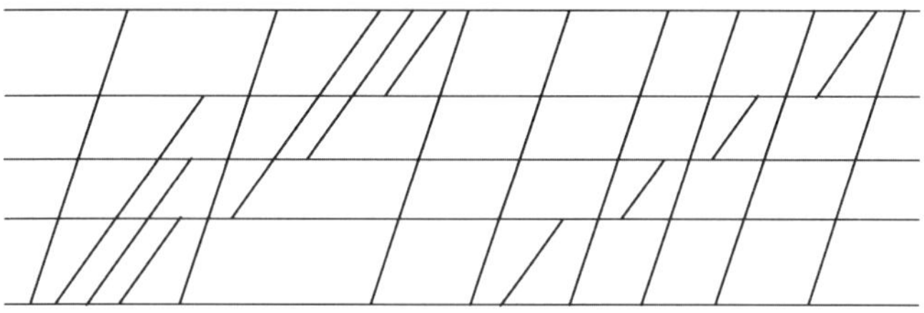

图 5-27　越行与待避过多的铺画方式

4) 递远递停方式铺画

在确定列车序列时，应尽量使列车停站满足“递远递停”的原则，如图 5-28 所示，即适当增加某些列车途中停站，使得该列车与相邻列车的停站方案相同，从而形成平行追踪关系。由于这种情况并不会增加列车束对时间的额外占用，因此可以满足途中站的停站需求。

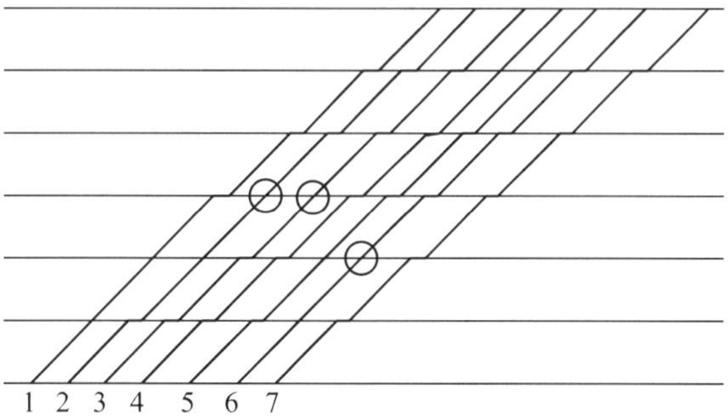

图 5-28　增加停站(圆圈位置)不影响通过能力的情况

当中速列车数量比例较小(小于 20%)时，中速列车扣除系数与中速列车的铺画位置和铺画方式有关，而与高速列车扣除系数基本无关。扣除系数的大小与列车间的速差有关(指旅行速度差)，速差越大，扣除系数也越大，如图 5-29 所示，其中情况①的速差大于情况②的速差，情况①的中速列车时间占用也大于情况②。

因此，应合理安排中速列车铺画方式，使其铺画位置尽量与前行及后行列车速差较小。中速列车停站次数较多，这不仅减小了中速列车扣除系数，还可能避免了中速列车的待避，

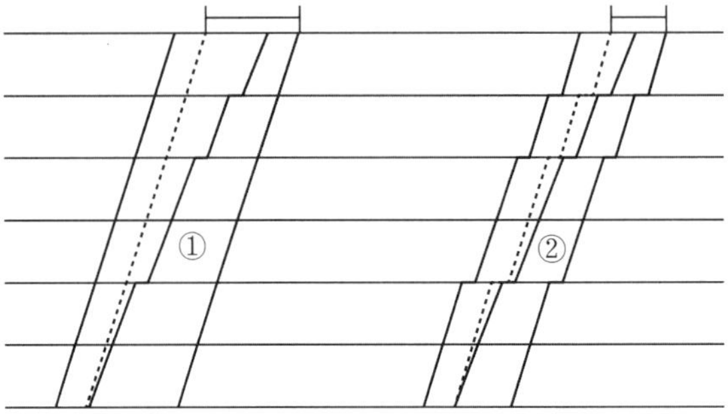

图 5-29　中速列车扣除系数示意

减少了中速列车的旅行时间。同理，安排速差较小的高速列车追踪运行是较优的铺画方案，能够减小高速列车的扣除系数。

8. 需解决的问题

（1）本线列车运行线与跨线列车运行线的协调优化。铁路客流具有客流量大、客流集中、平均行程长、跨线客流所占比重大等特点。为了协调高速铁路与普速铁路的生产过程，有效利用高速铁路线和普速铁路线的能力，缩短旅行时间及提高服务质量，我们必须合理安排本线高等级列车运行线与跨线低等级列车运行线，以减少不同速度等级列车间的运行干扰，从而既确保高等级列车高速、安全运行，又保证跨线低等级列车在既有线上的合理衔接。

（2）高速铁路列车运行线与综合施工维修天窗的协调优化。高速铁路均采用矩形综合施工维修天窗，一般铺设在 0:00—4:00，且天窗时间内禁止行车，天窗的开设不仅缩短了列车运行图中可供高速铁路列车运行的时间段，还人为地将列车运行图分割为两个隔开的时间段，这对于高速铁路通过能力会造成巨大影响。随着全国高速铁路逐渐成网，长距离跨线高速列车开行的数量越来越多，同时，为了丰富客运产品还开行了夕发朝至高速列车。鉴于此，高速列车运行线的铺画应与综合施工维修天窗的开设方式综合优化。

（3）高速铁路列车运行线与动车组运用计划的协调优化。高速铁路列车运行图是高速铁路列车开行的综合计划，它规定了各次列车的始发终到车站及始发终到时刻，而这些列车必须由具体的动车组来实现。高速铁路列车开行数量受动车组运用数量的制约，同时高速铁路列车运行线的分布决定了动车组需承担的运输任务，单从动车组运用计划的优化问题着手，并不能从根本上解决动车组运用效率的问题，必须将动车组运用与列车运行线综合优化，才能提高动车组的运行效率以及列车运行计划的质量。例如，考虑到大量动车组在 0:00左右集中到达，造成 20:00—0:00 入库动车组数量不足，动车运用所检修能力得不到发挥；0:00 之后动车组集中到达，受检修库线及作业小组数量限制，检修作业难以完成。因此，在编制列车运行图时，要均衡每小时回动车运用所的动车组数量，并适当地减少套跑临客数量，尽量保证动车组错时回所检修；或优化车底进出库时间安排，采取途中检备车底替换上线的办法，以提高昼间检修比例，缓解夜间集中检修以及早晚集中出入库能力紧张的状况，从而保证开行列车车底的有效供给；另外，安排车底站内到发线存放，缓解动车组存车能力不足的状况，保证动车组列车的开行。

(4) 增强高速铁路列车运行图的稳定性。高速铁路列车速度快、密度大,列车之间联系紧密,一旦出现干扰,列车运行秩序调整困难。在编制高速铁路列车运行图时,要在保证运输能力的基础上,合理安排各趟列车的到发时间,并在适当的时间与空间加入缓冲时间,使列车运行图具有较强的抗干扰性与自我恢复能力。

5.6 市场化周期列车运行图规律探析

2018 年,国铁集团公司提出客运提质计划,实施"一日一图"的运行模式以应对客流需求的变动,使高速铁路列车开行方案和列车运行图更紧密地结合。以每周为一个周期,实施"一日一图",日常图按常态组织图定运行线,周末图也按常态组织图定运行线;高峰图于春运、暑运、小长假和黄金周等客流高峰期实施。同时,建立客运市场监测系统,科学组织开展客流调查,并依托客运大数据,针对不同时期/时段的客流规律、列车开行效果进行分析总结,为开行方案和列车运行图调整提供精准依据。在统筹运用各类运输资源方面,通过实行信息数据共享、合理安排不同时段的动车组检修计划、优化"复兴号"高速动车组运用等措施,提高开行方案和运行图的可实施性。

5.6.1 "4+3"列车运行图规律内涵分析

高速铁路客流时空分布在一周内呈现出"周五至周一这 4 天各不相同,周二至周四这 3 天基本相似"的变化规律。其中,客流量较高的周五至周一合称为周末,即"4+3"中的"4";客流量较低的周二至周四合称为日常,即"4+3"中的"3"。

高速铁路"4+3"周规律旅客列车运行图系是以市场需求为导向,以增加经营收入、减少运营成本、提高经营效益为目标,根据客运专线客流时空分布呈现出的"4+3"周变化规律,统筹优化运力资源配置,采取图定运力设计及临时运力优化相结合的方式,动态调整开行方案,配合进行售票策略优化,扩大客流饱满阶段客运能力有效供给,减少客流不足阶段客运能力供给,推进铁路旅客运输工作由内部生产型向市场导向型的转型发展,不断提高市场竞争力和经营效益的一种旅客列车运行图管理制度及相关方法。

在图定运力设计方面,从开行规律和编组规律两个层面体现日常与周末的运力差异,实现运力与客流的大体匹配。

在临时运力优化方面,每周根据实际的客流需求和车辆供给,采用调整图定列车编组、调整图定周末线和高峰线开行日期、增开图外临客等方式,针对图定运力薄弱方向和时段进行运力补充,从而实现运力与客流的准确匹配。

针对高速铁路周末及日常的运输特点,抓住铁路客运组织的关键环节,从客流市场调查、基本客图编制、日常运力优化、快速精准开车、票额策略管理、运力资源保障等方面入手,提出实现客运专线"4+3"周规律旅客列车运行图管理的措施手段和方法途径,促进铁路客运服务水平持续提升和均衡保持,从而更好地满足广大人民群众的出行需求。

通过固定周期、规范内容使铁路市场调查工作常态化,从而有效把握客流时空分布变化的周规律,为科学编制旅客列车运行图提供决策依据。

1. 固定市场调查的实施主体及周期

以上海铁路局集团公司所属的客运站段为调查实施主体，组织专职/兼职市场调查队伍，每年至少进行一次基础市场调查；在大型活动前一个月、季节性客流高峰前规定时间（按照小长假提前两个月、暑运提前三个月、春运提前四个月的方式），开展专项客流调查，从而动态掌握客流变化情况。

2. 规范市场调查内容及方式

基础市场调查主要调查客流吸引范围内的经济、人口、企业、收入等基本情况，以及公路、民航等其他交通方式的客流量和票价变化情况。大型活动专项市场调查主要是摸清活动吸引的范围，明确主要客流流时、流向和流量。季节性客流高峰专项市场调查主要调查高峰期务工流、学生流、旅游流和探亲流等客流的流量、流向及可能选择的交通方式等。我们应规范市场调查方式，并通过向旅客发放问卷和随机走访、深入汽车站、机场实地了解、与地方政府和企业建立信息互通机制等方式多渠道进行采样，同时配合铁路实际售票数据，从而为客流综合分析提供翔实的基础数据。

3. 掌握旅客出行的周规律

通过长期的市场跟踪和客流分析，我们能对不同类型客流在时空分布上呈现出的周期变化规律进行总结。

(1) 通勤客流，呈现出以省会、中心城市为中心，周边中小城市通勤族工作日朝出夕归且距离上递远递减的规律。

(2) 探亲客流，呈现出以省会及较发达城市、高/中等院校集中城市为中心，周五晚上或周六早晨回家、周日晚上或周一早晨前往工作所在地且旅时在 4 h 以内的规律。

(3) 旅游客流，呈现出以旅游资源集中城市为中心，周边旅客周末早出晚归或当日达次日返且辐射范围更广的规律。

(4) 商务客流，相对较为稳定，均匀分布于周中各个工作日。

高速铁路改变了旅客的出行习惯，并呈现出明显的年、周波动规律。如周规律总体呈现出周二至周四为平峰，周五至周一为高峰，且周高峰客流较平峰客流增幅在 20%左右，但每日客流又各有不同，客流可细分为通勤客流、商务客流、旅游客流和探亲客流，故应以周为运输周期细化好运力安排。以上四种主要客流总体呈现周二至周四平峰，周五、周日上午低谷、下午至晚间高峰，周六白天高峰、晚间低谷，周一上午高峰、下午至晚间低谷的客流模型，概括起来就是“周五至周一各不相同、周二至周四基本相似”的以周为周期的客流时空分布循环规律，简称“4+3”周规律。例如，杭黄高铁实行日常与高峰两张列车运行图，运力安排更加贴近市场。其采取编组调整策略以适应客流波动，日常列车编组以 8 节的单组动车组为主，满足客流低谷时段运力需要；周末及高峰期列车编组以动车组列车重联为主，增加客流高峰时段席位供给。针对杭黄高铁客流在杭州东站换乘达 40%的情况，增强杭州东站的换乘功能，畅通站内中转换乘便捷通道，使旅客不出站最快在 10 min 内即可接续换乘不同方向的列车。针对上海至杭州以远客流日常与周末不均衡的出行特点，在沪杭高铁采取一线两种方案，即周中组织开行上海至温州方向的列车，以满足商务客流的需要；周末组织开行上海至杭黄方向的列车，以满足旅游度假客流的需要。

5.6.2　一次铺画按需开行列车编制方法

根据“运力跟着客流走”和“一次铺画、按需开行”原则，按照“基本、补强、打满”三套方案，科学安排运力资源，编制阶段性旅客列车运行图基本图。改变以往较多开行图外临客的做法，提前考虑不同时期运输需求，尽可能地将各类运行线纳入基本运行图，匹配日常、周末、高峰客流特征铺画运行线，若客流量大则满图满编开行，客流量小则减编或及时停运，即按照客流波动特征合理安排列车的开行和编组。建立“一日一图”运力动态调配机制，形成运输、客运、机务、车辆、调度、土房等多部门会商协同、方案集成、联动执行、合力共为的开车保障机制，坚持“需求分析、形成方案、审批下达、组织实施、跟踪微调”周运力优化“五步曲”的开车工作模式。

(1) 列车运行线条实现“一次铺画、按需开行”。根据长期的高峰期运输组织经验，设计日常线、周末线、高峰线三种开行规律的列车，并一次铺画完成，再根据需要组合形成日常图、周末图、高峰图这三个不同运力水平的运行图。日常图原则上于日常(周二至周四)实施，启动日常运行线，保证基本客流需要。周末图原则上于周末(周五至周一)实施，在日常图基础上增加启动周末运行线，满足个性需求。高峰图于春暑期、小长假和黄金周等客流高峰期实施，在周末图基础上增加启动高峰运行线。

(2) 实行“弹性编组”策略。以运能匹配客流为前提，区分长短不同车型进行对应安排，对于周客流饱满的优先使用长编，对规律波动较大列车实施弹性编组。例如，根据客流动态变化情况，可灵活安排直通列车实行周末重联、周中单组策略；根据实际客流需要及交路，分别安排周中单组，周一至周四、周六单组策略等。

(3) 采用灵活交路。结合动车组网络修的试点与推广，根据客流需要安排复合型交路，如周一至周四两个交路独立，周末套开列车并在异地网络修；两日交路改为三日交路，打破动车运用所配属车型对车底运用的限制。

继续做好运能的精准投放，研究试行“半日图”开车机制，做好“一日一图”效果延伸推进工作。在“一日一图”的基础上，重点抓好周五下午、周六上午、周日下午、周一上午高峰时段的客流市场，实施客运、运输、机务、车辆在线合署办公机制，保障四个小高峰的运能有效供给。继续通过加密线条、在线替换、在线解编、在线重联等技术手段，以及繁忙干线推行旺季日常、周末、高峰线加图外临客线饱和式满编运营，淡季抽线减编等举措，节约付费支出，提高列车开行质量。

5.7　高速铁路列车运行图评价

列车运行图的编制质量主要通过相应的运行图指标来评价，具体包括：基本评价指标、旅客服务质量评价指标、均衡性评价指标、可调整性评价指标、经济性评价指标和实施后评价指标。列车运行图评价技术可用以评价运行图编制的质量、评估铁路运输效益与服务水平，同时，其对合理编制列车运行图也有反馈与指导作用。

高速铁路列车运行图是铁路运输企业实现列车安全、正点运行和经济有效地组织铁路运输的综合性生产计划，同时，它也是铁路运输企业向社会提供运输产品的一种形式。高速铁路列车运行图作为运输组织工作的综合计划，它是行车组织的基础，在运输生产中起着非常重要的作用，科学合理地编制列车运行图将有利于保证行车安全、提高高速铁路运输的市场竞争力、增强铁路运输工作的效率、增加铁路运输部门的效益；列车运行图还是铁路运输各个业务部门协同工作的依据，各个业务部门依照列车运行图规定的行为、准则与要求紧密结合，相互依存。

高速铁路列车运行图作为铁路运输部门的生产计划，需要协调各个部门的运输组织工作，同时要与固定设备的使用计划、移动设备的使用计划以及人员的运用计划相配合。作为运输生产部门提供给旅客的服务产品，列车运行图具有服务特性，因此，对于列车运行图在服务质量以及产品的供给与需求匹配程度方面都会有一定的要求。当列车运行图投入使用时，在实际运营过程中的可实施性，以及面对运行过程中各项干扰时需要具备的可调整性，均是列车运行图的重要特性。

5.7.1 指标体系

建立“一日一图”列车开行效益评估系统，对客流预测、运能投放、运营效率进行全面分析评估，实现旅客列车开行前评估、开行中跟踪和开行后分析闭环管理，不断提高客车开行效益。高速铁路运营指标可分为以下六类。

(1) 生产性指标。生产性指标直接反映运输生产效率和效益，具体包括：列车运行速度、技术速度、旅行速度等速度指标，列车运用数量、周转时间、接续时间、运用均衡度等运用指标，以及乘务员费用、乘务组工作时间、乘务员工作强度的均衡性等乘务指标。

铁路运输服务的生产者对列车运行图编制质量的衡量准则是考查列车运行图能否在尽可能小的运输生产资源投入情况下，最大限度、高效率地实现其运输生产目标。结合对于运输生产特性的分析，构建了由铁路旅客列车速度、动车组运用、乘务组运用、通过能力利用率与列车运行图均衡性等指标组成的评价体系。基于运输生产特性的运行图评价指标如图 5-30所示。

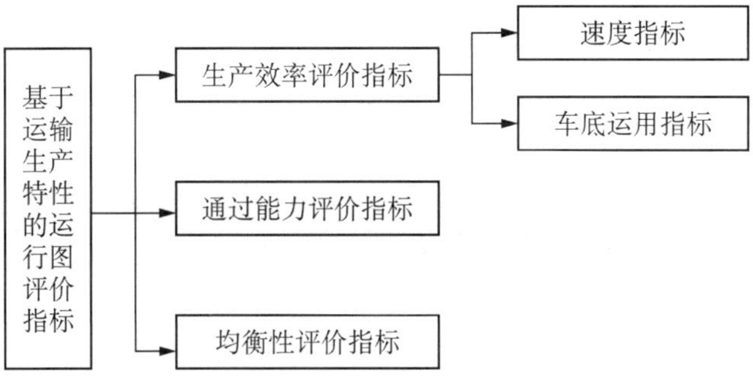

图 5-30 基于运输生产特性的运行图评价指标

(2) 服务质量指标。服务质量指标直接反映高速铁路的服务水平和效率，具体包括：客座利用率、列车正点率、平均晚点时间、旅客服务频率和旅客平均出行成本。

高速铁路与既有线的列车运行图评价指标体系有很大的不同，其中最显著的区别就是高速铁路列车运行图的编制需要更加凸显其服务特性，以满足旅客出行的需求。因此，从分析旅客出行需求入手，针对旅客对于高速铁路运输及时性、便捷性与经济性等方面的需求，构建基于旅客服务质量的列车运行图评价指标体系，具体指标包括：旅客旅行时间、列车到达的准时性、旅客到发时间合理性、运行图可达性、服务频率、旅客候车时间满意度、高峰时段开行列数适应度以及旅客出行成本满意度。基于旅客服务质量的列车运行图评价指标如图 5-31 所示。

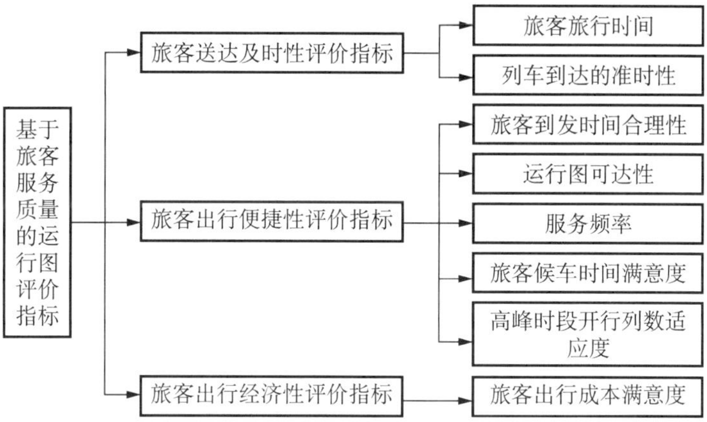

图 5-31　基于旅客服务质量的列车运行图评价指标

(3) 可调性指标。可调性指标包括能力利用率、平均缓冲时间等。为了确保高速铁路列车的高正点率，高速铁路列车运行图必须要有足够的应变能力，即具有较高的弹性；当列车运行紊乱时，要能尽快恢复列车的运行秩序，使列车回归按图行车的状态。因此，高速铁路列车运行线的铺画及列车运行线间均要预留一定的冗余时间，以减少局部个别列车晚点对全局高速铁路列车的影响。

列车运行过程中，受各方面因素影响，当不能完全按图行车时，难免会发生列车晚点现象。一旦列车晚点，调度员就会采取调整措施，以便尽可能地减少列车运行晚点所造成的影响。列车运行调整的难易程度与列车运行图的铺画结构紧密相关，有的列车运行图在实际运行中较易实现，有的列车运行图虽然满足各项技术作业标准，但在实际运行中很难实施。因此，列车运行图实施过程中的可调性应当作为衡量列车运行图质量的重要部分。由于列车缓冲时间对于缓解列车晚点以及对后行列车运行的影响具有重要意义，因此其是评价运行图可调性的主要指标之一。

要想对区段列车运行状态做出可靠的评价，就必须把整个区段作为一个单一的系统来研究。例如，某一高速铁路区段上行列车运行图如图 5-32 所示，以描述每一列区间占用时间的整个区段列车运行图为出发点，在这种运行图中可以查出定位于两占用时间之间的缓冲时间，可对每一区间按照各时段计算占用时间总值 $T_{总}$ 和缓冲时间总值 $T_{缓}$，并据此计算占用率和缓冲率。在列车运行图上以上行列车为例，设该区段有 m 个区间和 $(m+1)$ 个车站，并沿上行方向，区间记为 $Q=\{Q_1, Q_2, \cdots, Q_i, \cdots, Q_m\}$，车站记为 $S=\{S_1, S_2, \cdots, S_i, \cdots, S_{m+1}\}$。在区段内，始发站将各次列车按照发车的先后顺序来描述区间的缓冲时间

并用矩阵来表示，矩阵为

$$\boldsymbol{R}=\begin{pmatrix} r_{11} & r_{12} & \cdots & r_{1n} \\ \vdots & \vdots & & \vdots \\ r_{m1} & r_{m2} & \cdots & r_{mn} \end{pmatrix} \tag{5-13}$$

若列车运行过程中发生被越行的情况，那么在越行站后前行列车已发生变化，这里只要求该次列车与前发列车的缓冲时间；如果动车列车在终到站 S_i 站，那么 (Q_i-Q_m) 的缓冲时间可写作∞。于是，得到的矩阵 $\boldsymbol{R}$ 的每列表示每一列车在该计算时间的区段内运行的缓冲时间，每行表示每一区间的各次列车的缓冲时间。通过比较每列的缓冲时间，把存在最小值的缓冲时间的列车定义为关键列车，而每行最小值缓冲时间的列车可以定义为该区间的重点列车，这些数据可以为列车运行调整提供依据，如图 5-32 所示。

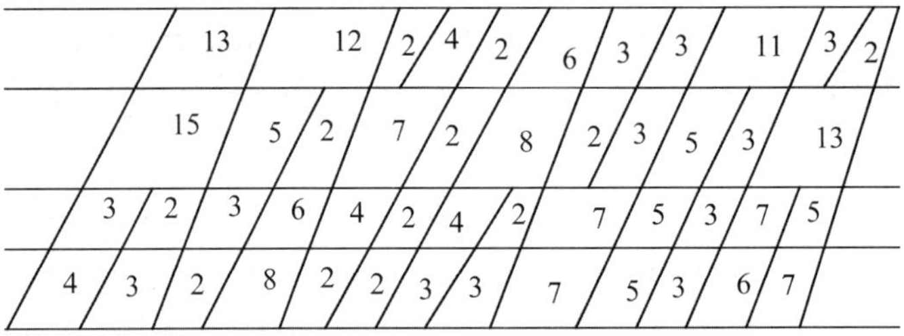

图 5-32 某高速铁路上行区段缓冲时间说明

按照这一方法推算区段内每一区间缓冲时间的总值 $T_{缓}^{Q_i}$，缓冲率为 $p_{缓}^{Q_i}$，占用率为 $p_{占}^{Q_i}$，则有

$$p_{缓}^{Q_i}=\frac{T_{缓}^{Q_i}}{T_{总}},\ p_{占}^{Q_i}=1-p_{缓}^{Q_i} \tag{5-14}$$

如果 $p_{缓}^{Q_i}\geqslant p_{缓}$（参考缓冲率），可认为该区间的缓冲时间设置可取。

对于某一高速铁路，列车运行图的稳定性主要取决于列车运行图冗余时间的布局、列车停站方案和列车运行时受到的干扰。列车运行图冗余时间（以下简称"冗余时间"）是指实际铺画在列车运行图上的列车区间运行时分、列车停站时分、列车追踪间隔时分和车站间隔时间等图定作业时分与标准作业时分之间的差值。

(4) 均衡性指标。列车运行线的均衡性间接反映了车站设施设备的利用率和服务水平。虽然，高速铁路运营组织强调时段能力，但从每一时段来看，在时段内部也需要均衡性指标。而且，从列车运行图整体来看，也需要均衡指标的衡量。

(5) 动态性能评价指标。列车运行图动态性能评价指标体系的建立可以从旅客对列车运行准时性的要求与列车运行图自身对动态性能的要求这两方面着手。列车运行的准时性可以用旅客列车旅行时间延误、列车晚点数量来衡量，而列车运行图的动态性能可以通过列车非图定停站次数、列车晚点恢复率和运行图缓冲时间利用率等来评价。基于动态性能的列车运行图评价指标如图 5-33 所示。

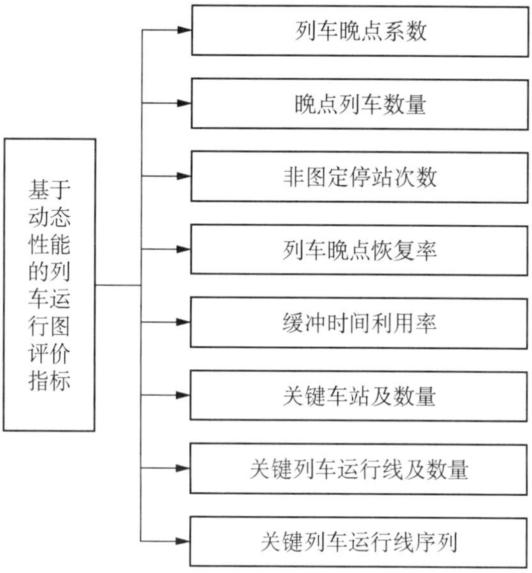

图 5-33　基于动态性能的列车运行图评价指标

(6) 通达性和直达性指标。通达性广义来说又称为可达性,就高速铁路而言,一种是开行区段覆盖的区段,另一种是通过中转衔接可达的地区。高速铁路线路开通后,通达性越好,旅客出行越便捷。直达性是指通过一次乘车到达目的地的旅客在所有出行旅客数量中所占的比例,体现了列车开行方案的直达性,直达性越高,列车开行方案越贴近旅客需要。

在铁路局集团公司高速铁路实际运营中,目前也在探索高速铁路运营综合评价指标体系是否科学合理,能否全面反映高速铁路运营管理的各个环节,这将直接关系到评价工作的质量。根据我国国铁集团公司发布的《高速铁路运营安全质量服务效益综合评价办法(试行)》,高速铁路运营安全质量服务效益综合评价是指对已运营的高速铁路的安全管理、运营组织、设备状态、客运服务、经营状况等进行综合检查和评价,查找问题与不足,分析研判潜在风险,并对安全、运营、质量、服务、效益等提出优化改进措施,主要包括安全质量综合评价、运营质量综合评价和经营效益综合评价等。通过研究梳理各评价项目的主要内容,可以得到相应的关键指标,并进一步对指标的类型进行分析。高速铁路运营综合评价指标体系如表 5-2 所列。

表 5-2　高速铁路运营综合评价指标体系

评价项目	主要内容	关键指标	指标类型
安全质量综合评价	运营以来设备设施未达标的主要问题以及设计、建设标准中未明确的现场实际问题;安全管理、设备维护、应急处置、队伍素质、外部环境管控、生产生活设施达标情况;工程遗留问题的负责单位履职情况;发生的典型事故、设备故障和问题	设备设施问题(源头质量问题、现场实际问题、开通以来发生的典型事故、故障等)	定性
		检查问题整改情况(对工程遗留问题、检查时发现的问题等及时进行整改整治)	定性
		设备技术状态(设备设施投入数量、检修备用状况、动车组日产量等)	定量

（续表）

评价项目	主要内容	关键指标	指标类型
安全质量综合评价	运营以来设备设施未达标的主要问题以及设计、建设标准中未明确的现场实际问题；安全管理、设备维护、应急处置、队伍素质、外部环境管控、生产生活设施达标情况；工程遗留问题的负责单位履职情况；发生的典型事故、设备故障和问题	应急管理（应急队伍、应急预案、特定条件下安全保障措施等）	定性
		外部环境管控（综治建设、地理环境、法制环境、路-地合作机制等）	定性
		安全风险隐患排查情况（安全风险隐患分级排查情况及防控措施）	定性
		基础管理（机构人员编制、设备维护关系、规章制度等）	定性
运营质量综合评价	行车组织、客运服务达标情况；列车客座率、列车正点率、运输密度等运营指标以及列车运行图实施情况；线路开通以来发生的典型服务问题和旅客投诉	行车组织（基本规章、调度台设置、应急处置、旅行速度、列车正点率等）	定性
		客运组织（站车乘降组织、售票组织、旅行服务、列车客座率等）	定性
		运营指标（运输密度、最小追踪时间、通道运量、规划运量完成情况等）	定量
		列车运行图实施（动车组开行数量、列车运行图匹配情况等）	定量
		客运服务（旅客满意度、旅行舒适度、旅客投诉等）	定量
经营效益综合评价	收入管理、成本管理、价格管理情况；实际运营效益和可行性研究测算效益对比分析	收入管理（客票收入、线路使用费收入、接触网使用费收入、营业外收入等）	定量
		成本管理（运营管理费用、设备折旧、牵引用电、委托管理费用、路网使用费、生产用水电、税金等）	定量
		价格管理现状（运价率、价格浮动情况等）	定量

需要特别说明的是，考虑到不同的高速铁路线路所处地区的社会经济环境不同，运营里程、动车组数量及结构等设备设施情况也存在较大差异，在对不同线路开展综合评价尤其是进行对比分析时，部分反映投入产出情况的量化指标应综合考虑不同线路的情况，以减少运营环境、站段设置等存在的差异。因此，要进行归一化处理，必要时使用单位绝对值。此外，从表 5-2可以看出，综合评价分析指标中存在大量定性指标，分析计算时有必要先进行量化，可通过专家打分、人工神经网络等方法对权重进行赋值。

5.7.2 评价方法

目前，列车运行图评价方法有专家咨询法、层次分析法、灰色关联法、模糊综合法、数据包络法、主成分分析法、神经网络法和计算机模拟法，具体内容如表5-3所列。

表5-3　列车运行图评价方法

评价方法	评价值	综合方式	优点	缺点
专家咨询法	分值	求和	评价因素有重点和非重点，能突出主要问题	凭借主观经验，很难准确反映实际客观情况
层次分析法	分值	权重	形式简单，可解决定性问题	未对信息的重复部分做处理，且主观赋权来确定指标间的重要性，与实际情况未必相符
灰色关联法	关联度	求平均	着重研究外延明确、内涵不明确的对象，比较适合主观、定性的指标	没有很坚实的数学基础，不能凸显评价问题中主要作用的指标和因素，同时受指标量化和算子选择的限制
模糊综合法	隶属度	可选择	包括定性和定量多指标，适合多层次的系统评价，评价结果具有良好的解释性	隶属度的确定需要通过专家打分的方法获取，加入了人为的主观因素
数据包络法	指标量化值	综合	完全基于指数数据的客观性进行评价，避免人为因素带来的误差	指标涵盖各个领域，必须经过标准量化
主成分分析法	贡献率	聚类分析	在保证数据信息损失最少的前提下，以少数的综合指标取代原始的多维变量，适用于指标定量化方便的评价体系	实际中将一些定性指标量化较为困难
神经网络法	评价因素值	因素间复杂函数关系	能够较好地解决其他方法中存在的受主观因素影响的问题	评价结果单一，评价过程处于黑箱中，结果对实际的指导意义不大
计算机模拟法	综合	—	模拟仿真，可获得大量具体数据，速度较快	具有一定的局限性

5.8　案例分析：沪杭高速铁路列车3 min追踪间隔实现

我国部分高速铁路的通过能力日渐紧张，而同向列车间发到间隔时间参数取值偏大，不利于运能的提高。通过对高速铁路列车追踪间隔中列车发到间隔时间的分析，研究高速铁路列车发到间隔时间计算公式和相关参数取值，并结合沪杭高速铁路的实际运行数据，证实列车发到间隔时间进一步缩小的可能性，为扩能提供一定的理论基础和数据支持。

我国高速铁路正处于一个快速发展阶段，目前一些线路的通过能力已接近或达到饱和状态，增加列车开行对数变得越来越困难。其中，高速铁路列车追踪间隔时间是限制列车开行密度的重要因素。但至今部分时间参数的取值尚不明确，部分时间标准仍沿用既有铁路的方法，故计算方法需要完善；另外，部分时间参数存在取值偏大的问题。针对目前高速铁路相关理论研究滞后于运营实际的情况，研究高速列车运行间隔时间，特别是发到间隔时间，对于提高线路的通过能力具有重要的实际意义。

列车追踪间隔时间是指列车运行图中相邻的同向或对向列车运行线间应保持的最小间

隔时间。列车追踪间隔时间是列车运行图的组成要素之一，是计算区间通过能力的重要参数，也是规范 CTC 系统开发和应用的重要依据。高速铁路装备了 CTCS-2/3 级列控系统和调度集中设备，以车载信号作为行车凭证，按一次连续速度模式曲线监控高速列车运行。与普速铁路相比，由于控车模式的不同，二者的列车追踪间隔时间的计算方法也不相同。国内目前尚无规范的高速铁路列车追踪间隔时间计算方法。高速铁路列车追踪间隔时间是指在采用调度集中(CTC)行车指挥方式和 CTCS-2/3 级列控系统控车条件下，列车间必须保持的最小间隔时间。

随着客流需求不断增长，我们迫切需要增加高速铁路列车密度，这直接体现在列车追踪间隔时间上，特别是高速铁路列车 3 min 追踪间隔时间的研究和落实。我国高速铁路运营里程和运营速度均已达到国际领先水平，但我国高速铁路运营水平与世界先进水平尚有一定差距，这直接体现在列车追踪间隔时间上。例如，目前我国 350 km/h 速度级高速铁路的设计目标均为追踪间隔时间可实现 3 min，但实际运行图一般采取 5 min 的追踪间隔时间，仅小部分线路可按照 4 min 铺画，而国外高速铁路如日本新干线及法国东南线的列车追踪间隔时间均已经实现了 3 min。在高速铁路繁忙干线上实现 3 min 列车追踪间隔时间，既能使我国高速铁路达到设计目标、运输组织达到世界领先水平，支撑我国铁路"走出去"的需要，又是日渐繁忙的线路对提高通过能力的迫切需要。

1. 日本新干线追踪间隔时间现状

(1) 日本东海道新干线：东京站始发终到列车共 384 列，其中始发 191 列，终到 193 列；最小列车追踪间隔时间为 3 min；最大接车密度为 15 列/h，最大发车密度为 14 列/h；最多可组织 4 列列车按 3 min 间隔连续追踪。

(2) 日本东北新干线：东京站始发终到列车共 391 列；最小列车追踪间隔时间为 4 min；最大行车密度为 15 列/h；最多可组织 17 列列车按 4 min 间隔连续追踪。

根据日本 2015 年 9 月公布的"客车时刻表"，铺画日本东北新干线和东海道新干线简明列车运行图。与我国京沪高铁相比，日本新干线各项间隔时间标准均比京沪高铁小，新干线高速列车可实现列车按 3 min(东海道新干线)、4 min(东北新干线)间隔追踪运行，而我国京沪高铁高速列车按 4～5 min(前后列车均通过时)、6 min(前停后同)间隔追踪运行。日本新干线与我国京沪高铁列车追踪间隔时间的比较，如表 5-4 所列。

表 5-4　日本新干线与我国京沪高铁列车追踪间隔时间比较

列车追踪方式	日本东北/东海道新干线	京沪高铁	附注
$I_{连发}$	4 min/3 min	4～5 min	—
$I_{到到}$	2 min	4～5 min	—
$I_{到发}$	0	1～2 min	进路有交叉时
$I_{到通}$	2 min	3 min	—
$I_{通发}$	1 min	2 min	—
$I_{发到}$	3 min	6～8 min	同股道或进路交叉

（续表）

列车追踪方式	日本东北/东海道新干线	京沪高铁	附注
$t_{折返}$	8～12 min	20 min	车底交路
$t_{起停附加}$	起 1 停 1	起 2 停 3	—
$t_{停车办客}$	1 min	2～3 min	—
$t_{停车待避}$	3 min	5 min	—
$t_{始发作业}$	5 min	12 min	—
始发站到发股道数	4 股/6 股	12 股	东京　北京南
始发最高列数/h	15 列	11 列	—
始发站日办理对数	发 212 列、到 179 列/ 发 191 列、到 193 列	109.5 对/最大 区段 144 对	东北新干线密度最大 为东京—上野—大宫
运行图铺画有效时刻	6:00—23:00	7:00—20:00	—
最高旅行速度	226.2 km/h / 206.2 km/h	272.4 km/h	G1 停 1 站南京南
运行图铺画模式	规格化(周期)运行图	—	—

2. 我国试验情况

列车运行 3 min 追踪间隔的影响因素非常多，包括高速铁路站场及线路条件、列控系统特征、技术管理规章、运营组织、列车运行图铺画、制动系统、电分相、CTC 软件、司机贴限运行、技术措施和管理措施等。可以说，列车 3 min 追踪间隔是高速铁路运营组织难度最大的综合体。

中国铁道科学研究院集团有限公司系统分析了我国高速铁路准移动闭塞条件下（含 CTCS-2/3）高速列车追踪运行的基本原理及列车间隔时间特点，分析了高速铁路列车间隔时间的基本类型，界定了高速铁路列车追踪间隔时间和列车车站间隔时间共计 12 种列车间隔时间的含义，并提出了 12 种列车间隔时间及 6 种延续进路条件下列车间隔时间的计算方法，同时，对以京沪高速铁路为代表的主要高速铁路列车间隔时间进行了检算，指出了导致列车间隔时间过大的主要原因有车载监控制动距离过长、咽喉区过长、进站前存在长大下坡道、出站-离去内有分相等。另外，对长大下坡道列车间隔时间过大、动车组自动起模降速等问题进行了深入研究，提出了压缩大站列车间隔时间的相关建议。中国铁道科学研究院运输及经济研究所组织试验列车对郑徐高速铁路追踪间隔时间进行了专门的测试试验，分别测试了采用人工排列进路和自动排列进路、司机不同操纵方式下的车站发车、到达间隔时间，并根据试验结果，提出了在不改变现有技术设备的前提下，可采用咽喉通过速度尽量贴近 80 km/h、司机看到信号后尽快发车、采用分段解锁、启用进路信号机、缩短 CTC 轮询时间等建议。国铁集团公司运输局通过在京沪高速铁路组织实车追踪试验的方式，掌握了列车间隔时间内相关作业流程及时间，并分析了北京南站发车间隔时间的限制因素，同时，结合现场试验数据和历史数据，从运输组织、站场结构、列控系统、作业流程等方面提出了压缩北京南站发车间隔时间的建议。通过本次试验，将京沪高速铁路列车运行图的部分追踪间隔时间压缩至 4 min。铁道第三勘察设计集团有限公司(现为中国铁路设计集团有限公司)通过承担国铁集团公司重大课题,系统分析了列控系统控车原理、作业流程和时间构成等,研究了动车组牵引制动性能、进站前速度、长大坡道、车站布置、电分相等多个影响因素对追踪间隔时间的影响,并针对压缩发车间隔,从 CTC、车站作业流程、站型布置、客运作业、电分相布置、列控系统控车算法等方面提出了较为全面的相关建议。

3. 2020 年"7.1"沪杭高铁运行图成果应用情况

1) 示范线的选取

沪杭高铁是目前我国铁路行车量最大的线路,2020 年 7 月前,行车量达到 159.5 对,7 月 1 日调图后,行车量达到 162.5 对。沪杭高铁运输现状如同哑铃状,东端上海虹桥站连接京沪高铁、沪宁城际铁路、沪苏通铁路、南沿江高铁以及青盐高铁、连淮扬镇高铁、徐盐高铁等,西端杭州东站连接着沪昆高铁、杭黄高铁、杭甬高铁、沿海高铁、杭绍台高铁等。

目前,沪杭高铁通过能力已接近或达到饱和状态,为全路高速铁路之最,对压缩列车间隔时间、提升通过能力的需求较为迫切。因此,上海铁路局集团公司希望通过试验压缩追踪间隔时间来增加行车密度。本次试验前,沪杭高铁上海虹桥站、杭州东站的最小发车间隔时间均为 5 min,到达间隔时间均为 4 min,敌对进路情况下的发到间隔时间为 7 min。

从线路条件来看,沪杭高铁线路坡度不大、中间站规模较小,两端的上海虹桥站和杭州东站虽然站场规模较大,但进站前存在阶梯形限速,这些都有助于实现更小的追踪间隔时间。另外,上海虹桥站下行杭州东站方向出站以及杭州东站上行虹桥站方向均无电分相设置,且咽喉区长度相对较短。以上条件均有助于实现 3 min 列车追踪间隔。

上海虹桥站分为高速场和综合场,上海虹桥站杭州东方向咽喉区长度为 1 075 m,进站前 10 km 内的线路较为平缓,坡度均在±5‰以内。此外,由于小半径曲线等影响,上海虹桥站进站前存在阶梯形限速,有三段限速,分别为 290 km/h,220 km/h 和 160 km/h。

杭州东站咽喉区长度为 841 m,在进站前 5 km 内的坡度以下坡为主,存在−20‰和−14‰等坡度,进站前 5~11 km 以上坡或平坡为主。此外,由于小半径曲线等影响,杭州东进站前存在阶梯形限速,有三段限速,分别为 260 km/h,170 km/h 和 150 km/h。

2) 沪杭高铁追踪间隔的理论计算

沪杭高铁两端车站规模较大,中间站的站型简单,区间线路坡度不大,具有很强的代表性,其限制性因素主要为上海虹桥站、杭州东站两个特大车站的到达、出发及折返间隔时间。因此,以 CRH380BL 动车组(装备 CTCS3-300T 型列控系统)为例,对上述间隔时间进行理论计算。

到达间隔时间:进站前的线路限速会压缩列车的车载监控制动距离,进而压缩到达间隔时间,如图 5-34 所示。

根据计算,上海虹桥站外侧(160 km/h)、杭州东站外侧(170 km/h)的限速是到达间隔的计算速度,即紧密追踪条件下,进站信号机开放时,后行列车正在该段限速范围内运行。检算结果表明,上海虹桥站到达间隔为 190 s、出发间隔为 186 s,均略超 3 min;发到间隔为 310 s,略超 5 min。杭州东站到达间隔为 164 s、出发间隔为 173 s,均在 3 min 以内;发到间隔为 255 s,略超 4 min。

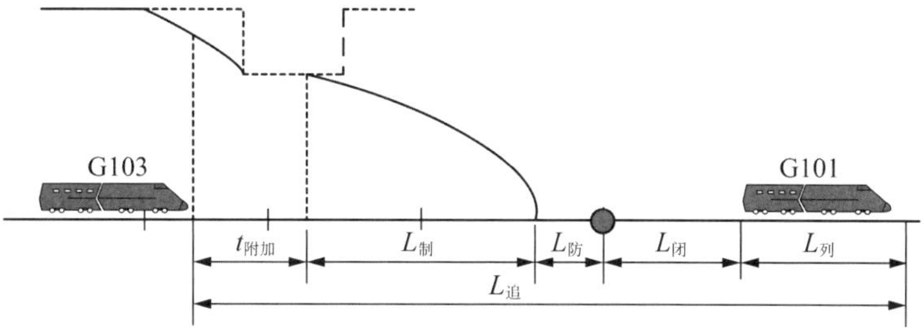

图 5-34　进站前限速对到达间隔时间的压缩效果

3）沪杭线试验情况

上海铁路局集团公司通过试验压缩追踪间隔时间来增加行车密度。试验前，沪杭高铁上海虹桥站、杭州东站的最小发车间隔均为 5 min，到达间隔均为 4 min，敌对进路情况下的发到间隔时间为 7 min。利用 2020 年 3 月 23 日、25 日、27 日三个夜间天窗，采用 16 辆编组的“复兴号”和 CRH380BL，在沪杭高铁组织了上海虹桥站和杭州东站的到达、出发、发到间隔时间测量，并记录了测试过程中的相关时间参数。

通过对试验数据的分析，沪杭高铁上海虹桥站到达间隔为 147～208 s，发车间隔为 134～191 s，其中超过 180 s 的股道为综合场 20 股道，因此，上海虹桥站高速场的到达、出发间隔时间基本可实现 3 min。此外，上海虹桥站的发到间隔为 331～360 s，可实现 6 min。同理，杭州东站到达间隔为 125～189 s，出发间隔为 130～177 s，即到达和出发间隔基本可实现 3 min。杭州东站发到间隔为 303～326 s，可实现 5.5 min。

4）将列车 3 min 追踪间隔时间落实到运行图中

（1）将列车 3 min 追踪间隔时间标准纳入上海铁路局集团公司技术资料。2020 年新版《中国铁路上海局集团有限公司列车运行图技术资料》中，新增沪昆高铁沪杭段各站列车间隔时间标准：$I_{发发}$ 为 3 min，$I_{到到}$ 为 3 min，$I_{敌发到}$ 除上海虹桥站为 6 min 外，其余各站均为 5 min，同方向同股道发接列车间隔时间除上海虹桥站为 6 min 外，其余各站均为 5 min。

（2）运行图列车点线安排。2020 年 7 月 1 日调图后，上海虹桥站组织了 5 组（每组 2 列）连续 3 min 出发列车，组织了 4 组（每组 2 列）连续 3 min 到达列车。杭州东站的出发、到达均组织了 5 组（每组 2 列）列车，在上海虹桥站和杭州东站共实现了 19 对列车按 3 min 追踪运行。

5）沪杭高铁采取的相关技术措施

虽然进站前的限速对压缩到达间隔时间起到了显著的效果，但为了确保在沪杭高铁实现 3 min 追踪运行，上海铁路局集团公司采取了一系列相关措施来压缩行车间隔，具体如下：

（1）缩短 CTC 系统进路触发轮询间隔时间。CTC 进路触发轮询间隔时间是指 CTC 在下发办理进路命令前的进路条件是否具备，当具备开放信号条件时，CTC 给联锁下发办理进路开放信号命令；若不具备，则过 30 s 再检查办理进路开放信号条件，如此反复，直至具备办理进路开放信号条件为止。如果 CTC 将轮询间隔时间设得太短，会使 CTC 频繁轮询，并报办理进路开放信号不成功，从而给列车调度员认为信号设备故障的错觉，同时也增加了CTC的检查工作。沪杭高铁CTC进路触发轮询间隔为30 s，轮询间隔太长会影响列车3 min追踪间隔时间。为了不影响列车3 min追踪间隔时间，在保障安全的前提下，将规定的CTC轮询间隔时间由30 s改为6 s。

(2) 机务方面。出站信号开放后，若司机迟迟不动车，会增加发车间隔时间；同理，在出站过程中，列车撞到出站信号机处应答器由部分监控转为完全监控后，允许速度由45 km/h提高至80 km/h，若司机提速较慢，也会影响发车间隔时间。为此，上海铁路局集团公司要求司机提前做好发车准备，保证在出站信号开放后10 s内动车，并要求司机在运行过程中贴线运行。

(3) 调度组织。调度所在列车运行组织过程中通过盯点盯线来保证19对列车的出发和到达间隔时分，从而确保方案的兑现率。

(4) 股道占用优化。有利的和不利的股道运用方式如图5-35所示。

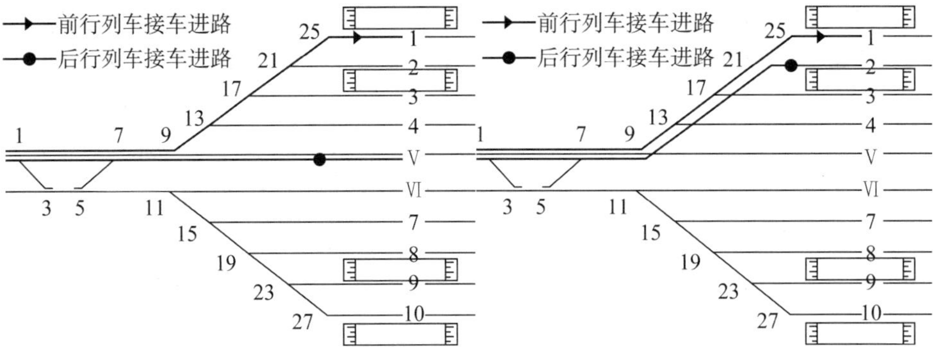

(a)有利的运用方式　　(b)不利的运用方式

图5-35 有利的和不利的股道运用方式

(5) 客运部门。高速铁路实行3 min追踪间隔，这对于各相关部门按图行车提出了相当高的要求。其中，旅客乘降组织方面的重点在列车关门条件的确认，一是提升客运乘务员、列车长、动车组司机间通信的可靠性，以确保列车具备关门条件的信息用最少的时间准确传递给司机；二是对一些上下车人数较多的车站，适当延长停站时间，以确保旅客乘降作业可以在规定时间内完成，从而保证按图行车。

6) 实施动作

2021年6月25日，沪杭高铁在上海虹桥和杭州东站实现"334"动车组列车运行间隔模式，即前3列3 min间隔连发、第4列与第3列间隔4 min。按平均值来看，沪杭高铁高速动车组实现了3 min 45 s间隔连发4列，这在全世界速度为300 km/h的高速铁路中是力拔头筹的，标志着我国高速铁路运行组织迈入了更高台阶，也为高速铁路走出去战略提供了更强的国际竞争力。比较而言，世界最繁忙高速铁路之一的日本东海道新干线的最高密度也是"334"间隔①，但是东海道新干线限速285 km/h，且仅限东京站下行出发，而东京站下行出发为低速区。

总之，沪杭高铁能够实现列车3 min追踪间隔，只因为影响因素较少，若推广到影响因

① 334表示4列车中，前3列是3分钟间隔，第3列与第4列是4分钟间隔。

素场景更加丰富的京沪高铁，则需要很多技术组织和管理组织措施的跟进，包括电务设备、列控设备以及动车组制动参数的改进，同时也要改进部分技术规章制度。可以说，实现高速铁路 3 min 列车追踪间隔是一项系统工程，其中，电务设备是一项关键因素，同时，运输、车辆、供电、机务、工务等部门优化技术组织和管理措施也是必不可少的。

7）上海虹桥站通过能力模拟分析

从国内外高速铁路的相关运营经验来看，由于高速铁路线上所运行的列车的速度差别较小。因而，在列车密集到发的高峰小时，列车运行组织的瓶颈是车站通过能力，而非区间通过能力。一些大型高速铁路车站极有可能成为瓶颈。

目前，高速铁路车站能力查定工作非常复杂，每次需要动用大量的人力、物力，对三昼夜的实际作业进行连续跟班采点写实，而写实的资料由技术人员依靠手工进行汇总、整理，然后分别统计、分析和计算咽喉道岔组和到发线通过能力及其指标。上海铁路局集团公司运输部联合西南交通大学交通运输与物流学院的李映红教授开发了“高速铁路车站能力及其技术指标动态分析系统”，通过该系统可查询到高速场各股道的高峰时段以及高速场高峰时段的车站通过能力，使得高速铁路车站能力查定与计算的信息化程度大为提高，同时也符合高速铁路快速发展的需要。

本次上海虹桥站能力查定所选定的时间是 7 月下旬。一般来说，到发线能力利用率为 0.85 以上属于能力较为紧张。查定结果表明，上海虹桥站杭州端发车咽喉道岔组能力利用率为 0.67，接车咽喉道岔组能力利用率为 0.69，高速场到发线能力利用率为 0.7，因此车站能力限制设备为到发线。上海虹桥站高速场到发线能力利用率与车站两端咽喉道岔组能力利用率接近，较为协调。本次查标是一次正常查标，未包括高峰车和临时列车数据，故建议沪杭高铁进行 3 min 列车追踪间隔试验时要避开这些情况，以保证行车安全。上海虹桥站杭州端道岔组高峰时段是 7:00—8:00 和 15:00—16:00。同理，建议沪杭高铁进行下行 3 min 列车追踪间隔试验时要避开这些时段。

由于高速场到发线能力利用率已达 0.7，故建议优化到发线应用方案。结合上海虹桥站分散自律调度集中系统(CTC)的应用情况，建议优化进站信号机和出站信号机等相关联信号机的开放时刻，这样可以使得车站两端咽喉通过能力利用率适当提高。如果联合电务、机务和工务等部门对动车组列车进出站走行过程进行优化，车站两端咽喉通过能力同样可以得到提高。特别在 3 min 列车追踪间隔试验中进行此项目优化，可以达到一举两得的效果。

2021—2023 年，上海铁路局集团公司组织对高速铁路信号设备进行安全专项整治，具体工作内容包括：增加车站股道双端发码功能；优化大号码道岔报文控制功能；为增加列车防护距离，调整出站应答器组位置；为提升区间行车安全防护能力，将高速铁路线路区间轨道电路小轨道纳入占用检查；为实现调度员和司机在车站接发车作业全过程信息交互，增加 CTC 发车进路预告。此次专项整治工作涉及 5 个设计院、4 个列控及 RBC 设备供应商，以及车务、机辆、工电供、土房等多个专业系统的多家单位。为确保整治施工一次顺利完成，上海铁路局集团公司在充分协调沟通确定总体方案、细致调查确定电缆敷设方案的同时，积极协调做好股道钢轨切割，精心组织好室内设备安装调试，并按照尽试要求做足试验验证以及设备整治配套工作。京沪、沪宁、沪杭等 11 条高速铁路线 CTC 增加发车进路预告功能软件换装工作已完成。

第6章　高速铁路通过能力利用与评估

6.1　通过能力概述

高速铁路通过能力计算方法研究是铁路规划、设计和运营中都会遇到的一个重要问题，高速铁路高峰时段通过能力是确保其良好行车组织的重要技术参数，对提高行车质量、工作效率以及满足运输需求等意义重大。铁路通过能力不仅是运输资源配置的基本条件，也是评价资源运用状况的重要指标。但由于铁路通过能力的动态性和不确定性，其计算的准确性、能力利用与评估就成为一个比较经典的研究课题，且具有一定的学术研究意义及实践应用价值。铁路通过能力的研究目的是从总体上以及各环节、各要素上把握运输能力，以指导运输组织生产实践，从而合理有效地利用能力。

铁路通过能力的计算包含某种不确定性和模糊性。铁路通过能力计算不仅要考虑各种运输设备在数量上的时空配置以及生产过程中运营组织管理的特点，而且要考虑各种变化条件下能力的可实现性，即与能力利用以及运输质量要求有机结合起来的有效能力。2004年，国际铁路联盟（UIC）出版的《UIC 406 能力手册》将铁路通过能力定义为：在定义的时间段内，考虑实际的列车混合运行等条件下所有可能的列车开行总数。UIC认为：铁路通过能力与能力利用场景密切相关，能力利用场景主要包括列车数量、列车速度、运行图结构及稳定性等。

UIC提出的实用通过能力、有效通过能力等概念是在考虑服务水平的基础上对理论通过能力进行修正。我国交通运输界将能力分为理论能力、实际能力、已使用能力及储备能力四种。理论能力是系统理论上的最大能力，假定所有列车的构成等级都相同，系统没有任何外部扰动，不考虑实际运营中外部需求及运营条件等变化；实际能力是考虑外部需求变化及日常运营条件满足一定系统性能条件下的最大运输能力；已使用能力为实际运营中已实现的运输量；储备能力为实际能力与已使用能力的差值，其大小表示铁路系统在保持一定效率和安全的情况下还能附加完成的运输量。其中，最常用的是实际能力，它给出铁路运输资源与需求间的最优配置方案。但针对高速铁路通过能力，目前尚未开展深入研究。

高速铁路通过能力是指在单位时间内能够通过的最多列车数，是运输能力的基础。高速铁路通过能力包括线能力和点能力。线能力主要通过区段表现，因而一般意义上的线路通过能力即指区段通过能力，而区段通过能力又常常由区间通过能力表现出来。点能力又可以分为单个车站的能力和整体枢纽通过能力。

6.2　区间通过能力分析与评估

6.2.1　区间通过能力影响因素

高速铁路区间通过能力是指在一定的客流需求条件下，采用一定类型的动车组和合理的运输组织方法，在满足一定的服务水平条件下，铁路区段和车站的各种固定设备在规定时间内所能通过或办理的最多列对数。在一定的动车组类型和线路条件下，高速铁路通过能力主要受运输组织模式、列车种类、运行速度、停站方案、运行图铺画方式、车站间距、天窗设置等设备和运营因素的影响。

从列车运行图铺画角度来看，影响高速铁路区间通过能力的主要因素有列车追踪间隔时间、不同速度列车的比例与速差、列车运行图铺画方式、列车停站数量及停站方式、天窗设置。

(1) 列车追踪间隔时间。追踪间隔时间是影响区段通过能力的重要因素之一，追踪间隔时间越小，区间通过能力越大。随着高速铁路基础设施、通信信号系统的改善，追踪间隔时间逐渐缩短，为进一步挖掘通过能力提供了可能。

(2) 不同速度列车的比例。我国高速铁路采用不同速度列车混跑的运输组织模式，不同速度列车之间的运行会产生相互干扰，不同速度列车的比例不同，列车之间的影响程度也不同，导致对区间通过能力的影响存在差异。一般而言，在两种速度等级列车比例相近的情况下，不同速度列车之间相互影响较大，导致区间通过能力较小。

(3) 列车速差。列车速差对通过能力也有很大影响。图 6-1(a)中列车速度分别为 300 km/h(实线)、250 km/h(虚线)；图 6-1(b)中列车速度分别为 300 km/h(实线)、200 km/h(虚线)。由图可知，列车速差越大，高速铁路区间通过能力越小。另外，不同种类列车停站时间也会影响通过能力。停站次数及其时间不同会产生相互间的能力扣除，而旅行速度不同的列车之间因速差(本质上是区间运行时分差异)会产生相互间的能力扣除。速差越大，能力扣除越大。

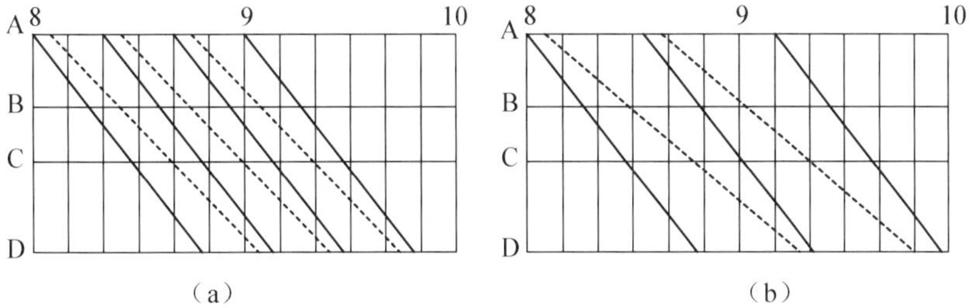

图 6-1　列车速差对区间通过能力的影响

(4) 列车运行图铺画方式。在不同速度列车混行模式下，列车运行图铺画方式一般包括集中铺画、相对集中铺画和均衡铺画三种，如图 6-2 所示，当 300 km/h(实线)和250 km/h(虚线)列车集中铺画时，区间通过能力最大；当均衡铺画时，区间通过能力最小；当相对集中铺画时，区间通过能力介于二者之间。一般而言，采用不同列车分区集中铺画方式时，相同速度的列车之间可以集中平行铺画，不同速度的列车在占用区间能力上相互影响较小；而对不同速度列车采用均衡铺画方式时，情况正好相反。

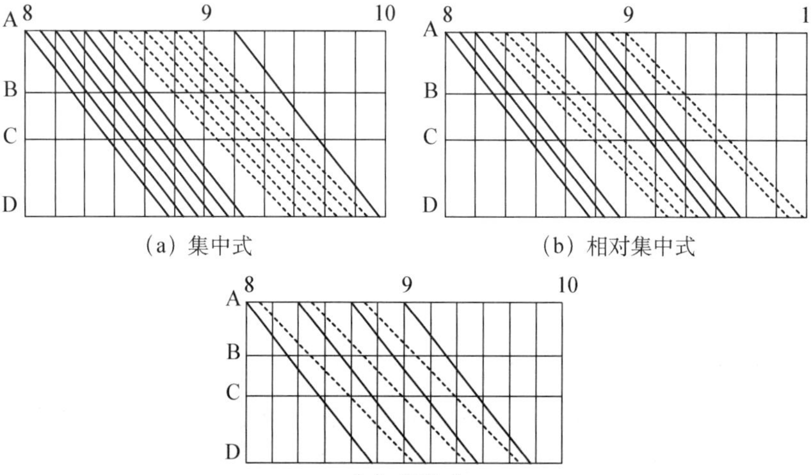

(a) 集中式　(b) 相对集中式　(c) 均衡式

图 6-2　列车运行图铺画方式对区间通过能力的影响

（5）列车停站数量及停站方式。列车停站数量会影响高速铁路区间通过能力，停站次数越多对通过能力的影响越大，区间通过能力就越小，如图 6-3 所示。同时，停站方式也会影响区间通过能力，如图 6-4 所示。为了保证一定的服务频率，高速铁路一般采用交错停站的方式来减少停站对区间通过能力的影响，同时停站顺序由远及近，前行列车停远方站，后行列车停后站。

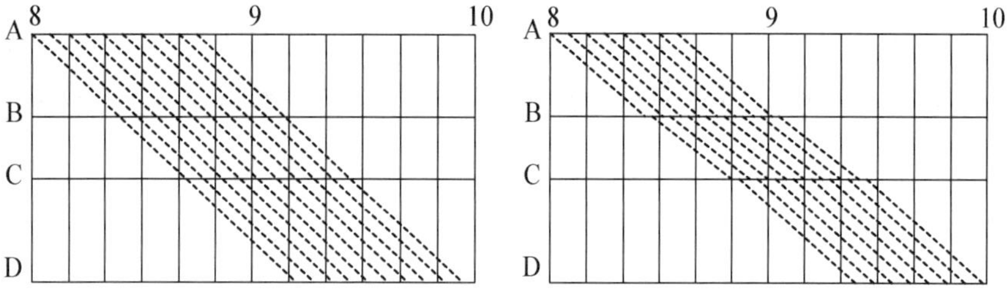

(a) 无停站　(b) 站站停

图 6-3　停站数量对区间通过能力的影响

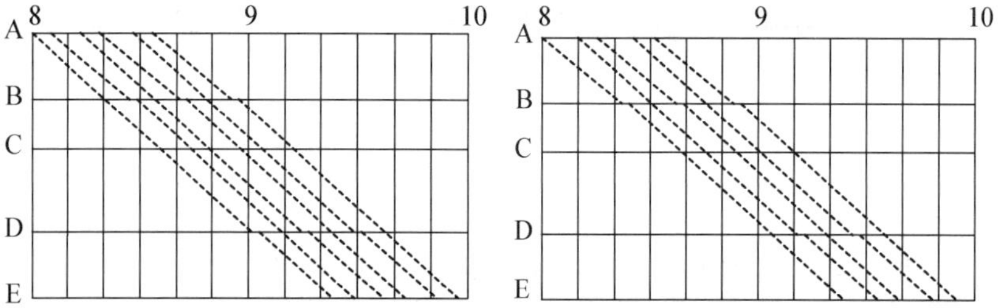

(a) 停站顺序由远及近　(b) 停站顺序由近及远

图 6-4　停站方式对区间通过能力的影响

（6）天窗设置。高速铁路的“天窗”会中断行车，不仅产生直接的能力损失，而且切断了天窗前后列车运行线的接续关系，在运行图中产生了空费三角区。由于受旅客有效到发时间的限制，在列车运行图中除了天窗时间外，还将产生一定的无效时间，它也会影响能力。

6.2.2　区间通过能力利用特点

（1）昼夜能力利用不均衡。高速铁路主要为客运服务，旅客的出行活动一般都避开 0:00—6:00。一年内，不同季节客流生成和变化规律有所不同；一周内，工作日与双休日的客流特点不同；一日内，旅客出行的频率也不同，往往形成高峰和低谷。

（2）理论计算能力与实际可利用能力差距较大。尽管理论上可以在高速铁路运行图上铺画较多的列车运行线，而实际上，各条运行线由于所处的时段不同，所能吸引并完成的旅客输送量也大不相同。

（3）停站及其起停车附加时分影响大。在高速铁路上，客车停站和起停车附加时分所造成的影响已超过追踪间隔时间的影响，高速列车因停站而产生的能力扣除已成为高速铁路能力计算中的组成部分。

（4）以区段分别计算通过能力。高速铁路以客运站作为客流的主要始发站和终到站，旅客列车通常以客流区段为单位制订开行方案，因而，高速铁路通过能力应以客流区段为单位，计算客流区段的通过能力。

（5）速度较低的列车对能力产生扣除。在高速铁路上运行速度较低的列车，停站次数较多，占用列车运行图时间较长，会对通过能力产生不利影响。因此，与既有铁路能力扣除不同，在高速铁路上较低速度等级的列车要对高等级列车进行能力扣除。

（6）天窗的设置对运行图和能力造成较大影响。“天窗”不仅缩短了可供列车运行的时间段，而且人为地将列车运行图分割为两个隔开的时间段，致使在列车运行图上不能组织列车 24 h 循环运行，从而对通过能力造成了相当大的影响。

（7）通过能力具有明显的时段特性。高速铁路上运行的旅客列车，由于受市场需求和旅客出行的调节，列车运行线并不是 24 h 均匀分布的，往往一个时段密集开行，而另一个时段则相对稀疏，从而使得高速铁路通过能力具有明显的时段特征。

6.2.3　通过能力计算评估方法

现有的通过能力计算方法包括扣除系数法、平均最小列车间隔法、利用率法、直接计算法和计算机模拟法。其中，扣除系数法从苏联引入，平均最小列车间隔法从德国引入，二者使用均比较广泛。

1. 扣除系数法

当采用扣除系数法计算高速铁路区间通过能力时，通常需要先计算平行运行图的通过能力，然后根据开行不同速度列车对基准列车的影响，利用其扣除系数，结合列车开行数量，扣除由于受这种影响而不能开行的列车数，即可求得高速铁路的通过能力。

（1）高速铁路平行运行图通过能力见式(6-1)：

$$N=\frac{1\ 440-T_{w}}{I}-\frac{60S}{VI} \tag{6-1}$$

式中 N——平行运行图通过能力(对数或列数)；

T_{w}——维修天窗时间,min；

I——列车最小追踪间隔时间,min；

S——客运区段长度,km；

V——旅客列车平均运行速度,km/h。

(2) 全高速非平行运行图区间通过能力见式(6-2)和式(6-3)：

$$N_{全}=\frac{N}{\varepsilon_{高}} \tag{6-2}$$

$$N_{时全}=\frac{60}{I\varepsilon'_{高}} \tag{6-3}$$

式中 $N_{全}$——全高速列车的区间最大通过能力；

$\varepsilon_{高}$——高速列车扣除系数；

$N_{时全}$——全高速列车的高峰小时区间通过能力；

$\varepsilon'_{高}$——计算时间内高速列车扣除系数。

(3) 多种速度列车共线运输组织模式的区间通过能力见式(6-4)：

$$N_{混}=N_{高}+N_{中}=N_{全}-N_{中}\varepsilon_{中}+N_{中} \tag{6-4}$$

式中 $N_{混}$——多种速度列车共线运行条件下区间最大通过能力；

$N_{高}$——较高速度列车数；

$N_{中}$——较低速度列车数；

$\varepsilon_{中}$——速度较低列车扣除系数。

由于高速铁路的特殊性,扣除系数法存在一定的局限性：

(1) 扣除系数法计算出的能力分布对任一时间单元都是均匀的。对于高速铁路,这样的能力概念已难以满足其运输组织的要求。

(2) 扣除系数法属于静态的确定型计算法,它只有在严格“按图行车”、设备无故障、工作不中断、列车占用时间均等及运行无延误的条件下才是正确的。但以上条件通常很难具备。

(3) 扣除系数取值恰当与否决定了计算出的通过能力的准确性。扣除系数与诸多因素相关,不同线路区段、不同列车结构,其扣除系数应是不同的。采用事先给定的扣除系数,难以保证计算结果的准确性和合理性。

(4) 扣除系数计算法是以最大限度地发挥铁路运输设备潜能为理论依据所建立的一种方法,其计算结果表现为理想条件下铁路最大通过能力。当全负荷使用该能力时,列车运行图将成为不具有弹性、无应变能力的刚性运行图。

2. 平均最小列车间隔法

依据列车晚点概率、列车平均晚点时间和平均最小列车间隔时间,按给定反映列车运行工作质量要求水平的允许列车后效晚点时间总值等条件计算区间通过能力。

1）平均最小列车间隔时间计算方法的特点

（1）平均最小列车间隔时间计算法得到的结果与给定的列车运行工作质量要求水平密切相关，随列车运行工作质量要求的变化而变化。无疑，铁路区间通过能力平均最小列车间隔时间计算法的动态特征，更能反映铁路区间通过能力的客观计算条件和实际运用条件，而区间通过能力计算数值的不确定性特征，可借以确切地反映客观运输市场的要求，从而增强铁路运输对国民经济发展的适应程度。

（2）平均最小列车间隔时间计算法是以排队论为理论基础，以保证实现一定列车运行工作质量要求为决策依据所建立的一种方法，它的计算结果表现为在一定主客观条件下可实现的区间通过能力。

2）计算步骤

在采用非平行运行图平均最小列车间隔时间计算法计算区间通过能力时，一般可按如下程序进行：

（1）按照列车性质、速度和等级划分列车种类。

（2）确定类别运行列车组数及出现相同运行列车组的概率。

（3）确定每种运行列车组的最小列车间隔时间和平均最小列车间隔时间。

（4）确定晚点列车平均进入晚点时间和出现列车进入晚点概率。

（5）查定平均必要列车运行图缓冲时间。

（6）计算确定区间通过能力。

3）最小列车间隔时间

列车间隔时间是指从运行列车组第一列车由区间一端站出发或通过之时起，至运行列车组第二列车由区间同一车站或另一端站出发或通过时止的时间，如图 6-5 所示，则必有

$$I = I_f - t_r \tag{6-5}$$

式中　I——最小列车间隔时间，min；

I_f——列车间隔时间，min；

t_r——列车运行图缓冲时间，min。

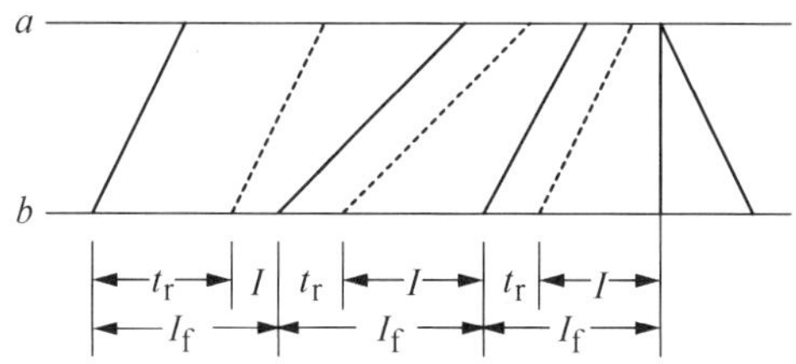

图 6-5　列车运行图缓冲时间

4）平均最小列车间隔时间

平均最小列车间隔时间是指运行列车组最小列车间隔时间的平均值。平均最小列车间隔时间的计算有运行图相关法和运行图不相关法两种。

(1) 运行图相关法。运行图中的列车组数为 n_{ij}，相应的最小间隔时间为 I_{ij}，平均最小列车间隔时间为

$$\bar{I}=\frac{\sum_{i}\sum_{j}n_{ij}I_{ij}}{N} \tag{6-6}$$

(2) 运行图不相关法。当研究区段没有列车运行图可供利用时，可认为各种运行列车组的出现都是随机事件，平均最小列车间隔时间可按式(6-7)计算：

$$\bar{I}=\frac{\sum_{i,j=1}^{m}n_{i}n_{j}I_{ij}}{\sum_{i,j=1}^{m}n_{i}n_{j}} \tag{6-7}$$

5) 通过能力计算

计算区段通过能力时，为确保一定的列车运行质量要求而采用的缓冲时间称为必要平均缓冲时间 $\bar{r}_{\mathrm{erf}}$，其值的大小与平均最小列车间隔时间 $\bar{I}$、出现相同种列车运行列车组概率 ω_{g}、列车平均进入晚点时间 P_{m}、发生列车晚点的概率 g_{e}、列车晚点允许值 P_{F}、区间通过能力利用率和列车运行速度等有关。

(1) 区间通过能力。区间通过能力 L 是指根据安排的列车运行顺序所确定的最小列车间隔时间，按方向和密度所确定的列车数、列车等级顺序、区间列车晚点时间标准和运输质量标准，一个区间在一天内所能通过的列车数如式(6-8)所示：

$$L=\frac{T}{\bar{I}+\bar{r}_{\mathrm{erf}(q)}} \tag{6-8}$$

(2) 高峰时段通过能力。高峰时段 T_{hst}是指由于客货运输需求以及为了方便旅客出行而使列车运行线分布不均匀所造成的能力最紧张时段。高峰时段通过能力 L_{hst}是指保持正常列车运行条件下，在高峰时段区间所能放行的列车数。根据最密集列车束理论，L_{hst}按最密集列车束缓冲时间 $\bar{r}_{\mathrm{erf}(K)}$ 和平均最小列车间隔时间 $\bar{I}$ 计算，如式(6-9)所示。

$$L_{\mathrm{hst}}=\frac{T_{\mathrm{hst}}}{\bar{I}+\bar{r}_{\mathrm{erf}(K)}} \tag{6-9}$$

(3) 平缓时段通过能力。平缓时段 T_{dst}是指某线路区段扣除黄金时段和高峰时段后余下的时段。平稳时段通过能力 L_{dst}是指在按方向和密度确定列车数、列车等级顺序、区段列车晚点时间标准和运输质量标准，并根据安排的列车运行顺序确定的最小列车间隔时间的前提下，一个区间在平缓时段所能通过的列车数，如式(6-10)所示：

$$L_{\mathrm{dst}}=\frac{T_{\mathrm{dst}}}{\bar{Z}+\bar{r}_{\mathrm{erf}(q)}} \tag{6-10}$$

缓冲时间的设置是列车运行图编制的一个重要部分。缓冲时间一般是指列车运行图内

的列车在区间运行、车站停站、列车间追踪运行和列车间接续等作业的图定作业时分与完成该作业所需的标准作业时分之间的差值。高速铁路列车运行图缓冲时间的定义也基本相同。

一般地，依据对应作业类型的不同，将列车运行图缓冲时间分为三类：

第一类缓冲时间：一般设置在单个列车的某个单项作业中，主要作用是控制列车初始晚点的发生和提高列车发生晚点后的“赶点”能力。如区间运行作业“撒点”时分和车站停站作业“撒点”时分。

第二类缓冲时间：一般设置在涉及两列及以上的列车作业中，例如追踪运行的两列列车间的追踪列车间隔缓冲时间。此类缓冲时间的主要作用是抑制列车间的晚点传播，因此它提高了晚点列车的可调整及赶点能力。

第三类缓冲时间：一般无须专门有目的地设置，却起到了缓冲时间的作用。可细分为两种：一种是在列车运行图编制过程中为达到列车间协同而刻意延长某项作业时间所形成的协同等待时间；另一种是在列车运行图实施过程中为达到冲突疏解目的而刻意延缓后续列车区间运行作业所形成的缓冲时间。

缓冲时间设置是列车运行图编制工作的一部分，其设置首先应满足列车运行图的编制原则；其次，需考虑“多重冗余”现象，以免造成能力浪费，如列车在区间运行的自身恢复时间同时也起到了与前行列车追踪间隔缓冲时间的作用；再次，不同作业的缓冲时间之间存在密切联系，不失一般性，如列车接入晚点加上自身作业的随机扰动一起构成自身作业对缓冲时间的需求，而接入晚点与前一项相关作业设置的缓冲时间相关，也就是说，各相关作业的缓冲时间之间可以通过“接入晚点”联系在一起。旅行时间的总体增加等于各作业单元缓冲时间之和。通过上述分析可以看出，缓冲时间发挥改善列车运行图动态性能作用的机理是十分复杂的，且相关联的缓冲时间之间存在着复杂关系。因此，要开展缓冲时间优化研究必须从各类缓冲时间的总体优化出发进行考虑。

在列车运行图的编制过程中，从列车旅行速度出发，一般希望尽可能少地布局冗余时间；而从改善运行图的动态性能、降低总体晚点水平出发，又希望尽可能多地布局冗余时间。因此，在旅行速度和运行图动态性能之间会有一个平衡。基于缓冲时间的优化分析，可以得出以下优化思路：

① 由于缓冲时间对列车旅行速度和运行图动态性能均有影响，求解过程通过缓冲时间的优化，在不增加缓冲时间的前提下，降低运行图的晚点程度，改善运行图的动态性能。

② 对缓冲时间优化方案的衡量和进一步优化要综合考虑各种缓冲时间的影响，仅仅考虑某一项作业的缓冲时间是不够的。

③ 对缓冲时间优化方案质量的衡量应该是在一定扰动方案和列车运行调整水平条件下进行的。通常，一个在任何扰动方案和列车运行调整水平条件下都具有高质量的缓冲时间的优化方案是很难得到的。

3. 计算机模拟法

随着对于计算机编制列车运行图研究的不断深入，计算机模拟法现已被广泛应用。计算机模拟法就是列车运行图的图解法，即由计算机模拟人工铺画列车运行图，严格按铺图标尺，通过紧密铺画各种列车运行线，进而精确确定区段通过能力的一种方法。

目前，由于各种列车扣除系数难以精确确定，因此，计算机模拟法都是在某种特定条件下进行的，是根据某种原则，在固定某些种类列车数量（当然这些列车可能有不同的铺画方案）的前提下，通过计算机模拟人工铺画满表运行图来确定其他种类的列车数量。

例如，一般可在按设计能力的前提下，首先铺画满足需求数量的本线骨干列车和跨线列车运行线，然后再在剩余时空域内，从长线到短线尽可能地铺画其他本线列车运行线，在模拟系统中全面考虑各种影响因素，并反映各因素之间的协调关系，从而获得不同行程本线骨干列车和跨线列车数量集合下，由不同行程的本线其他列车数量构成的一个通过能力集合；另外，不改变不同行程本线骨干列车和跨线列车的数量和比例关系，而只变换其铺画方案，重复上述过程，可以获得多种不同的本线其他列车能力集合。对足够多的集合方案考查其需求发展和其他质量指标，可从中选择确定出适合需求且质量较优的本线其他列车集合。

大多数研究者公认并致力于运用基于计算机的模拟仿真法来计算高速铁路车站高峰时段的通过能力，下面对具有代表性的现有模拟仿真算法进行总结和比较。例如，列车路径压缩法和加密法。该方法主要源于《UIC 406 能力手册》，研究预先确定了时刻表和车站作业计划的车站通过能力方法。该方法首先将车站中安排了时刻表的列车作业路径间的缓冲时间进行压缩，从而得到满足最小安全间隔的车站作业计划；然后，基于给定的列车路径排列方案逐步加密列车，直至没有能力加入为止，所增加的列车就是该车站的剩余可用通过能力。该方法思路清晰，操作简单，有利于车站能力利用率的评估，已经在欧洲铁路得到了应用，但是压缩已安排的列车作业缓冲时间会破坏列车在客运站的作业时空架构，导致可用通过能力的计算结果失真。另外，该方法仅提出了车站通过能力的计算思路框架，对如何优化列车加密方案没有具体探讨，因此可能会得到多种加密方案。

综上所述，高速铁路通过能力计算方法具有以下特点：

(1) 组合能力的特点。常规铁路以一昼夜可通过的最大列车数作为理论能力的标准值，在高速铁路有了“长线”和“短线”能力之分后，已经不存在一个确定的数值了，即使可以按各客流区段分别确定其通过能力，由于“长线”和“短线”能力之间一般不具有可比性，不同运程的列车数也无法通过简单的数值累加而得出一个固定的通过能力计算值，所以只能区别不同种类和不同运程的列车，分别累计构成不同列车及其数量集合，以及组合能力的概念和方法，从而反映高速铁路的能力构成特点。

(2) 以方向能力为基础。常规铁路通过能力以各区间能力计算为基础，以区段内通过能力最小的区间即限制区间的能力作为该区段的通过能力，以方向上通过能力最小的区段即限制区段的能力作为该方向的通过能力，但这种自下而上的推算逻辑已不适用于高速铁路。反之，高速铁路的能力计算必须首先以方向上的高速列车运程可达的最大客流区段为基础，从大到小确定其所包含的各个客流区段可能的各种长线和短线能力，因此，将形成满足不同客流需求且各具特色的长、短线能力组合方案。

以上几种方法都是基于列车运行图的时间和空间共享原则，结合了列车运行图整体结构以及横向、纵向的分布特征并在计算过程中考虑了运输组织模式、列车种类、列车速度、停站次数和停站时间、运行图铺画方式、站间距、天窗设置方式等设备和运营因素，且计算原理

基本相同。但是,几种方法又各有特点:

(1) 几种方法的最大不同之处在于选定的计算基础不同,扣除系数法先选定作为基准的列车,平均最小列车间隔法和直接计算法则分别以运行列车组和列车组单元作为计算单位。

(2) 扣除系数法以基准列车为框架,在对大量实际区段的资料统计和图解基础上试图得到通用性的结论;平均最小列车间隔法和直接计算法无通用公式或计算表,不同线路和区段的计算过程较为复杂和烦琐。

(3) 利用率和直接计算法虽然简单易行,但不容易确定两种计算法中的参数和修正系数,不适合计算高速铁路客运站的通过能力。图解法比较精确,但作业量大,较为烦琐,需要花费较多的时间,且新建车站因为缺少原始资料而不能使用。计算机模拟法能够避免现有数据中由于列车到发不均衡产生的影响,可反映车站各设备配合下的实际能力。

6.3 车站通过能力分析与评估

6.3.1 车站通过能力分析与评估方法

车站通过能力的计算长期以来一直是一个重要的研究课题,本质上是对车站运力资源进行合理评估和有效配置的科学方法的研究,不仅对于铁路运输的规划设计、组织运营、经济效益具有重要意义,而且对于城市综合交通运输能力的组织和协调也有着重要的参考价值。20世纪50年代开始,我国就对铁路车站通过能力的计算展开了大量的研究和实践,并在能力计算方法、能力查定、扩能措施、能力协调方面取得了诸多成果。但这些研究主要是以客货混行的车站作为研究对象,随着以客运为主要方式的高速铁路车站大量涌现,运输市场特征发生了明显变化,为适应这一变化,有必要针对高速铁路车站通过能力计算进行深入研究。

目前,国内大多数文献都使用《高速铁路设计规范》(TB 10621—2014)中规定的高速铁路车站通过能力概念,即在一定的行车组织条件下,车站内各种固定设备在一昼夜中所能通过或接发的最多列车数(或列车对数),即全日通过能力。由于此概念无法反映高速铁路车站一昼夜中各时段列车到发密集程度不同情况下的通过能力,在此基础上便出现了高峰时段通过能力的概念,即一天最繁忙时段内车站所能接、发、通过的列车数的总和,又称高峰小时通过能力。全日通过能力与高峰小时通过能力是两个最基本的概念。

车站通过能力计算一般采用利用率法,主要从咽喉通过能力、到发线通过能力、车站一体化通过能力开展研究。一般有分析计算、图解法和计算机模拟法。目标函数通常包括:车站在一整天时间内能安排进行的各项作业量最大、各方向接发列车数最多、列车在站内消耗时间最少、平行进路最大化等。限制条件一般为:敌对进路约束、平行进路约束、作业时间占用约束、能力占用约束、间隔时间约束、天窗时间约束、到发线时空占用唯一性约束等。

为了计算高速铁路车站通过能力,传统方式是按照车站设备类型将车站通过能力分为到发线通过能力和咽喉区通过能力。其中,到发线通过能力是指车站到达场、出发场或到发场中,办理列车到发作业的线路一昼夜能够接、发的各方向的列车数;车站咽喉区通过能力是指在合理固定到发线及作业进路条件下，某方向接、发进路上最繁忙道岔组一昼夜能够接、发该方向的列车数。

高速铁路车站主要办理客车作业，其通过能力的影响因素也与普速铁路有所不同，主要可以分为三类：

第一类是建设或改造后车站系统所具备的进行列车技术作业的各种硬件设备及数量，包括站型、股道、咽喉、信号等设备及其布置情况和使用状态。

第二类是为了保证列车行车安全和车站作业协调规定的各种车站作业参数及规则，包括列车最小间隔时间标准、列车车站技术作业时间标准、列车技术作业流程和维修天窗设置标准等。

第三类是运营组织需求特征及车站作业组织方案，包括到发列车构成类型及比例、股道运用方案、咽喉进路运用方案、列车接发顺序方案和缓冲时间设置方案等。

第一、二类属于静态影响因素，当车站系统建造完成后，其取值几乎不发生变化。第三类属于动态影响因素，由于需求特征会发生变化，且设备运用方案也可采取不同的优化规则和方法，从而会影响高速铁路车站通过能力的计算结果。

1. 咽喉区通过能力计算

高速铁路车站咽喉区通过能力除需要核对全天的通过能力外，还需要核对咽喉区高峰小时通过能力。

计算咽喉区全天通过能力可采用利用率计算法，某一限制道岔利用率 $K_{咽喉}$ 为

$$K_{咽喉}=\frac{T-\sum t_{固}}{(1\,440-t_{天窗}-\sum t_{固})(1-r)} \tag{6-11}$$

式中 T——客运站咽喉道岔区一昼夜内被占用的总时间，min；

$\sum t_{固}$——与动车组列车作业无关的其他作业所占用的时间，min；

$t_{天窗}$——综合维修天窗时间，min；

r——空费系数，取 0.2～0.3，传统上按《车站行车工作细则》中一般规定经验值为 0.15～0.20，考虑到高速铁路列车到发时间受需求影响较大，故空费系数会略有增大。

由此计算各咽喉区所能办理的每一方向高、中速列车数为

$$N_{高}=\frac{n_{高}}{K_{咽喉}} \tag{6-12}$$

$$N_{中}=\frac{n_{中}}{K_{咽喉}} \tag{6-13}$$

式中，$n_{高}$ 和 $n_{中}$ 分别表示实际某方向一昼夜的高、中速列车数。

为了适应高速列车开行的密集和间隔的不均衡性，在动车组列车到发高峰时段，应将车站的辅助作业安排在此时段外，从而保证连续密集开行高速列车，此时可采取直接计算法。1 h 内最多能开行的列车数量为

$$N_{咽喉高峰}=\frac{60}{t_{占}} \tag{6-14}$$

式中，$t_{占}$为接发一列车所占用的咽喉区间时间，min。

高速铁路车站咽喉作业相对简单，且各方向车场作业相对独立，大多数车站无调车作业，计算相对容易。需要注意的是，部分枢纽站和全部始发终到站有部分取送车底、合并车组、分解重联车组等调车作业，如无独立进路，计算时也应统一考虑。

2. 到发线通过能力计算

高速铁路车站到发线通过能力除需核对全天的通过能力外，还需核对到发线高峰小时通过能力，使到发线数量能满足在高峰时段列车密集到发的需要。

首先需要确定列车占用到发线时分，不停站列车一般仅用客运站的正线，而停站列车及始发终到列车会占用到发线时间。

计算利用率：

$$K_{到发线}=\frac{T-\sum t_{固}}{(1\,440m-mt_{天窗}-\sum t_{固})(1-\gamma')} \tag{6-15}$$

$$T=n_{始}\,t_{始}+n_{终}\,t_{终}+n_{通}\,t_{通}+\sum t_{固} \tag{6-16}$$

式中　$n_{始}$，$t_{始}$，$n_{终}$，$t_{终}$，$n_{通}$，$t_{通}$——分别为客运站通过的始发、终到、通过列车的对数和占用到发线时间，min；

$\sum t_{固}$——与动车组列车作业无关的其他作业所占用的时间，min；

m——到发线数量；

γ'——由于列车到发不均衡及无法利用的作业的中断事件造成到发线空费系数，取0.15～0.25，传统上按《车站行车工作细则》中一般规定经验值为0.15～0.20，考虑到高速铁路列车到发时间受需求影响较大，故空费系数会略有增大。

由此计算各到发线所能办理的每一方向高、中速列车数为

$$N'_{高}=\frac{n_{高}}{K_{到发线}} \tag{6-17}$$

$$N'_{中}=\frac{n_{中}}{K_{到发线}} \tag{6-18}$$

为了适应高速列车开行的密集和间隔的不均衡性，在动车组列车到发高峰时段，应将车站的辅助作业安排在此时段外，从而保证连续密集开行高速列车。此时1 h内到发线最多能开行的高速列车数量，即为到发线高峰小时通过能力。

同样地，部分枢纽站和全部始发终到站有部分取送车底、合并车组、分解重联车组等调车作业，如无独立进路，计算时也应统一考虑。

以上分析计算法由传统客货混运铁路发展而来，虽然计算原理清晰，应用时间较长，但该方法得出的是解析解，存在以下几个问题：

（1）咽喉能力与到发线能力分开计算，不能真实地反映客运站的整体能力水平。

（2）计算所依据的各参数具有主观性和近似性，导致计算结果的准确性不高，仅能供理论参考。

（3）计算仅得出列车数量值，无法反映车站可用能力在各时段的时空分布，对开行方案的制订及车站工作组织缺乏实际指导作用，因此不能满足高速铁路车站通过能力的计算要求。从铁路部门现场走访调研的结果也显示，此方法得到的通过能力结果准确性不高，与现场工作情况不相符，无法满足车站工作的需求。

（4）图解法通过绘制某个时段的车站作业计划来确定通过能力，结果较为精确，但绘图工作量巨大，结果优劣依赖于编图人员的经验，计算效率较低，也不适用于高速铁路车站通过能力计算工作。

有了列车运行图，就可以按照各种运行图的列车开行方案，在预设计的车站平面布置上对运行图上的所有列车到发及相关作业进行仿真。仿真的目的体现在以下两个方面：

（1）检算车站的设计。检算车站的设计布置是否满足运行图中所拟定的技术作业时间，如接发列车占用进路的时间与运行图设定的时间是否一致。若仿真结论满足不了按照设计近远期的列车对数及开行方案所铺画的运行图，那么车站的设计就是错误的，应该进行调整。又如个别大站由于咽喉区太长，出现列车占用进路时间过长，影响接发列车间隔甚至列车追踪间隔，这时应调整优化车站布局。如果车站布局无法调整，也应调整铺画运行图的相应时间，否则基本时间不一致，其铺画的运行图和车站仿真得出的结果就都是错误的。

（2）分析车站的能力。车站的能力不是一个定数，而是一个按照不同的列车运行图，在一定的车站布局方案条件下所能实现的情况。由于车站接发车进路及能力与车站到发线使用方式密切相关，若要仿真，应先对股道按照避免交叉、有序的原则进行分配，用仿真检查每列车的到发时间、占用进路时间，尤其是在共用进路、交叉进路、敌对进路上，不能出现两列车同时占用的情况，必须要有足够的安全间隔时间；当车站衔接多个方向时，对不同方向同时到达的动车组列车，要考虑其间隔不小于追踪时间。按照这个原则进行仿真所得出的适应不同运行图的情况，就是车站的设计能力。如果仿真的结论能够满足按照设计近远期的列车对数及开行方案所铺画的运行图，但满足不了按照线路标准所铺画的各种运行图，说明车站的布置和规模与线路能力不匹配，或者说，该高速铁路系统能力受车站能力的限制，这时车站仿真所能铺画的列车数量就是全线的最终能力情况，除非对车站设计进行调整。如果仿真的结论能够满足按照线路标准所铺画的各种运行图，说明车站的布置和规模与线路能力相匹配，设计的车站布置及规模满足系统需要。

6.3.2 车站通过能力影响因素分析

车站通过能力与众多因素有关，主要有车站站型布置形式、列车等级、速度及比例、列车停站方案、列车到发均衡程度（区间通过能力）、动车段及存车线、维修天窗、列车长度和列车进路解锁方式。

1. 车站站型布置形式

高速铁路车站站型根据地形地势、行车组织方式及作业规模，可分为贯通式和终端式两种。其中,贯通式站型的两端咽喉可以同时接发列车及办理车底出入动车段作业,通过能力较大。终端式站型中,若车站与动车段(所)反向布置,则仅有一端咽喉接发列车及办理车底出入动车段作业,存在列车接发进路与车底出入库进路相互干扰的情况,通过能力小;若车站与动车段(所)顺向布置,则一端咽喉接发列车,另一端办理车底出入动车段作业,会存在一端咽喉部分到发列车进路交叉的情况。

在站场布置中,正线分为与两端区间平行顺直贯通车站、正线外包式两种,后者由于存在反向曲线将影响列车通过速度,从而在一定程度上影响了车站的通过能力。到发线的有效长度和数量都会影响车站的通过能力,长度越大、数量越多,通过能力就越大。此外,站台的设置形式也会影响车站的通过能力,如中间站对应式站场比岛式站场通过能力大。

2. 车站衔接线路区间

高速铁路车站与线路区间的衔接数量及方式将直接影响车站咽喉区的复杂度,若衔接线路多,咽喉区进路联锁关系就会较为复杂,进路间干扰大。高速铁路车站咽喉区布置应紧凑,并尽量缩短咽喉区长度,减少正线上的道岔数,增加咽喉各衔接方向的平行进路数,使用大号码道岔和可动心轨道岔等,从而可提高车站咽喉通过速度并减少进路走行时间,有利于提高车站的整体通过能力。

3. 车站设备使用状态

车站设备使用状态是指计算车站通过能力时,车站设施设备的现场状态,包括车站到发线占用情况、进路占用情况及动车组整备情况等。因车站设备使用状态场景不同,车站通过能力的计算结果也会不同。高峰时段车站咽喉和到发线能力利用率高,非高峰时段动车组减少。列车在区间的间隔时间越短,区间通过能力就越大;在车站能力范围内,车站接发列车越多,车站的通过能力就越大。

4. 列车等级、速度、比例及停站方案

列车速度等级不一样,占用车站的列车到发线和咽喉区的时间标准就不同,通常,速度等级低的列车在站通过和作业时间较长,导致通过能力降低;不同类型的旅客列车占用车站设备的时间不同,通过列车占用车站时间较短,始发、终到列车占用车站时间较长;列车比例不同,通过能力也不同,通过列车越多,车站通过能力越大;始发、终到列车越多,敌对进路越多,车站通过能力越小。

5. 动车段及存车线

当动车组出入段、存车线时,均要占用到发线,且占用时间较长,从而造成敌对进路增多,降低了车站的通过能力。

6. 维修天窗

为保证高速铁路线路及车站设备的安全,高速铁路夜间 0:00—6:00 预留天窗进行维修作业,车站能力会受到一定的影响。

7. 信号联锁设备类型及列车进路解锁方式

信号联锁设备类型的不同,以及信号开放时间、进路排列时间和道岔转换时间的不同,将直接影响列车在车站的各种安全间隔时间标准,进而影响车站的通过能力。部分高速铁路车站既开行普速列车也开行高速列车,而普速列车和高速列车进路解锁方式不同,高速列车进路为分段解锁，普速列车进路为一次性解锁，分段解锁相对一次性解锁效率高；另外，普速列车和高速列车的比例对高速铁路车站通过能力的影响较大。

8. 列车长度

若列车长度和车站长度的比值过大，可将在车站运行的列车看成一个质点，当计算车站通过能力时，则需要准确考虑列车长度对车站通过能力的影响。一般而言，在保证一定的高速能力的条件下，缩小站间距离将有利于提高较低速度列车的开行数量。

6.3.3 车站作业参数及规则

1. 高速铁路车站列车间隔时间标准

高速铁路车站列车间隔时间是指车站办理两趟列车到达、出发或通过作业所需的最小间隔时间。高速铁路由于采用车载信号作为行车凭证、按一次连续速度模式曲线监控列车运行的控车模式，因此车站间隔时间查定与普速铁路车站不同。高速铁路车站间隔时间标准应查定：列车出发追踪间隔时间 $I_{发}$、列车到达追踪间隔时间 $I_{到}$、列车通过追踪间隔时间 $I_{通}$、同方向列车到通间隔时间 $I_{到通}$、同方向列车通发间隔时间 $I_{通发}$、同方向列车不同时到发间隔时间 $I_{到发}$、同方向列车不同时发到间隔时间 $I_{发到}$、敌对进路相对方向列车不同时到发间隔时间 $I_{敌到发}$、敌对进路相对方向列车不同时发到间隔时间 $I_{敌发到}$。

在查定列车间隔时间时，应遵守有关规章的规定和技术作业标准，根据线路、信号设备条件以及列车性能，在保证行车安全、列车正常运行速度和充分利用通过能力的前提下，按线路、车站和列车速度种类等条件分别查定。

2. 列车技术作业流程及技术作业时间标准

列车在车站的技术作业流程是根据动车交路计划、乘务交路计划、动车组维修计划和列车运行计划一起确定的。车站需要根据列车技术作业流程安排每趟列车的接发车、停站、出入库、整备等技术作业，且每项技术作业需要尽可能地满足最小技术作业的时间标准。列车在车站的技术作业时间标准应包括：列车停站时间 $T_{停站}$、列车始发站停站作业时间 $T_{始发停站}$、列车终到站停站作业时间 $T_{终到停站}$、列车通过停站作业时间 $T_{通过停站}$、动车组整备时间 $T_{整备}$、动车组入库时间 $T_{入库}$、动车组出库时间 $T_{出库}$、动车组列车从动车运用所转出的最小走行时间。

《高速铁路设计规范》(TB 10621—2014)规定：立折动车组折返时间不宜大于 24 min，入段(所)作业时间宜采用 120 min。

3. 列车进路冲突防护

根据《铁路技术管理规程》规定，“进站信号机外方列车制动距离内接车方向为超过 6‰的下坡道(换算下坡道)，应在正线或到发线的接车末端设计安全线”“而在该下坡道方向的接车线末端未设有线路隔开设备时，该下坡道方向的接车进路与对方咽喉的接车进路，非同一到发线上顺向的发车进路以及对方咽喉的调车进路，禁止同时办理”。为防止列车因制动不当冒进出站信号机后发生侧面冲突事故，我国铁路在设计和运营时，普遍设置了延续进路，即把接车进路加以延长。延续进路的设置通常会使车站到达间隔时间增加 1 min 以上，这便会降低高速铁路车站的通过能力。

4. 高速铁路车站维修天窗

设置高速铁路车站维修天窗对于保证车站设施设备作业的安全性和效率性有着重要作用。高速铁路车站维修天窗包括工务、电务、接触网维修等内容。通常情况下，维修天窗时间内必须停止接发列车，因此其作业时间和作业内容对于高速铁路车站通过能力会有直接影响。依据国内外经验，高速铁路车站维修天窗时间不得少于 3 h，且应尽量安排在夜间进行，以减少对车站正常运营的影响。我国《高速铁路设计规范》(TB 10621—2014)规定，高速铁路综合维修天窗时间不应少于 4 h。

5. 动车组“立折”影响

高速铁路采用的都是动车组列车运行，可以把动车组出入段当作接发列车对待。按照符合旅客出行规律以及满足矩形维修天窗的需要，早晨都应是出车时段，晚上都应是入段时段，中间时段一般不会有动车组出入段，列车终到后在有效时段内会立即折返。“立折”往往是制约高速铁路大型客站能力的主要因素，若“立折”条件良好，大型客站的接发列车能力会显著提高。“立折”时间一般为 20～25 min，显然为了提高动车组运用效率，长时间折返停留是不可接受的。因此，在计算动车组列车占用到发线的时间时，不仅要有最短的作业时间限制，还要有最长的作业时间限制。由此可见，对于高速铁路大型客站来说，要把始发终到列车占用到发线时间分为出入段的始发终到列车占用到发线时间和立折列车的始发终到列车占用到发线时间。尤其要考虑，在合理的运行时段，不到入段时间并可以完成一个较短交路时，应按照动车组立即折返的条件来计算列车占用到发线时间，以及通过咽喉区的列车对数。对于以办理通过列车为主的中间站来说，当到发线数量少，但如果对办理始发终到立折列车的数量有所要求，且配置相应数量的到发线时，同样应比照始发终到大型客站的计算方法，分析立折列车对车站通过能力的影响。

6.3.4　车站作业组织方案

1. 列车流构成类型及其比例

列车流构成类型由列车种类(速度、型号)、列车作业性质(站折、出段、入段)及列车到发方向确定，不同的列车流构成类型及比例对于车站时间、资源的占用有所不同。如图 6-6 所示，(a)图折角方向列车要满足“相对方向列车不同时到发间隔”，占用车站时间资源较长，因此，同一时段内车站接发列车数量就会比(b)图少。另外，根据现行的列车运行图规定，出入动车运用所的列车其时刻点必须在运行图上直接确定，因此可以把动车运用所视作高速铁路车站的一个衔接方向，则从动车运用所方向到发的车就为出入段车。列车流构成类型一般是根据车站中客流的服务需求水平来确定的。

2. 列车接发顺序方案

在高速铁路车站通过能力计算中，确定某趟列车到发时刻的决策依据主要是与相邻列车的最小安全间隔时间。当车站的车流构成类型固定时，列车接发顺序的调整可能会引起相邻列车最小安全间隔时间的变化，进而影响车站通过能力的计算。如图 6-7 所示，将(a)图中的列车 D3 的接车顺序由第 3 个调整到(b)图中的第 2 个时，列车间的最小安全间隔时间缩短了，这将有利于提高车站的通过能力。

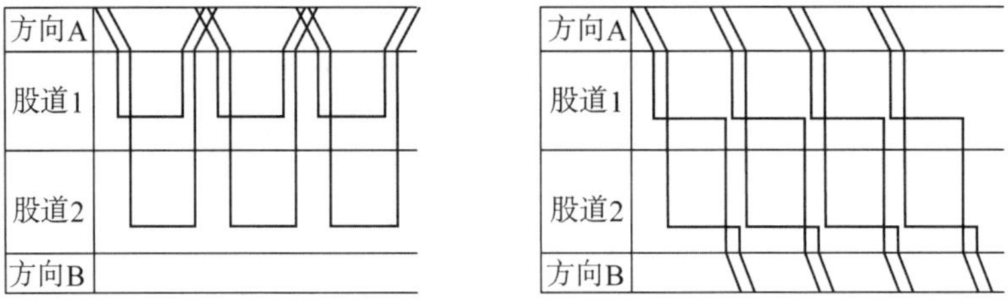

(a) 有折角的列车对通过能力的影响　　(b) 没有折角的列车对通过能力的影响

图 6-6　列车流构成类型对高速铁路车站通过能力的影响

（图片来源：倪少权，赵春雷，庄河，等.计算机编制列车运行图原理与方法[M].成都：西南交通大学出版社，2017.）

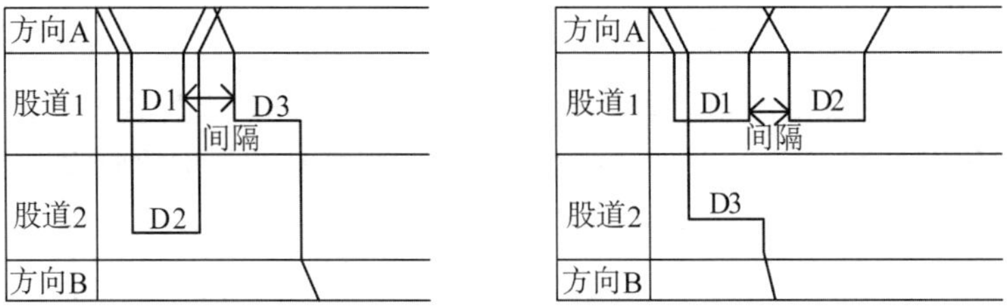

(a) 调整股道前接发列车对通过能力的影响　　(b) 调整股道后接发列车对通过能力的影响

图 6-7　列车接发顺序对高速铁路车站通过能力的影响

（图片来源：倪少权，赵春雷，庄河，等.计算机编制列车运行图原理与方法[M].成都：西南交通大学出版社，2017.）

3. 列车股道及进路方案

列车间股道作业耦合性极强，某个列车的股道及进路方案将直接限制后续列车对车站资源利用的空间及效果，从而影响车站通过能力。如图 6-8 所示，将(a)图中的列车 D2 从股道 2 调整到股道 1，则列车 D1 和 D3 就无法接入车站，致使车站通过能力变小。

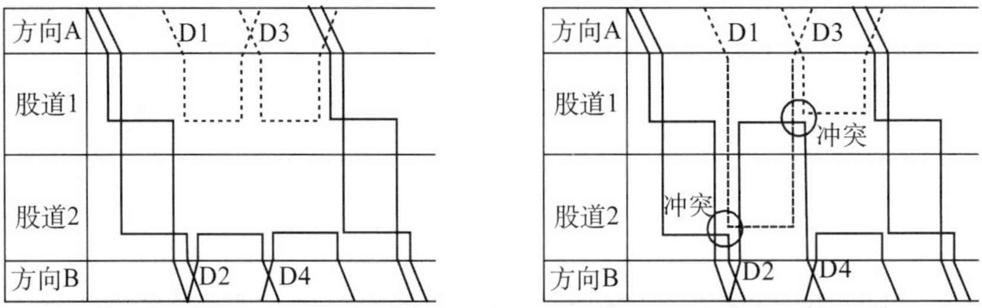

(a) 调整股道前接发列车对通过能力的影响　　(b) 调整股道后接发列车对通过能力的影响

图 6-8　列车股道及进路对高速铁路车站通过能力的影响

（图片来源：倪少权，赵春雷，庄河，等.计算机编制列车运行图原理与方法[M].成都：西南交通大学出版社，2017.）

4. 列车作业间缓冲时间设置方案

列车作业间缓冲时间是指两个列车作业间满足最小间隔时间后剩余的富余时间，若前一个列车作业发生延误，则缓冲时间可以减少该延误对后续列车作业的影响。因此，列车作业间缓冲时间的设置可以减小列车晚点引发的车站作业计划的扰动，但需要消耗一定的车站能力。缓冲时间的合理取值与列车到发正点可靠性、最小间隔时间、列车技术作业环节数等有关。列车作业发生延误可以发生在车站技术作业过程中的任何一个环节，只要两个相邻的列车作业共用同一设备资源，就有可能因前一列车作业的延误干扰后一列车作业的准时性。根据车站设备资源类型，列车作业可分为进路占有缓冲时间、股道占用缓冲时间两种类型，应根据每类设备资源上作业延误的概率和时间来确定缓冲时间的合理取值。一般情况下，由于列车容易在运行区间或其他车站出现突发事件，因此，列车到达延误发生的概率较大，列车进路占用缓冲时间比股道占用缓冲时间更能维护车站作业的稳定性。

6.3.5　车站通过能力利用分析

高速铁路车站的种类比较简单，包括一般中间站、衔接第三方向的中间站、有折返作业的中间站和大型客站。从能力方面来说，越行站不需要分析能力；一般中间站采用的都是每个方向各设1条到发线的二台四线，当客流量较大时，采用每个方向各设2条到发线的二台六线，或者再加一个侧式站台，即三台七线。这些常规图形看起来不需要分析车站能力，然而对于行车密度很大的高速铁路车站来说，虽然只运行单一的动车组列车，但每个方向只设1条到发线与每个方向设2条到发线的通过能力会有较大区别，也就是每个方向能提供接几趟列车的条件对线路能力是有影响的。这种影响在运营初期列车对数不多时显现不出来，但当列车对数达到一定数量尤其在高峰时段接近饱和时，就会表现出来。对于大型客站以及衔接多方向的特殊中间站而言，在讨论车站规模时，往往都会回归到对车站能力的分析上面。显然，按照能力要求来确定车站规模是正确的，但是前提是正确分析车站能力。对于普速铁路而言，在设计规范或铁路工程技术手册中，有依据利用率计算法、图解法计算车站能力的。《高速铁路设计规范》(TB 10621—2014)中4.3.2条规定，车站通过能力计算应遵循下列原则：

(1) 车站通过能力应根据车站设施配置和作业组织方案，按均衡、合理使用股道的原则，计算全日及高峰时段到发线的通过能力、咽喉区通过能力。

(2) 各项作业占用车站设施的时分标准应根据车站布置形式、列车运行控制方式和道岔型号等，并结合实际运营情况分步骤计算确定。

6.4　通过能力的研究方向

1. "一体化"方向

车站通过能力包括咽喉区通过能力和到发线通过能力，是车站在现有设备条件下，采取合理的技术作业过程，一昼夜能接发各方向的列车数。高速铁路客运站通过能力是指在一定设备条件、一定的列车开行方案、列车运行图和采用合理的作业方法下，客运站一昼夜能接发(通过)的动车组列车数。车站通过能力计算方法主要采用的是分析计算法、图解法和计算机模拟法。综合比较可知，采用计算机模拟法计算车站通过能力是较为科学合理的。国内外专家对车站通过能力的研究主要集中在单独到发线通过能力或咽喉区通过能力这两方面，将咽喉区通过能力和到发线通过能力进行简单叠加可得出车站通过能力，但存在以下问题：

（1）列车在站内走行尚未精确计算，不能准确计算车站通过能力。

（2）不同车场的通过能力不能通过单纯的叠加得出车站通过能力，需要当量换算。

（3）车站通过能力是一个区间数值，或是一个范围值，而不是一个固定的数值，必须求出能力范围。

（4）不同列车停站方案不同，而不同的停站方案对车站通过能力影响较大。为了准确计算车站通过能力，需要综合考虑各影响因素，将车站看作一个整体，在现有的研究成果中，对车站通过能力的计算主要是对车站作业、咽喉和到发线利用进行优化，通过对列车在车站的时间和空间上进行约束，求出车站的最大通过能力，但尚未将车站通过能力的影响因素全部考虑在内。

（5）已有研究主要集中在既有线车站通过能力方面，对高速铁路车站通过能力研究较少。

因此，需要以整个车站作为研究对象，将车站咽喉区通过能力和到发线通过能力进行“一体化”合并计算。

2. 时段性能力利用

由于高速铁路时段性运营特征较为显著，因此，运输能力应尽可能地使列车的始发终到时刻在合理的时间域内。首先，运输能力应在宜于旅客出行的时段内进行计算，在这个合理时段内组织列车到发。其次，可以根据旅客出行规律分为高峰时段能力和平缓时段能力，不同时段的能力相互间不能转移和替代。

同样地，针对高速铁路快运“白货”市场的货运产品，将根据货主对运到时限的需要，分为当日达、次晨达、次日达等产品谱系，而与供应链密切衔接的高速铁路快运产品对于运行线和通过能力布局的要求也将进一步提高。

因此，即使对于同一条线路，随着列车比例、运行图结构、设备设施改造升级等变化，运输能力也会发生变化，呈现出动态性。

3. 缓冲时间分配方式有待深入

为了便于列车运行调整，我国铁路在历次运行图调整时已经为运行图预留了缓冲时间，然而高速铁路和既有铁路分配缓冲时间的方式不同。既有铁路并无明确定义的缓冲时间，铺画运行图时采用区间撒点方式，故已经将缓冲时间包含在运行时间和运行间隔中。高速铁路对列车运行速度要求较高，运行图严格按照时间标尺和运行图参数铺画，冗余时间较少，缓冲时间可以设在区间运行或车站作业时间中，分为区间运行缓冲时间和在站作业缓冲时间两种。

缓冲时间的研究重点主要集中在缓冲时间的大小和分布位置这两方面。UIC 建议的区间运行缓冲时间设置方法为：缓冲时间需要同时考虑运行距离和运行图标尺。其中，与距离相关的缓冲时间为：机车牵引的旅客列车每 100 km 设置 1.5 min，动车组列车每 100 km 设置 1 min；与运行时间相关的缓冲时间设置在运行图最小标尺的 3%（慢车）～7%（快车）之间，在某些情况下，依赖于运行时间的缓冲时间也可由附加的根据距离确定的缓冲时间所代替。

6.5　提高通过能力的方法

1. 影响通过能力的要素分析

影响通过能力的共性因素为不同速度等级列车追踪运行带来的速差损耗，不同因素包括停站损耗、咽喉交叉、股道等待等。停站损耗对中间区段通过能力影响较为明显，咽喉交叉对枢纽地区通过能力影响较大，股道等待主要发生在同方向单一办客股道车站。

2. 提高通过能力的可行办法

从通过能力计算方法来看，延长运营时间、缩短列车追踪间隔是提高通过能力的最直接办法。从实用性角度来看，消除影响通过能力的不利因素也是提高通过能力的有效手段，主要包括消除速差、减少停站损耗、减少咽喉交叉、减少股道等待。

(1) 延长运营时间。随着旅客出行需要的不断提高，适当向一端或同时向两端延长繁忙区段的运营时间、延长高速铁路服务时间，已成为适应客流变化的必然要求，也是提高繁忙区段通过能力的有效方法。

(2) 缩短列车追踪间隔。列车追踪间隔主要受制于车站咽喉长度、自动闭塞分区长度、列车起动加速能力和规章规定的追踪条件。随着京沪高速线中间车站实验成功，连发间隔由 5 min 缩短为 4 min，大幅提升了各区段通过能力。

(3) 消除速差。速差问题会直接造成通过能力下降，也是繁忙区段产生通过能力瓶颈的主要症结。消除速差问题的主要方法是列车运行标尺统一按上限，即繁忙区段都运行高等级列车。

(4) 减少停站损耗。列车停站与通过能力是相对立的，影响最小的停站模式是平行运行图，但按照旅客运输最短径路、最短时间原则，以及旅客运输均衡原则，在干线高速铁路难以实行平行运行图。为了减少停站损耗，可以采取分段式平行运行图，即连续追踪或连续办客模式，以减少损耗次数；如果条件允许，也可适当减少停站数量，优先保证通过能力。

(5) 减少咽喉交叉。咽喉交叉主要出现在始发终到站、调向站以及线路所，由于后期改造困难，故应在线路设计时予以考量，通过立交衔接、平行进路等方式来减少咽喉地区进路交叉。

(6) 减少股道等待。股道等待的根源是同方向办客仅一条股道，连续办客的最低标准为同方向 2 条到发线，在设计客流饱满地区车站站场时，股道等待须作为关键点进行考量。沪昆高速铁路沪杭段股道等待效应的缩小，主要得益于平行运行图理念、按交错模式设计停站，以及嘉兴南站疏导过渡等。

3. 高速铁路繁忙区段列车开行方案其他优化办法

(1) 线路再分工。一旦瓶颈形成后，对繁忙区段的功能进行重新定位，确定核心列车、主要列车，并将次要列车调整经由其他线路，是用好繁忙区段能力的必要方法。

(2) 节点分合联组织。节点分合联是干线、支线合理分工有效利用的典型方法。繁忙区段列车采取最大编组，可以确保运能的最大化；支线地区不具备充足的客流基础，小编组即可满足需要；在支线与干线交汇节点，采取分合联组织方式是满足客流需要的高效组织方式。如以京沪高铁徐州东站、沪昆高铁杭州东站为节点进行动车组分合联，能有效解决干线总体运能不足的问题。

4. 案例

北京南站高速场(尽头式车场)作为京沪高速铁路(北京南—上海虹桥)起点车站,其能力很大程度上决定着京沪高速铁路全线的能力。目前,高速场列车运行里程长,车流构成多样,不同列车时空条件差异大,车场作业流程复杂,行车压力大,当发生列车晚点等意外情况时,恢复正常的运输组织秩序相对困难,因而高速场的能力制约着北京南站的能力。北京南站高速场示意图如图 6-9 所示。

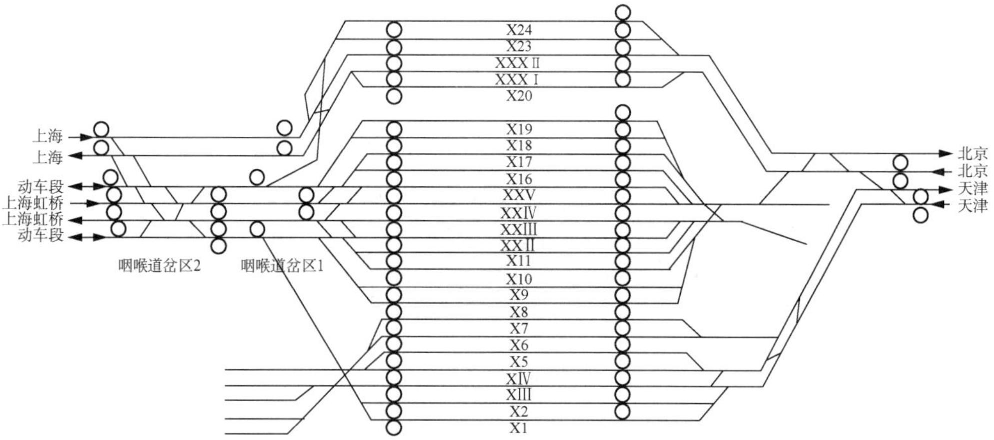

图 6-9 北京南站高速场示意

在分析列车进路方案时发现,高速场西咽喉区距离过长,咽喉区中间设置接发车进路信号机,把咽喉区分为两个联锁部分,使得办理西咽喉区接发车进路过程比一般车站要复杂。由于高速场动车运用所走行线行车模式为双线双向自动闭塞,对于特定的接车、发车股道,2 条动车线可以根据实际情况灵活使用,从而有效地避免了咽喉区交叉、敌对进路等不利因素。

在理论分析不同进路间隔时间时,对于发车过程,从前车压上出站信号机时刻开始,到全列车越过反向进站信号机为止,加上 CTC 轮询时间,之后才可以为后车开放出站信号;对于接车过程,从前车压上进站信号机时刻开始,到全列车出清进路上关键道岔为止,加上 CTC 轮询时间,之后才可以为后车开放进站信号。主要分析内容包括:①发发间隔能力分析,分析高速场不同股道相邻两车最小出发间隔时间;②到到间隔能力分析,分析高速场不同股道相邻两车最小到达间隔时间;③先到后发交叉进路间隔能力分析,分析高速场不同股道交叉进路前车到达、后车出发最小间隔时间;④先发后到交叉进路间隔能力分析,分析高速场不同股道交叉进路前车出发、后车到达最小间隔时间。

在分析咽喉区通过能力时,采用分析计算法,对咽喉区通过能力用车场咽喉能力利用率占用系数 $K_{咽喉}$ 和咽喉区理论上最大接发列车数量 $N_{咽喉}$ 两个变量来衡量评价。

$$K_{咽喉}=\frac{T_{咽喉}-\sum t_{固咽喉}}{(1-\gamma_{空费咽喉})(1\,440-\sum t_{固咽喉})} \tag{6-19}$$

北京南站高速场到发线和列车运行图分析包括到发线运用现状分析和到发线通过能力分析,主要体现在:

(1) 到发线运用现状分析需要分析高速场到发线上出发、到达列车对时间段的利用程度。一是对于出发列车,7:00—19:59 为列车集中出发时间段,在这一时间段,列车发往京沪本线沿线及其他跨线地区,运行里程较长,其中单位时间段出发列车数最多为11 列/h,20:00 以后时间段相对空闲。二是对于到达列车,6:00—10:00 这一时间段,到达列车以管内短途列车为主;从 10:00 一直持续到 23:59,大量列车持续到达北京南站。在11:00—20:00之间,大量出发、到达列车聚集在北京南站,出发客流与到达客流交互重叠,是车站一天中最为繁忙的时段。

(2) 到发线通过能力分析主要采用分析计算法,对到发线通过能力用车场到发线能力利用率占用系数 $K_{到发线}$ 和理论上最大到发列车数量 $N_{到发线}$ 两个变量来衡量评价。

$$K_{到发线}=\frac{T_{到发线}-\sum t_{固到发线}}{(1-\gamma_{空费到发线})(T_{使用}M-\sum t_{固到发线})} \tag{6-20}$$

经过计算发现,相比于咽喉区能力,到发线可提升的能力更大,但实际上到发线能力受咽喉区能力制约导致无法完全利用,到发线理论上最多接发列车数是不可能实现的。因此,咽喉区能力不足是制约高速场通过能力的一个重要因素。

列车运行图对区段通过能力影响分析:由于高速场列车运行图中到发线上出发列车运行速度等级 350 km/h 和 310 km/h 存在速度差,列车在区段的纯运行时间不同,决定了到发线上列车的发发间隔时间不同,因而列车运行图的铺画对区段通过能力会有影响。不同速度等级的列车存在区段运行时间差,且随着区段距离的增加,区段运行时间差也会增加。如前车为 310 km/h 速度等级列车,后车为 350 km/h 速度等级列车,随着区段运行时间差增加,发发间隔时间也会增加,从而造成一定的能力扣除。对此,提出以下建议:

(1) 有条件时可改造高速场咽喉区道岔布局。通过改造咽喉区道岔布局,增加平行进路数量,以减少股道运用的限制,提升能力。

(2) 合理安排高速场列车的进站出站进路。由于高速场西咽喉区较长,同一条到发线可能存在多个不同的接发车进路。当存在多个发车进路时,应使列车尽早进入下行正线运行,尽早提高限速,尽快离开咽喉区;当存在多个接车进路时,尽可能使列车较晚离开上行正线。

(3) 合理优化高速场到发线的运用方案。合理使用到发线,使每一条到发线接发车数量应尽量均衡,从而提高办理客运乘降的效率。同时,应尽量避免到达列车和出发列车在同一时间段被安排在同一站台的相邻股道。

(4) 减少列车在高速场西咽喉区的占用时间。相比于到发线,咽喉区接发车能力限制是高速场通过能力限制的主要原因。我们通过提升西咽喉区列控设备的技术性能,减少列控设备反应时间,减少一些关键的缓冲时间,从而提高列车在咽喉区的限制速度。

(5) 当条件成熟时,京沪高速铁路列车可全部提速至 350 km/h。由于列车提速,列车平均速度有所提升,从而可延长高速场晚间有效的发车时间,以至于在更长的时间段内开行更多的中长途列车。另外,由于列车速度等级统一,因此还可消除由于混跑产生的运行线能力的浪费。

(6) 尽可能充分利用高速场空闲时段的能力，同时做好高速场、城际场和普速场三者之间旅客运输的分工与配合。

6.6 案例分析：京沪高速铁路提速后列车运行图结构分析

1. 京沪通道型高速铁路客流特征

京沪高速铁路自 2011 年 6 月 30 日开通以来，客流量逐年快速攀升，并取得了良好的经济效益和社会效益。京沪高速铁路客流特征如下：

(1) 客流总量呈逐年上升趋势。2012 年开通初期（完整年）京沪高速铁路客流量为 6 479 万人次，年增量基本保持在 2 000 万人次左右，2017 年客流量达到 17 483.9 万人次，6 年来累计增幅达到 319.1%，年均增幅接近 22%。特别是 2018 年以来，京沪高速铁路开行高品质“复兴号”高速铁路列车，进一步吸引了一批民航商务客流转移。

(2) 商务客流成为主体。自京沪高铁开通以来，通过多次客流调查发现，京沪高铁商务和出差客流占 52.1%，旅游和访友客流占 30.8%，通学及通勤客流占 6.4%。

(3) 跨线客流渐渐大于本线客流。2012 年、2013 年京沪高速铁路开通初期，其本线客流超过跨线客流。但是，随着近年来高速铁路路网不断完善，跨线列车开行数量不断增多，跨线客流逐年大幅度上升，跨线客流是本线客流的 2.1 倍，跨线客流占总客流量近 70%。

2. 京沪通道型高速铁路列车运行特征分析

京沪高速铁路运行图安排日常线、周末线和高峰线以及整点开行 350 km/h 列车。京沪高速铁路通道内开行不同类型与速度等级的列车：①从列车运行速度来看，主要开行 350 km/h 和 300 km/h 这两种速度等级的列车；②从列车运行径路来看，开行了本线列车和跨线列车，本线列车指始发站、终到站均为京沪高速铁路车站的列车，跨线列车指途经至少两条线路的列车；③从列车运行距离来看，开行全程列车和区段列车，全程列车指运行在京沪高铁全线的列车，区段列车指仅开行通道内一段距离的本线列车。

京沪通道型高速铁路列车运行特征有如下 4 点：

1) 多种速度等级列车共线运行

京沪高速铁路跨越距离长，沿途经过几个重要城市，为满足旅客的不同出行需求，自开通运营以来，列车运行速度经历了多次变化，开通初期实行 300 km/h 与 250 km/h 两种速度等级混跑的开行模式，包括全程列车、短程列车以及跨线列车等不同类型的列车。

京沪高铁上时速 350 km/h 的“复兴号”列车（本线列车和跨线列车），在通道上仅停 3～4 站（上海虹桥—南京南—济南西—北京南），从而将京沪全程运行时间从大于 5 h 压缩到 4.5 h 左右，满足了旅客长距离出行的需求。“复兴号”列车平均客座率达 94%，始发正点率和运行正点率分别为 98.7%和 94%。目前，通道内上行“复兴号”列车通常为整点开行。

由于 350 km/h 列车旅行速度快、服务水平高、客流需求大，因此，增加 350 km/h 列车的开行数量是满足客运需求、提高服务水平、提升旅客出行体验、打造京沪高铁精品的重要举措之一。京沪高铁未来将以速度等级 350 km/h 和 300 km/h 的列车为主，但这两种列车存在着速度差，对全线的通过能力会产生不利影响。

2）分区段跨线列车运行

基于我国铁路旅客出行习惯以及现有运输组织模式，在成网条件下，开行跨线直达列车仍然是列车运行组织的主要方式。因此，开行跨线列车是我国高速铁路运输组织的主要特点之一。

京沪高速铁路上存在较大的跨线客流需求，且跨线列车上的跨线客流比例也较大。京沪高速铁路连通津秦高铁、胶济客专、徐兰高铁、合蚌高铁、沪蓉高铁、沪昆高铁等，通过以上线路又与秦沈客专、京哈高铁、哈齐客专、沈大高铁、京广高铁、合福高铁、杭深线、柳南客专等连通，基本覆盖了我国大陆各省会、直辖市。京沪通道在高速铁路网络中的骨干地位、通道上关键节点的枢纽定位，必然要求通道型高速铁路不仅服务起讫点均在通道内的列车，同时也要服务经由通道的列车。

京沪高速铁路上连接其他线路的车站除了两端上海虹桥站与北京南站外，还有南京南站、蚌埠南站、徐州东站、济南西站和天津南站这5站。京沪通道型高速铁路全线接入的其他高速铁路线路多，存在开行经过多种运行区段的跨线列车的客观需求。跨线列车接入车站所在城市有的本身是省会城市，是集政治、经济、工业、旅游等要素于一体的大节点，如南京南站、济南西站、天津西站；有的车站连接的线路则是全国铁路网中"八纵八横"的重要骨干，如连接徐兰高铁的徐州东、连接合蚌高铁的蚌埠东等。因此开行的列车数多，客运需求较大。

在目前中转换乘服务还不完善的情况下，跨线旅客更愿意乘坐直达的跨线列车出行，跨线列车的开行也能更好地服务铁路网上的旅客出行，跨线列车开行比例高达74.0%。

目前，京沪高速铁路的跨线列车接入点有上述7个车站，各区段跨线列车比例都大于50%。其中，徐州东站及蚌埠南站作为我国另外两条关键的高速铁路（徐兰高铁、合蚌高铁）与京沪通道的交汇点，对于服务国内东西向和南北向的客运需求至关重要，是开行跨线列车最多，也是能力最紧张的区段，跨线比例达到68%。

跨线列车在京沪通道型高速铁路的开行距离分布较为均匀，但最大值与最小值相差较大。其中，最短的是"天津西—北京南"（122 km），最长的有从杭州始发，接入上海虹桥开行全程的跨线列车（1 318 km），以及"上海虹桥—天津西"（1 185 km）。

京沪通道型高速铁路各个接入点上跨线列车在清晨（6:00—7:00）、中午（11:00—12:00）、深夜（22:00—23:00）接入较少，在8:00—9:00、10:00—11:00、16:00—17:00和20:00—21:00时段接入较多。从数量上看，南京南站接入的跨线列车数量最多，其他接入站的跨线列车数量大致相当。

从以上分析可以得出，京沪通道型高速铁路上跨线列车在不同区段的数量、开行区间、开行距离、接入站分布、接入时间分布等特征较为复杂，导致不同区间通过能力受到跨线列车的影响不同。京沪高速铁路作为我国最繁忙的连通东部沿海主要城市的铁路通道，未来将有更多线路直接或间接接入，带来更多的跨线列车。

3）列车停站方案多样

京沪高铁沿线设24个车站，车站数量多，客运需求大，因此在尽量满足客流需求的情况下为了保证较高的旅行速度，设置了多样化的停站方案。本线列车中，停站数量最少的列车仅停上海虹桥站、南京南站、北京南站这 3 站，最多的停 13 站；跨线列车中，由于开行区段不同，停站方案更加复杂，最少的仅停上海虹桥站、南京南站这 2 站，随后跨入其他线路(上海虹桥—合肥南)，最多的停 10 站，如上海虹桥—丹东的列车。

对京沪通道内的本线列车和跨线列车的平均停站距离及平均旅行速度进行统计，结果如表 6-1 所示。

表 6-1　京沪通道高速铁路列车停站数据统计

列车种类	平均停站次数(包含起终点)/次	全部列车平均停站距离/km	单个列车最大平均停站距离/km	单个列车最小平均停站距离/km
本线列车	8.43	186	653.9	59.5
跨线列车	5.05	149	1 022.1	53.07

对不同停站次数(包含起、终点停站)的本线列车和跨线列车的比例进行统计，大部分本线列车停站次数较多，而大部分跨线列车停站次数较少。同时，跨线列车的平均运行距离短，平均停站次数少，本线列车的平均运距长，停站次数多。总体来看，跨线列车平均停站距离比本线列车短。其中，平均停站距离小于 100 km 的本线列车占比 19.7%，跨线列车占比 26.5%。跨线列车平均旅速 205 km/h，本线列车平均旅速 224 km/h。短距离停站(<100 km) 的跨线列车数量及比例也远大于本线列车，并且跨线列车停站时分高于本线列车。

4) 区段划分和列车优选顺序

为了更好地分析通道型高速铁路的通过能力，结合京沪高速铁路的特点，不妨将通道上接入跨线列车的车站作为分界点，分界点之间称为通道型高速铁路的区段，由此，京沪高速铁路可以分为上海虹桥—南京南、南京南—蚌埠南、蚌埠南—徐州东、徐州东—济南西、济南西—天津西、天津西—北京南这 6 个区段。根据现有运行条件，通道上开行三大类列车：350 km/h 本线列车、300 km/h 本线列车以及以 300 km/h 为主的跨线列车。确定这三类列车开行方案优先顺序的主要因素是客流需求以及通过能力的发挥利用，三类列车开行方案确定的优先顺序如下：

(1) 350 km/h 本线列车具有最高优先级。通道型高速铁路客流的最主要诉求是高旅行速度且全程和长途客流占了总流量的最高比例，因此，以服务全程或长途旅客为主的 350 km/h 列车开行方案应具有最高优先级，形成整条通道列车开行的基本框架。

(2) 时间窗约束较大的跨线列车具有第二优先级。跨线客流流量大、范围广，跨线列车受到其他线路的制约，在通道上的接入转出时间窗十分有限，弹性不大。因此，跨线列车开行方案应具有第二优先级，在 350 km/h 本线列车框架基础上共同构成通道列车开行的主体框架。

(3) 300 km/h 本线列车具有第三优先级。300 km/h 本线列车的开行距离范围大，应以服务通道上客流需求为主，其开行时段、停站方案都有较大的灵活度，可在主体框架基础上灵活安排。

3. 京沪通道型高速铁路通过能力影响因素分析

1）350 km/h 列车开行对通过能力的影响

京沪高速铁路目前主要开行的列车为 300 km/h 列车，随着“复兴号”动车组的广泛运营，350 km/h 列车逐渐增多，该类列车一般途中仅停 2 站，旅行速度高，与 300 km/h 高速列车相比，两种列车全线旅行时差可达 1～1.5 h。未来，不同时速列车将长期共线运行，因此有必要分析开行 350 km/h 列车对通过能力的影响。

在单个区间内，为保证追踪间隔，后发快车会为满足前方到达间隔时间要求而增大发车间隔，如图 6-10 所示（$I_2 > I_1$），而在京沪高速通道上，站间距最大的是“德州东—沧州西”（103.8 km），350 km/h 列车与 300 km/h 列车的通通时分相差 126 s，达到了 4 min 发车间隔的一半。

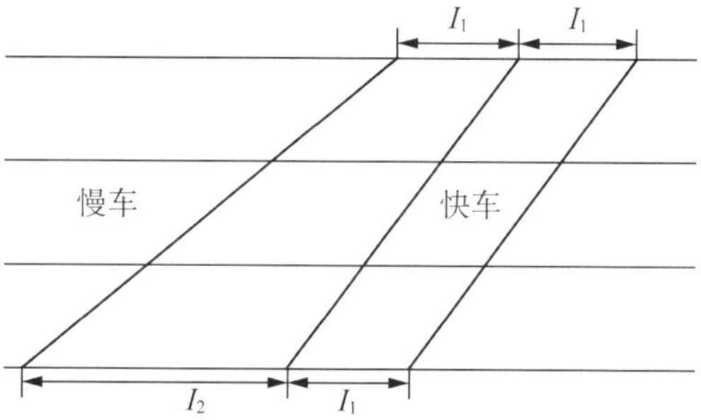

图 6-10　单个区段内速度差对通过能力的影响

而在全线范围内，为保证高等级快车优先开行，慢车被快车越行，如图 6-11 所示，被越行的列车停站时间一般在 6～7 min，远大于常规的 2 min 停站时间。此时，快车占用运行图时间并不由限制区间决定，而需要按整个通道考虑其影响范围，在各站都有可能存在一定的空费时间，进而对整体通过能力造成影响。在京沪通道内，350 km/h 列车与 300 km/h 列车全程通通时分相差 27 min，若在以 4 min 追踪间隔开行 300 km/h 慢车情况下，350 km/h 快车将越行约 7 列慢车。

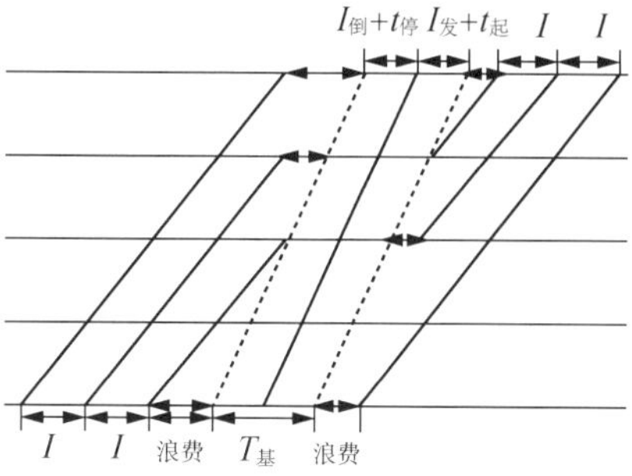

图 6-11　多个区段内速度差对通过能力的影响

350 km/h 列车除了与 300 km/h 列车形成速差，同时为提高该类列车的服务品质，在始发站的发车时刻也有一定的特殊性，目前运行图上均为 7：00—19：00 整点发车，由此产生了运行图上的时间带，其他列车只能开行在 350 km/h 列车之间，无法按照最小发车间隔开行列车，从而造成了分割效应，影响通过能力。从实际运行图分析，每列 300 km/h 列车至少在京沪高速铁路区段被 350 km/h 列车越行 1 次；能力最紧张的徐蚌段越行比例在 30%以上，沪宁段和宁蚌段占 40%。

2）跨线列车对高速铁路通过能力的影响

跨线列车在一定程度上满足了旅客多样化的直达需求，在通道型高速铁路上具有必要性和可行性。在目前的运行图编制过程中，由于涉及衔接线路列车开行的影响，因此跨线列车优先级相对较高，其在跨线点有着比 300 km/h 本线列车更严格的时间窗，和 350 km/h 列车一起基本上固定了京沪高速铁路的列车运行图框架，300 km/h 本线列车只能在跨线列车和 350 km/h 列车开行的固定结构之下确定开行时间，从而制约了列车运行图编制的灵活度，降低了线路通过能力。同时，跨线列车的接入还存在一定的空费时间及时间约束，如图 6-12所示。图 6-13 为对 2018 年 4 月 10 日运行图接入站全天跨线列车接入空费时间的统计。虽然铺画较为紧密，跨线列车在接入点的平均空费时间较小，但考虑到跨线列车接入数量较多，因此整体空费时间较长。

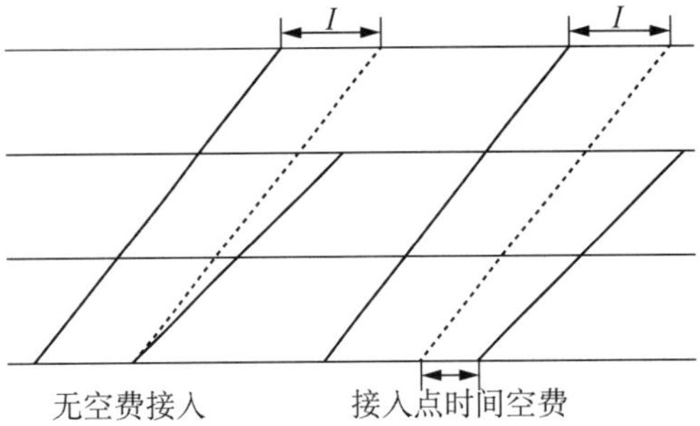

图 6-12 跨线列车接入空费示意

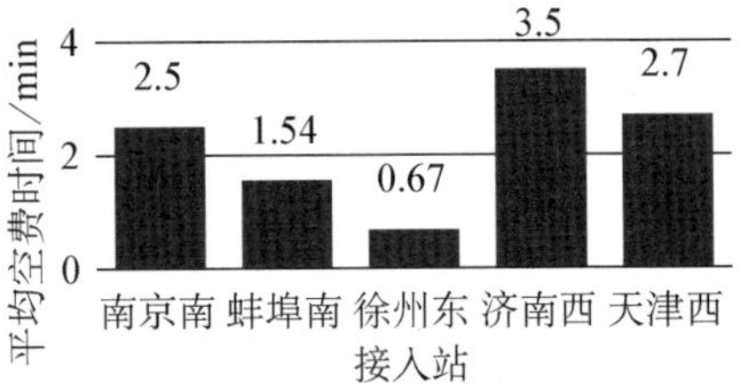

图 6-13 京沪高铁各接入站上行方向接入跨线列车平均空费时间

跨线列车交出后，若列车所占据的这一时空范围下的高速铁路通道内，无其他列车补充利用未被占用的运行线，则该运行线的后续通过能力没有被充分利用。同理，跨线列车在接入通道之前，该列车所占据的通道时空范围内没有其他列车与之接续，这也说明通过能力未被完全利用。跨线列车接续情况如图 6-14 所示，列车 1 有接续，列车 2 和列车 3 无接续。

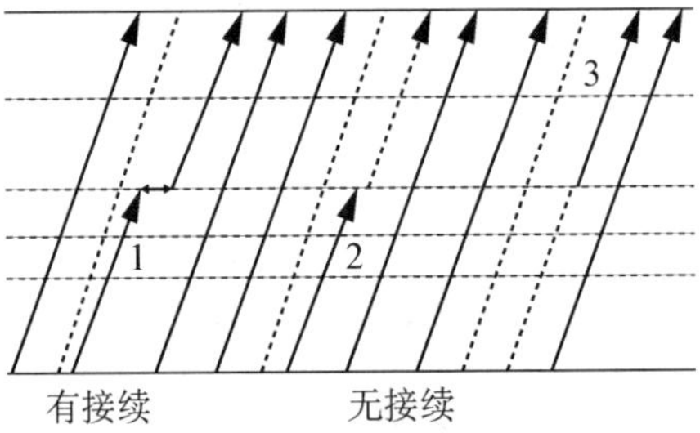

图 6-14 跨线列车接续情况示意

无接续列车主要包含两种情况，如图 6-15 所示。

（1）客运需求有限，不需要补充开行短程区段列车，例如在天津南—北京南区段，没有必要高密度铺满运行线，因此从天津西交出的跨线列车，其后续运行线可能无接续列车。

（2）跨线列车交出后，后半程的能力被该列车的后方列车占用或被该列车越行的列车占用，即前后两列车在满足追踪间隔约束下出发后，通道内可以完整地开行两列车，但是因为速差、停站等原因，某一列车的部分通道能力被占用且无可接续的列车。

综合以上分析，跨线列车的开行也具有相对固定的发车间隔与交接地点，因此无法与其他列车组成最优开行方案，从而产生空费时间；且跨线列车一般只运行在通道内的部分区段，同一时间段内其他区段的通过能力难以被充分利用。

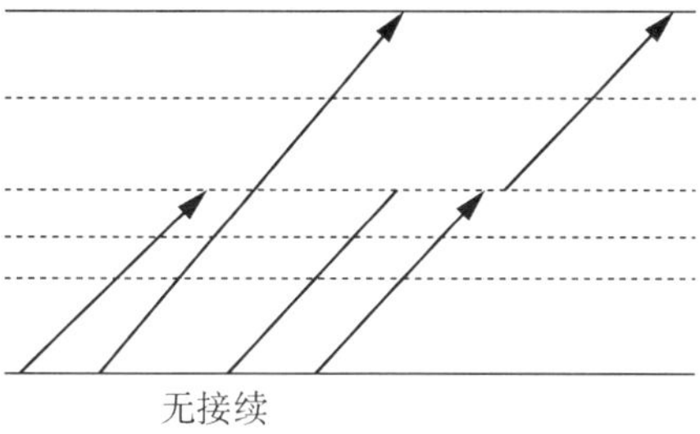

图 6-15　跨线列车剩余能力被占用情况

3）停站对通过能力的影响

针对高速铁路上列车停站对于通过能力的影响，许多学者从理论层面进行了分析，指出单次停站的空费时间，并提出优化停站方案能够减少停站对通过能力的浪费。以京沪高速铁路为例，列车每一次停站，都会产生约 2 倍发车间隔的空费时间（$I=4$ min，$t_{停}=t_{起停}+t_{站}=8$ min），如图 6-16 所示，列车停站对通过能力影响较大，在实际运行图编制过程中，通过优化不同列车的停站方案，可以减少空费时间的累积，如图 6-17 所示，“由远及近”的停站方案能够显著减少停站带来的空费时间。

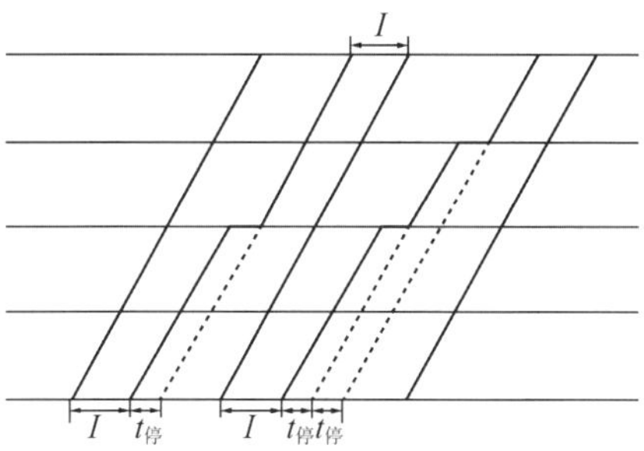

图 6-16　停站产生的空费时间

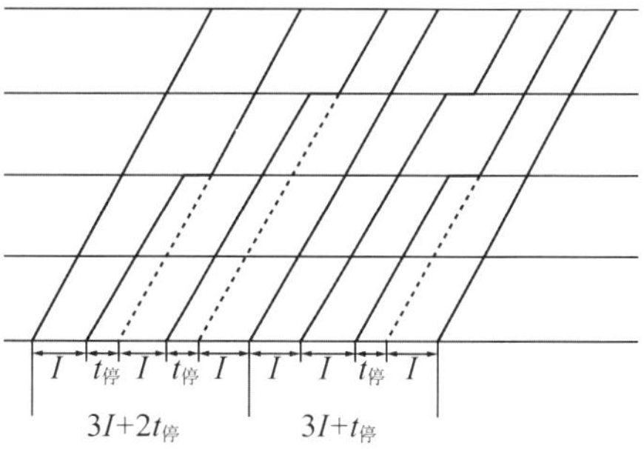

图 6-17　停站方案的优化组合减少停站空费

由于京沪通道型高速铁路上同时存在多种速度等级的列车，且京沪通道跨越距离长，则一列 350 km/h 列车通常会越行多列 300 km/h 列车，因越行而产生的停站时间更长。跨线车接入点的时间和位置通常在运行图铺画前就固定了，因此 300 km/h 列车在铺画时为了避让这些跨线列车，也会造成停站。上述原因将使得通道内列车的停站方案多种多样，难以按照“由远及近”等较优方案进行设置。在实际运行图铺画过程中，通过具体运行线的停站方案优化，可以从一定程度上减少由于停站所产生的空费时间。

4. 通道型高速铁路列车开行方案优化

通道型高速铁路通过能力的计算应着眼于列车全线运行的连贯性，考虑列车在各区段运行的互相协调性。由于通道型高速铁路上开行的列车通常跨越多个区段，因此，单个区段开行的列车数不仅受到本区段其他列车的限制，还受到其他区段开行列车的影响；而不同区段上开行的列车，停站方案也不尽相同，因而无法用单一区段的通过能力来代表通道全线的通过能力。根据客流需求和通过能力评估，通道型高速铁路列车开行方案的设置是在现有运行条件的基础上，按照一定的优先顺序，协调配置不同速度列车的数量以及本线列车和跨线列车的开行比例，再以客流需求为主要约束来优化全线列车停站方案，尽量挖掘线路通过能力潜能，提高对于增长的客流需求的适应性。

1）有计划地增加 350 km/h 高速列车的开行数量

速度差是影响线路通过能力的重要因素。在通道型高速铁路主要开行 350 km/h 列车与 300 km/h 列车的情况下，两类列车的数量关系决定了通过能力的数量级和变化趋势。根据同济大学进行的模拟实验可知，利用传统的铁路通过能力计算原理，从整个通道的整体出发，综合考虑通道上开行列车的速度、跨线列车比例以及列车停站方案等因素，采用计算机铺画满表运行图的方法来计算各区段的通过能力，并进一步衔接成为全线满表列车运行图，最终得到通道整体通过能力，为列车开行方案的确定、列车运行图编制提供依据。在 350 km/h 列车数量增加的过程中，通过能力会有一个先降后升的过程。对于 350 km/h 高速列车开行数量的增加，应在进一步量化评估的基础上采取最佳时间方案。在尽量减少对通过能力影响的目标下，350 km/h 列车的增加可划分为三个阶段：

（1）平稳投放阶段。这一阶段列车上线 15～26 对，通过能力随 350 km/h 列车的增加而有一定程度的下降，应控制 350 km/h 列车的上线数量，采取均衡铺画，以保证服务质量，并通过调整跨线车和 300 km/h 本线车的方案来减少对通过能力的影响。这期间，部分跨线列车也升级为 350 km/h 列车。

（2）快速布局阶段。这一阶段列车上线数为 27～143 对，通过合理的开行方案来保证稳定的通过能力。这一时期主要采取半小时均衡铺画和一小时均衡铺画，并加快 350 km/h 列车上线，尽快度过可能存在的服务不均衡时期，主要衔接通道跨线列车也升级为 350 km/h 列车。

（3）全面换代阶段。这一阶段根据需要投放列车上线数为 143～195 对，在京沪通道全面淘汰 300 km/h 列车，运行速度和线路通行能力全面达到新的平台。这期间，大部分跨线列车升级为 350 km/h 列车。

2）控制跨线列车开行比例

跨线列车的开行具有充分的客流量基础。同时，从客流调查发现，旅客中转换乘的顾虑主要在时间因素和可靠性上，旅客出行选择的主要偏好还是跨线直达。现阶段的中转换乘时间和列车衔接的可靠性很难吸引跨线出行旅客选择中转换乘。然而，减少跨线列车会降低旅客服务水平。跨线列车由于时间窗的限制和运行区段限制，会形成前后本线列车接续的空费时间，造成通过能力损失。同时，随着跨线车数量增加，会对本线 350 km/h 的全程列车数量产生影响。某一区段运行的跨线列车数量的增加对本线列车和通过能力的影响并不是线性的，在一定范围内，跨线列车的开行对通过能力影响较小，而当跨线列车比例增加到一定值时，才会对通道的通过能力及本线列车的开行造成较大影响。因此，应在 350 km/h 列车基本框架确定的基础上，将跨线列车控制在合理的比例范围。关于确定跨线列车合理比例的方法建议如下：

(1) 选取基准区段确定该区段接入转出跨线列车的合理数量。跨线列车对各区段的影响不同，应选取跨线列车开行需求最大的区段作为基准区段，以确定该区段不影响线路通过能力的合理跨线列车比例。以京沪通道为例，“蚌埠南—徐州东”区段接入转出跨线列车需求最大，可作为跨线列车比例确定的基准区段。经仿真计算可知，当该区段开行蚌埠南接入、徐州东转出跨线列车的数量在 70 列以内时，对线路的通过能力影响很小，故基准区段接入转出列车跨线列车合理数量为 0～70 列，若超出 70 列，则无法避免对线路通过能力的影响。

(2) 确定各区段跨线列车数量，调整跨线列车开行和衔接方案。以基准区段接入接出跨线列车数量为依据，对跨越该区段的其他跨线列车进行分解计算，计算其他衔接区段的跨线列车数量。原来一趟跨线列车在逻辑上可分解为 2～3 趟衔接的跨线列车或区段列车。当列车开行时，可在蚌埠南站和徐州东站通过增加停站或在线解编或在线重联，实现跨线客流的无换乘中转；也可将一趟跨线列车在蚌埠南站或徐州东站分成两趟列车接续开行，旅客在衔接站中转换乘。

3) 优化列车停站方案

通道型高速铁路的停站既应满足长途出行旅客的快速出行需求，又应满足短途旅客的便捷出行需求。对于列车停站方案的优化，应从线路功能上确定各站的停站优先级别，以满足旅客的出行需求，再确定列车间的停站协调方案，以减少对通过能力的影响。

(1) 各站停站优先级别的确定。根据客流调查、客票数据和社会经济数据来确定高速铁路通道沿线各站的到发客流需求，并确定停站优先级别。根据客票数据统计结果，京沪通道各车站的到发客流量可分为如下三个级别：

① 到发客流量大的车站：上海虹桥、苏州北、南京南、徐州东、济南西、天津南、北京南。

② 到发客流量较大的车站：昆山南、无锡东、常州北、镇江南、蚌埠南、宿州东、曲阜东、泰安、天津西。

③ 到发客流量较小的车站：丹阳北、滁州、定远、枣庄西、滕州东、德州东、沧州西、廊坊。

根据上述各站的客流分级来确定停站比例和服务频率。同时，对于诸如上海虹桥、南京南、蚌埠南、徐州东、济南西、天津南、北京南等跨线列车接入转出车站，可考虑适当增加 10% 的停站，以方便跨线客流的中转换乘，作为跨线直达方式的补充和拓展。京沪通道沿线各站的停站次数与停站间隔设置建议见表 6-2。

表 6-2 京沪通道各站停站优先级

优先级	停站次数/次	停站间隔/min	车站
第一优先级	80～150	5～10	上海虹桥、苏州北、南京南、蚌埠南、徐州东、济南西、天津南、北京南
第二优先级	40～79	10～20	昆山南、无锡东、常州北、镇江南、宿州东、曲阜东、泰安、天津西
第三优先级	25～39	20～30	滁州、滕州东、德州东、沧州西
第四优先级	10～24	>30	丹阳北、定远、枣庄、廊坊

(2) 单趟列车停站方案的衔接。应在单趟列车上做好通道上主要客流 OD 之间的直达运输，即每趟列车应根据其运行时段，优先设置该时段主要 OD 对的停站和座席预留，最大限度地衔接以满足该时段主要 OD 之间的客流出行需求。例如，早高峰上海虹桥到南京南、徐州东、济南西的客流量非常大，应在该时段多预留上海虹桥到这三个站的座席以及增加南京南、徐州东、济南西这三个站的停车次数。在通勤时段，合理安排沪宁城际铁路区段内部、京津冀、济南西和徐州东各站间的短途列车和停站。

(3) 多趟列车停站方案的协调。为减少列车停站对通过能力的影响，应在列车间做好停站方案的协调，以减少停站带来的时间空费。基本方法是在前后行列车上成组地采取由远及近的阶梯停站方法。根据客票数据获知主要客流 OD，以优化列车在通道上的停站方案，同时将长短途列车相结合、大站停和站站停交错，既能确保全程和跨区段中长途旅客的高速送达，也能确保区段内短途旅客的便捷送达。以京沪通道为例，根据客流 OD，虹桥站出发列车去往北京南、徐州东、济南西等跨区段大站和南京南、苏州北、无锡东、常州北、昆山南、镇江南等区段内车站的客流量较大，列车停站方案应优先考虑这些客流的送达服务。

2021 年，"6·25"调整图通过提高京沪高速铁路技术标准(虹桥站连发间隔由 5 min 压缩至 4 min，中间站同方向先通后发间隔由 2 min 压缩至 80 s)、进一步优化列车运行线铺画方式，从而提高了京沪高速铁路列车的开行密度，徐蚌段净增加列车 3 对(达到 160 对)、增加车速 350 km/h 列车 11 对(达到 30 对，含 6 对使用 CR400BF-BZ 型智能动车组)。通过对东部高速铁路网列车开行方案进行优化，增加了管内地区经京沪高速铁路去北京的列车密度[新增 8 对始发进京列车(含苏州至北京南 1 对首开)，通过调整运行区段首开无锡、连云港、永康进京列车]，上海虹桥站也增加了 14 对列车。

第 7 章　动车组运用及乘务组织

7.1　动车段、动车运用所与车站的布局

通俗地说，动车段、动车运用所是动车组维修的“4S”店，一般依托大型始发站设置，在枢纽站附近选址并与车站接轨。高速铁路动车组采用交路接续套跑、立折运行等方式运营，一般在非高峰期或夜间才进入动车段（动车组运用所、存车场，下同），故需因地制宜地选择站址。

动车组运用所简称动车运用所，是动车组日常运用维修的场所，承担动车组整备、运用维修、电务车载设备检修等工作，涉及车辆、机务、供电、电务、客运、运输及造修企业的售后服务等部门，主要配套有检查库、临修库、洗车库、检测线和存车线。动车运用所应设置在路网客运中心和始发终到客流较大的地区，其设置、建设、维护应符合相关规范与规定，满足快速检修、安全可靠、高效运营的技术要求。一般遵循以下原则：

（1）共享设置原则。在大型枢纽，不同高速铁路有条件利用动车组设备时，可集中设置动车段，使资源共享，集约土地资源，可采用委托整备、检修方式。这种模式需要高速铁路与高速铁路干线始发站之间建立物理联系，修建必要的联络线等，因而对于高速铁路始发站选址会产生制约。这种模式运用比较广泛。

（2）独立设置原则。高速铁路自成体系，独立运营，设置自身的动车段（所）。这种模式不需要高速铁路本线与其他线路建立物理联系，选址较为灵活、方便。独立设置动车组设备的模式包括：

① 始发站设置：类似于高速铁路干线，动车段（所）依托高速始发站设置，通过走行线与始发站直接连接。

② 分离设置：针对高速铁路动车组多为早晚出入动车段（所）的特点，动车组设备不拘泥于始发站设置，可在始发站前后适当的车站或区间接轨设置动车段（所）等。

由于动车段（所）占地面积巨大，远远大于车站本身，其选址往往十分困难，若只是机械地将其与始发站捆绑进行一体化设置，可能反而会制约高速车站的选址，导致车站远离城市或城市中心区域，这就属于主次不清、本末倒置。分离设置原则是在段址与站址矛盾较为突出时，结合高速铁路设站较密的特点（必要时加站），动车段（所）设置于邻近中间站，以适当增加动车组空车走行距离，通过“退而求其次”的折中方式，换取高速铁路始发站的功能性和合理性。

根据上述原则，动车段、动车运用所与车站的布局有如下类型。

(1) 终端式车站与段(所)呈纵列式布局。如图 7-1 所示,终端式车站与段(所)呈纵列式布局,这能使车站咽喉作业均衡,一端咽喉接发列车,另一端咽喉动车车底进出动车段,二者作业可以无交叉干扰。此布局无须修建车底进出段走行线与正线的立交疏解,节省工程投资,故条件许可时,应选用此种布局形式。如日本山阳线的博多和北陆新线的长野两个终点站,东北线的盛冈和上越线的新潟终点站都预留了新干线的延长条件。

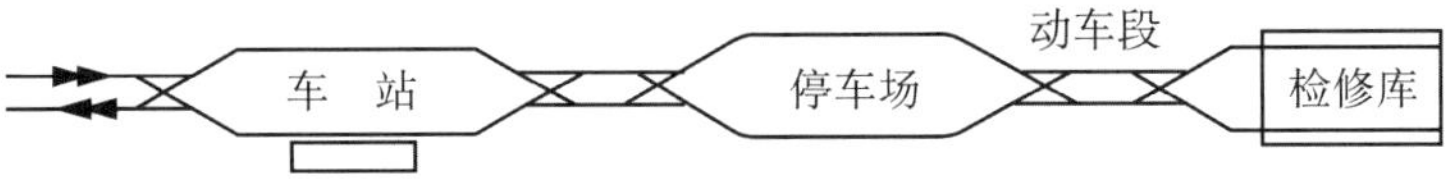

图 7-1　终端式车站与段(所)呈纵列式布局

(2) 终端式车站与段(所)呈反向布局。如图 7-2 所示,终端式车站与段(所)呈反向布局的形式,这是由于车站已在市区,顺车站方向延伸地带位于密集的市内甚至是城市中心地区,无法按纵列式布局。如日本东海道新干线的东京站与车辆基地、中国的上海站均只能采用反向布局。这种形式的主要缺点在于列车到发和车底进出都在咽喉一端,造成咽喉能力紧张且一部分列车到发和车底进出会产生平面交叉。另外,因修建走行线与正线的立交疏解,工程投资较大。有时因市区条件不允许修建此种立交疏解,走行线只能与正线并行引入车站,咽喉交叉更为严重。由于高速列车车底"早出晚归",白天一般都不进动车段,故交叉干扰大多发生在一早开始发车和夜间接近停运时。对此可采取一定的行车组织措施来减轻交叉干扰。

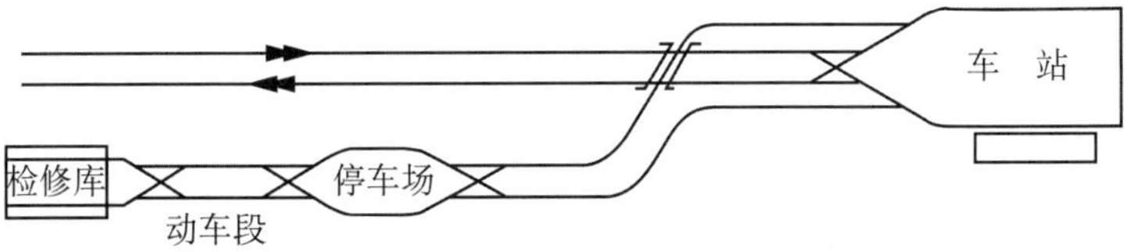

图 7-2　终端式车站与段(所)呈反向布局示意

(3) 贯通式车站与段(所)顺向布局。贯通式车站与段(所)呈顺向布局是常用的形式,如图 7-3 所示,南京站运用维修所便属于此种布局。

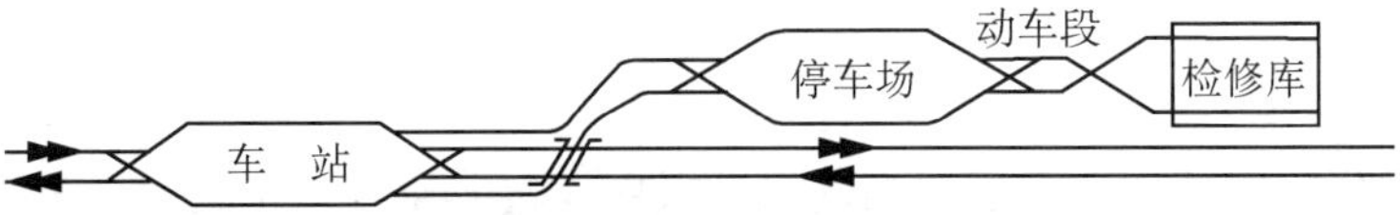

图 7-3　贯通式车站与段(所)呈顺向布局示意

7.2　动车组的运用与管理特点

1. 运营效率

动车组的牵引动力与运输载体连成一体,担当旅客列车的全程运行,由于无须途中换挂机车，因此免去了换挂机车的作业时间，既有利于提高列车的旅行速度，又减少了工作环节，提高了工作效率。而且牵引动力（机车）和运输载体（客车车底）的管理合二为一，减少了管理机构和相应的管理人员，同样也提高了运营效率。

动车组交路运用一般会超出既有线机车的长交路，形成所谓的联程交路运用方案，以实现连续完成多个不同运程服务的联程交路运用方案，这不仅是由于动车组设备的高可靠性可以保证联程运用，而且也是强化利用动车组、提高运营效率的必然选择。

动车组列车采用固定编组，牵引设施与载客设施一体化，在运行过程中无须解编和更换机车，无须客列检作业，上水吸污作业也基本在动车段（所）和部分大型客运站内完成，从而缩短了列车在站作业的停留时间、旅行时间和占用车站到发线时间。

2. 整备和维修体系

维修方式是指对设备维修时机的控制，也就是对于维修时机的掌握是通过采用不同的维修方式来实现的。高速动车组的维修方式有三种：定期维修、状态修和故障修。

(1) 定期维修是以使用时间作为维修期限，只要设备到了预先规定的时间，不管其技术状态如何，都要进行规定的维修工作，这是一种强制性的预防修理。

(2) 状态修是按实际技术情况来确定维修时机。它不对机件规定维修期限，不固定拆卸分解范围，而是在检查、测试其技术状况的基础上确定各机件的最佳维修时机。这种维修方式是靠不断地定量分析和监测机件的某些参数和状态数据来决定维修时间和项目。

(3) 故障修是在机件发生故障之后才进行修理，已不控制维修时机。实践证明，有些机件即便发生故障也不会危及安全造成不良结果，采用事后维修会更经济。对于采用了冗余技术的机件，虽然一台出现故障但另一台会自动接替工作，不过也应采用故障修方式。

动车组维修基地是按动车组的种类设置的，不同车种在不同的维修基地进行检修。

3. 我国动车组分级检修状况

动车组一、二级修为运用检修，在动车运用所内进行；三、四、五级修为高级检修，在具备相应车型检修资质的检修单位进行。

1) 动车组一级修

动车组一级修是对运用动车组的车顶、车下、车体两侧、车内和司机室等部位实施快速例行检查、试验和故障处理的检修作业，动车组运用达到 48 h 或一级修里程上限前，必须在动车运用所检查库内实施一级修，检修时间不得少于 4 h。备用动车组累计备用时间超过 48 h、检修动车组修浚后，上线运营前必须进行一级检修。

CRH5A 型和 CRH380D 型动车组一级修里程上线为 5 000 km＋500 km，其他动车组为 4 000 km＋400 km。动车组按交路计算一级修里程，在京沪高速线上，当运行里程不少于列车交路里程的 50％时，一级修里程可延长至 5 000 km＋500 km；部分动车组交路经国家铁路集团公司同意后，可按 5 000 km＋500 km 进行一级修试验。

动车运用所的分布对于动车组列车交路衔接形成刚性约束；动车组一级修里程直接影响动车组单位时间内可走行距离，这对于动车组列车交路走行公里数提出了限制条件；动车组检修时间周期由自然 48 h 调整为运用 48 h，这对于高速铁路动车组列车检修计划有积极影响。

当动车运用所夜间一级修能力不足时，势必将采取白天检修方式，带来的直接结果是缩短动车组可运用时间，甚至增加运用数量，从而降低了动车组的使用效率。

目前，白天一级修是夜间检修能力不足时的无奈之举。面对既有动车运用所检修能力不足、新造动车组陆续出厂的情况，要解决检修与运用之间的矛盾，只有挖掘白天的检修能力。安排白天一级修，需要对既有交路进行拆分调整，一般需要增加运用车底数量。白天一级修牺牲了列车白天上线时间，一定程度上降低了动车组运用效率，属补救性措施。

2）动车组二级修

动车组二级修是对动车组各系统、零部件实施的周期性保养、检测、试验，不得漏项、超期。日常按照周客流波动规律安排车底上线，就是以周二至周四为平峰、周五至周一为高峰，灵活安排保有动车组车底上线计划。提前一周掌握下周天气，并对大型活动等因素进行分析，以便对下周客流波动曲线进行预判性修正，据此安排周末重联、增开列车计划。车辆部门在安排二级修时应尽量避开周末，以确保保有动车组上线率最大化。

这种做法既遵循了客流规律，同时也对临时性事件进行了预判，可实现车辆运用里程的有效走行。

3）动车组高级修

动车组三、四、五级修为高级检修，是以走行公里周期为主、时间周期为辅的检修模式。动车组高级修由于需往返空送、检修时间长、出厂后需上线实验，因此将大大占用可运用周期，影响车底长期运用计划。节假日等客流高峰时如遇大量动车组高级修，将错失增运增收契机。

高速动车组的维修作业一般在专门的维修中心（或维修基地）进行。维修中心的主要设备包括：整备维修库、电器测试装置、轮对踏面诊断装置、不落轮旋轮设备、车轴探伤装置、轮对及转向架更换中心、动车组外部清洗设备、动车组内部清洗和整备设备等。在维修中心，动车组是作为一个整体进行整备和维修综合作业的。

动车组高级修计划遵循客流规律，车底逢客流旺季上线、淡季检修是满足客流需要、提高列车开行效率的核心策略。每年的春运、暑运、9月、10月期间，确保动车组上线率维持在较高水平；利用好春运结束后的3—6月、11月至次年春运前客流低谷时期，通过适当的提前或滞后措施，尽量在客流淡季完成高级修检修工作。如此，实现高级修与客流规律的融合，为动车组上线与客流需要的匹配奠定坚实基础。

4. 动车组运用与整备、维修一体化

动车组的整备、维修是保证动车组有效使用以及运用质量的前提条件，而动车组的运用计划是合理安排整备、维修工作的重要依据。在国外，高速铁路列车运行图中动车组运用交路安排，即动车组周转图必须按照动车组实际走行公里数和定检期限及时安排相关的入段或入厂检修作业，且须符合整备、维修作业时间标准的要求，以保证动车组在运用中的高质量和高可靠性；同时，动车组的整备、维修作业又必须严格按照动车组周转图的要求来进行计划和安排，以保证动车组按图行车，有效利用。在调整列车运行图时，应注意其间的相互关系。这就是动车组运用计划与整备、维修计划一体化的含义。

根据动车组运用计划与整备、维修计划一体化的思路，动车组运用计划和整备、维修计划是统一编制、统筹安排的，这使得运载设备的运用和管理从既有线的分散化走向集中化，使动车组摆脱了传统客车车底的固定运用方案模式，而采用更为高效的运用方案。也就是说，可以根据运用期间的所有动车组数量、设备状态、所在位置、累计运营里程和定检期限安排滚动式的运用方案，在保证完成运输任务和按期进段检修的前提下，使动车组的利用效率达到最高。

CRH380 型动车组高级修一次，花费约在 2 500 万元。也就是说，仅高级修里程周期延长这一项就能节省一半的维修费用，复兴号可以节省 20%～30%的维修费用。以上举措若能全部实施，将会压缩 40%～50%的动车组维修时间，降低成本效果显著。

结合高速列车的技术特点以及既有线路检修设备、人员的布局情况，我国已逐步构建起高效、可靠、经济的现代化高速列车运用维修技术体系，在保证列车安全、稳定运行的前提下，始终遵循“提高车辆运用效率，节约维修成本”的原则，灵活采用“定期修、状态修、换件修、均衡修”相结合的检修制度，在到车不解编状态下，按照“预防为主、检查为主，换件修为主、组装调试为主”的原则，减少在修时间，提升维护可靠性和车辆利用率。近年来，我国高速列车检修正逐渐向“状态修”发展，基于设备状态检测，使设备和部件的更换时期和维修程度达到最佳化，从而最大限度地避免后维修可能带来的风险以及预防维修可能造成的浪费。

除动车组高级修周期延长外，一、二级修的周期也在逐步延长。速度在 200 km/h 以下、200～250 km/h 和 300～350 km/h 的动车组一级修周期分别由 4 400 km(48 h)延长至 6 600 km(96 h)、4 400 km(48 h)延长至 6 600 km(72 h)、5 500 km(48 h)延长至 7 700 km(48 h)；二级修车轮探伤从现行的 25 万 km 延长至 35 万 km，车轮镟修由定期改为视情况而定。就修程修制改革目标而言，在确保动车组质量安全的前提下，通过改革优化检修周期、检修标准和检修范围，以避免过度修，防止失修，实现压缩调试停时、降低检修成本，提高检修运用效率。

中国国家铁路集团有限公司已经明确要求下属铁路局集团公司在动车组检修能力上要打满用足、大胆实践，找到安全与效益之间的最佳平衡点，实现动车组检修成本降低突破性进展。为此中国国家铁路集团有限公司还制订了严格的修程修制改革指导意见。在动车组维修领域，中国国家铁路集团有限公司计划在控制关键质量安全的基础上全面放权，由铁路局集团公司自主发挥市场主体作用，根据实际情况自主决定一、二级修的检修项目和周期；对于高级修，中国国家铁路集团有限公司将对关键条款和技术要求进行界定，其他部件仅给出底线要求。“放权落责”是未来机车车辆维修的方向。中国国家铁路集团有限公司要求 2019 年动车组三级修不返中国中车股份有限公司，全部实现自主修；同时，四级修要逐步提高铁路局集团公司自主修比例。

由此可见，动车组的检修与运用同等重要，工作核心是动车组利用效率，主要途径是动车组检修计划与客流规律的融合，主要工作方法包括按月度客流安排高级修，按周客流规律安排动车组上线，并通过增加必备设施、灵活车底套用、用好白天检修等方法，用好用足检修能力，实现检修与运用工作齐头并进。

7.3 动车组运行交路计划

我国高速铁路普遍采用的动车组按状态分为运用、备用、检修三种。运用动车组是指担当旅客运输(含确认列车)或试验任务的动车组和热备动车组,即以旅客列车车次开行的动车组和热备动车组。其中,热备动车组是指停放在动车基地或动车存放点内,技术状态良好、作为应急备用、随时可以上线运行的动车组。备用动车组是指停放在动车基地或动车存放点内,不上线运行的动车组。检修动车组是指正在实施一级至五级修、临修、技术改造及待修的动车组。其中,临修动车组是指临时发生故障需要修理的动车组(若由临修转为其他修程时,则由临修时起按其他修程统计);待修动车组是指准备实施检修的动车组。

7.3.1 动车组运用方式

1. 固定运行区段的运用方式

固定运行区段的运用方式(简称“固定运用方式”)与既有铁路客车车底的运用方式一致,动车组只在固定区段内往返运行。固定运用方式又可分为站间固定运用方式和两区段固定运用方式,如图 7-4 所示。在固定运用方式下,各动车组仅在固定区段内运行。这种方式运用组织比较简单,但是不利于动车组的检修。一方面,在动车组检修期间需要有一定量的备用车组来代替,如果备用车组由各区段分别配备,则备用动车组数量较大且利用率不高。另一方面,由于动车组的维修技术复杂,设备昂贵,因此只能集中配置。通常,动车组的维修作业集中在动车组维修基地。对于与维修基地不相邻的区段,需要维修的动车组必须专程送检,且事后又须专程送回。

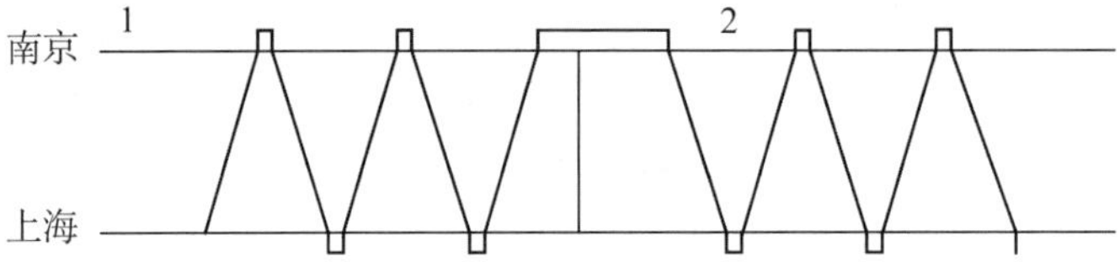

图 7-4 动车组固定运用方式示意

2. 不固定运行区段的运用方式

不固定运行区段的运用方式(简称“不固定运用方式”),其以全线(或线路网)为系统,在统筹考虑动车组的使用与维修的前提下,安排动车的运用。也就是说,在假定各动车组无差别的前提下,根据需要和可能,不固定动车组可以在任何区段之间运行,如图 7-5 所示。不固定运用方式能够较好地解决运行与维修的配合问题。这种方式使动车组有多种运行线可以选择,并且可以较好地提高动车组的使用效率。因此,动车组不固定运用方式是比较合理的。

3. 半固定运行区段的运用方式

半固定运行区段的运用方式(简称“半固定运用方式”)是指部分动车组采用固定运用方式,而其余动车组采用不固定运用方式。这是一种介于固定运用方式和不固定运用方式之间的方式。

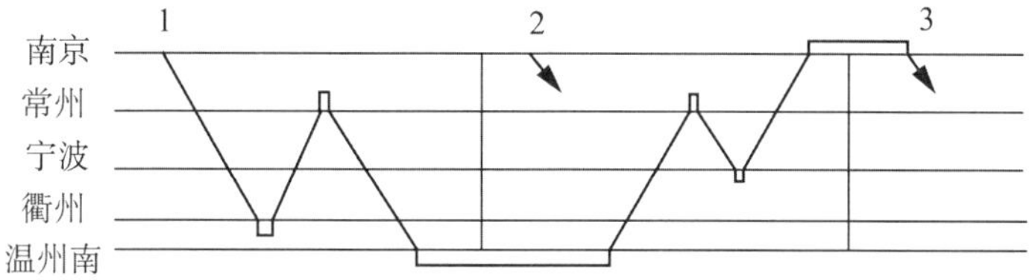

图 7-5　动车组不固定运用方式示意

7.3.2　动车组运用计划

动车组运用是严格按照事先编制的动车组运用计划执行的，主要包括动车组交路计划和动车组检修计划。动车组交路计划规定动车组按什么顺序担当列车，并指定每一动车组担当的具体交路，动车组交路计划须与列车运行图一同编制。动车组检修计划规定动车组在基地检修的时间、内容、检修线等具体项目，供动车组基地检修使用。动车组运用计划由运输计划组织部门编制。图 7-6 给出了动车组运用计划的实例。

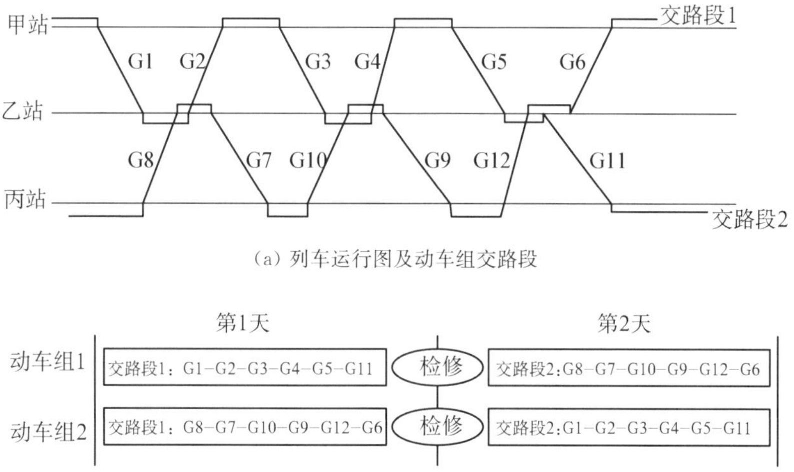

（b）动车组交路计划

图 7-6　动车组运用计划实例

动车组交路是指动车组两次一级修之间的运用计划，动车组交路的起点和终点都是检修基地。在图 7-6(a)中，按照动车组折返时间等作业时间要求将列车运行线组合成 1 列动车组 1 日的运用计划，称为一个动车组交路段。图 7-6(b)将动车组交路段组合为动车组交路，生成动车组交路计划。

由于旅客需求、动车组归属、动车组种类等的不同，动车组运用计划可分为不同的类型。

(1) 平日运用计划与假日运用计划。平日和节假日的旅客需求不同，体现在出行时间、密度、方向等各个方面。为适应不同的需求，在平日和节假日分别采用不同的运行图，因此动车组运用计划分为平日计划和节假日计划，即平日动车组按平日计划运用、节假日则按节假日计划运用。

（2）单基地与多基地动车组运用计划。列车运行图由一个动车段（所）配属的动车组担当，所做的运用计划为单基地动车组运用计划。如果列车运行图由两个以上基地配属的动车组担当，相应的计划为多基地动车组运用计划。在编制多基地动车组运用计划时，运行图中哪些列车由哪个基地的动车组担当一般没有具体规定，而是由编制人员综合考虑各基地的情况和动车组的运用效率后确定。

（3）单车种和多车种动车组运用计划。列车运行图上的列车采用同一类型的动车组担当，所对应的计划为单车种动车组运用计划，如果运行图上的列车由不同种类的动车组担当，所对应的计划就为多车种动车组运用计划。在编制多车种动车组运用计划时，运行图中哪列列车由哪种动车组担当没有完全规定。

以上各种动车组运用计划可根据需要进行组合来形成组合动车组运用计划，如单车种单基地平日计划、单车种多基地节假日计划等。

7.3.3 动车组运用计划编制方法

动车组运用计划包括动车组交路计划与车辆分配计划两部分。

1. 动车组交路计划及编制方法

动车组交路计划是在给定动车组的种类、数量、运载能力、检修周期、检修地点的检修能力及其他运用规则等条件下，考虑所使用的动车组数量、检修次数以及检修的均衡性，从而制订出可以完成给定列车运行任务的动车组使用方案。

动车组交路计划包含动车组担当列车的时间、车站、车次，或动车组一级修及二级修的时间、基地及检修级别等内容，如表 7-1 所列。

表 7-1　动车组交路计划实例

交路车次	首发车次	开车时间	车型	动车组号	备注
OG7031-G7031-G7232/3-G7234/1-G7222/3-G7410/1	G7031	5:54	CR400BF	CR400BF-3002	一级修
OG7625-G7625-G7334-G7337	G7625	6:50	CR400BF	CR400BF-3003 CR400BF-3009	备用
OG1504-G1504-OG1504	G1504	10:10	CF400BF	CR400BF-3005	二级修
OG2364-G2364/1/4-OG2361	G2364/1/4	7:30	CR400BF	CR400BF-3006	备用
OG7395-G7395/8-OG7398	G7395/8	7:27	CR400BF	CR400BF-3007	某段（所）存放
OG7212-G7211-G7036-G7111-G7114-G7119-G7122-OG7122	G7211	6:35	CR400BF	CR400BF-3008 CR400BF-3004	某段（所）存放
ODJ7695-DJ7695-G20-OG19-OG40-G39	G20	7:48	CR400BF	CR400BF-3010 CR400BF-3020	某段（所）存放

（续表）

交路车次	首发车次	开车时间	车型	动车组号	备注
OG20-G19-G7606-OG7606	G19	8:00	CR400BF	CR400BF-3011 CR400BF-3015	一级修
DJ7696-G7643-G7348-G7347-G7466-OG7664	G7643	7:07	CR400BF	CR400BF-3014 CR400BF-3013	一级修
OG7073-G7043-G7236/7-G7238/5-G18-OG17	G7043	7:12	CR400BF	CR400BF-3016CR400BF-3017	二级修
OD5645-D5646-OD5646	D5646	7:10	CR400BF	CR400BF-3018	长客四级修
OG7229-G7229-G7218/9-D5644-OD5644	G7229	12:59	CR400BF	CR400BF-3018	某段（所）存放
OG7607-G7607-G32-G15-OG15	G7607	10:33	CR400BF	CR400BF-3021 CR400BF-3012	某段（所）存放
OG1481-G1481-OG1481/	G1481	11:32	CR400BF	CR400BF-3034	备用

编制动车组交路计划需要考虑的影响因素主要有：列车运行计划（这是编制动车组交路计划的基础）；动车段（所）的设置；动车组的修程、修制；有接续交路时的最短接续时间；计划实施日动车组的可用情况；动车组的各级检修和走行里程等履历信息；一段时间内各动车组间工作量的均衡等；动车段（所）容量约束，在各动车基地（所）停留的动车组数量不能超过规定的数量；计划中使用的动车组数量不能超过规定的有效动车组数量；动车组类型匹配约束，如基本列车运行计划上的列车使用不同种类和不同编组的动车组运行，不同种类和编组的动车组之间不得混用。

动车组交路计划的编制可以分为以下几个阶段：

（1）编制资料的收集与整理：收集、整理动车组交路计划编制所需的相关基础信息与技术资料。

（2）动车组交路的编制：通常与列车运行计划的编制一起进行。考虑动车组的一级修和其他必需的约束条件，确定动车组担当列车运行线、进行一级修的时机和地点。

（3）动车组交路调整：计划编制人员应能根据业务需要和经验，对车辆进行分配和调整。

（4）合理性检查：是否满足各种约束条件、动车组数量是否可以接受、运行线是否全部指派动车组交路等，以及与基本列车运行计划的适应性如何。在编制动车组交路计划的基础上，可对列车运行方案进行评价，从优化动车组交路的角度出发，给出列车运行计划优化调整的反馈意见。

（5）动车组交路计划指标统计包括：需要的最小动车组数量，平均走行里程，平均运用时间，平均担当的运行线数量，平均接续时间，动车组空车走行数量、里程等。这些指标可用来衡量所编制的基本动车组交路计划的质量，确定每个动车基地需要配置的动车组数量，分析改进方案等。

2. 车辆分配计划及编制方法

车辆分配计划是考虑客流需求、动车组交路计划、车辆类型与数量、动车组配属、动车基地与运用所的设置、动车组的修程及修制、动车组的履历、动车组之间工作负荷的均衡性、减少动车组空车走行、车辆运用的其他规定等因素，为动车组交路指派相应动车组的技术性文件。车辆分配计划包含列车车次号、动车组号、编组、接续运行进路和时间、动车组出入段地点、动车组回送及接运计划等内容。

在编制车辆分配计划时，需考虑下列影响因素：列车运行计划；动车组交路计划；计划实施日前的基本车辆分配计划；动车组的各级检修和走行里程等履历信息；动车基地和运用所的设置；有关动车组修程、修制的规定；动车组之间工作负荷的均衡等。

根据当日交路计划、前一日车辆分配计划、更换车底调度命令、车辆状态、动车编组与动车检修计划等资料，对相应交路分配车组号，形成车辆分配计划。

车辆分配计划编制过程中每个动车组始终携带编号、种类、配属基地以及动态变化的各级检修历史记录和走行公里等属性信息，以确保编制的车辆分配计划满足各项要求，同时尽可能地使每个动车组在一定周期内担当的交路数量和走行公里比较均衡，实现动车组的均衡利用。

车辆分配计划的指标包括动车组平均走行里程、平均运用时间、平均担当的运行线数量、平均接续时间等，这些指标可用于衡量车辆分配计划的编制质量。

7.3.4 动车组运用计划调整

1. 保持计划交路原则

当某动车组改变运行任务后，其下次承担的任务应首先考虑当前任务所属交路的接续任务，而不是原计划中该动车组的其他任务。另外，在选择动车组时，尽量不使用有接续任务的动车组，以减少后续的调整工作。

2. 优先级原则

当动车组运用紧张时，优先保证等级较高的列车，一般情况下长途列车优先于短途列车；有接续任务的列车优先于无接续任务的列车；接续任务为紧交路的列车优先于接续冗余时间较多的列车。

3. 效率原则

当有两个以上动车组可承担列车运行任务时，要考虑不同动车组的自身情况，主要包括按原计划动车组是否有下次接续任务、动车组的状态、动车组停留地点、动车组最早可用时间等。一般选择空车走行距离最短、对列车运行组织影响最少、可用时间最早的动车组。

调整动车组运用计划的主要措施有：变更动车组、压缩接续时间、调整检修计划等。其中，压缩接续时间只能在实际接续时间与标准接续时间相差不大的情况下采用，调整检修计划分为推迟检修与提前检修两种情况。上述三种主要调整措施中，后两种调整措施适用性较小，最常用的措施是变更动车组。

7.3.5 动车组运用数量确定

动车组运用数量与车底运用的作业时间标准及途中旅行时间、行车量的大小、列车铺画方案以及运行线的位置、车底长短途套用程度等因素有关。动车组运用数量可以用分析计算法或图解法确定。

1. 分析计算法

常用的分析计算法有时间相关法和里程相关法。

（1）时间相关法：

$$\theta_{车底}=T_{基}+T_{折}+2T_{旅} \tag{7-1}$$

式中　$\theta_{车底}$——动车组周转时间，h；

$T_{基}$——动车组在基本段的作业时间标准，h；

$T_{折}$——动车组在折返段的作业时间标准，h；

$T_{旅}$——动车组列车在途中单程旅行时间，h。

在动车组固定区段使用条件下，动车组运用数量由式(7-2)确定。

$$N_{运用}=\theta_{车底}K_{h} \tag{7-2}$$

式中，K_{h} 是每小时平均发出列车数，单位列。

（2）里程相关法：

$$N_{运用}=\frac{L_{列}}{\bar{l}_{列}} \tag{7-3}$$

式中　$L_{列}$——基本运行图中动车组的列车公里；

$\bar{l}_{列}$——平均每一列动车组的日均走行公里。

2. 图解法

图解法即根据动车组开行方案图绘制动车组车底周转图，从周转图上直接查得需要的车底数。图解法确定车底需要数又可细分为两种：一种是标箭头法，即在车底的一个周转时间内将所有从车底配属站发出的列车都用箭头标在图中，车底数可从客车车底周转图上的箭头数直接查得，如图 7-7 所示。另一种是数交点法，将一个周转时间内动车组的所有运行和停留线都画出，然后在一个周转时间内任意位置作竖直截取线，截取线和运行线或车底停留线的总交点数即为车底需要数，如图 7-8 所示，该对旅客列车车底需要数为 4 组。

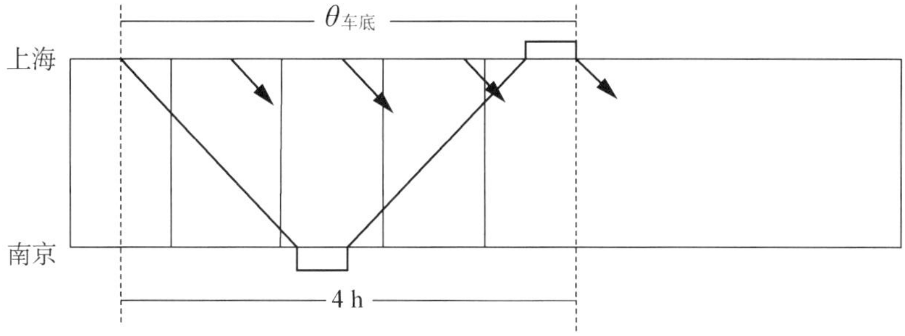

图 7-7　固定区段运行动车组车底周转

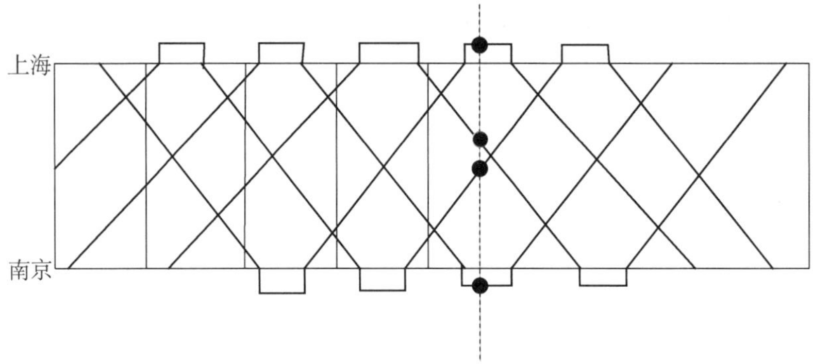

图 7-8 图解法确定车底需要数(数交点法)

综上所述,在目前的既有研究中,动车组运用计划编制优化问题主要涉及数学问题转化、运用场景选取、目标函数构造以及求解算法设计四个方面。然而,既有研究较少涉及动车组运用计划中相邻列车任务接续的可靠性问题。动车组一般按时刻表执行交路段中的各运行任务,但实际中可能出现由突发事件或随机扰动造成的晚点情况,如列车到达晚点、检修(整备)任务完成晚点和空车调拨到达晚点。这类晚点情况会影响动车组在要求时间内完成接续和周转,即降低了接续的可靠性。动车组接续延误会产生额外的运营调整和人员费用,所以在编制动车组运用计划时,应在降低接续时间成本的同时保证较高的接续可靠性。例如,可结合我国动车组日常运用中的需求,基于运用网络图,应用晚点分布函数和概率论来定量分析动车组的接续可靠性,构建考虑动车组检修和热备的运用计划优化模型,设计基于蚁群算法的模型求解算法,并通过算例进行验证。迄今为止,各种方法层出不穷,包括可接续方法、启发式算法等,但基本上没有在动车运用所中运用,这里不一一赘述。目前的发展趋势是将动车组运用计划编制统筹在动车组故障预测与健康管理(Prognostics and Health Management,PHM)系统中一并考虑。

7.4 高速铁路客运乘务计划智能化

7.4.1 乘务计划概念及影响因素

高速铁路客运乘务计划在动车组车底交路的基础上进行编制,主要内容是乘务单位[亦称“客运(列车)段”]在列车车底交路计划的基础上对客运乘务班组的值乘交路进行科学、合理的安排,形成乘务计划。各乘务班组按照所分配的交路进行担当,以保证乘务单位担当的所有车次都能正常开行。乘务计划编制是高速铁路乘务部门组织、管理工作的重要环节,也是客运乘务组织的核心问题之一。

乘务计划编制的影响因素主要有:列车运行计划、动车组交路计划、动车段(所)布局、乘务模式、乘务组人员组成、乘务工时、出退乘地点、交接作业流程等。

1. 列车运行计划

列车运行计划是乘务计划编制的基本依据,其中列车运行线的数量、运行区段、列车等级、沿途停站时分等内容直接影响乘务计划(尤其是乘务交路计划)的编制。除此之外,由于列车运行计划会对列车接续方案产生一定的影响,而列车的接续情况以及接续时间的长短将影响乘务人员(组)的换乘时间长短、是否需用便乘以及便乘次数,所以,列车运行计划的编制结果对编制乘务计划有深远的影响。

2. 动车组交路计划

根据运输计划编制的流程进行分析,动车组交路计划是高速铁路诸多运输组织计划中的一个,同时也是乘务计划编制的重要基础数据。高速铁路列车运行计划要以一定数量的动车组来完成,而动车组交路计划则是规定完成这些任务所需动车组的接续情况。

动车组周转接续方案作为动车组交路计划中的一个关键问题,其不仅影响动车组的运用数量,也对减少乘务人员(组)的换乘次数,以及乘务人员连续值乘同一动车组等有着重要的作用。因此,良好的动车组交路计划对提高乘务计划的编制质量有着巨大影响。乘务交路计划和动车组交路计划应不断优化,并且使这两个运用计划的编制结果之间具有更好的协调性。

3. 动车段(所)布局

动车组段(所)是动车车底检修、有关设备设施存储的场地,也是动车组交路计划中动车始发和最后返回的地点。就当下规划的动车段(所)的设置地点而言,动车段(所)通常设置在路网中的一些网络节点上。

由于高速铁路动车车底是乘务人员完成乘务任务的地点,因此,在高速铁路乘务计划编制阶段就应考虑到动车段(所)的规划地点。若高速铁路动车段(所)规划设置不合理,将导致动车无效走行距离增加、乘务人员运输组织费用提高,同时也不利于动车的养护。此外,动车段(所)的大小将对乘务人员的运用数量、出乘地点产生影响。因此,在乘务计划的编制阶段也要综合考虑动车段(所)的布局。

同时,乘务班组的乘务交路计划还必须服从于乘务单位的整体排班要求,受以下几个条件约束:在任何时刻,某一班组只能担当一个交路;在任何时刻,任意交路都有乘务班组担当;乘务员月度乘务总工时应接近客运段规定的月度乘务总工时;乘务班组担当任意交路,交路中不同接续车次间隔休息时长不同,其中最短时长应符合乘务单位规定的乘务区段休息时长。

4. 乘务模式

我国高速铁路客运乘务组织模式基本上有两种:一种是以车底交路为基础的包乘模式,另一种是以担当区段为基础的轮乘模式。

包乘模式为按照既定列车行驶区段和车次由固定的列车乘务人员(组)包乘完成。根据车底使用情况的不同,可以分为包车底和包车次两种模式:包车底是乘务人员(组)不仅固定运行区段、列车车次,而且固定值乘某一组列车车底;包车次是一个列车车次(通常称为线路)由不同的几个乘务人员(组)值乘完成,但是不包车底。

轮乘模式是在有较大运行密度旅客列车,并且列车车底种类及编组形式又基本相同的运行区段,为了能够较为紧凑地组织完成乘务交路和班次,使得乘务人员(组)按照固定出乘顺序,分别轮流值乘乘务任务的制度,并可以彼此嵌套运用,不固定某一乘务组值乘某一列车。

高速铁路的乘务模式应与列车的运行方式相协调,可以根据动车组维修周期性质分别采用固定交路轮乘制和不固定交路轮乘制。采用不固定交路轮乘制有利于提高高速铁路动车组的使用效率以及提高乘务人员的劳动效率。

5. 乘务组人员组成

动车组列车乘务组由客运乘务人员、随车机械师、司机、公安乘警、随车保洁人员和餐饮服务人员组成，简称“六乘人员”（或“六乘一体”）。当列车上保洁、餐饮由社会专业公司承担时，其员工视同列车乘务组成员。列车乘务组人员应当各司其职，在为旅客服务方面，接受列车长统一领导。

目前，动车组餐饮服务人员和保洁人员由专门的餐服公司和保洁公司配备管理，要满足列车运行过程中客运服务的基本要求。

6. 乘务工时

高速铁路动车乘务交路中所涉及的“时间”主要有出勤和退勤时间、值乘时间、换乘时间、便乘时间。

(1) 出勤和退勤时间。出勤和退勤时间是指开始值乘前以及值乘工作结束后乘务人员（组）需要完成一些准备工作的时长，其目的是保证乘务交路完成的质量。

(2) 值乘时间。值乘时间是指乘务人员（组）担当乘务任务的工作时长。

(3) 换乘时间。换乘时间是指乘务人员在担当乘务任务的过程中，可能因为所值乘的乘务交路段中包含的值乘区段所配属列车不同而发生换乘，在换乘阶段，乘务人员（组）需要一些时间来完成工作交接。

(4) 便乘时间。便乘时间是指当乘务交路段开始的车站或者结束的车站与乘务人员（组）所配属的车站不是同一车站时，乘务员（组）将通过搭乘“便车”的形式到相关车站担当值乘任务，或者值乘任务结束后通过搭乘“便车”的形式返回所配属的车站，该阶段乘务员不进行任何乘务工作，其目的是确保乘务交路计划的可实施性。

乘务交路各时间关系如图 7-9 所示，乘务时间相关变量定义见表 7-2。

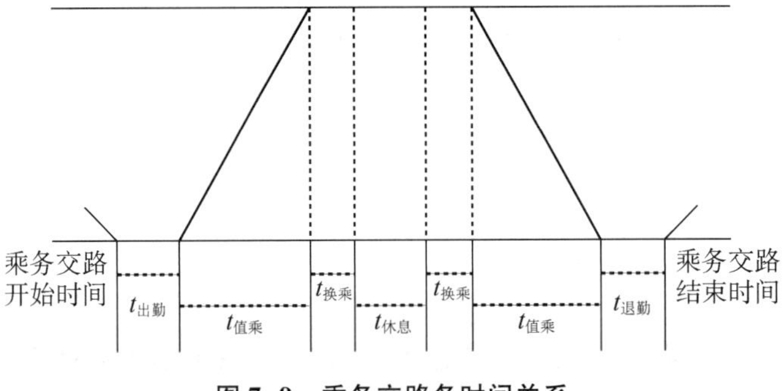

图 7-9 乘务交路各时间关系

表 7-2 乘务时间相关变量定义

符合	定义
t_b	表示乘务员出勤、退勤时间，从乘务交路各时间关系图中可以看出，每一个乘务交路段均对应一次出勤和退勤，并且成对出现，因此将其统称为乘务员出乘时间，用常量表示；
t_{ics}	表示乘务员值乘乘务区段 i 的值乘时间，且 $t_{ics}=t_i^c-t_i^s$；

（续表）

符合	定义
t_{hc}	表示乘务员换乘时间；
t_{hc}^{con}	表示乘务交路中值乘段的正常接续时间标准，即乘务员换乘时间标准；
t_{rest}	表示乘务员休息时间；
t_{rest}^{con}	表示乘务交路中供乘务员吃饭、休息的接续时间标准；
t_{w}	表示一条乘务交路的工作时间；
T_{w}	表示乘务规则规定的一条可行乘务交路的工作时间标准；
t_{min}	表示规则规定的最短接续时间

7.4.2 乘务计划的编制

一般地，高速铁路乘务计划是根据既定的列车运行计划、动车组交路计划、乘务模式等条件，考虑优化目标[例如，总的乘务时间成本最小、需求的乘务人员（组）数量最小、乘务人员（组）工作强度的均衡性等]后，对乘务人员（组）在某一时期内的出乘时间、退乘时间、出乘地点、退乘地点，以及担当车次的时间和地点、休息时间和地点等给定相应的具体安排，以确保列车运行计划顺利完成。编制乘务计划可以分为乘务交路计划与乘务排班计划。

1. 乘务交路计划的编制

1）乘务区段划分

列车运行计划和动车组交路计划作为乘务计划的基础数据，按照乘务基地站和换乘站将列车运行线或者动车组交路进行分割，以此得到乘务人员（组）能够值乘的最小片段，即值乘片段。

2）乘务片段组合

由于乘务片段是乘务人员（组）完成值乘任务的最小工作单元，其长度不会大于乘务人员（组）一次出乘的最大工作时间，因此，按照乘务人员（组）规定的各相关时间标准对其进行进一步的组合优化。

3）乘务交路方案选择

由于乘务交路的数量直接决定了所需乘务人员（组）的数量，所以乘务交路问题的实质是在可行乘务交路方案中选择以最少的乘务交路覆盖全部的乘务片段，即全部列车运行线均要有乘务人员值乘。

2. 乘务排班计划的编制

对乘务交路进行不同组合后可生成较为可行的乘务排班计划。乘务排班计划的类型决定了乘务人员（组）在周期内执行的乘务排班方案特点，在乘务人员（组）所执行的排班方案不同的情况下，乘务排班计划的编制可以通过生成可行乘务排班方案，然后根据各项评价指标择优的方法来实现。而该方案要满足周期内乘务人员（组）所需的培训及休息等各项时间标准。

由于各个乘务交路的完成时间都有所区别，所以组合产生的可行乘务排班方案中的工作人员(组)的值乘时间也不完全相同。因此,应根据国家有关劳动时间的规定,尽量使得各计划中的各个方案的值乘时间趋于均衡,从而确保乘务人员(组)在各个周期内拥有比较均衡的工作强度且符合实际要求,如图 7-10 所示。

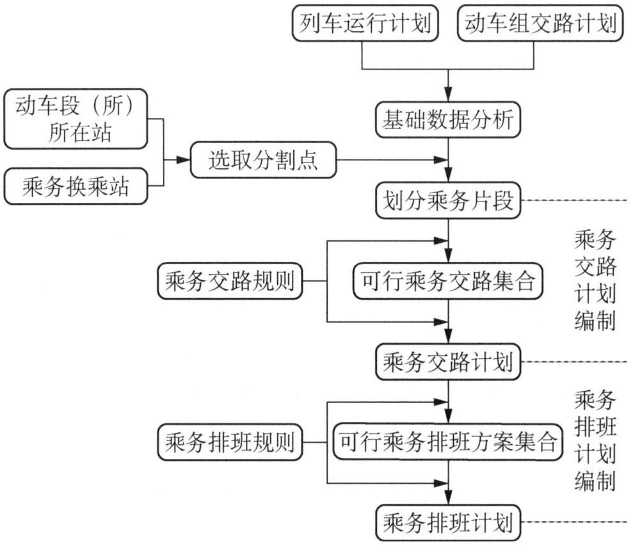

图 7-10 乘务计划编制流程

各班组中乘务人员(组)担当交路时,乘务工时应尽可能均衡,符合月度乘务总工时的规定和国家相关劳动法规,不能超工时劳动,也不能欠工时劳动。随着不断有高速铁路新线开通运营,运行图面临经常性的调整,而运行图调整会直接影响乘务交路计划的编制工作,仅凭经验手工编制已经无法满足高效编制的需求,因此,铁路不断开发自动或半自动编制系统,如客管系统中有"车底交路计划""乘务交路计划""实际乘务交路""乘务交路调整"等。

3. 高速铁路乘务排班管理

系统的排班管理根据接收调令的乘务交路信息及录入的班组信息数据来确定。在设计乘务组完成某个交路的完整循环时,需要考虑班组值乘与休班交替、出退勤地点、工时效率等因素。例如,设计徐州东—上海虹桥—北京南乘务交路在徐州东出退乘,如图 7-11 所示。

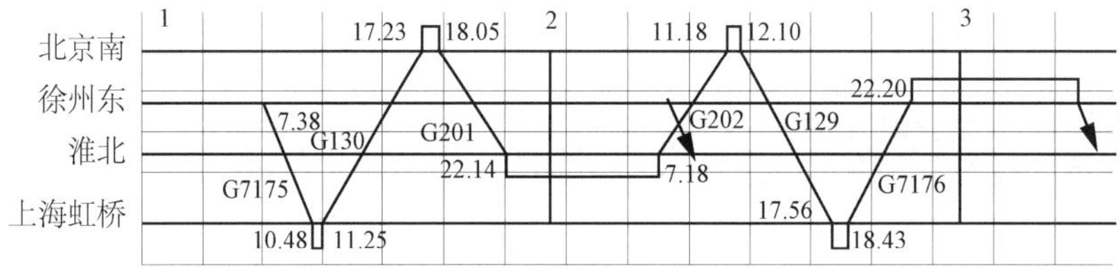

图 7-11 徐州东—上海虹桥—北京南乘务交路示意

乘务交路中,通过计划乘务综合工时来确定所需值乘的班组总数。影响乘务综合工时的变量包括运行时间、始发整备时间、折返整备时间、待勤时间及其他附加时间,如发生列车晚点情况等。

$$T_{综}=(\sum t_{运}+\sum t_{始}+\sum t_{折}+\sum t_{附})n+t_{备} \tag{7-4}$$

式中 $T_{综}$——月度乘务综合工时,h;

$t_{运}$——动车组始发终到运行时间,h;

$t_{始}$——动车组始发整备时间,h;

$t_{折}$——动车组折返整备时间,h;

$t_{附}$——动车组始发前、终到后及其他因素附加时间,h;

$t_{备}$——乘务班组月度备班累计工时,h;

n——乘务班组月担当乘务趟数。

乘务排班模块将乘务交路和劳力资源的合理利用相结合,将变量因子纳入影响因素,突出乘务交路的紧凑性、不同交路间劳动量的均衡性,以系统自动生成为主、人工干预微调为辅,生成最终乘务担当交路。

遇到调图的情况,做好基础数据维护更新,将交路接续车次、运行区段、始发终到时刻、出退乘日期时刻进行录入,系统自动添加交路附加时间,准确计算出调图后交路的工时情况。将计算出的实际工时与铁路月工时标准(月均 174 h,上下浮动 5%)进行核算,即可得出乘务交路所需班组数量。

在高速铁路开行"一日一图"的趋势下,乘务交路、人员组合的科学安排,对客运段精细化管理水平提出了更高的要求。传统模式中,各高速铁路车队每逢调图和大面积临客开行,仅依赖队长(副队长)人工制订乘务交路实施,难免会有疏漏,且易造成资源分配不均。特别是在劳动组织改革背景下,乘务组织方案势必愈发灵活,人员动态调配和周转愈发频繁,因此智能排班算法的空间求解和局部优化能力就显得尤为重要。

4. 客运乘务计划编制

乘务计划是在给定的列车运行图、有关乘务规程、乘务基地等条件下,对乘务人员(组)的出乘时间和地点、担当车次、退乘时间和地点等做出具体安排,以确保列车开行计划的顺利实现。乘务计划问题通常被分解为乘务交路计划和乘务值乘计划两个子问题进行求解。铁路客运段主要是对人员的管理,重点在于乘务值乘计划问题的研究,随着列车不断提速以及技术水平不断提高,轮乘制成为乘务交路计划中的重点。

乘务计划的基本要求是将乘务组管辖的交路按照一定的规则顺序分配给相应的车队执行,同时满足相关工作标准,并以此为基础做出具体的计划安排。由于乘务组担当本局管内的旅客列车服务,因此其相关工作人员的换乘地点均为本客运段内部,无须在换乘车站进行点分割,即没有空间接续概念。乘务计划的编制过程主要包括以下步骤:

(1) 按照列车运行图和客运段分配规则分配乘务任务。

(2) 以担当车队为单位,编制单元乘务交路序列。

(3) 添加工作人员休息日。

(4) 整合担当车队完整的乘务值乘交路计划。

在编制客运段乘务计划过程中,应满足以下几点约束条件:

(1) 同一时间每个乘务组最多只能执行一条交路。

(2) 在完成列车运行图任务的基础上，使用的乘务组组数越少越好，乘务人员的人数越少越好。

(3) 满足乘务人员的工作时间要求，接续时间需要满足客观事实。

客运乘务计划在编制过程中涉及的要素包括：乘务任务、乘务人员、乘务规则约束、编制目标、编制方法和编制策略。其中，前四个要素是输入信息，而编制方法是信息加工处理工具。

1) 乘务任务

根据现场生产实际，高速铁路客运乘务人员(组)的乘务任务可以分为三种：列车值乘任务、热备任务和常备任务。

(1) 列车值乘任务是指在运营动车组列车上进行的客运值乘工作。理论上，可以在任何具备条件的停靠站进行客运乘务换班作业，但由于动车组列车停站时间短，换班作业时间紧张，因此一般以车次作为最小的乘务任务单元。根据列车全程运行时间和车底编组情况，每次列车对不同客运乘务岗位有相应的人数要求。例如，某铁路局集团公司规定长编组车底配备 1 名列车长和 4 名列车员；短编组车底配备 1 名列车长和 2 名列车员(重联按两个短编组车底配备)；单程乘务工时超过 12 h 增配 1 人，含有商务座的直通动车组增配 1 人。

(2) 热备任务是指配合动车组热备车底所进行的客运乘务热备工作，可随时随着动车组热备车底出发担当相关列车任务。热备任务执行地点一般设置在乘务基地。每列热备车底所需人数与列车值乘任务的基本配置标准相同。

(3) 常备任务是指为了应对人员临时请假、列车临时开行、恶劣天气等无规律事件所安排的地面值守工作。常备任务对人数的要求相对灵活，可根据具体情况进行调整。

2) 乘务人员

乘务人员是各乘务任务的具体执行者，包括列车长、列车员、安全员等。编制乘务计划时，需要考虑乘务人员所属乘务基地、作息规律、技能、数量和状态等。乘务人员所属乘务基地是指乘务人员出乘和退乘的地点。乘务人员的作息规律是指睡眠规律、工作与休息规律等。乘务人员的技能包括可以胜任的岗位和可以值乘的动车组车型。乘务人员的数量是指针对给定的乘务任务集合，可以使用的人员数量。乘务人员的数量关系到是否可以完成给定的乘务任务。乘务人员的状态是指乘务人员当前是处于工作状态还是休息状态。

3) 乘务规则约束

乘务规则约束主要是指乘务人员执行完一次乘务任务后，在选择后续任务时所要遵守的规则。乘务人员只能担当满足条件的后续乘务任务。根据约束内容，可将乘务规则约束分为技能约束、任务接续约束、工作时间约束和管理约束。

(1) 技能约束。技能约束是指乘务人员的技能属性必须符合乘务任务对工作人员的相关技能要求。例如，列车长必须由具有资质的人员担当；乘务人员必须接受过值乘任务对应车底车型的相关培训。

(2) 任务接续约束。任务接续约束是指乘务人员执行完前一乘务任务后，只能接续一个乘务任务，且接续时间必须大于接续过程相关作业时间和规定的休息时间，当需要通过便乘其他车次进行接续时，还必须预留足够的便乘时间。

(3) 工作时间约束。一次乘务工作时间包括值乘列车的图定运行时间、本段和外段的出勤与退勤时间、中途交接班时间等。工作时间约束包括一次乘务工作时间约束和月均工作时间约束。其中,一次乘务工作时间约束通常设置上限值;月均工作时间约束通常设置参考值并给出合理区间。例如,月均排班工作时间为 167 h,合理波动范围为 159～175 h。(说明:目前劳动法规定的标准月工作时间是 166.7 h,近似 167 h,合理波动范围为±8 h)

(4) 管理约束。管理约束是指乘务人员只能接续满足管理要求的乘务任务。例如,规定只能接续本铁路局集团公司配属动车组车底担当的车次;规定以乘务班组为单位进行排班等。

4) 编制目标

编制目标即编制乘务计划所要达到的目的,主要包括最大化完成乘务任务和最小化生产成本两个方面。对于最大化完成乘务任务这一目标,一般要求必须完成列车值乘任务和热备任务,可以将其转换为约束条件。对于最小化生产成本这一目标,具体表现为人力成本最小、住宿成本最小、工作量均衡性最好、计划抗干扰性最强、乘务人员出退勤最方便等。人力成本最小是指需要的乘务人员数量最少;住宿成本最小是指因外地驻留、本地晚到或早开而产生的住宿人次最少;工作量均衡性最好是指各乘务人员的累计乘务时间较为均衡;计划抗干扰性最强是指乘务计划被晚点、停运等非正常事件打乱后的快速恢复能力最强;乘务人员出退勤最方便是指尽量让乘务人员晚出早回,有充分的时间从家到出勤地点和从退勤地点回家。其中,人力成本最小、住宿成本最小和工作量均衡性最好这三个目标可以量化;计划抗干扰性最强和乘务人员出勤、退勤最方便这两个目标较难量化。

5) 编制方法

基于相关输入信息,建立乘务人员与乘务任务之间的对应关系,并使乘务计划达到编制目标的方法被称为乘务计划编制方法。由于满足相关要求的可执行的乘务计划内容较为复杂,因此,对乘务计划编制方法的要求就非常高。编制质量和编制速度是编制方法优良的主要考评指标。

6) 编制策略

高速铁路客运乘务计划编制是一个时空跨度大、要素数量多、具有多重目标和复杂约束的优化问题。若采用直接编制的方式,虽有利于从全局角度对乘务计划进行优化,但将导致问题规模巨大,求解难度高。因此,需要通过一定的方法将问题分解成若干个子问题分别求解。根据客运乘务计划编制问题的特征,可从时间、空间两个方面对问题进行分解。

(1) 时间方面的分解策略。

由于时间是向前无限的,计划编制必然要在时间维度上进行分解,以便降低问题的规模。具体而言,就是将每次编制计划的时间范围限制在一定的时间长度,然后向前滚动,即把上一次乘务计划结束时刻的乘务人员状态作为下一次编制的输入条件。根据相邻时间段内乘务计划中任务接续关系的相似程度,可以将时间方面的分解策略进一步细分为分段滚动法和周期循环法。

① 分段滚动法。在分段滚动法中,各时间段内根据乘务任务实际情况独立编制乘务计划,如此可以较大限度地实现人力成本、住宿成本的优化,且对运行图的波动适应能力较强。但各

时间段乘务计划中的任务接续关系和乘务人员休息安排规律性差，对管理水平要求较高。

② 周期循环法。在周期循环法中，按照一定的方法确定一个周期内乘务任务间的接续关系以及乘务人员的工作休息方式，然后被重复执行。这种方法降低了管理难度，适用于列车运行图变化较少的情况。周期循环法需要确定周期的时间长度、任务接续关系生成规则和乘务人员的工作休息方式。

a. 周期的时间长度。乘务任务的源头——列车运行图中绝大部分列车一般以自然天为周期重复执行。同时，乘务人员的生物规律也是以自然天为周期循环。因此，乘务计划循环周期的时间长度应取自然天的整数倍。

b. 任务接续关系生成规则。任务接续关系包括一日内的接续和各日之间的接续。先确定一日内的接续，形成"一日乘务任务集合"，然后确定各日间的接续。其中，一日内的接续可参考动车组运用计划中动车组车底所担当列车任务间的接续关系。这样，可减少日间的异车底接续次数。各日之间的接续关系则可根据编制目标进行安排。

c. 乘务人员工作休息方式。受工作时间约束，乘务人员需要合理安排工作与休息，具体方式包括小循环和大循环。在小循环方式中，乘务人员每个工作休息周期的乘务任务相同；在大循环方式中，所有乘务人员均在一个大的任务链中循环。前者的抗干扰性强，后者相对较弱。

周期循环法增大了乘务任务单元的颗粒度，降低了问题的规模，也使各日的乘务计划内容变得有规律。这种问题分解方法也是目前大多数既有研究中所采用的方法。用作重复执行的单周期方案被称为乘务交路计划；以交路计划为基础形成的将各日乘务任务分配给具体乘务人员的计划被称为乘务排班计划。

(2) 空间方面的分解策略。

针对较大的路网范围进行乘务计划编制有利于全局优化，但问题的规模也将非常大。因此，在编制客运乘务计划时，也非常需要从空间上对问题进行分解，即依据空间属性将所有乘务任务按一定规则划分为若干集合，具体方法包括区域分割法和属性分层法。

① 区域分割法。区域分割法是对客运乘务计划对应的路网范围进行分割，以形成若干独立的区域，然后以各区域的乘务任务集合为对象进行乘务计划编制。在划分区域时，遇到跨区域的乘务任务，就需要将其明确划归到各区域。因此，区域分割法比较适用于列车开行较为封闭的线路或区段。例如，京津城际高速铁路可作为独立区域来编制客运乘务计划。

② 属性分层法。属性分层法是按照列车速度等级、列车车底所属铁路局集团公司、乘务任务区段等属性对乘务任务进行属性分层，形成若干乘务任务集合，然后分别对其进行乘务计划的编制。例如，对于京沪高速铁路本线列车，按列车车底所属铁路局集团公司可划分为上海铁路局集团公司、济南铁路局集团公司、北京铁路局集团公司三个集合，分别对其进行乘务计划的编制。

7.5 案例分析：基于检修约束条件下的动车组检修方案改进

1. 上海铁路局集团公司总体客流规律

从全年来看，客流以月为单位呈现明显的上下波动，同时以一周作为周期呈现循环周波动规律。

1）全年按月客流波动规律

以某一年上海铁路局集团公司旅客发送量按月走势情况为样本，分析按月客流波动规律，客流高峰出现在 7—10 月，1 月、2 月、11 月、12 月是全年客流低谷，3—6 月客流居于平峰水平，如图 7-12 所示。

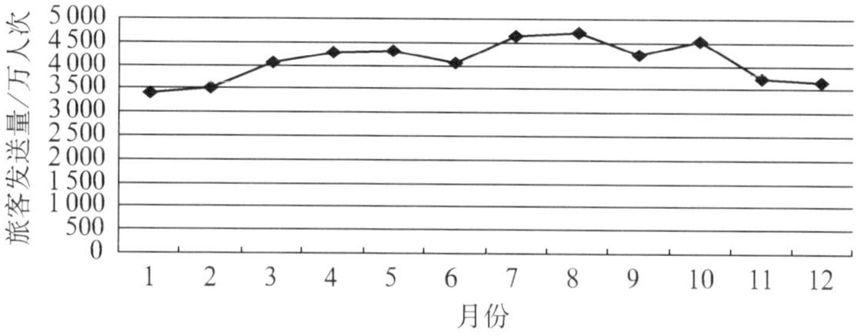

图 7-12　某年上海铁路局集团公司月发送客流波动情况

2）每周客流波动规律

以某一年上海铁路局集团公司 11 月 1—28 日四周每日的旅客发送量为样本，分析每周客流波动规律。研究客流周波动时应尽量避开节假日、大型商业活动等干扰因素，从全年来看，11 月是最适合的样本。从实际旅客发送量数据来看，4 周的客流规律几乎相同，其中周二至周四较为平稳，且为一周中的低谷，周五在周末客流带动下大幅上扬，周六达到最高峰，周日、周一与周五客流量接近，具体如图 7-13 所示。

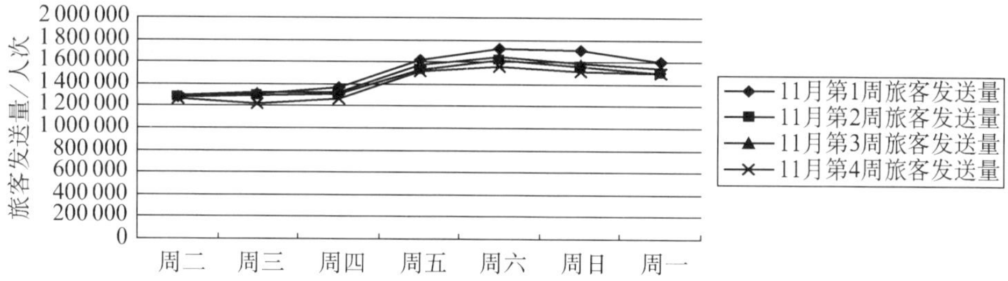

图 7-13　某年上海铁路局集团公司 11 月四周客流波动情况

2. 动车组运用方案优化

（1）动车组高级修与客流规律的融合。动车组高级修计划遵循客流规律，车底逢客流旺季上线、淡季检修，是满足客流需要、提高列车开行效率的核心策略。每年春运、暑运、9 月、10 月期间，确保动车组上线率维持在较高水平；利用好春运结束后的 3—6 月以及 11 月至次年春运前的客流低谷时期，通过适当的提前或滞后措施，使高级修的检修工作尽量在客流淡季完成。如此，实现高级修与客流规律的融合，为动车组上线与客流需要的匹配奠定坚实基础。

（2）日常按照周客流波动规律安排车底上线。按照周客流波动规律安排动车组上线，就是以周二至周四为平峰、周五至周一为高峰，灵活安排保有动车组车底上线。通常，需要提前一周掌握下周天气，并对大型活动等影响因素进行分析，以便对下周客流波动曲线进行预判性修正，据此安排周末重联、增开列车计划；同时，车辆部门安排二级修时应尽量避开周末，以确保保有动车组上线率最大化。这样的做法既遵循了客流规律，同时也对临时性事件进行了预判，即以求真务实的做法实现车辆运用里程的有效走行。

(3) 灵活车底套用，压缩检修量。通过长套短措施来减少检修，如将每日检修的长交路与隔日检修的短交路套用。另外，用好 CRH380D 型动车组以及京沪高速铁路 5 000 km+500 km 一级修检修有利条件，灵活车底交路接续，用足检修上限。

3. 上海铁路局集团公司动车组检修方式改革探索

动车组修程分为五级，其中一、二级修为运用检修，在动车运用所内实施；三、四、五级修为高级修，在具备相应检修资质的检修单位内实施。目前，上海铁路局集团公司具备 CRH2 型动车组（含 CRH2A/B/C、CRH380A/AL 型号动车组）三级修及 CRH3 型动车组（含 CRH380B/BL 型号动车组）三、四级修的资质。

自 2007 年以来，上海铁路局集团公司探索创新动车组运用检修方式及检修检测技术，先后推行了动车组一级修“上下分离、检修分离、库乘协作”、二级修“集中生产、流水施修”、高级修（三、四、五级修）“节拍化、流水化”等检修模式，开发应用了动车组健康管理与运维决策系统、车底检修机器人等检修检测技术，并与动车组制造工厂合作建立了动车组配件仓储物流中心，同时通过精细化的生产计划编排，规范作业标准执行，强化检修质量管控，使动车组运用检修生产工作不断精益求精，从而提高了生产管理效率，提升了高速铁路运营品质，满足高速铁路大客流运输的需求。

高速铁路移动设备主要是动车组，目前上海铁路局集团公司共配属 5 个系列 12 种型号，实施五级修制。其中一、二级修为运用修，主要由设在上海、杭州、南京、合肥、徐州的 8 个动车运用所负责；三、四、五级修为高级修，主要由生产厂家及上海动车高级修基地负责。

在运用修方面，实行一车一档管理，全面推行记名检、修、验，作业者自检、班组内互检、质检员他检和出库联合验收的“三检一验”制度，层层把关复核，防止动车组“带病”工作。CRH380B(L)型动车组一级修作业流程如图 7-14 所示。

针对动车运用所作业涉及专业多的情况，上海铁路局集团公司探索完善一体化作业机制，使各专业合署办公、协同联动、紧密衔接，从而有效解决动车出入库效率低的问题。

动车组一级修：在动车组运用 48 h 或 4 000 km/5 000 km（根据车型不同）时进行，是对动车组的例行检查和针对性检查。动车组一级修在动车运用所进行，是利用动车组运用间隔时间，主要通过人工目视和车载安全诊断系统对动车组的技术状态进行检查与检测，以便及时消除各类设备故障。

动车组二级修：CRH1 型动车组在运行到 3.3 万 km 或 30 天时进行；CRH2 型动车组在运行到 3 万 km 或 30 天时进行；CRH3 型动车组在运行到 10 万 km 或 90 天时进行。二级修作业是一级修作业的拓展和延伸，在遵循检修标准、保证不失修的基础上，根据检修周期，增加检修项点，实现动车组全面检修和重点保养。

动车组运用修程修制改革试验验证要历经检查检测、数据分析和状态跟踪，最终实现全面实施，实现提质增效目标，同时，通过延伸运行里程，延长运用时间，实现动车组有效供给

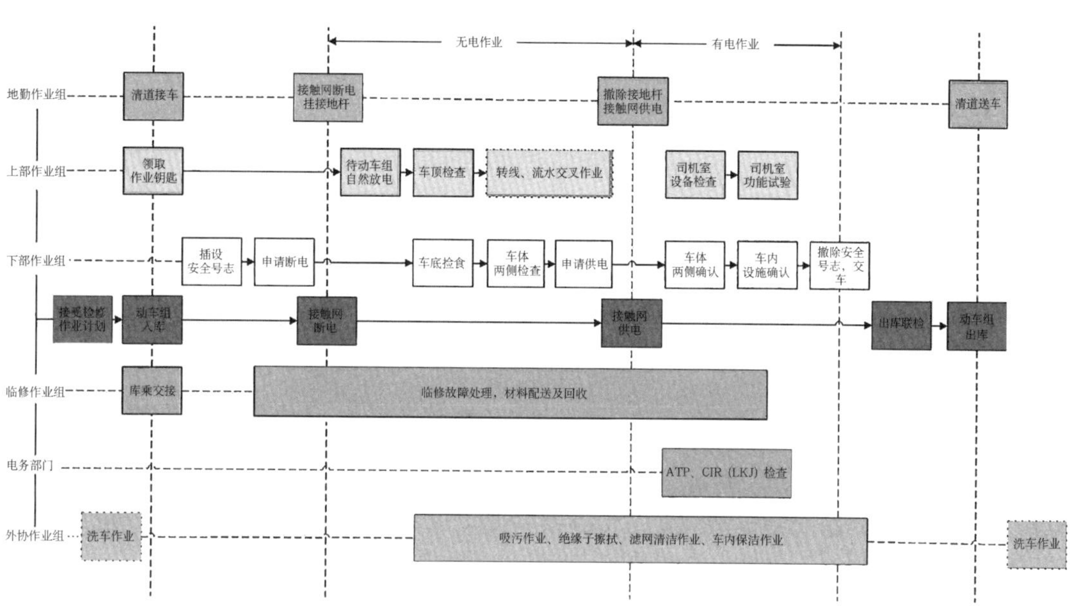

图 7-14　CRH380B(L)型动车组一级修作业流程

最大化。

动车组二型车一级修的检修周期由不大于 4 000 km+400 km 或 48 h，延长至不大于 5 000 km+500 km 或 72 h；三型车由不大于 5 000 km+500 km 或 48 h，延长至不大于 7 000 km+700 km 或 72 h。

动车组运用修程修制改革就是要优化动车组的检修周期、检修标准和检修范围，实现能供车、供好车。合理调整劳动生产组织的目的就是释放检修能力，提高生产功效，减少检修频次，降低检修成本，提高动车组供给率。在验证期间，上海铁路局集团公司有针对性地制订了安全管控措施，通过强化过程管控来保障检修质量和运行安全。

针对客流旺盛、开车需求大的情况，上海铁路局集团公司创新优化了动车检修生产组织，通过平行作业、流水作业、均衡排修、全天检修等多措施并举，提高效率、确保质量，努力为增加产品供给提供车辆支撑。

在高级修方面，加强高级修基地能力建设，积极开展技术攻关。目前，上海铁路局集团公司已具备 10 个车型三级修自主修资质，1 个车型四级修自主修资质，并且正在攻关五级修自主修资质。相较于送厂高级修，这样做既节约了成本、提高了效率，也强化了对设备质量安全主动权的掌握。

为了突破人力检修的生产效率瓶颈，将智能机器人技术应用在动车组检修领域，以提升动车组一级修的效率。通过不断研究和实践，将智能机器人技术与动车组一级修工艺相结合，最终在上海虹桥动车运用所研制并布设了一套“动车组入所在线智能检测系统”（以下简称“检测系统”），基本实现了动车组一级修作业中的车顶、车、车底相关部件的状态检测和故障自动识别。该系统主要由动车组入库动态检测装置、库内检测机器人系统等组成。其中，入库动态检测装置布设在虹桥动车运用所虹高 B 线踏面诊断库内，实现对动车组车顶、车侧及裙板相关部件的检测，适应列车运行速度 5～12 km/h；库内检测机器人布设在检修库 J8 道地沟内，实现对动车组底板、转向架等走行部件的检测。同时，辅以信息化管理平台，实现数字化的现场操作和检修信息闭环管理。

为了更好地发挥检测系统的优势，结合检测系统的特点，提出动车组级检修人机交替作业模式。该模式中，第一次动车组级检修作业由检修人员承担入库动态检测装置作业流程（以下简称“人检”），下一次动车组一级修作业部分内容便由检测系统承担（以下简称“机检”），如此人检、机检循环交替。当采取机检作业时，系统负责对动车组车顶、车下、车体两侧实施快速例行检查；检修人员负责司机室的快速例行检查、试验，故障复核及处理。检测系统的应用逐步实现了动车组一级修作业由“人检”向“人机交替”模式的过渡，并形成了一整套功能齐全、运行稳定的动车组检测系统，最终达到在保证安全的前提下，提高动车运用所检修能力及生产效率的目的。

设置在上海虹桥动车运用所的“车底检修机器人系统”是智能机器人通过人机合理分工、人机作业有机结合的检修方式尝试突破人力检修效率的瓶颈。此外，智能机器人在长时间工作或夜间工作时可始终保持稳定运转的状态，这是人工不具备的特点。微库管理或按需配送模式完善了作业现场物流配送体系，提高了配件供应保障能力。

4. 构建动车组预警预测及健康管理体系

基于大数据进行智能运维管理是以故障预测与健康管理为核心，实现关键零部件服役性能状态智能评估、故障诊断及预警报警、故障精确定位、备品备件动态预测以及提供运维决策建议，从而为实现计划预防修向预见性维修转变提供支撑，如图 7-15 所示。

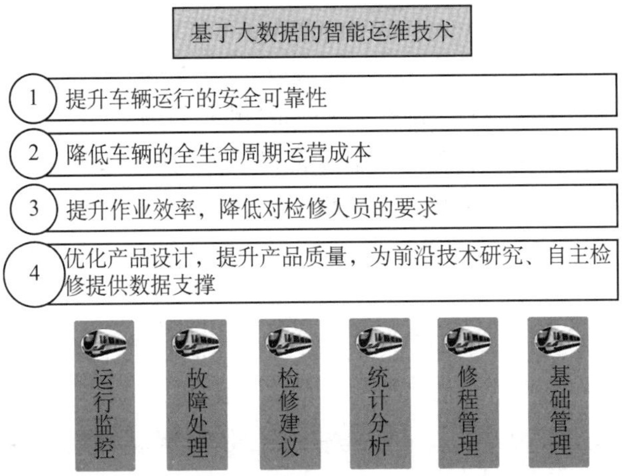

图 7-15　基于大数据的智能运维框架

智能运维需求要结合高速无线通信、信息安全、数字孪生等技术的故障诊断和维护技术研究与应用，实现智能巡检、故障精准定位和软件远程升级、趋势分析预测等功能。开展基于边缘计算的智能传感技术研究，实现列车状态感知数据的分散预处理、智能传感的局部试验和考核验证，满足列车健康诊断的轻量化和快速反应需求。研究车辆高度自感知、自诊断、自修复的诊断和维护技术，以满足车辆自动化和智能化的进一步需求。

1）建立覆盖动车组全寿命周期的多源数据库

当前动车组运用检修过程中，存在大量相互独立的动车组相关信息系统，主要有动车组设计制造厂商的MRO系统、中国铁道科学研究院集团有限公司在全路范围内建立的动车组管理信息系统（EMIS）、高速动车组远程无线传输系统（WTDS）、动车组检测设备厂家自有的轮对踏面动态检测系统（LY）、受电弓及车顶状态动态检测系统（SJ）等。这些系统在当前动车组运用管理体制下，相互独立却又息息相关，形成了一个个信息孤岛，这对于日常使用来说极为不便，同时也无法从整体上进行大规模的数据分析和信息挖掘，无法满足当前动车组配属数量日趋庞大情况下动车组运用部门对信息精确掌握的需求。

结合当前的实际需求，对动车组管理信息系统（EMIS）、高速动车组远程无线传输系统（WTDS）、轮对踏面动态检测系统（LY）、不落轮镟机床、空心车轴探伤等的信息数据进行关联与融合，同时，进一步拓展现有数据采集渠道，通过建立动车组入所在线智能检测系统和加装动车组转向架故障监控系统，采集动车组转向架的状态和振动数据，以建立覆盖动车组全寿命周期的包含履历数据、故障数据、车载状态数据和检修检测数据的数据库。这样一方面为动车组性能状态的长期跟踪分析和故障应急指挥提供全面丰富的信息数据，另一方面也为动车组故障预警预测和维修决策提供有力的数据支持。

2）建立关键部件故障预警预测模型

PHM技术应用的一项重要内容就是通过跟踪研究部件的服役性能演变规律，从而预先诊断部件或系统完成其功能的状态，以确定部件正常工作的时间或里程长度，即开展部件的故障预警预测工作。上海铁路局集团公司基于搭建的覆盖动车组全寿命区间的多源数据库，对动车组关键部件开展长期跟踪监测，研究其服役性能演变规律，并采用可靠性、大数据、机理研究的方法，建立故障预警及性能预测模型，先后建立了动车组车轮、轴箱轴承、齿轮箱轴承、牵引电机、转向架整体、客室空调、客室侧门、蓄电池等关键部件的故障预警模型，相关模型的主要建立方法如下：

（1）通过分析车轮多边形与运行总里程、镟后里程、季节因素、平均速度、运行线路等因素的关联关系，采用决策树算法进行因素分析和模型训练，建立车轮多边形预警模型，并与现场多边形测试数据进行比对和验证，实现对车轮多边形程度的预测，从而指导运用部门合理组织开展车轮镟修工作。

（2）通过研究轴承的温度变化情况与动车组速度、环境温度、运行时间、线路情况及个体差异等因素的关系，采用离群因子检测、异常值检测的方法，从绝对温度、同侧温差、等效温度三个维度对动车组轴箱轴承、齿轮箱、电机早期故障进行预警。

（3）通过软件仿真的方法建立高速列车耦合系统动力学模型，基于动车组日常检修过程中采集到的动车组走行部部件的检测参数，对动车组走行部稳定性、车体平稳性、轮对作用情况、转向架振动情况、脱轨安全性等进行计算和评估，并给出相应的预警信息和维修建议。

（4）基于客室空调压缩机高低压、客室温度数据建立客室空调预警模型，对客室空调制冷剂不足、漏氟及其他空调性能异常的早期故障进行预警，结合动车组日常一、二级修过程对报警车组空调进行入库排查，避免途中空调故障带来的巨大影响。

(5) 通过对侧门开关门过程中电机电流、电机电压及过程执行时间等参数进行记录和分析，描绘车门动作过程中各参数的变化情况，并选取车门电流值、动作时间等参数作为车门动作性能参数，通过置信区间法和奇异值检测的方法筛选出性能异常的车门，以便在日常维护中加强维护保养。

(6) 通过对蓄电池充放电原理进行研究和分析，结合动车组日常运用规律，基于远程实时数据中环境温度、列车网压、蓄电池电压等数据变化情况来判定蓄电池的性能状态，对出现性能下降的蓄电池单元及时安排进行入库排查。

随着动车组车载感知网络的完善、故障机理研究和数据规律分析的深入，故障预警的范围和准确性也将不断得到提高。对于故障预警模型的研究和应用，推动了运用部门对动车组故障和异常事件从被动响应向主动预防转变，以便及时对早期故障进行预警，从而可以更好地保障动车组运行安全和运输秩序。

3) 建立动车组应急指挥辅助决策模块

当前，在应对动车组途中故障的处置过程中，通常采用局、段两级应急指挥中心的方式进行处置，极大地提高了各种非正常情况下的应急响应能力，保证了高速铁路的运营安全。但同时，由于我国高速铁路建设与运营时间较短，在动车组应急指挥建设方面存在如下短板需要补强：

(1) 动车组运用维修领域各子系统数据信息基本完备，但互联互通、数据共享还不够，在应急处置过程中大多依靠各种系统的切换来获取信息，不便于快速综合各种信息，制订应急处置方案。

(2) 动车组途中故障处理的预估时间只能依靠应急指挥人员的经验来判断，误差较大，不利于指挥效率的提升以及后续应急处置方案的制订。

(3) 应急处置方案的制订以及采取何种应急预案都主要依靠应急指挥人员人工优选，因此难度大、要求高。如遇途中动车组发生故障，如何根据故障发生时具体的故障信息、部件实时数据信息、环境数据、人员信息等选择最优的应急预案，尚缺乏合理的应急处置方案评估与优选体系。

(4) 日常应急指挥过程中产生了大量的指挥经验和应急数据，但未能实现结构化存储，且没有有效的知识沉淀机制，从而导致知识流失严重。同时，数据孤岛和原始的应急数据处理方式导致无法对应急相关数据进行充分挖掘和利用。

动车组应急指挥决策功能模块着重围绕应急处置、科学决策、知识沉淀和应用共享等方面进行构建，通过构建知识引擎、数据挖掘算法、智能检索系统、智能推荐系统等基础组件，提供方案管理、流程管理、决策辅助、统计分析等基础功能，实现应急处置、方案优化、应急监控与管理等应用，通过面向应急指挥决策系统自身以及应急指挥人员、管理人员等提供应急处置记录和相关数据的分析应用，采用预案推演等手段，辅助其优化应急处置流程和预案，实现应急处置的不断学习和自我完善。

4) 开展部分部件的视情维修

随着动车组车载信息感知网络、车地通信技术以及先进的诊断与预测等技术手段的运用，现已具备对动车组部分部件开展视情维修的能力。因此，选取了 CRH380B(L)型动车组主变散热装置、牵引电机通风装置这两个部件的日常维护保养作业为例开展视情维修的探索。

(1) 通过对现有监控参数的筛选分析，结合日常检修的要求，发现主变出口油温能够很好地反映主变散热装置的性能。通过对主变压器散热装置性能恶化时的故障机理进行分析，建立根据主变压器散热装置的热平衡油温动态判断维修时机的策略，形成一整套能够投入实际运用的主变压器散热装置视情维修方案，实现散热装置清洗和滤棉更换作业的视情维修，减少散热装置清洗和滤棉更换作业，提高滤棉使用寿命。

(2) 通过研究牵引电机轴承温度演变规律、轴承温度与通风量的对比、轴承温升数据分布、同架轴承温差分布等，了解牵引电机轴承性能及通风性能变化规律，实现牵引电机轴承故障预警和通风装置清洁的视情维修，降低日常检修过程中固定周期开展的牵引电机通风量测量和通风装置清洁的工作量。

5) 建立动车组部件及整车的健康评估体系

动车组部件或整车的健康状态评价对于动车组的健康管理体系至关重要。通过对健康评估过程中各个维度的研判，可以有针对性地进行故障预测；通过对同类车组健康评价等级变化趋势的研判，可以为高级修周期的优化提供数据支撑；通过对车组健康等级趋势的研判，可以对车组后续健康等级的变化趋势进行预测；通过对动车组开展健康评估，可以为动车运用所在日常生产过程进行选车用车、故障排查及维修时间上下限的调整提供一定的参考。

健康评估体系通过对动车组关联数据的分析，并结合现场的运用经验，采用三个维度(动车组走行公里、故障历史、部件检测参数)的数据结果分析合成的方式来进行动车组部件和整车的健康状态评估。对于三个维度的具体选取方法可采用一种“仿生”的思路，即动车组走行公里反映了动车组的健康状态随时间年限变化的共性规律，故障历史反映了动车组健康状态个体的差异，部件检测参数则能够直接反映动车组当前的健康状态相关性能指标。由于单个维度的评估是对动车组健康状态的一个不充分证据，合成的本质则是综合这些不充足的证据来推断动车组的健康状态，达成这一目的的可行的方法是使用 D-S 证据合成。所谓 D-S 证据合成算法是自行判断证据充足程度以及各证据之间是否有冲突来动态合成结果。通过采用这种方法可将动车组部件和整车健康状态分成“健康”“良好”“注意”“恶化”“疾病”5 个等级，以便于动车运用部门开展故障排查、倾向性问题整治及动车组健康状态趋势研判。

第8章　综合维修天窗设置及其组织

8.1　维修天窗概述

天窗是指列车运行图中不铺画列车运行线或调整列车运行线为施工和维修作业预留的时间，按照用途可以分为施工天窗和维修天窗。高速铁路每日安排维修天窗，原则上不应少于4 h。高速铁路综合检修施工作业是指在牵引供电、通信信号和线路基础设施等多个部门的相互配合协调下，经运输调度部门统一安排，对高速铁路线路设备进行施工、检查、保养和维修作业。

高速铁路施工天窗包括技术改造、线路大中修、大型养路机械施工、接触网大修等施工作业。高速铁路的综合维修作业主要包括对供电设备、通信信号设备、线路基础设施等固定设备进行日常性的检查维修和养护工作，即综合工务、供电、信号三类维修作业。

综合维修天窗的实现可以解决列车正常运行与设备检测维修施工之间出现的矛盾。通过制订合理、规范的维修计划，可以有效避免部分设备漏检、漏修，保证线路的维修质量，切实提高运营安全及可靠性。综合维修天窗的开设既保障了维修工作人员的安全，又降低了维修作业对行车的影响。综合维修天窗将通信信号、供电、工务等多种作业协调配合，不仅有利于人力资源、时间、技术的节约和综合性利用，也使得维修工区的日常管理更加简洁明确，克服了过去存在的分散及重复作业的缺点，提高了工作效率，减少对行车的干扰，同时，各设备管理单位一起进行设备检修、养护作业还能加强各工种人员之间的技术合作与交流。

8.2　维修作业内容

天窗的开设时段受多种因素影响，主要有运输组织模式、本线客流日分布情况、跨线客流分布情况。高速铁路一般在0:00—6:00(可适当减少)开设综合维修天窗，天窗形式常采用垂直矩形方式。高速铁路天窗的开设时长与工务维修作业、电务维修作业、接触网维修作业时长以及辅助作业时长有关。在旅客提出的各类客运需求中，安全性是最为重要的。为确保旅客出行安全，不论高速铁路的通过能力多么紧张，都需要预留足够的时间来定期检修线路、信号以及供电等固定设备，而这些养护维修工作都需要综合维修天窗一定的时间长度和连续性作为保证。

综合维修天窗的开设就是要对设备进行检查、维修和养护。我国高速铁路的一般维修内容有工务维修、电务(即通信信号)维修和供电(即接触网)维修三种类别，综合维修天窗的时长需要保证这三种维修作业都能顺利按时完成，因此，综合维修天窗的时长取决于三种作业中耗时最长的单项维修作业所需的时间。

1. 工务维修

我国既有线铁路在其轨道设置中采用的是有砟轨道，则相应的养护维修工作就会涉及钢轨打磨以及道砟的捣固、清筛、起道等其他部分辅助性的工作，此类工作主要是通过线路道岔捣固机以及高性能道砟清筛机等方式来完成，其占用的维修时间相对较长。

我国高速铁路绝大部分采用的是无砟轨道，无砟轨道采用沥青混凝土或沥青混合料等取代过去的道砟道床，是一种新型的轨道结构，列车在其上运行会更加稳定，旅客乘坐也更为舒适，因而无砟轨道在高速铁路上广泛使用。由于无砟轨道没有道砟，其工务维修就没有既有线工务维修中与道砟有关的抬道、清筛、捣固和换枕等作业，故维修作业项目减少，主要内容包括：扣件整理、轨道方向调整、轨道高低调整、道岔调整、钢轨及道岔打磨、日常检修及个别钢轨更换等作业。一般在夜间设置 4 h 天窗就能满足无砟轨道工务维修作业的要求。

轨道直接关系到列车运行的安全性、平稳性，以及旅客乘坐的舒适性，故轨道维修是工务维修工作的重中之重。工务维修作业时间长短主要与轨道类型、维修设备、维修机构、维修周期、维修内容、最大单项作业时间、维修方式等因素有关。无砟轨道的维修时间为 2.5 h 左右。

国外高速铁路发达国家的轨道维修实践经验非常丰富，他们普遍利用维修效率较高的大型机械在夜间进行工作，但由于各自天窗的设置方式不同，因而施工维修的作业时间也略有差异。由于白天线路繁忙，行车密度高，基本没有空余的间隔时间可用于施工维修，故通常在夜间行车量小的 0:00—6:00 时段开设天窗，但有的国家也会在白天增设一定时长的天窗，如法国 TGV 等，主要进行一些补修工作。

借鉴国外高速铁路的运营实践成果，我国也主要利用大型维修机组对线路设备进行维修。结合我国高速铁路速度高、密度大的特点，以及线路通过能力的实际情况，0:00—6:00 依然是开设综合维修天窗的最佳时段。不同时长的天窗与大型维修机组平均作业效率的关系如图 8-1 所示。

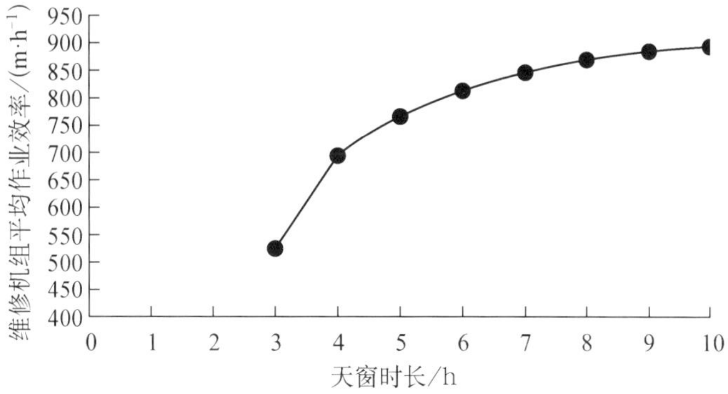

图 8-1　天窗时长与大型维修机组平均作业效率的关系

从图 8-1 可以直观地看出，天窗时长越长，大型维修机组的平均作业效率就越高，但是曲线斜率(即维修作业效率的增幅)略有变化,当天窗时长为 3～4 h 时增幅最大;4～5 h 时增幅稍小;大于 6 h 后增幅就不明显了。若大型维修机组的平均作业效率最低取 700 m/h,则必须开设 4 h 以上时长的综合天窗;同时,为确保列车在线路上有足够的运行时间,综合天窗时长不能超过 6 h。综上所述,在确保能够开行足够数量的列车满足客流需求的前提下,为便于大型维修机组平均作业效率得到充分利用,有砟轨道较为合理的天窗维修时长为 4～6 h。

2. 电务维修

电务维修主要包括地面信号机、行车闭塞设备、电源屏等信号设备、轨道电路等方面的维修作业,其内容较为简单,所需时间也较短。信号设备的检修作业时间远远小于工务维修和接触网维修的作业时间。因此,电务维修一般不会成为制约我国高速铁路综合维修天窗设置时长的限制因素。

高速铁路上的电务维修作业时长与既有线上的作业内容基本一致,主要是对沿线设备点、电容和应答器、融雪装置控制柜、道岔牵引点、信号机等进行维修;同时也需要对信号、轨道中间设备的防护设施进行检修和更换。电务维修作业时长一般为 2 h 左右。

通信信号设备的养护维修以预防为主、整修为辅,主要包括大修、中修和维修。大修是对设备进行整修,以确保信号设备的质量;中修是对现场的规定设备进行集中修,以及对可以替换的通信信号设备进行大修;维修是对信号设备进行日常养护和修理,以保证其状态良好。由此可知,我国高速铁路通常将平日通信信号设备的养护工作和维修工作分开进行,以确保通信信号设备的维修效率与维修质量。对信号的检修工作是在天窗时间内完成的,它直接关系到行车检修内容;而对于一些大型的、较为困难的检修工作,由于耗时较长,天窗时间内不允许,故需要将其安排在月计划里时间较为充裕的时候进行。此外,就线路中影响列车运行安全的信号设备故障问题,一定要及时发现并及时处理,最大可能地避免由于设备隐患造成行车事故。

3. 供电维修

我国既有电气化双线铁路的接触网维修作业的天窗时长一般设为 1.5～3 h。而高速铁路由于采用了更先进的维修设备和更先进的技术手段,故其接触网的维修作业时间会有所减少。由此可知,接触网正常维修作业时长要小于工务维修所需时长。因此,接触网维修在时间设置上可以采用分段开设形式,与工务维修天窗重合设置,以提高综合维修作业效率,避免分散作业带来的重复操作和时间浪费问题。

随着维修技术设备的不断进步,高速铁路采取大型机械对接触网进行检修。此外,基于现行规定和实际运营的需要,天窗也设置在夜间,时长为 1.5～3 h,且与工务维修同时进行。接触网维修作业的内容主要包括:绝缘子清洗、零部件质量检查换修、架线作业、调整接触悬挂、日常巡检等;另外,偶尔还会整段更换接触网导线。高速铁路线上的接触网维修工作内容与既有线上作业基本一致,作业时长为 2.5～3 h。

综上所述,就高速铁路线上的天窗作业时长而言,在有砟轨道情况下,综合维修天窗时长取决于工务维修作业的时长,一般需要开设 4～6 h 的天窗;在无砟轨道情况下,综合维修天窗时长也取决于工务维修作业的时长,有条件的可开设 3 h 或 4 h 的综合维修天窗。我国高速铁路主要在夜间 0:00—6:00 开设时长为 4～6 h 的综合维修天窗,以保证工务、接触网和通信信号等设备的检修工作顺利进行。在无砟轨道情况下,接触网的维修对天窗时长的确定起到了决定性作用。需要明确的是,天窗时长并不是一成不变的,而是需要根据技术设备的状况以及列车开行数量等不断进行调整的。

8.3 维修组织体系

8.3.1 维修组织理念和方式

1. 维修体系

维修实践需要思想观念作为指导,这种思想观念被称为维修思想。在一定的维修思想指导下,制订出的一套规定与制度(如维修计划、维修类型、维修方式、维修等级、维修组织、维修考核等)称为维修制度。目前,世界上的维修思想和制度可分为两大体系:在以"预防为主"的维修思想指导下,以磨损理论为基础的计划预防维修制度;在以"可靠性为中心"的维修理念指导下,以故障统计理论为基础的预防维修制度。

2. 维修方式

维修方式是指对设备维修时机的控制。也就是说,对维修时机的掌握是通过采用不同的维修方式来实现的。目前,维修方式有三种:

(1) 定期维修(又称计划修)。定期维修是以使用时间作为维修期限,只要设备到了预先规定的时间,不论其技术状态如何,都要按规定进行维修工作。这是一种强制性的预防修理。定期维修的关键是如何确定维修周期。正确的维修时机应该是偶然故障阶段的结束点,即在故障率进入耗损故障期急剧上升之前。

(2) 视情维修(又称状态修)。视情维修是指对设备参数值及变化进行连续、间接或定期监测,以确定设备的状态、性能是否下降,并定位其故障和失效部位,记录和追踪失效的过程和时间的一种维修。视情维修认为大量故障不是瞬间发生的,而是有一个从发生到发展、最后形成故障状态的过程,总有一段出现异常的时间,而且有征兆可寻。

因此,如果找到跟踪故障迹象过程式的方法,将观察到的设备运行状态和规定标准进行比较,则可采取措施预防故障发生或避免故障后果,从而决定设备是继续使用到下一个检查期还是需加工修理后使用,或进行零部件的更换或报废。

(3) 事后维修(又称故障修)。事后维修是在设备机件发生故障之后才进行修理。实践证明,有些机件即便发生故障也不会危及安全造成恶果,它们或是故障规律不清,属于偶然发生,或是虽属耗损型故障,但不值得大动干戈,事后维护更经济。

定期维修和视情维修均属于预防性维修,可以预防渐进性故障的发生;事后维修则是非预防性的,多用于偶然故障或用于预防维修不经济的部件。定期维修是按时间标准进行送修,视情维修是按实际状况标准,而事后维修则没有明确的维修时间。三种维修方式各有其适用范围,故应根据具体情况,选择合理的维修方式。在现代复杂设备上往往三种维修方式并存,相互配合使用,以充分利用各个机件的固有可靠性。

8.3.2 “三位一体”综合维修管理模式

“三位一体”综合维修管理模式是指工务、电务、供电三个专业从检修周期、检修项目、计划编制、生产组织、出行方式五个方面进行优化组合，消除各专业之间的结合部问题，实现生产统筹协调、计划统一平衡、劳动组织优化、生产效率不断提高，并以最小的成本投入达到高速铁路基础设施综合维修的目的，为运输提供安全稳定、质量可靠的高速铁路基础设施。

不同于既有的工务段、电务段和供电段，上海铁路局集团公司成立上海高速铁路维修段，实行“三位一体”综合维修管理模式，涵盖工务、电务、供电三个专业，具有工区管辖范围大、人员少、设备多且复杂等特点。由于原有的工务、电务、供电专业在天窗管理机构、申请流程、出行方式、安全控制等方面存在较大差异，因此，必须对既有专业的天窗管理方式进行有效整合和专业融合，从而创建高速铁路维修作业设计的天窗管理体系。

高速铁路每日安排维修天窗，原则上不少于 4 h(国家铁路集团公司另有规定时除外)，按照作业复杂程度和设备影响范围，维修项目分为一级修和二级修。在年度框架下，高速铁路维修段技术科每月下达生产任务，车间分解到周，经平衡后报段。段每周召开综合维修计划平衡会，提前 3 天将日计划申请提报集团公司。每日 13:00 前维修段计划调度员在集团公司天窗管理系统中下载次日计划，核对无误后在段网页中公布。15:00 前工区签收，并召开工长协调会，合理安排劳力和出行工具。

1. 统一天窗安排

铁路天窗是指列车运行图中不铺画列车运行线或调整、抽减列车运行，为营业线施工和维修作业预留的时间。天窗资源的安排利用是否科学合理，对于运输资源的利用而言至关重要。针对高速铁路施工维修任务重、天窗资源紧张的特点，上海铁路局集团公司组织运输、工务、电务、供电、调度等部门，深入现场跟班写实，广泛组织研讨，科学优化天窗安排，以确保资源得到最大化利用。

(1) 细分天窗单元。按照全站范围和两站上、下行线区间分别划分为车站、区间，并以此作为基本单元；接触网检修作业按供电臂划分停电单元，改变了以往按照车站、区间简单划分所造成的天窗资源浪费。

(2) 强化资源综合利用。明确工务、电务、供电多专业天窗共用，在同一区域内实施集中作业；允许维修天窗与施工天窗同步实施，当有作业车配合时，相应地制订安全卡控措施，在确保安全的基础上，实现资源共享共用，提高天窗利用率和维修作业效率。

2. 统一生产计划

为统筹平衡各专业维修作业安排，从计划源头进行规范，制订年、月、周、日四级生产计划。由集团公司各专业部室牵头制订年度轮廓计划，由各工务段牵头组织相关站段共同研究编制月度生产计划，并由专业部室审核下达。

在此基础上，专门增加周计划安排，由工务车间牵头组织其他专业车间，按照综合维修、天窗共用的原则，共同协调平衡综合维修工区周计划，经设备管理单位、业务部室、集团公司施工办逐级审核后下达。日计划由综合维修工区工长牵头相关专业联合细化实施方案，共同抓好执行落实。所有计划的提报、审核、下达流程均通过集团公司施工综合管理平台操作,以便提高效率,强化对施工作业的全过程管理。

3. 统一作业组织

(1) 联合检查。由综合维修工区统一组织,根据不同专业设备检查周期,对工务与电务、工务与供电、电务与供电等专业结合部设备进行联合检查,为编制维修计划及统筹天窗利用提供依据。

(2) 联合作业。根据检查结果及维修计划,综合维修工区统一编制联合作业方案,各专业共同审核签认后实施。针对工务、供电作业车辆在同一区间作业需连挂往返的情况,修订综合维修车组作业管理办法,明确作业车连挂作业、人员上下道等相关要求,确保运行安全。

(3) 联合验收。每次联合作业结束后,各专业共同对作业质量进行检查和验收,共同对工具材料进行检查清点,共同对检查结果确认负责,确保维修质量到位。

4. 统一防护体系

(1) 驻站联络。由车务应急值守人员(车站值班员)担任,主要负责天窗封锁及开通命令的传达,按规定做好作业车的运行组织、开行信息的传递、作业过程的防护、道岔作业时操纵等事宜。

(2) 登记销记。实行作业主体单位负责的各作业单位联合登记制度,车务应急值守人员根据调度命令,到点后代作业单位完成承认登记。作业结束具备开通条件后,由作业主体单位现场主防护员通知车务应急值守人员办理销记手续。

(3) 效率提升。为便于现场(主)防护员、车站值班员的沟通联系,上海铁路局集团公司主导研发了综合维修高速铁路防护辅助系统,实现了维修作业防护联系表的编辑和提报、调度命令签收、来车防护等功能,极大地方便了现场主防护员、现场防护员、车站值班员之间的联系,强化了行车单位与设备管理单位的联劳联动、联防联控。

5. 统一应急处置

(1) 完善制度。为了有序、高效地进行应急处置,制订了相关办法措施,规范了道岔等故障应急处置流程。

(2) 成立队伍。综合维修工区成立了综合应急处置小组,对有关设备故障进行现场联合处置。日常组织综合维修工区人员进行跨专业学习、培训,提高应急处置能力。综合维修工区每年组织不少于一次联合应急演练,以提高应急救援队伍快速反应能力。

(3) 统筹协调。统一配置应急车辆等抢险工具,由综合维修工区的工长统筹协调,建立每周应急抢险车辆和司机值班表,确保应急出动。

8.4 天窗设置方式

天窗的开设形式主要有 V 形和矩形(垂直型)两种基本形式,在此基础上进行组合可演化出各种不同的天窗开设形式,以满足不同线路的综合施工维修作业需求。目前,常见的天窗形式可分为:垂直矩形、V 形、Y 形、r 形、X 形、平行矩形、隔日单向矩形、双向分隔式矩形和分段垂直矩形。其中,垂直矩形和 V 形天窗是高速铁路线上常用的天窗模型。

1. 垂直矩形天窗

垂直矩形天窗是指在 0:00—6:00 时间范围内，确保其中 4 h 上、下线均停电，以进行全线上、下行方向同时施工的天窗作业。其优点是综合维修时不受列车影响，维修作业效率和安全性相对较高。缺点是对夜间列车运行的影响较大，降低了列车的旅行速度，从而造成通过能力下降。同时，区域内的所有列车都需要在车站等候天窗，这对车站的到发线等设备的通过能力有极高的要求，而且在天窗结束后，由于大量高速列车在车站停靠，因此需要对高速列车密集发车，这便致使车站的运营组织工作更为复杂。图 8-2 所示为垂直矩形天窗示意。

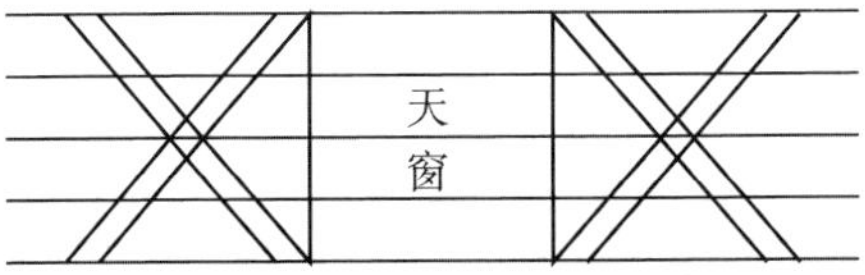

图 8-2 垂直矩形天窗示意

2. V 形天窗

开设 V 形天窗是指在天窗时间内，运行图的上、下行方向安排一线组织列车按单线行车，另一线进行维修施工天窗。在运行图上，上、下行共存在两个综合维修天窗时间段。

V 形天窗在天窗时段内提供了单线行车通道，以保证全天内均可行车，从而便于日常运行调整，同时也降低了对夜间行车的影响。但由于上、下行一线维修、一线行车，将会产生如下问题：

（1）两线作业相互干扰，降低了维修作业和列车运行的安全性。

（2）V 形天窗的开设形式并不能解决渡线检修问题。

（3）上、下行分别安排天窗时间会增加天窗维修作业的总时间，导致影响区变长，甚至有可能会影响高速列车的日间发车。

（4）V 形天窗的开设会极大地影响逆天窗运行方向列车的旅行速度。

图 8-3 所示为 V 形天窗的示意图。

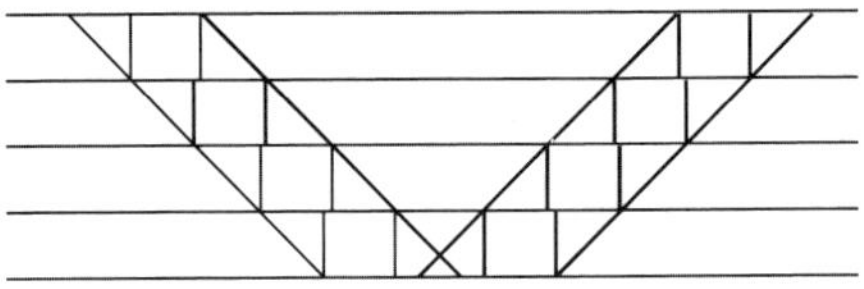

图 8-3 V 形天窗示意

3. 混合型天窗

1）Y 形天窗、r 形天窗和 X 形天窗

天窗的基本形式为垂直矩形天窗和 V 形天窗，此外还有其他形式的天窗，如 Y 形天窗、r 形天窗和 X 形天窗。这三种形式的天窗均为垂直矩形天窗或 V 形天窗的组合或变形，故具有两种基本天窗的特点，多为既有线天窗的选择形式。

Y 形天窗是将天窗分为两端，分别开设矩形天窗和 V 形天窗。其优点是天窗内无列车运行，这样就增加了维修作业时间。其缺点是矩形天窗与 V 形天窗相邻处有较多的时间浪费,通过能力损失较大。Y 形天窗示意如图 8-4 所示。

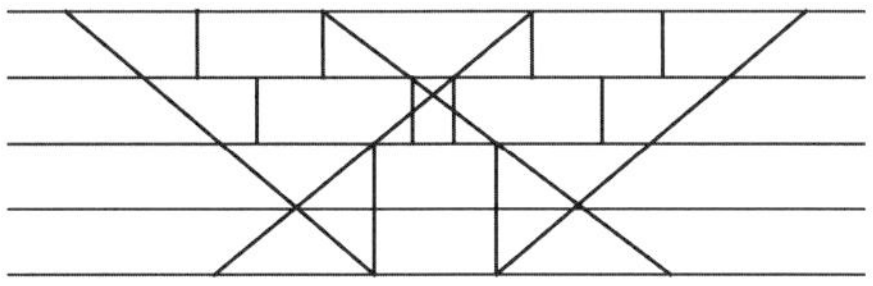

图 8-4　Y 形天窗示意

r 形天窗是指在整个区段中,按上、下行方向分别设置天窗,其中一个方向为矩形天窗,另一个方向为有重合的阶梯形矩形天窗。使用 r 型天窗可以确保其中一个方向的列车运行速度得以提高,而缺点则是组织反方向行车时,由于天窗内有列车运行,故存在安全隐患,同时,对另一个方向的列车旅行速度也会有影响。r 形天窗示意如图 8-5 所示。

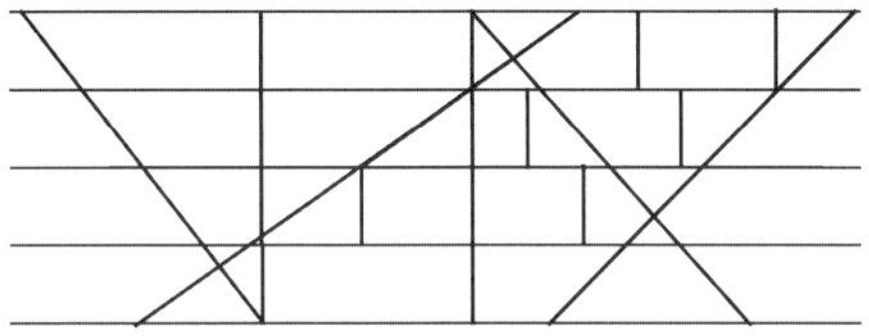

图 8-5　r 形天窗示意

X 形天窗是把高速铁路线上的某个区段或是全线分为两段,分别开设 V 形天窗。它具有 V 形天窗的优点和缺点,但它比 V 形天窗占用的相邻天窗开设时段的范围要小,因此适合在较长的线路或区段上使用。X 形天窗示意如图 8-6 所示。

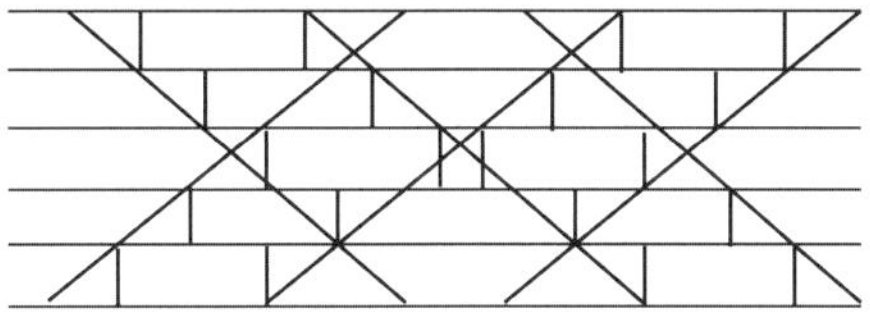

图 8-6　X 形天窗示意

2）平行矩形天窗

平行矩形天窗是指在某一个区段上,上、下行方向分别构成两个互不重合的矩形天窗。这一天窗形式可解决列车运行线铺画问题,且全天都可以运行列车,但是由于占用了较多的日间发车时段,因而不利于白天发车,同时维修作业会对行车作业造成一定的影响。平行矩形天窗示意如图 8-7 所示。

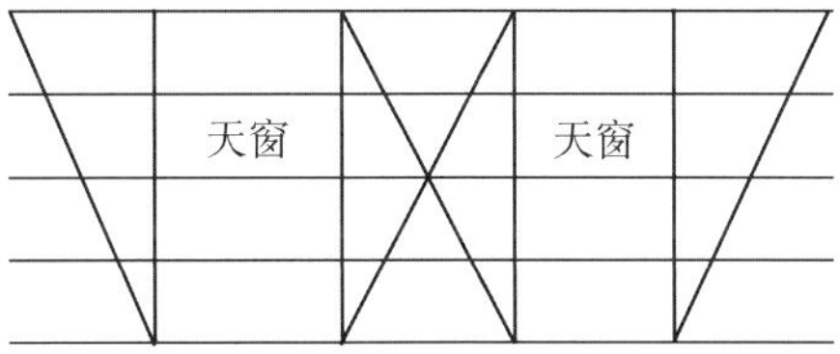

图 8-7　平行矩形天窗示意

3）隔日单向矩形天窗

隔日单向矩形天窗具有矩形天窗的优点，使用该天窗形式时，运行图将上、下行维修施工工作按单双日分开，一线单线组织列车运行，另一线进行天窗施工。这种形式存在维修作业与临线行车之间相互干扰的问题。

4）双向分隔式矩形天窗

图 8-8 所示为双向分隔式矩形天窗示意，天窗时间上、下行均提供 1 h 安排需要通过的列车运行，如图中阴影部分所示，其余时间用于维修天窗。该形式具有垂直矩形天窗和 V 形天窗的特点，不仅解决了 V 形天窗开设范围太大以致影响白天发车的问题，而且通过组织一线施工、一线行车也解决了列车运行图铺画问题。但这种天窗形式同隔日单向矩形天窗一样，存在维修作业与临线行车之间相互干扰的问题。

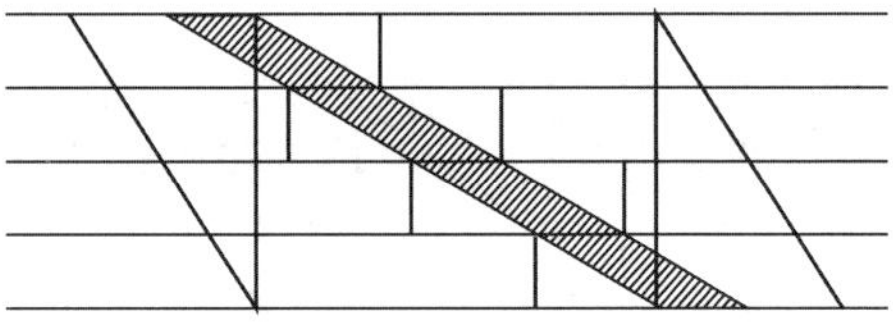

图 8-8　双向分隔式矩形天窗示意

5）分段垂直矩形天窗

分段垂直矩形天窗是指将高速铁路线分为多段，分别开设垂直矩形天窗，并按照一定的倾斜方式排序，以确保上、下行每一区段均得到综合维修。其优点是列车运行与天窗时间互不干扰，维修作业效率和安全度均较高；缺点是对于对向列车的运行影响较大，且对列车运行图的铺画造成一定限制。分段垂直矩形天窗示意如图 8-9 所示。

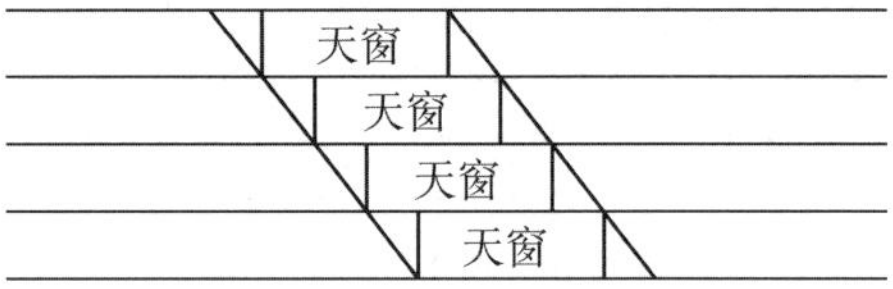

图 8-9　分段垂直矩形天窗示意

4. 临时补修天窗的开设及施工调度员岗位的设置

临时补修作业主要有：整修轨道几何尺寸、修理或（和）更换道岔及伤损钢轨、无缝线路局部应力调整、疏通严重淤塞的线路排水设备和处理严重冲刷的路肩和道床等。高速铁路因设备故障、临时性维修作业、自然灾害等原因造成的大面积列车晚点等突发事件难以避免。在此情况下，维修作业的地点、时间及维修内容均具有突发性和不确定性，并且时间要求高。而临时补修天窗不受综合维修天窗开设方式和开设时间的限制，也不受白天行车无天窗时间的限制，是一种非正常的作业方式。虽然，对于高质量的高速铁路而言，这种情况发生的概率较小，但也必须考虑到非正常的作业方式所带来的天窗开设需要。

通常，铁路局集团公司调度所会设置高速铁路施工调度员岗位。施工调度员主要负责组织完成编制高速铁路施工日计划、高速铁路维修计划，同时完成高速铁路施工维修日计划的调整和补充工作。施工调度员负责编制次日的高速铁路施工日计划、施工调度命令及高速铁路天窗修计划，并按规定向相关单位、部门发布高速铁路施工日计划、施工调度命令和天窗维修计划；同时负责以上计划的核对工作，逐一核对计划及命令中的施工作业项目名称、地点、时间、内容、影响范围以及轨道车运行计划与月度施工计划是否相符，若不相符，则不准编入施工日计划，并通知有关部门进行修改。施工调度员的工作是平衡天窗维修计划与施工日计划，一旦遇到冲突可及时调整；同时指导高速铁路行车调度台组织施工维修，并协调解决施工过程中临时发生的问题，具体如图 8-10 所示。

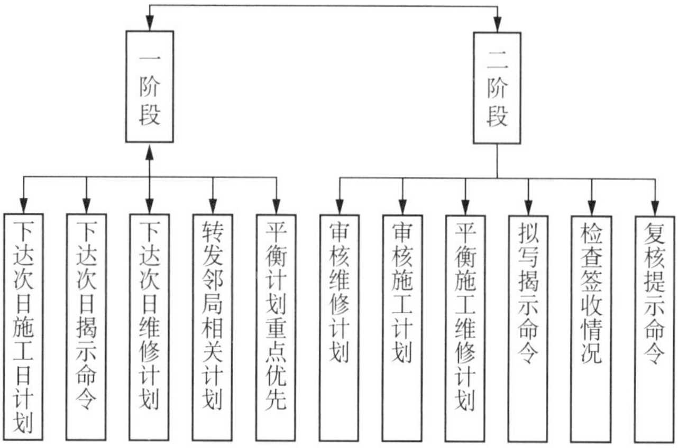

图 8-10　施工调度员负责施工及天窗修计划工作流程

8.5　案例分析：开行夕发朝至动车组列车时的天窗设置

随着高速铁路的不断发展，其开通范围逐渐增加，多条高速线路连通，旅客的运输需求也在不断变化，长距离旅行需求也在随之增加，夕发朝至高速列车便应运而生了。根据运营需要，部分高速铁路开行夕发朝至列车。夕发朝至列车的开行不可避免地会在 0:00—6:00 产生夜间行车需求，这就会使行车和维修产生冲突。此时，原有的垂直天窗已不再适用，需要设置新的天窗类型。许多研究者和专家提出过不同的解决方案，主要有隔日单向矩形天窗和周期性天窗等。

夕发朝至列车是我国铁路中长距离运输的一种典型客运产品，其品牌和特色的固有优势较为明显。随着我国高速铁路的快速发展，部分区域已连线成网实现了网络化运营。受高速铁路综合维修、动车组检修及客运组织方案的影响，高速铁路动车组列车基本实行白天运行、晚间维护的模式。但为了充分利用高速铁路晚间运能，更好地满足市场需求和旅客出行需求，同时充分发挥高速铁路动车组安全、快捷、舒适和夕发朝至列车的品牌优势，自 2015 年 1 月 1 日起，铁路部门在北京—广州、北京—深圳、上海—广州、上海—深圳间增开了 8 对高速铁路夕发朝至动卧列车（以下简称“动卧列车”）。动卧列车此前虽然已在多条铁路既有线上开行，但是在高速铁路线路上开行尚属首次，开创了世界高速铁路客运组织的新模式。动卧列车的开行显著提升了高速铁路在 2 000 km 左右运距客运市场的竞争力。

高速铁路夕发朝至列车本线运行模式是指列车的始发站、终到站及运行径路都在高速铁路运营线路上。在该模式下，高速铁路综合维修天窗的设置需要避开列车的运行。但列车在运行过程中，若与综合维修天窗产生冲突，列车需在天窗作业开始前在上一站等待，直到天窗作业结束后，才能继续运行到终点站。

在本线运行模式下，解决高速铁路天窗设置与夕发朝至列车运行的冲突问题，主要有两种方案：①采用垂直矩形天窗，固定全线内天窗维护的时间，列车运行过程中，如遇到天窗作业，则停车等待；②采用不等线模式，根据夕发朝至列车的合理到发时间安排列车运行，优先保证列车的顺利运行，各区段内的天窗维护在列车运行范围外的时间段分别完成作业。在不等线模式下，采用分段矩形天窗的开设方式，解决夕发朝至列车与综合维修天窗的冲突问题，具体形式如图 8-11 所示。

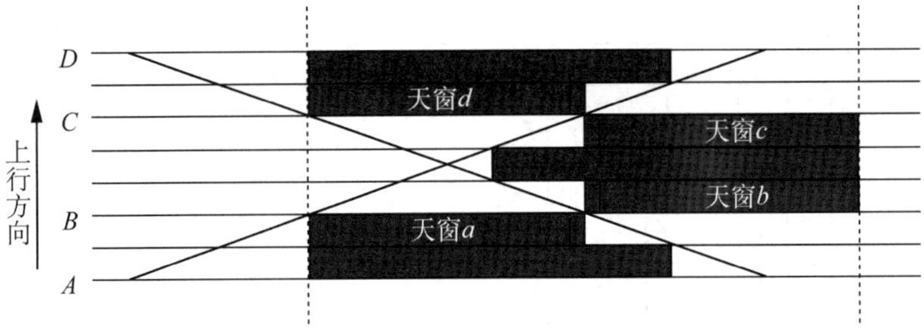

图 8-11 分段矩形天窗示意

综上所述，A 站至 D 站的各区段内，持续时间最短的综合维修天窗存在于天窗 a 至天窗 d 中，因此，只要满足上述 4 个天窗的持续时间足够完成综合维修天窗作业，即可保证 A 站至 D 站各区段均可顺利完成综合维修作业。

另外，在列车通过 B 站时，需考虑天窗 a 结束至天窗 b 开始的时间间隔，这部分的时间间隔主要由三部分组成：①天窗 a 结束后至列车通过 B 站的时间间隔；②列车通过 B 站后至天窗 b 开始前的时间间隔；③列车延误导致的时间间隔。因此，为保证模型的可靠性，在列车通过 B 站前、后各预留 0.5 h 的时间间隔作为缓冲时间，同理，在列车通过 C 站前、后也应各预留 0.5 h。

1. 隔日单向矩形天窗

为保证夕发朝至列车的开行，每天夜间至少要有一条线路提供行车服务，因而原有的矩形天窗不再适用，为完成工务、供电及信号维修，此时可以采用隔日单向矩形天窗。高速铁路双方向线路一般都装有反向闭塞信号控制设备，隔日单向矩形天窗将对上、下行线路隔日进行维修，即当某一方向线路维修时，相反方向的邻线将作为单线供列车通过使用，隔日再进行另一方向的线路维修作业。

这种天窗开设方式可以在天窗修时给予和过去矩形天窗同样的连续维修天窗作业时间，同时能够满足夜间夕发朝至列车的运行条件。但是这种开设方式最大的隐患是安全性问题，高速列车运行速度极快，一条线路作为单线供列车运行通过时，另一条线路的维修人员的安全性就无法得到保障，极易发生安全事故，同时，隔日单向矩形天窗需要在车站进行列车避让，同样容易导致在车站出现列车安全事故。因此，此种方法只出现在理论研究中，而并未在实际工作中使用。

2. 周期性开行与大、小天窗

高速铁路夕发朝至列车采用周期性开行模式，而不是每日开行模式。周期性列车组织方式是根据一周内客流的变化规律，选择一周内的2～3天(通常为周末)开行动卧列车。周期性开行就是采用"大天窗"和"小天窗"并用的方式进行，将一周内部分日期的夜间检修时间缩短，在确保检修工作内容完成的基础上，以一周为周期，分日期设置正常的天窗和较短天窗。这样做在一定程度上可以有效缓解天窗和行车相互影响的情况。

一般而言，高速铁路维修天窗的设置，在保证人员和机器设备配备的条件下，工务部门每周检修需要4次，电务信号专业每周检修需要4次，供电专业每周检修需要5次。根据检修次数、检修时间和检修内容的不同，进行优化调整，通常有两种配合夕发朝至列车的天窗设置方式：

(1) 配合夕发周期天窗：一周内5天开设4～5 h正常的维修天窗，不开行动卧列车；2天开行动卧列车，但只开设2～3 h维修时间较短、维修内容相对较少的巡检天窗。

(2) 维修时间周期天窗：一周内4天不开行夜间列车，天窗时长4～5 h；3天开行动卧列车，天窗设置时间较短的巡检天窗(2～3 h)。

以上两种模式的选择主要依据相应线路的客流变化规律、天窗检修内容等，以此再设置开行方案和天窗计划。当然，也可根据实际情况设置成其他不同天数的周期天窗模式，再以此决定各线路具体模式的选择。

随着我国高速铁路网络的不断完善，长距离高速铁路线路逐步增多，人们对铁路长途出行的要求也越来越高，开行符合旅客作息规律的夕发朝至列车正逐渐成为我国高速铁路一个重要的发展方向。组织高速铁路动卧列车的关键技术条件保障之一是综合天窗的设置方式。周期性夜间行车的组织方式是根据一周内客流的变化规律，以及周期天窗的开设情况，采用不同的行车组织方式对动卧列车进行组织管理。动卧列车不可避免地会在0:00—6:00产生夜间行车的运输需求，而这个时间段恰巧落在高速铁路维修综合天窗内，高速铁路天窗通常采用垂直天窗方式，即双线双向同时停电检修和维护。在保证人员和机具配备的条件下，工务部门每周检修需要4次，通信专业每周检修需要2次，电务信号专业每周检修需要4次，供电专业每周检修需要5次。对于供电专业每周5次检修时间还可进行优化调整，即采用"大天窗"和"小天窗"结合并用的方式进行，从而进一步将检修时间缩短至每周4次。周期天窗是指在确保检修工作内容完成的基础上，以一周为周期，分日期设置正常天窗和较短天窗。例如，当开行周期性夜间列车时，相应地设置周期天窗，并在一周的周期内，设置一定天数时长较短的维修天窗，这在一定程度上可以有效地缓解天窗和行车之间的相互影响，且适应性较强。通常有三种天窗设置模式：

(1) "6＋1"天窗设置模式。动卧列车开行日开设6天时间较短的"小天窗"，时长一般不小于3 h；非动卧列车开行日开设1天时间较长的大天窗，一般逢周四开设，时长一般不小于5 h。

(2) "5＋2"天窗设置模式。"5＋2"周期天窗是指一周内5天(包括周一至周四以及周六)开设 4～5 h 正常的维修天窗,不开行夜间高速动卧列车;2 天(包括周五和周日)开行夜间高速动卧列车,但只开设 2～3 h 的巡检天窗。

(3)"3+4"天窗设置模式。一周内,周二至周四这 3 天不开行夜间列车,天窗时长为 4～5 h;周五至周日及周一这 4 天开行动卧列车,开设时间较短(2～3 h)的巡检天窗。

根据周客流分布的不同特点,自 2015 年 3 月下旬起,由初期的"6＋1"开行模式改为"4＋3"开行模式,即每周一、周五至周日这 4 天开行,周二至周四这 3 天停运,安排 4 天"小天窗"和 3 天"大天窗"的形式进行设备设施检修维护。在确保绝对安全的前提下,通过大、小天窗综合运用,极大地释放了高速铁路晚间运力资源。以 2015 年 4 月 10 日新增的沪深动卧列车为例,进一步分析周期性夜间列车的组织运行以及天窗设置的具体情况。沪深动卧列车主要经由沪杭高速铁路、杭甬高速铁路、杭深线运行,逢周一、周五、周六和周日 4 天开行,其他 3 天停运,设置"4＋3"周期性天窗,非开行日的天窗设置如图 8-12 所示,开行日天窗的设置如图 8-13 所示。

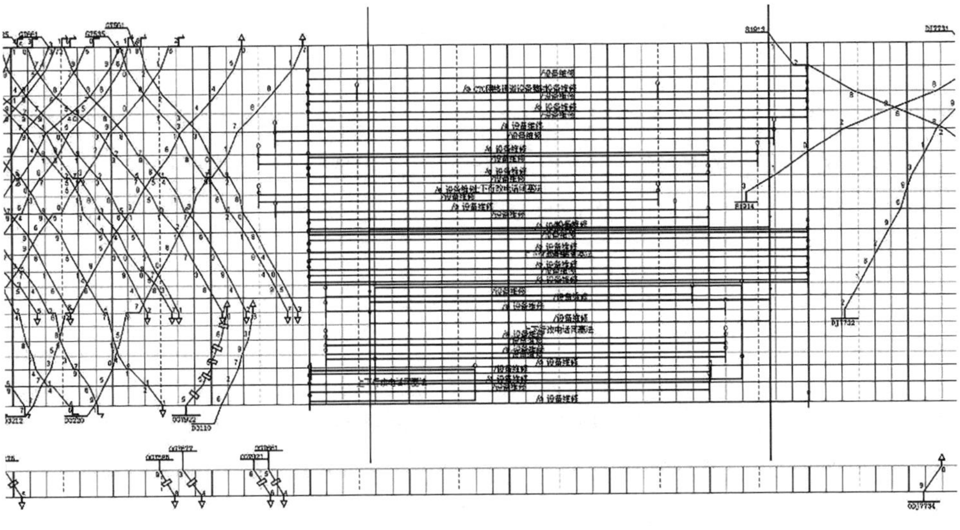

图 8-12　夜间列车非开行日的天窗

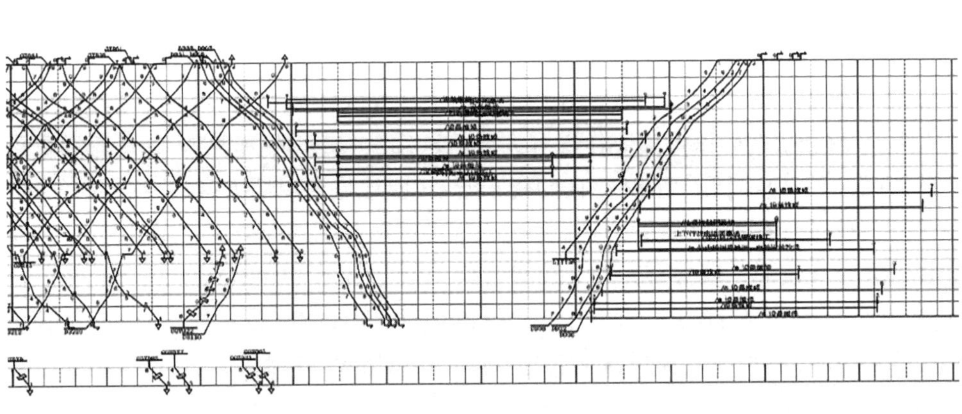

图 8-13　夜间列车开行日的天窗

开设“4＋3”周期性天窗，周二至周四需要对线路进行检修，故开设了4～5 h的矩形天窗；周五至周日及周一相应地开行动卧列车，天窗内只进行简单的巡检工作，故开设3 h左右的天窗，仅设置3 h巡检天窗，而且由于维修作业完成后，不用开行确认车，大大缩短了天窗干扰的时段，巡检天窗影响时段大幅缩短，分段垂直的天窗形式使得维修作业在时空上分隔开来，其间隔时间可以方便高速列车运行，节约了旅客的旅行时间。可以看出，由于杭深线上夜间能力较为宽裕，天窗避开了列车的运行时段，所以沪深高速铁路动卧列车夜间在杭深线上几乎不会占用更多的线路资源，也不会与维修天窗相冲突。据初步统计，受列车晚点影响，当晚点时间在30 min内时，可相应地延迟天窗时间，列车不需要等线；当列车晚点时间在30 min以上时，采取取消天窗的方式，但这种情况发生的次数较少。

针对动卧列车开行日与非开行日天窗时间有所差异的情况，相应地安排作业内容。开行日主要安排铁路车站范围内或距离车站较近处所、内容较为简单、所需时间较短的作业项目，严禁超范围、超计划作业；对线路区间范围内以及较为复杂、费时较长的作业，一律安排在非开行日进行。如此便能从作业内容安排这个源头上确保动卧列车开行的绝对安全。

高速铁路夜间运营后，为消除原有天窗时间被增开动车组占用所带来的设备质量、作业安全等风险，上海铁路局集团公司统筹安排，从天窗时间、作业模式、作业内容等环节进行了全面优化，以确保高速铁路夜间运营模式下作业安全可控和设备质量稳定。高速铁路维修计划需要从各专业独立编制计划，转变为工务、电务、供电管理技术人员对综合维修计划和方案进行审批协调，并要求各专业对作业登记、作业防护、作业车组开行等环节进行统筹优化，解决结合部管理问题，实现作业效率提升和资源综合利用。同时，为了进一步全面推广实施综合维修天窗模式，统一组织对工务、电务、供电专业的天窗维修项目进行梳理，按绿灯项目（互不影响，可以共用）、黄灯项目（一定程度上影响，有条件共用）、红灯项目（必须单独组织，不可以共用）进行分类，各专业对绿灯和黄灯项目（占维修作业量的90%以上）共用一个天窗，进行综合维修，从而大大提高了天窗的利用效率，满足了高速铁路夜间运营后的设备维修需要。

3. 提高动卧列车开行效益的实践与对策

为提高列车开行效益，上海铁路局集团公司不断完善营销手段，坚持以市场为导向，以效益为中心，强化市场分析、产品开发、票额分配、票价制定、效益评价的全流程管理。

1）动卧列车产品特点

（1）服务设施人性化。动卧列车常采用16辆编组，同时具有座位车厢和卧铺车厢。早期开行的传统车型卧铺均采用包间，铺位设计较普通列车更加宽敞，下铺的靠背可以进行角度调整，更适合人体坐姿，每个铺位设有独立液晶电视、有线耳机，旅客可在互不干扰的情况下收看节目，房间内还设有呼叫按钮，当旅客有需求时只要轻轻一按，列车工作人员就会及时提供服务。近几年，国铁集团结合商务人士和低消费群体的出行需求，先后上线了纵列式动卧列车和动力集中型动卧列车，它们在硬件设计上更加人性化。

（2）时间成本节约化。动卧列车具有较好的夕发朝至属性，对于需要利用白天工作或者游玩的旅客来说，是一款非常贴心、实用的铁路产品。上海铁路局集团公司担当开行的沪深、京沪动卧列车，其始发、终到时刻主要集中在当日 18:00 至次日 10:00 之间，旅途时间与晚上的睡觉时间高度重叠，大大降低了沪粤、京沪之间旅客出行的时间成本。

（3）车票价格市场化。动卧列车票价以公布票价为上限，在最高限价范围内设置了多档执行票价，按照“谁担当、谁定价”原则，由担当企业根据市场供求状况、航空比价等制定具体的执行票价策略。日常按客流规律一般分为平日价和周末价，“清明”“五一”等小长假运输按日期实施一日一价策略，春运、暑运则根据客流流向按时间段制订具体的执行票价方案。动卧列车票价档次多，浮动幅度大，调整频次高，是目前铁路客运票价市场化程度较高的产品之一。

2）提高动卧列车开行效益的实践与成效

（1）充分运用价格政策。为提高动卧列车票价调整的灵活性和适应度，自 2018 年 4 月起，国铁集团将动卧列车票价的自主调整权限交给铁路局集团公司，按照“国铁集团制定票价分档规则，集团公司按担当自主确定执行策略”的总体原则，开展动卧列车定价工作。集团公司坚持以市场为导向，以效益为中心，加强季节性客流分析，在兼顾社会效益的同时，对动卧列车分席别、分方向、分周号、分淡旺季地实施差异化的票价调整策略。

（2）合理调整席别比例。客票系统具有席位复用功能，当一张车票售出后系统会自动生成未售出区段车票，即同一个席位可以裂解为多张车票。动卧列车在运输淡季时通过席位复用后生成的短途卧铺票，市场需求相对较低，从而导致铁路运能的浪费。通过实施部分卧铺代替二等座策略，合理调整卧铺与座位的供给量，则能有效提高整列车的平均客座率。

（3）优化列车运行区段。如上海铁路局集团公司担当的上海虹桥至湛江西动卧列车自 2018 年“7・1”调图开行以来，列车均客座率仅为 74.3%，较同期相同方向开行的其他动卧列车低了 14%，通过对全程客流分区段、分席别分析发现，该对列车客流主要集中在上海虹桥至广州南区段，而广州南至湛江西区段客座率仅为 28%，大幅低于列车开行盈亏平衡点。为了降低列车担当收入付费率，减少变动成本支出，提高列车开行效益，将列车运行区段优化调整为上海虹桥至广州南。

3）进一步提升动卧列车开行效益的对策

（1）突破传统定价模式，探索预售期内调价。近几年，在国铁集团的统筹安排下，铁路客运价格市场化改革不断深入，先后实施了管内城际票价浮动、春运回空方向列车票价下浮、席别比价关系优化等措施，取得了较好的经济效益和社会效益。但是，当前铁路预售期内票价保持不变的定价模式难以适应灵活多变的市场需求，尤其是在当前国内外新冠疫情防控不稳定的情况下，一旦市场变化偏离预期，便无法对已进入预售期内的列车适时地做出票价策略优化。可突破传统定价模式，根据市场供求状况探索预售期内灵活调整车票价格的方法，实现同一列车不同优惠政策，从而增强铁路票价对市场变化的适应性。

（2）挖掘票额经济价值，强化票额价格联动。以票额管理为抓手，深入挖掘铁路车票的经济价值，优化票额投放程序。车票发售前根据对客流情况的初步评估，预设若干档销售价格和票额投放比例，通过车票销售速度来判断市场的需求状况。当某档车票销售量较高时，说明市场需求比较旺盛，可以提高剩余票额的执行票价或者增加高票价档次的车票投放量；当某档车票销售量较低时，需适当降低剩余票额的执行票价或者减少高票价档次的车票投放量。可结合铁路自身特点,研究并开发铁路列车票额分配与价格调整联动管理平台,提高列车收益管理的智能化水平。

(3) 合理选择动卧车型,优化列车席位供给。目前,全路上线运行的动卧列车分为两种:动力分散型和动力集中型。其中,动力分散型又分为纵列式和横列式。从全车定员收入来看,纵列式动卧最高,动力集中型动卧次之,横列式动卧最低,故在列车开行成本相同的情况下,纵列式动卧列车的经济效益是最佳的。因此,在京沪、京广、沪深等与民航竞争充分的方向上,应选择开行纵列式动卧列车,利用定员优势和成本优势创造更大的经济效益。通过对集团公司担当的动力集中型动卧列车进行分席别客座率分析发现,一等卧平均客座率较二等卧低了24%,主要原因是一等卧定员占比偏高。对此,建议优化列车席位供给,适当优化动力集中型动卧列车编组中的一等卧与二等卧的定员供给,提高列车的整体收益水平。

(4) 发挥动卧产品优势,加强旅游市场开发。动卧列车舒适温馨,能够为家庭出行提供私密的旅行环境,夕发朝至的产品特点不仅增加了有效游玩时间,还节省了晚上入住酒店的费用,故可积极推进与路外专业机构的合作开发,联合打造高品质旅游产品。同时,可以结合近几年兴起的研学热潮,积极对接地方教育部门和培训机构,针对游学团体提供定制化的服务举措和票价优惠方案。

第 9 章　票额分配与调整

9.1　基本概念

高速铁路旅客出行的时间波动性较强，客流出发和到达的时间域更为集中，即便是在高速铁路条件下，列车开行数量的调整也无法充分适应客流的变化。因此，加强日常售票组织，采用票额共用、席位复用和票额预分等售票策略，对于强化高速铁路客运营销、提高列车收益以及使更多旅客购得车票等都具有十分重要的现实意义。

票额分配管理的内容主要包括：①依据票额分配原则及方法，编制票额分配计划；②执行调度命令、调整票额；③组织票额的共享和复用等工作。票额分配管理简称票额管理，主要体现为票额分配计划。而票额分配计划是客运计划的重要组成部分，也是铁路客运日常管理工作的重要内容之一，不仅关系到铁路旅客运输资源的充分利用、客运收益的提高，同时也影响铁路满足社会需求、发挥社会效益的能力。票额分配计划是实现高速铁路效益最大化以及调整和优化列车开行方案的基本依据之一。高速铁路票额分配是一项复杂而细致的工作，是以列车运行图为基础，以客流分布为依据，根据列车编组、停站方案等数据，计算列车在经停站不同席位票额的分配以及各种指标的计算和统计，其实质是运能和客流的分配，故票额分配计划也是客流分配计划，是组织均衡运输、缓和供求矛盾的一个重要方法。合理地分配票额，才能全面安排车站售票等服务以及列车乘务、餐茶供应等工作，从而避免出现列车拥挤或虚糜现象。

高速铁路票额分配是在编制新列车运行图后，根据列车输送能力和新图编制使用的客流图、客流计划资料，结合往年售票实际情况，针对车票各项要素，分车次、分方向、分席别对各次列车的席位能力制订的计划，具体包括车票的发售站、乘车站、终到站和运行区段等。

国外高速铁路运营较为成熟的国家，在客票营销方面更加关注客票类型的多样化，以满足不同的旅客人群。德国不仅车票价格有多重优惠政策，推行铁路交通卡优惠办法，而且还推出多种客票种类，如特价票、通票、年票、团体票等。近年来，德国高速铁路客票销售渠道的发展趋势是尽量减少人工售票，以减少人工费用支出。另外，德国铁路公司按照顾客不同的需求形成不同的营销渠道方案，除车站人工售票、互联网系统订票、电话订票外，还有多种客票营销渠道，包括旅行中心、自动售票机、获得代售资质的旅行社、列车上的售票系统、订票中心等。

当前车票销售最主要的问题是：由于旅客购票时间短且购买长、短区段车票时间随机，在总体票额数量不变的前提下，既要保证旅客在不同时段内尽可能地买到长区段车票，又要保证部分旅客能及时买到短区段车票，以实现整个列车收益最大化。原有的售票策略是根据经验指定若干车厢在预售期内全程共用，剩余车厢在开车前某个时段再共用的售票组织策略，其限售站根据客流流向、需求等特点一次性设置及放开。由于全程共用时间和取消限售时间相对固定，在部分旅客先期购买短途票后，长区段车票将被裂解成若干短区段票，这样就无法满足部分长区段旅客的购票需求，不能实现票额利用效益的最大化；如果缩短票额共用时间和取消限售时间，虽然能保留住部分长区段票，但也可能导致部分旅客不能及时购买到短区段车票，造成这部分客流的流失。如何解决这个问题，就需要铁路局集团公司提前对旅客出行需求、购票时间进行预判，并以此制订相应的客票销售策略，引导旅客"适时"购买"适合"的车票，从而实现平衡各方需求及效益最大化的目的。

9.2 票额组织管理分析

按照票额分配计划制订时机的先后关系，可以分为票额分配基本计划、票额分配执行计划和票额分配调整计划三类。其中，基本计划是在旅客列车开行方案、运行图编制完成以后，依据客流月的日均OD客流确定；执行计划是在客票销售期之前综合考虑历史同期客票销售规律等因素，对预售期内OD客流进行短期预测，之后再对票额进行预分，并作为票额分配的执行计划；调整计划是在客票销售期内，按照客票销售的具体情况，随时对票额计划进行调整，其目的是提高列车的客座利用率。

票额管理具体体现为对票额分配基本计划、执行计划和调整计划的编制过程。票额管理原则上由票额所属铁路局集团公司负责，特殊情况下由国家铁路集团公司指定。车站负责调度命令核对、日常无座席调整以及授权范围内的票额调整和调度命令的执行。

9.2.1 票额分配依据

从合理利用高速铁路输送能力，提高高速铁路运输质量、效率和效益的角度出发，票额分配应树立全局观念，正确处理全局和局部的关系，并遵循充分利用运能、长短途合理分工、保证重点、统筹安排的原则。票额分配的依据是列车能力，即列车席位额定数量，也就是列车定员。票额分配基本计划的编制依据主要考虑不同时期的OD客流，而票额分配执行计划的制订与调整则要考虑历史客流数据和实时客运营销数据。

1. 历史客流数据

历史客流数据是指由铁路局集团公司统计部门进行统计整理的席位汇总历史数据和存根汇总历史数据，具体包含以下内容：

(1) 指定月份的管内、直通客流图及主要站间旅客交流表等资料。

(2) 列车的旅客密度表、分席别的实际人数，各次列车超员和虚糜的分析结果。

(3) 主要客运站分车次、分席别票额与发售情况对比，分区段的上车人数和分车次的下车人数。

(4) 历年票额分配计划及其兑现情况统计分析报告。

2. 实时客运营销数据

实时客运营销数据是指由客运营销辅助决策系统根据近期客票销售的实时情况自动统

计整理的客运营销数据，具体包括以下内容：

(1) 旅客列车发送量统计表。分时期、分方向、分车站、分车次、分票种、分席别的上车人数统计。

(2) 实时预售统计表。分方向、分车站、分车次、分席别的售出票额、剩余票额、售票趋势、收入趋势等统计。

(3) 实时旅客列车密度表。该密度表除了提供上、下车客流、区间上座率和车内人数外，还可以获得列车编组、定员及分车厢、分席别的列车客流密度等数据。

9.2.2 票额管理流程

票额管理流程以票额分配及管理为中心，将可用的席位能力按照票额管理权限以票额分配计划的形式层层分配到各个车站乃至各个售票渠道，各车站根据分配到的票额组织售票。在客票销售期间，客票管理所应根据市场需求的变化对票额进行动态分配。票额管理流程如图 9-1 所示，由图中可以看出：

(1) 在制订开行方案和运行方案之后，按照票额分配的原则和方法即可制订出相应的票额分配基本计划。

(2) 在近期客流和往年同期客流统计分析的基础上，进行短期铁路客流预测，并按照客流方向、OD 和席别等对客流的结构和特点进行系统分析，进而给出不同区段、不同席别的客流预测结果。

(3) 在短期客流预测的基础上，按照票额分配的规定和方法，以票额分配基本计划为基础，制订票额分配执行计划，并将该执行计划提交给客票系统，由客票系统组织售票。

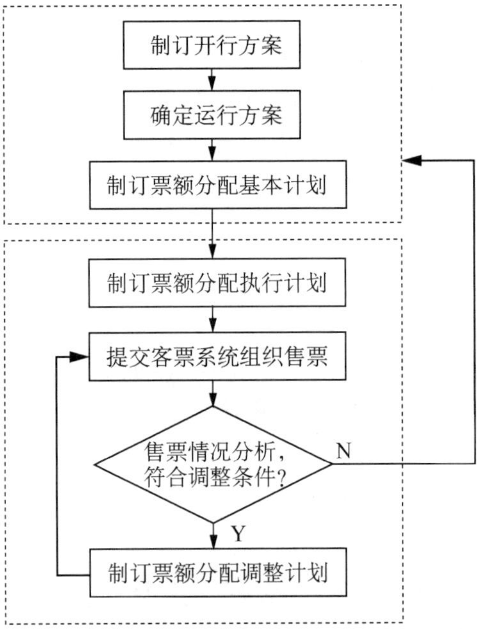

图 9-1 票额管理流程

（4）在客票预售期内对售票情况进行监控和评估，并在需求出现大幅变化的情况下，对票额进行动态调整，即根据已售信息对预售期内剩余时间的潜在购票客流进行预测，对剩余票额按照新预测的客流进行重新分配，进而形成票额分配的调整计划，并提交客票系统组织售票。

上述票额管理流程中各部分之间是相互联系的，当通过票额动态调整无法解决供需问题时，可调整开行方案，如调整列车编组（加挂车辆）或增加发车频率（临客）以扩大输送能力。

9.2.3　票额管理内容

我国铁路列车票额管理工作可分为列车运行图编制、车票预售期前和车票预售期内三个阶段，在各阶段中票额管理的工作、内容及成果如表9-1所列。

表9-1　票额管理各阶段工作

阶段	列车运行图编制	车票预售期前	车票预售期内
工作	票额分配	票额预分	票额调整
内容	票额归属车站（只含起点站）	各车站票额（含起点站和终点站）	票额共用
	票额用途	短途套用	席位复用；限售区段调整
		限售设置	转换用途；调度命令调整；票额再预分
成果	票额分配基本计划	票额分配执行计划	票额分配调整计划

1. 列车运行图编制阶段

票额管理在列车运行图编制阶段的主要任务是确定票额分配基本计划。票额分配基本计划规定了票额的归属车站和使用范围（即票额用途）。票额分配基本计划是在列车运行图编制时（列车对数、停站时刻、列车编组内容确定后），根据历史统计客流数据对沿途车站的上车人数（即票额需求数量）进行预测，并根据列车编组信息计算列车定员，结合列车停站方案、票额用途规定，将列车票额分席别按需求比例分配给各对应的经由停站，由此获得的。

票额分配基本计划随运行图的调整而调整，其他时间一般不做变动。因此，票额分配基本计划是某趟车次长期有效的票额分配计划，以实现对席位库的长期管理。当票额分配计划在一段时间内需要进行调整时，可以编制这段时间内的票额分配临时计划。临时计划是在突发情况下（如列车编组临时更改、列车交路短暂变更等）根据上述资料数据临时编制并短暂使用的票额分配计划，有起始时间和截止时间限制，且只在该时间段内有效，是某趟列车短时间内的票额计划。临时计划的优先级高于基本计划，即在执行临时计划期内依此生成票额。

2. 车票预售期前

由于票额分配基本计划在一定的时期内相对固定，故难以应对因客票需求波动幅度较大所造成的供需匹配问题。对此引入了票额预分，以解决客流波动幅度较大情况下的票额分配销售优化问题，使票额分配能够灵活地适应复杂的客流情况，进而实现能力利用和收益最大化，提高旅客满意程度。

票额预分是在预售期前（或预售期中）采用的一种票额分配方式，它是对票额分配基本计划的补充。票额预分是指在旅客列车票额总量一定的情况下，在车票预售期之前或预售期中，根据OD客流历史数据、近期客流变化及实时客票预售情况对每趟列车OD客流进行短期预测，并将客流预测结果用于对列车席位进行区段性分解，产生各车站的票额以及限售方案和票额的短途套用方案，从而形成票额分配执行计划。

票额预分的具体操作方式为：①对于能力较为富余的列车，将票额全部分配给始发站且不做任何限售区段约束，此执行计划可称为全始发无限售票额分配计划，票额分配可以满足所有区段的客流需求；②对于能力较为紧张的列车，通过限售站的设置来保证长途旅客购买长途车票，稳定长途客流，方便长途旅客。

票额预分是将票额的静态分配变成适应动态客流需求的动态分配，它的实施有助于推进票额管理的自动化和智能化。一方面，它能提高列车的票额利用率，实现效益最大化；另一方面，满足了沿途各车站的需求，达到吸引客流的效果。

3. 车票预售期内

在车票预售期内，以票额分配执行计划组织售票，在此基础上，为进一步提高旅客列车上座率、实现票额有效利用和全路效益最大化，铁路局集团公司对票额进行实时监控，并根据当前客票的发售情况对票额分配计划进行调整，使票额分配能更好地适应客流市场的变化。

票额调整就是在日常执行票额分配计划的基础上，根据当前的客票销售情况和客流变化趋势，提前进行短期票额调整。通过进一步的票额预分，制订出适应市场变化的售票组织策略和科学的票额动态调整方案并组织实施，从而使客票销售与不断变化的市场需求相匹配，实现充分利用铁路运能、提高铁路客运收益的目的。这种与实际客票销售更加贴切的票额分配计划被称为票额分配调整计划。

票额调整手段主要有短途套用、席位复用、票额共用、限售调整、转换用途、调度命令、票额再分配等。这些组织手段一般都不是单独使用的，而是在车票预售期的不同时段内组合使用。票额调整手段有的需要人工手动操作，有的则是由系统自动完成的。

高速铁路售票组织管理主要涉及售票期管理、售票渠道、取配票策略管理等内容。票额管理主要包括席位复用、票额共用、销售区段调整、票额自动预分等手段，在列车票额预售期内，通过这些管理与组织方式来实现对客运产品的合理配置与有效管理。

9.3 售票组织策略分析

售票组织策略主要通过售票行为的组织，将列车席位在合适的时间以合适的产品形式售给合适的旅客。通过短途套用提高始发端上座率，通过设置限售站来保证长途票售给长途旅客，通过设置票额共用来调节供需差异，通过席位复用提高终端上座率，如此实现充分利用铁路运能、提高客运收益的目的。

为了最大限度地吸引客流，客票销售管理发挥了越来越重要的作用。近年来，我国高速铁路建设迅猛发展，相对于过去运能较为短缺的年代已大为改观。但在实际客票销售中，由于各站点票额分配不均等原因，部分车次、日期、区段的同一趟列车会出现部分车站票额紧张、部分车站却票额富余的现象。为改善上述状况，且最大限度地用足运输潜力，就需要进一步优化票额智能预分，完善客票的销售管理。

9.3.1　票额预分

为了提高列车的席位利用率，在综合考虑沿途车站客流需求的实际情况下，以均衡运输为目标，在客票预售期之前，需要对列车票额进行分配。这种票额分配基本在运行图编制完成后进行预分，其预分票额相对固定，是一种传统的票额分配方式。这种票额分配方式相对固定，调整环节复杂、工作量大，不适用于动态的客流需求，对于潮汐效应比较明显的高速铁路客流就更不适用了。因此，高速铁路票额管理采用席位自动预分、共用、复用等策略，将高速铁路票额的静态分配变成适应动态客流需求的动态分配，以稳定高速列车沿途站的常态客流，应对突发客流。

票额预分是指在各次列车客票开始预售之前，首先根据 OD 客流历史数据、近期变化及预售情况对 OD 客流进行短期预测，并以此为依据，在客票系统中将以席位为载体的运输能力自动预分给 OD 客流所对应的各车站。

票额预分的根本目的是实现每趟列车效益最大化的同时，保证沿途各站自预售之日起均有票可卖，实现站站可上可下的目的。以列车站间客流预测为基础，根据列车编组、停站方案、历史数据和预售数据等，计算并自动完成列车票额在经由停站间的分配。

票额自动预分是根据列车历史客流密度以及其他客流市场因素，对预售期内的各站票额需求进行短期预测，在满足车站需求的前提下，根据售往中途站的短途客票预测量按一定比例提前自动分配至中途站供中途站预售的一种票额动态组织手段。这种售票策略实现了每日一次票额分配，也实现了票额分配与客流市场需求的动态适配，但是这种方法有一个前提条件：预测要精准。然而，预测是一门复杂的学科，许多情况下实际结果与预测结果难免有差距。客流市场涉及社会、经济、文化、区域、人口、企业、天气等诸多因素，且在实际应用中，部分列车、部分时间的客流预测结果与实际存在一定的差距，为此在自动预分基础上，铁路部门提出了模糊预分。

1. 票额预分的目的

票额预分的目的是提高列车席位的利用率、铁路客运竞争力、票额分配与客流需求的吻合度，从而做到合适的列车输送合适的客流，合适的票卖给合适的旅客，实现每一趟列车每一席位的每一区段都得到充分利用，使列车能力利用率最大化。在进行票额预分时，需考虑以下要求：

(1) 确保列车的整体效益，即列车的全程客座率、列车的全程收入以及列车的社会效益。

(2) 保证始发站长途车票的效益。票额预分应保证始发站的长途车票数量，稳定始发站的长途客流，以便更好地方便长途旅客。

(3) 充分挖掘中间站短途车票的效益。通过对售票组织过程中车票的历史情况进行分析,从而科学、合理地分配中间站的票额,以保障中间站的旅客发送,提高其组织客流的积极性。

2. 票额预分的原则

基于上述票额预分的目的和要求,票额预分过程是从列车始发站至终到站,各经停站(中途站)的票额逐站分配,具体原则如下:

(1) 首先,按预测的始发站 OD 客流为始发站预分票额。其次,剩下的票额再根据预测的中途站客流按比例预分。最后,按列车沿途停站的先后顺序依次为中途站预分票额。

(2) 票额预分以先有座后无座、先长途后短途的顺序分配各站的票额。

(3) 中途站票额按列车运行方向逐站分配。当可分配给下一中途站的票额不足时,可由始发站的剩余票额补充;当可分配给下一中途站的票额有剩余时,则剩余车票可变更为再下一中途站的可分配票额。

3. 票额预分方法

根据客流分析和预测结果,可以对票额进行动态预分,目前预分方法有两种:精确预分和模糊预分。

1) 精确预分

精确预分是以客流分析及预测方案为基础进行票额预分。该方法对于票额分配预测精度要求高,且预分要求精细。客票需求是基于社会经济、社会活动、天气状况、日期等因素,而客票系统的预测基本依据历史售票数据,部分参照其他因素。显然,历史售票数据仅能部分反映客流需求,而不是全部,实际应用也充分证明了这一点。这时就需要在售票过程中进行人工调整,以减少实际需求与预测结果的差异。如果车次较多,那么将产生大量的工作量。

2) 模糊预分

模糊预分席位全部投放在始发站,根据客流分析及预测方案对车站进行分组、对票额进行分堆,然后再将分组站与分堆票额相对应,按堆顺序售票,席位不提前裂解。车站组则按照确定的售票策略,发售本组车站可用票额。模糊预分可以将售票分析、专家经验、售票预测结合起来,其逻辑示意如图 9-2 所示。模糊预分的优点是车站分组、票额分堆由人工智能得出,比较贴近真实的客流需求,其缺点是要根据不同期间、不同车次、不同要求制作相应的预分模板,且预分前要充分把握客流特点和趋势,有一定的工作量。

基于效率、精度、效益等因素以及进一步提高列车客座率这一主旨,铁路局集团公司对不同种类的车次采用不同的预分方式:对于客座率低于 60%的高速列车,原则上采用全程共用策略,不进行预分;对于客座率高于 85%的高速列车,原则上采用模糊预分;对于客座率在 60%～85%的高速列车,且运行超过 2 年的,原则上采用精确预分,否则使用模糊预分。

(1) 模糊预分的分组设置。在充分考虑列车开行的经停站、时刻、沿途站同方向列车的开行情况及客流需求的前提下,对相关车站进行分组。例如,上海虹桥始发终到北京南列车,上海虹桥为第一分组,昆山南—镇江南为第二分组,南京南为第三分组,蚌埠南—徐州东为第四组……,以此类推。

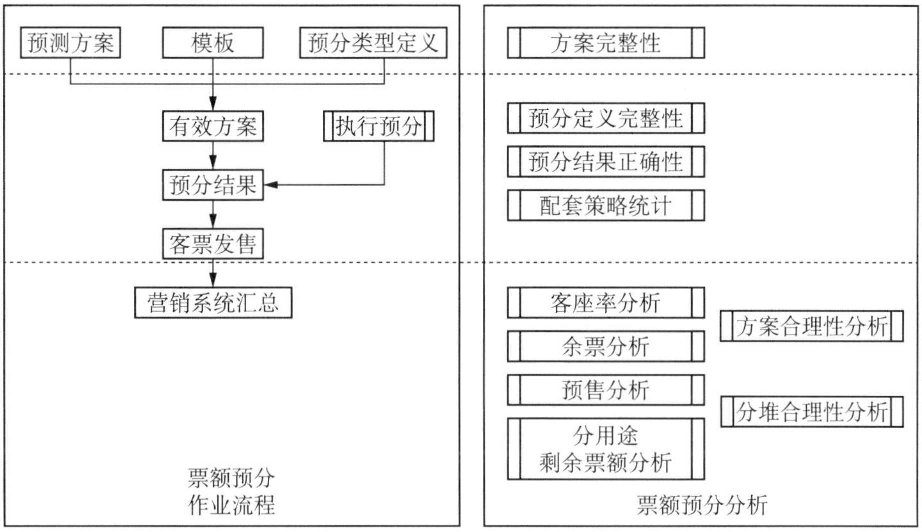

图 9-2 模糊预分逻辑示意

(2) 模糊预分的数量设定。模糊预分的各组票额数量是依据客流分析及预测结果,按照先安排第一组的需求,且数量上要大于等于需求,再考虑第二组,以此类推。例如,上海虹桥—北京南的某列高速列车,如果人工智能预测该列列车上海虹桥站的需求数为500张,预分时一般按需求的110%(即550张)分给虹桥站以优先保证高级别组的需求,然后再为下一组进行分配,直至分配完毕,如果还有剩余票额则全程共用。

(3) 模糊预分的以远站。由于在指定分组基础上填写预分数值时默认以远站,此时应结合列车开行情况,如时刻、编组、停站等因素进行综合考虑。例如,由于上海虹桥—厦门北的动车组列车较多,所以上海虹桥—深圳北列车以远站基本都设漳州以远(厦门北站后第一个停靠站),部分二等票额以远站在深圳北,以满足开什么车引什么流。

(4) 模糊预分的类别。由于客流是动态波动的,客流在不同日期会有不同变化,所以在进行模糊预分时往往设有不同的模板,比如日常模板、周末模板、节假日模板、高峰模板、淡季模板等。

由于铁路客流是动态变化的,因此决定了票额分配计划不能一成不变。在客票预售期内,为稳住列车沿途各中间站的常态客流,应对突发客流,吸引淡季客流,提高铁路旅客列车的客座率以及增加客票收入,应定时根据客票预售情况和客流情况对剩余票额进行再预分,从而将旅客列车票额的静态分配变成适应客流的动态预分。

票额自动再预分调整是指系统在预售期内对售票情况进行监控和评估,并按照设定的条件定时自动地对剩余票额进行再预分。如在客流需求出现大幅变化的情况下,根据已售信息对预售期内剩余时间的潜在购票客流进行预测,再对剩余票额按照新预测的客流进行重新分配,即二次预分。预售期越长,对票额的预分次数就越多。

票额自动再预分调整实现了及时、自动地按需调整列车票额配置的目的,突破了传统固定票额分配方法不能及时体现客流变化特征、时效性差、调整票额固定的局限,有利于实现列车沿途车站的售票组织与营销，有效提高了旅客列车沿途停靠车站组织客流的积极性，进而提高了列车的整体效益，为铁路客运挖潜提效发挥了积极作用。

高速铁路票额管理逐渐趋向于客流的规划、引导和培养，不再是简单地根据预测值来分配票额，而是平衡列车开行目的、列车等级、发车时间等各方面因素来综合考虑客流需求，并加入专家经验以形成完善、科学的票额管理方式。

4. 票额预分计划编制

为了提高列车席位能力的利用率和经营效益，在客票预售期前，需要根据近期客票销售的实际情况和规律进行预测，在票额分配基本计划的基础上，编制票额分配执行计划。具体实现过程就是对票额预分，而票额预分方案是对票额分配基本计划的补充和改进，一般在预售期前进行编制。

从票额分配执行计划编制的角度来看，包括如下流程：

(1) 营销系统使用来自客票系统的历史同期席位数据、存根数据以及基本系统统计的近期、实时客运营销数据，通过相关数学模型进行分析和处理，产生每趟列车分席别客流预测结果。

(2) 除了预测出每趟列车客流外，营销系统仍需要使用上述与该趟车相关的客流数据以及列车沿途重点车站信息、同方向列车信息及其限售策略和预售情况等信息，运用相关数学模型进行分区段的客流预测和预售规律预测，预估出预售期各时段内列车分区段的车内人数，为列车限售区段和限售时间的设置做准备。

(3) 在客票预售期前，营销系统的运营策划子系统在预分原则的指导下，选择适合的预分方式，遵循预先定义的约束条件(如时间约束、数量约束、车厢约束、技术站约束等)，结合限售区段和限售时间的设置规则，使用客流预测结果，执行预分模型和算法以进行票额预分，并生成限售方案。

(4) 根据显示的票额预分结果，客票管理人员根据工作经验和其他实际情况对其做局部调整。在票额局部调整过程中，系统自动进行冲突检测(如占用冲突、禁分冲突、车厢冲突、席位冲突等)，以保证票额分配的准确性。

(5) 确定票额预分方案后，根据票额短途套用规则，针对分配至非始发站的票额，生成始发站至票额分配站的等量短途车票，形成票额短途套用方案。

(6) 预分剩余票额自预分之日起按一定比例实施全程共用(即通售)，系统自动提出相关的共用策略调整建议。

9.3.2 席位复用

席位复用是指高速列车席位某一区段售出后，自动实现剩余区段席位能被再次发售利用。通过席位复用可以充分挖潜提效，提高高速列车的席位利用率。

席位复用实现了根据列车各运行区段内的客流状态对列车席位合理、有效的管理。按照约定的复用定义，在列车各个区间实施有席或无席管理。它是将列车票额的席位属性与客流相结合，以适应客流动态需求，其目的是平衡旅客需求、提高客运产品服务质量、提高票额利用效率，从而达到提高高速铁路列车全程客座率的目的。

采用席位复用策略，最重要的是要全面掌握列车在各个区段上的基本稳定客流状态，在此基础上，设定席位复用定义。

(1) 根据列车的历史发售数据和近期客流情况，对列车在各区段的席位利用情况进行评价，以确定列车在这些区段的车内人数与定员关系规律。

(2) 根据列车在各个区段上车内人数与定员情况，确定列车复用方案。动车组列车实行全程席位复用，时间为售出后即时复用。

席位复用业务在客票系统中通过设置复用方案实现。复用定义分为默认复用定义和复用定义两种途径，在没有特殊指定列车的复用定义下，席位复用按照复用定义中的规则执行。复用定义的设置主要包括席别、是否复用、复用时长、复用方式、复用范围等要素的设置。

9.3.3 票额共用

1. 票额共用定义

票额共用是指列车票额被列车运行前方的一个或若干个车站共用，以实现票额的发售共享。它是针对一列列车票额设置的在其停靠站(非终到站)间的票额发售共享机制。这种售票组织策略突破了车站乘车人数受到该站票额的限制，对减少列车席位虚糜、提高运输能力利用率、满足旅客出行需求具有重要意义。

按共用范围可分为全程共用和局管内共用(简称“管内共用”)。全程共用是指在规定的时间内，列车某一乘车站的票额可以被列车前方任一车站使用。管内共用则是指在规定的时间内，列车某一乘车站的票额只能被前方局管内车站使用。全程共用一般适用于客座率较低的列车，而管内共用则适用于客座率偏高的列车。

按共用时间可分为开车前共用和开车后共用。开车前共用是指列车某一乘车站的票额，在列车未发车前，就可以被列车前方站共用。开车后共用是指列车某一乘车站的票额，需待列车从此乘车站开出后，才能被前方站共用，这是保护票额分配站利益的一种保守票额共用设置方式。

票额共用实现了对于相对富余的票额所有车站，按照约定的共用规则在列车票额的前方站与票额所有站间实施弹性票额共享组织，它是将旅客列车票额的静态分配变成了适应动态客流需求的动态分配的一种手段，其目的是吸引淡季客流、提高票额利用率，从而提高列车全程客座率。

2. 票额共用策略

由于旅客购票行为存在不确定性，客票销售又要在保障旅客列车长途效益的情况下，争取获得较高的短途效益，所以票额共用就存在这一特有难题：既不能把某一乘车站的票额全部放开供列车前方所有车站共用，也不能让列车前方站从预售期开始始终无票可卖。因此，需要综合考虑各影响因素，以便制订出科学合理的票额共用策略，其主要影响因素有如下几个：

1) 客座利用率

客座利用率 $\lambda_{客}$ 是用百分比表示平均每一客座公里所完成的人公里数，简称客座率。

$$\lambda_{客}=\frac{\sum AL}{\sum NS_{客座}}\times 100\% \tag{9-1}$$

式中 $\sum AL$ ——列车完成的周转量，人公里；

$\sum NS_{客座}$ ——列车的席位公里数，席位公里。

一般情况下，对于客座率较高的列车，列车始发站票额利用情况较好，沿途站通过发布无席位作为客流补充。对于这种列车，不宜将始发站有席位票较早地放开给沿途站共用。对于客座率较低的列车，其客流不高的原因之一可能是列车为新开列车，还处于客流培育期，始发站和中间站客流均不理想；原因之二是既有开行列车的始发站客流较好，但以短途客流为主，中间站长期没有票额资源，中间站的客流得不到培育；原因之三是既有开行列车的始发站客流较差，中间站由于长期没有票额资源，未显现出较好的客流需求。由此可以看出，客座率较低的列车，无论哪种原因导致，都应将始发站的票额开放给列车前方站共用，使列车沿途中间站的客流得到充分培育，从而提高列车的全程客座率和收入。

2）共用时间

共用时间是指列车距 A 站开车多长时间内，A 站的票额可以供 B 站共用。

共用时间设置的合理性决定了票额利用的合理性。对于票额利用率低下的车站，可以设置距开车前较长时间，允许其票额被前方站共用，使列车前方站的客票在车票预售初期就能有票可卖。对于票额利用率较高的车站，需设置距开车前较短时间，甚至可以设置列车从本站开出后，票额才可以供列车前方车站共用。这样既保证了票额分配站的客流需求，同时能在一定程度上缓解列车前方站的客流需求。

3）共用数量

共用数量是指对于同一趟旅客列车，A 站可被 B 站共用的票额数量。

考虑不同地区不同旅客有不同的购票习惯，有的区域旅客习惯提前买票，有的区域旅客习惯就近开车前买票，为保证票额分配站的旅客购票需求能得到满足，需对票额共用数量进行一定条件下的控制，且当共用数量不足时，能自动调整共用数量。

综上所述，在客票预售期内，通过限售区段调整、席位复用、票额共用等售票组织策略的协调配合，形成了一套完整有效的售票组织体系，从而有效提高票额利用率、提高铁路旅客列车全程客座率，实现铁路整体利益最大化。

9.3.4 限售区段的设置与调整

限售区段的设置与调整是为了协调列车在不同区段的客流以及同方向列车间的客流、为了尽可能地提高票额利用率和方便旅客的运输组织，而对于列车票额的可发售区段进行约束，按照限售区段设置与调整规则，以便对票额可售区段实施组织与管理。

高速铁路的可发售区段组合是复杂的，为保证列车的开行效益，尽可能地增加收入，同时也要保证列车的社会效益，以及沿途客流需求可以享受均衡的出行服务，票额管理采用了限售区段调整的策略来均衡列车的综合开行效益。限售区段调整的核心是限售策略的制订。

限售区段设置与调整在客票系统中分两步实现：限售区段设置一般是随列车席位生成时按照票额组织计划直接生成的；限售区段调整可以实现指定时间段、席别、席位的以远站和限售站的调整。

列车票额的可售范围是由票额的乘车站、限售站和以远站共同决定的。其中，票额的乘车站决定了票额的起乘点，票额的限售站表明了票额的终到点，票额的以远站则限制了票额从乘车站至少要乘坐到的车站。通过对列车限售区段的调整，可以有效地避免“长距离票短距离售”“有票额不可售”的票额组织问题。由于客流存在出行的不确定性和购票时间的不确定性，因此不能确保每天乘坐某趟列车的长距离旅客的数量都是稳定的。也就是说，每张车票的限售站和以远站设置后，不能是一成不变的，而是要随着客流和时间的变化取消或放开。

实施限售区段设置是平衡列车间客流、提高票额利用率的一种手段。由此实现了对列车票额可发售区段的约束管理，其目的也是平衡旅客需求。

限售区段调整相对于票额发售预售期一般呈阶梯状，即在预售起始阶段，票额的以远站设置一般等于或接近票额的限售站，随着票额的不断发售，在接近开车时间的前一天或两天，若有大量接近票额剩余，则需要提前放开限售区段，让票额满足各种旅客的需求，以保证票额的售出；若票额发售较为充分，则可适当延迟或不放开以远站设置，以保证票额的被使用区段尽可能地长。

9.3.5　票额分配综合调整

铁路客流整体上具有规律性，又因受天气、节假日等因素的影响，具有一定的波动性。在客票发售过程中，根据客流的波动性，通过对票额发售情况进行监控，不断地调整售票策略和票额分配计划，使票额分配适应客流变化，最大可能地提升客座率，增加铁路运输收益。坚持“测好流、编好图、开好车、卖好票”，通过精细化的票额分线管理，充分落实编图及开车意图，滚动优化票额策略，提高席位票额利用效率，实现列车开行效益最大化。

1. 创新技术辅助决策

运用信息技术手段提高售票策略制订效率，提高客流分析的科学性。优化票额预分模板制作规则，将“数量预分”变为“比例预分”、“车次停站分组”变为“按任意车站组合分组”、“顺序车厢预分”变为“平均预分”，以此来提高制作预分模板效率，进一步解放分线管理员的压力。研发高速铁路运营决策支持系统，通过大数据分析各次列车在不同时期的客流趋势、客流密度和票额使用过程，对票额利用结果进行预测，并对预售情况及时进行监控和预警，为分线管理员制订、完善售票策略提供辅助决策。例如，在实施高速铁路列车 OD 智能预分模型中，基于长短途列车合理分工思路，在对客流规律前瞻性预测的基础上，优先为始发站至终到站及限售站以远的长途客流预留足够的票额，同时适当兼顾客流较大中间站，最大限度地实现“长途长用、短途短用”，实现票额资源的合理利用，以提高客票收入。

2. 明确实施规则方法

根据列车开行实际，结合历年客流出行、购票规律和其他交通方式竞争状况，通过加强客流监控和营销分析工作，按照全年淡季、旺季、平季和一日内冷门、热门和普通时段，对各次列车进行分类管理，对列车售票策略进行逐趟研究和合理设置，动态精细调整售票策略，最大限度地用好用足运输能力。例如，根据票额预分实际需要，对车次、模板、时间进行分类、分段。车次分类采用列车客座率作为参考标准，90%以上为一类、75%～90%为二类、60%～75%为三类、50%～60%为四类、50%以下为五类；模板分类采用区分列车票额日常、周末、高峰、春运四个预分模板；时间分段以月为阶段、以周为单位并辅以节假日高峰时段，对票额预分时间进行分段。

根据以上分类、分段规则，按时间段对列车进行分类，并结合预分模板对各次列车制定售票策略。原则上对长期客座率在50%以下的列车不进行预分，长期客座率在50%以上的列车则按周期进行每日预分。借助预分模板和收益管理分析模块，探索对各次列车票额利用预测、目标值以及席位预分方法、监控方式、评估方法等方面的创新，做好各次列车席位利用率全年目标管理，实现列车开行效益最大化。

3. *灵活调剂站间票额*

动态跟踪各高速铁路站的客流情况，根据其票额利用情况，及时做好票额调整。可分别对各次高速铁路列车的票额分配进行调整，以进一步提高其客票营销水平。

票额共用分析如图 9-3 所示，如 G20 次列车自 A 站始发，途经 B 站、C 站、D 站终到 E 站，如果给 A 站分配 500 张二等座，可以设定开车前某时间（如 20 天）300 张票供 A 站、B 站、C 站共用，即开车前 20 天内这 300 张票额由 A 站、B 站、C 站共同使用，具体票额分配给 A 站，不分配到 B 站、C 站，而是通过算法实现 A、B、C 三站共用。如果一张席位被 B 站发售至 D 站，那么剩余的 A—B 区段、D—E 区段还可以被利用，系统将产生一张 A—B 区段的席位和一张 D—E 区段的席位。

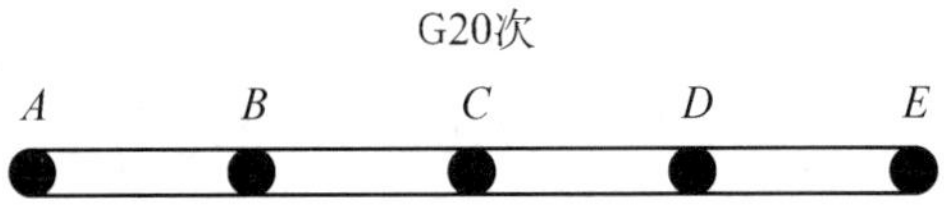

图 9-3 票额共用分析

客票销售期内，根据票额分配执行计划要求，根据各列车历史客流及客票销售的具体情况，采用短途套用、限售区段调整、票额共用、席位复用等策略，随时对票额计划进行调整，并形成票额分配调整计划。其目的是提高列车的客座利用率，实现票额有效利用和全路效益最大化。铁路局集团公司对票额进行实时监控、动态调整。

票额动态调整就是在日常票额分配的基础上，根据当前的客流变化趋势以及近期预售情况，提前进行的短期票额分配调整。票额动态调整手段包括日常手工票额调整（含调度命令票额调整）、票额转换用途调整和票额自动再预分调整。

每一列列车的票额分配合理与否是满足旅客购票需求、保证列车有序运行、实现效益最大化的关键。为从源头上防止列车严重超员、中间站超停等现象的发生，客票所结合开行列车沿途各站历年来同期售票情况、客流变化、天气状况、节假周末等因素，每天动态调整票额分配。

为了能动态地根据高速客流的实时变化做出相应的反应，就需要通过综合策略进行动态调整，以建立适应市场变化的售票组织策略。在客流波动幅度较大的背景下，对票额销售进行优化控制，使其能够灵活地适应复杂的客流情况，进而实现高速铁路能力利用率最大化，并提高旅客满意度。票额组织策略综合运用方法如表 9-2 所列。

表 9-2　各种票额组织策略综合运用方法

票额组织策略	适用场合	实现效果	注意事项
票额预分	吸引客流	自预售之日沿途有票额可以发售	需考虑突发客流的应对
票额共用	吸引客流；减少票额浪费	票额乘车站在可售区段内的自由组织发售	需平衡票额所有站的利益
席位复用	提高高速铁路服务水平	票额的席位号管理	需考虑旅客体验
限售区段	平衡列车各区段客流需求和列车间客流需求	票额售到站在以远站和限售站区段的自由组织发售	需考虑票额利用情况

根据动车组列车客流分布的不同形态，可将列车分为四种：始发客流为主、终到客流为主、沿途交换客流为主和始发阶梯补流为主。相应配备的票额组织手段也有所不同。

（1）对于始发集中客流的列车，票额共用时间设置相应地要倾向于保护始发发售，保证始发站的客流需求。

（2）对于终到集中客流的列车，限售区段设施与调整要倾向于保护终到列车，如以远站设置为终到站且取消限售设置的时间要配合预售等。

（3）对于沿途交换客流较大的列车，共用时间设置要配合列车预售，及时放开沿途车站的发售，席位复用要做好复用时间设置，不影响票额发售，限售区段内不能影响沿途站的补流，票额预分要保证各个站稳态客流，在票额共用时间放开时，不影响这部分票额的发售。

（4）对于始发阶梯补流列车，共用时间设置要配合预售呈阶梯定义，以保证补流车站的票额发售，同时还要保证非主要补流票额的发售不影响补流车站，从而保证列车的开行效益。

充分利用客票系统累积的历史数据，依靠专业技术人员对数据进行统计、分析，挖掘其深层次价值，并通过研发辅助决策系统来优化票额分配。然而，优化票额分配的主要策略是票额的智能预分，即在每个预售期开始之前，根据座位数、客票系统中的历史数据，借助数据模型处理分析，对每趟列车站间客流进行科学预测，从而最大限度地提高票额利用率。

9.4　售票方式

售票组织的内容包括：人工售票窗口、自动售票机以及自动售票机的安排和开放、售票时间和售票人员的组织。合理地根据站房和流线设置售票窗口以及放置自动售票机，可以方便旅客购票、取票，提高效率，节约劳动力，提升车站的服务水平。

高速铁路售票组织工作由国铁集团、铁路局集团公司、站段三层负责。国铁集团是售票组织管理制度和工作标准的制订层、售票系统的规划和研发层，它监督、检查、指导全路售票组织工作；铁路局集团公司是售票组织管理和实施层，负责局内售票组织的指导、管理并组织实施；站段是售票组织执行层，负责具体售票、改签、退票、取票、补票、挂失补、实名验证等作业，配备相应设备实施，并提供售票组织咨询、投诉等服务。

由于高速铁路的日发车频率相对较高，运输能力较充分，随到随走成了高速铁路旅客购票乘车的重要方式。同时，高速铁路旅客的整体素质相对较高，接受新事物的能力较强，因此，售票服务自助化成为高速铁路售票工作的主流。

售票服务自助化是指通过某些途径或采用信息化、智能化的手段，引导和支持旅客在特定流程下对车票购买、改签或退票进行自定义处理，其具体形式目前有：网络售票、电话订票、手机订票、车站窗口售票、自动售票机售票、代售点售票等。这些售票方式极大地方便了旅客出行需求。

车站应保证自动售票机的合理布局，以减少旅客购票流线的距离。同时，铁路系统还在大部分高速铁路车票预售点、高校等地设置自动取票机，并积极推广网络订票（电话、互联网）、电子客票（银行卡购票）、自动售检票等方式，以便最大限度地方便旅客。随着高速列车密度的不断增大，铁路运营部门将逐步采取以下售票方式：

（1）推出月票、季票及年票，减少旅客购票时间，降低经常往返旅客的出行成本。

（2）在一些大站开辟高速铁路绿色通道，方便旅客即购即乘，减少旅客进站等候时间。

（3）在车站周边交通不完善的情况下，定点定位地推出免费短驳车，方便旅客到站或离站。

（4）推出卡务系统。IC 卡是一种非接触式储存射频卡，目前普遍用在各种支付系统中，利用 IC 卡系统能够实现 IC 卡的发放、储值、支付、结算等功能，当 IC 卡作为乘车卡使用时，可以实现旅客无须购票，仅凭 IC 卡进出车站、乘车、出站的功能，其系统结构如图 9-4 所示。

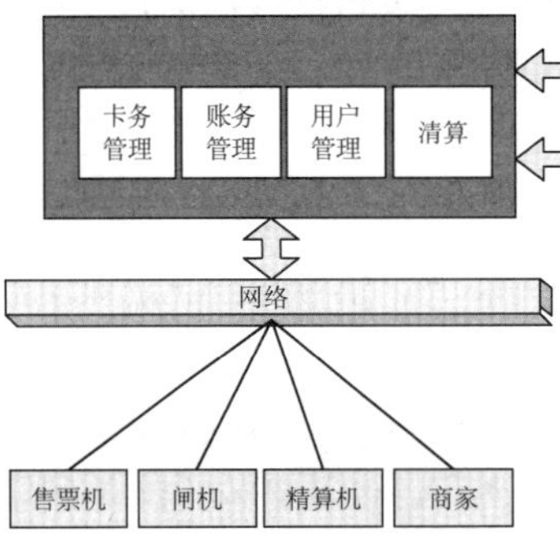

图 9-4 IC 卡系统结构

铁路电子客票是以电子数据形式体现的铁路旅客运输合同，与纸质车票具有同等法律效力。旅客在 12306 网站订购车票后，可以凭二代身份证直接进站、过闸机、乘车、出站等，实现“无票乘车”。为提高客运服务质量、增强客运工作效率、减少运营成本，铁路正在扩大推进全流程电子客票工作。我国高速铁路实现电子客票全覆盖，闸机检票平均速度由

3.8 s/人缩短至1.3 s/人。在购票环节上，自助售票机和窗口也将支持电子客票。在身份证件上，突破二代身份证限制，支持所有有效身份证件。在办理手续上，乘车前，旅客自行打印乘车牌信息；检票时，实行严格第一次身份验证、二次闸机检验的查验方式。在表现形式上（主要指检票、乘车等环节），支持二代身份证、带芯片的港澳通行证件、移动二维码等。在报销凭证上，支持纸质发票和电子发票。旅客通过12306网站（含铁路12306手机App）购买铁路电子客票后，可通过网站自行打印或下载购票信息单，也可在车站指定窗口或自动售票机打印。车站售票窗口、自动售票机和铁路代售点向旅客发售电子客票时，应提供购票信息单，不出具纸质车票，旅客须当场核对购票信息。旅客如需接收购票信息或列车运行变更信息，应提供购票人或乘车旅客的手机号码。

9.5 案例分析：铁路票价改革实践

1. 我国铁路定价现状

日本新干线是全世界高速铁路的鼻祖，同时它也是世界上最昂贵的高速铁路之一，从大阪到东京全程550 km，折合人民币票价高达900元；法国的TGV是继日本新干线之后世界上第二条高速铁路线路，票价和日本新干线相当。德国作为世界工业强国，其制造的高速铁路线路的票价竟然高出我国近7倍；而美国制造的300多km的高速铁路，折合人民币票价居然达到1 000元。目前，我国高速铁路动车组列车票价是按统一价率计算，不收取空调、软票、卧铺费。我国铁路运价的制订方法是以成本加成为主，2007年以来国家发改委和铁道部制订动车组票价政策，按照两个速度等级确定动车组票价水平。300～350 km/h动车组列车基本票价水平二等座为0.483 3元/（人·km），200～250 km/h动车组列车基本票价水平二等座为0.308 6元/（人·km）。二等、一等、特等、商务各席位票价一般按照1∶1.6∶1.8∶3的比价关系确定。目前，我国高速铁路票价定价存在以下问题：

（1）票价制订方法不能反映市场需求变化。高速铁路运价没有包含市场需求信息，难以及时反映运输市场的供求关系，导致客运分工不合理，影响运输资源的有效配置。不同的高速铁路线路运营情况不同，铁路沿线的区域经济状况也有很大差距，但高速铁路票价制订方法未考虑到区域经济状况，也难以根据铁路线的运营情况灵活调整票价。运价不能随着运输成本的变化、运能的变化或公路客运、民航客运竞争能力以及竞争策略的变化进行灵活调整。

（2）票价缺乏运价浮动机制。高速铁路作为一种带有一定公益性的交通运输服务工具，乘客无法通过提前预订、淡季出行等方式买到折扣票，即使淡季部分高速铁路列车空载率较高时也无法实现。与之相比，国外高速铁路票价的调整机制灵活多变，票价浮动空间很大，对于市场的适应性很强，如日本的高速铁路通勤卡折扣幅度达到30%～40%，德国的高速铁路价格最低也可以实现3折优惠，我国的高速铁路票价浮动仅仅停留在形式上，缺乏下浮机制，在某种程度上削弱了我国高速铁路的竞争力。

（3）票价结构体系不够合理。铁路现行旅客票价主要考虑的是运输距离和速度等级，并未将市场需求、产品质量作为票价定位的考虑因素。动车组列车票价定位与动车组列车产品本身存在较大差距，也未考虑高速铁路的投资成本、旅客对运价率的接受程度。

(4) 票价水平差异较大。由于定价主体和开通时间不同，各线路执行票价水平存在一定差异，如沪蓉线合宁段为国家发改委批复特价，在国铁价格基础上上浮 50%，即 0.462 8 元/(人・km)，而 2015 年年底及之后开通的宁安线、金温线、宁启线则在既有价格基础上上浮了 20%，即 0.370 3 元/(人・km)。

(5) 票价计算规则不统一。旅客列车计算方式相对复杂，客票和附加票的计算方式难以得到社会理解。针对取消强制保险和动车组列车实行降速降价，不同线路、不同座席采取了不同的计算和扣减方式。200 km/h 线路上 D 字头动车组二等、一等折算仍执行1∶1.2的票价比，同时各线路在票价位数保留、座席折算比等方面也存在一定的差异。

2. 我国高速铁路可行的运价实施方案

从国内各种交通工具横向比较来看，我国高速铁路票价的定位是低于航空票价，而日本、法国、德国、西班牙等国的高速铁路都是最高端的交通出行方式，其票价远远高于航空定价。再从国际高速铁路同行的定价情况来看，我国高速铁路速度在 300 km/h 以上的班次定价为每公里 0.4～0.5 元，而日本大约是 1.5 元、法国是 1.2 元、德国是 1.7 元、意大利是1.5元、西班牙是在 1.1 元左右。从我国高速铁路的基准价来看，以每百公里票价占人均月工资的比例，法国是 0.81%，日本是 1.14%，德国是 1.29%，意大利是 1.33%，我国是 0.80%，与法国差不多。

1) 需要统筹考虑的问题

合理的运价是铁路持续发展的基本条件，也是实现国家政策目标的基本前提，因此我们需要同时实现企业发展和社会效益最大化这两个目标。如何确定我国高速铁路运价制度，需从以下几个方面统筹考虑。

(1) 以市场需求为导向。单纯按运输成本或企业的利润目标制订运价是不可取的，市场需求状况和旅客对价格的可接受程度才是制订运价的依据。其中，可接受程度包括两个方面：一是经济上的，即铁路运价不能超过旅客的支付能力；二是心理偏好，即如果铁路运价与其他交通方式的运价相比没有优势，再加上其他方面不理想，即使旅客有支付能力，他也不愿意支付，而是会做出别的选择。

(2) 不同地区应有差别。我国高速铁路二等座票价大约是 0.42 元/(人・km)，全国统一。从绝对值上来看，是全世界高速铁路中最低的，大约是日本新干线的五分之一。相较于各国的居民平均收入，这个价格依然是最低的。但我国居民可支配收入差距较大，高速铁路票价对低收入人群来说已经比较高昂，他们也没有太多别的远距离出行方式可以选择。现在是全国铁路一个价，不分东西南北，经济发达地区还是不发达地区，一律按(人・km)计算，铁路部门在获取运输收入后再在内部进行核算、分配。价值规律有一个基本的理论前提，那就是商品的自由流动，而流动的范围就是价值规律作用的范围。高速铁路运价应以经济区域为基础，在不同区域规定不同的运价，如此才符合铁路的实际情况。如果不是这样，就会造成铁路企业的经营状况与所处地方的经济发展状况不协调或脱节，进而影响二者的健康发展。

(3) 有利于参与市场竞争。未来的运输市场竞争将越来越激烈，企业的成败在于竞争力的强弱，而价格是一个很重要的竞争手段。铁路运输企业应根据竞争对手的数量和实力，采取有针对性的办法，从而掌握竞争主动权。铁路运价可以有多种形式，如弹性定价、折扣定价、期限定价和简化定价等。其中，折扣定价又可以分为数量折扣、季节折扣、剩余折扣和功能折扣；期限定价则依据时间长短，可以分为月票、季票和年票。不同的运价适应不同的市场和消费者，这对于开拓企业营销渠道有一定的帮助。

(4) 政府宏观调控与弥补政策需双管齐下。铁路要承担公益运输任务，政府需要通过恰当的制度安排弥补铁路运输企业由于满足公共目标而导致的效率损失。例如，德国和法国将铁路运输划分为营利性运输和公共运输，对营利性运输采取完全市场定价或政府指导价方式，而对公共运输采取政府定价模式，由此给运输企业带来的损失由政府给予补偿，这种方式就很有借鉴意义。2014 年，从社会资本投资控股新建铁路客运专线旅客票价实行市场调节开始，我国铁路客运价格探索逐步引入市场机制。2015 年，《中华人民共和国铁路法》和《中央定价目录》相继被修改，高速铁路、动车组票价不再纳入国家定价范畴；同年年底，国家发改委发布《关于改革完善高铁动车组旅客票价政策的通知》，明确自 2016 年 1 月 1 日起实行高速铁路动车组票价由铁路运输企业自主定价，经营者可在规定的幅度内制定价格。

2) 价格管理应用系统

国家铁路集团公司提出建设铁路客运价格管理应用系统，以实现价格政策策略的制订和价格的日常管理，该系统是新一代客票系统的重要组成部分。研发团队结合每个阶段的定版需求采用快速开发的模式，设计包含业务流转的原型系统，基于原型系统方式的需求呈现，可以将抽象的需求描述转换为系统功能，从而加快了复杂需求的明确，使之更加直观、准确。客运价格走向市场化，必然要求价格水平能够根据市场情况快速灵活地进行调整，通过对价格计费信息化手段进行丰富和扩展，建立适应客运市场变化、科学合理的票价计算浮动管理模块，提高价格管理水平，满足铁路票价动态营销和灵活管理的需求。

3) 灵活票价，拓展诱增客流

灵活票价主要包括区域运价、分线运价、浮动运价、季节运价、优质优价、折扣优惠运价、薄利多销价和组合式定价。充分运用价格浮动杠杆，吸引客流上线，提高整体收益。

(1) 加强售票策略运用。实施“一线一策”精细化售票策略，分车次建立票额运用档案，灵活运用售票组织手段，细分运用时段和适用区段，分线别、方向、阶段、时段制订票额分配、共复用和以远站策略方案，逐步提高客流分析管理的质量和效率。

(2) 加强价格策略优化。探索“一日一价”“一车一价”市场化价格政策，分日期、时段、区段、车次实施差异化定价策略，依靠大数据建立价格辅助决策系统支持，逐步实现定价智能化。

(3) 充分用好价格浮动权限。深化市场化定价机制研究，总结近年来动车组差异化定价经验，进一步扩大差异化定价线路范围，自主确定票价折扣、调整时间和频次，完善分周号、分时段、分席别更加灵活的动车组票价浮动机制，理顺动车组各席别间比价关系，解决部分早期开通线路席别比价不合理的问题，按照依法合规、有降有升的原则，进一步下放高速铁路票价自主权，由列车担当企业在规定范围内灵活地调整票价，让更多旅客享受到票价浮动调整带来的实惠。

4）京沪高铁票价调整

为进一步优化京沪高铁票价结构，解决需求不均衡和供需矛盾等问题，推动京沪高铁市场化发展，自 2020 年 12 月起，京沪高铁票价进行优化调整的实施方案为：一是将京沪高铁速度为 300～350 km/h 动车组列车二等座公布票价进行优化调整，同时将商务座、特等座和一等座与二等座的比价关系分别按照 3.5 倍、1.8 倍和 1.6 倍执行；二是改变目前执行的固定票价的做法，实行优质优价、灵活的浮动票价机制，以现行执行票价为基准价实行上下浮动；三是将北京南站—上海虹桥站全程列车二等座最高执行票价调整为 598 元，最低执行票价调整为 498 元，全程列车商务座最高执行票价调整为 1 998 元，最低执行票价调整为 1 748 元。另外公司将根据客流情况，灵活调整执行票价。同步推出客运服务提质等举措。京沪高铁北京南站—上海虹桥站间区间列车参照全程列车执行票价按照运行距离对应调整执行票价。

综上所述，弹性票价的制订是一个长期、复杂的问题，需要根据市场需求动态、科学、灵活地拉开票价，在基础大数据分析基础上的票价核定算法，将会使客票价格进一步接近市场需求。我们可以根据开行状况弹性调整，研究动车组票价与上座率、客运收入之间的变化关系，结合节假日运输、高峰时段等因素，对动车组票价实施弹性调整机制。我们可以根据客流变化规律，对节假日开行线路车次适当上浮票价，利用价格杠杆，引导旅客合理地选择不同的运输产品，改善客运组织，提高高速铁路的综合效益；还可以通过建立大数据算法，进一步完善客票的市场化定价，根据不同时段、车次、席别、方向的车次上座率分析，将票价在一定范围内形成真正的浮动机制，对于空闲运能方向或经常性的固定旅客团队，可将票价适度下浮，而对于某个运能紧张方向时间段的客流，实时取消折扣价，这样才能真实地反映市场需求与价格的变化。同时，我们还要掌握市场需求规律，有效地解决目前在同方向、同里程、同车型上不同时间需求而车票价格不变的问题，并且在不同时段可考虑车票整体销售情况。

第 10 章　高速铁路调度指挥

10.1　调度集中控制系统及其特点

调度集中控制(Centralized Traffic Control, CTC)系统最早由美国人于 20 世纪 20 年代提出,是对列车直接指挥和管理的技术装备,主要功能是集中控制列车进路,自动检测并判断列车进路和调车进路的冲突。其特点是将信号和监控列车运行结合起来,在调度中心集中控制列车进路,直接指挥列车运行,实现行车指挥的自动化和远控化。CTC 综合了通信、信号、运输组织、现代控制、计算机和网络等多学科技术,可实现列车调度员对某一区段内的信号设备进行集中控制。

调度集中虽然不能直接提高线路的通过能力,但通过集中控制,可增强行车调度的自动化程度,保证高速铁路的安全和效率,充分运用线路的通过能力,同时提高劳动生产效率和改善劳动条件。CTC 系统的最终目标是以调度指挥系统为核心,最大限度地实现车站控制的自动化和无人化。

我国高速铁路区段运输指挥采用 CTC 系统,由铁路局集团公司和车站两级构成,其系统结构组成如图 10-1 所示。列车调度员在 CTC 调度终端编制并下达列车运行计划,中心服务器将列车运行计划以数据格式发送给各车站的自律机,车站自律机根据列车运行计划中的车次、时刻、股道等信息,自动完成对应列车的进路排列和信号开放。

CTC 系统不仅使运输组织指挥的智能化、自动化程度更高,列车调度员可集中精力专心于行车计划的管理和调整,还实现了列车作业和调车作业的集中控制和统一管理,进一步减少了调度指挥的中间环节和结合部,从而有利于提高运输效率和确保运输安全。调度集中是调度中心对某一区段内信号设备进行集中控制以及对列车运行和司乘人员直接指挥和管理的技术装备。调度集中有分散自律控制模式和非常站控模式两种。分散自律控制的基本模式是用列车运行调整计划自动控制列车运行进路,此时,调度中心具备人工办理列车、调车进路的功能,车站具备人工办理调车进路的功能。非常站控模式是指当调度集中设备故障、发生危及行车安全的情况或设备天窗维修、施工需要时,脱离系统控制转为车站传统人工控制的模式。在分散自律控制模式下,原车站联锁控制台不起作用;在非常站控模式下,系统车务终端不起作用。结合铁路路情,我国应用 CTC 系统,即采用计算机分布式网络控制技术和信息化处理技术,将列车运行调整计划下达至各个车站自律机中自主自动执行。

CTC 系统按照对列车进路和调车进路的控制权限不同,分为中心操作方式、车站调车

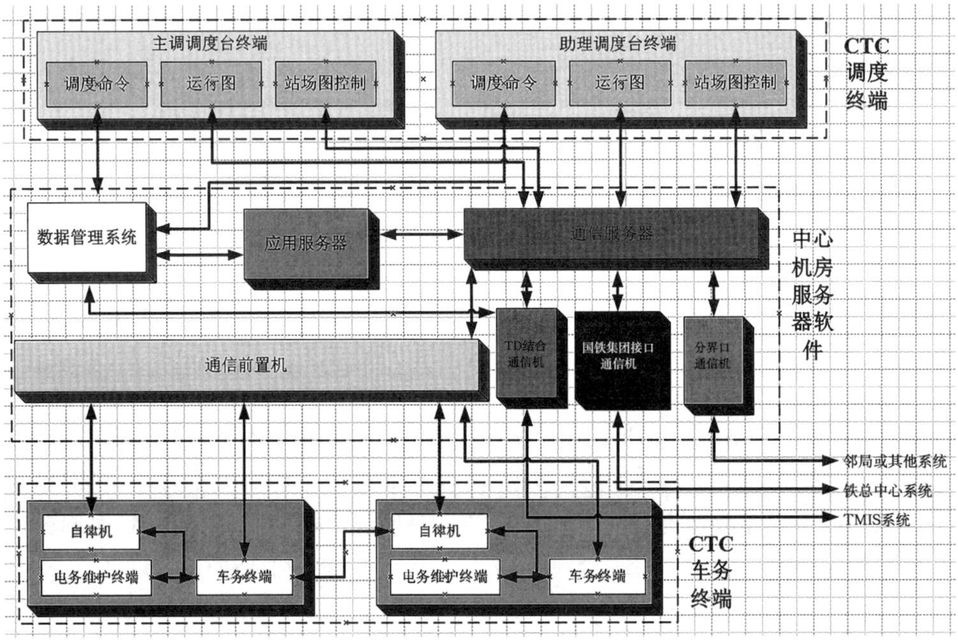

图 10-1 CTC 系统结构组成

操作方式和车站操作方式。CTC 系统主要包括列车计划管理子系统、自律控制子系统、车次管理子系统、调车作业子系统、调度终端子系统、车务终端子系统、与外部系统(如 TDMS)等接口子系统、GSM-R 接口子系统、限速命令管理和列控接口子系统及其他相关维护功能。列车调度员可以根据运输实际情况,正确编制列车运行调整计划,并适时地将计划直接下达给各个车站的自律机,由车站自律机根据列车运行调整计划自动生成列车进路操作指令(自律机进行行车安全和站场条件等检查运算,对条件运算不符合条件要求的反馈至列车运行图终端,弹出相应警告信息),并根据车次号追踪结果提供的信息,适时地将进路操作命令传送给联锁设备予以执行,从而实现车站作业的远程调度指挥。CTC 系统的主要功能如下:

(1) 根据列车调度员编制的运行调整计划自动生成列车进路信息,系统根据设定的触发时机自动触发进路,从而实现对列车进路的自动控制。

(2) 当人工办理进路时,具备列车调度员与助理调度员双确认功能,以及调度台间运行计划相互传递功能。

(3) 具有调度命令(含书面凭证、调车作业通知单等)下达、无线传送及无线车次号自动校核、列车停稳信息传输等功能。

(4) 安全卡控功能:实现了对旅客列车在办客站防止错办通过功能;按行车限制卡对停电单元设置有电/无电;实现了对电力机车闯无电区的安全卡控功能;在既有线 CTCS-2 区段实现了对超限列车与动车组列车自动隔线交会功能。

(5) 通过 T/D 结合,实现了列车工作计划、施工计划(包括施工信息、施工调度命令、施工符号)自动上图功能;接收计划台下达的阶段列车开行计划,实现了阶段开车信息、解挂作业信息、超限车辆挂运信息自动上图功能。

(6) CTC 自律机对违反安全条件的人工操作进行安全提示；对设备故障，具有报警、提示、记录等功能；具有遇设备故障、施工时进行设备锁闭停用功能；对所有的人工操作，具有完整的记录、查询、回放和打印功能。

CTC 系统将行车安全、站场条件检查交给了车站自律机来实现，这种方式杜绝了传统办理进路时错办和漏办的情况，提高了行车安全水平，但对列车调度员编制列车运行调整计划的质量提出了较高的要求。列车调度员必须认真监视系统弹出的告警信息，及时发现并解决问题。遇有需要人工操作调度终端设备办理进路时，必须严格执行“两人确认”制度，确保调度指挥安全。列车调度员也要熟悉调度指挥系统中各类设备的原理和作用，通过系统设备实时掌握列车运行及行车设备的动态，及时接收各类影响列车运行或危及行车安全的信息。

10.2　高速铁路运营调度体系

10.2.1　运营调度系统构成及功能

调度指挥系统是高速铁路运营管理和列车运行控制的中枢，是高速铁路新技术的集中体现，也是高速铁路运营管理现代化、自动化、安全高效的标志，对统一指挥列车运行和协调铁路运输各部门的工作具有重大作用。目前，我们实行以计划为龙头的组织模式，应急处置中发挥团队智慧，提供辅助决策。铁路运输生产具有高度关联性、综合性高、结合部多等特点。高速铁路调度强调集中指挥，是综合效益的集中体现，关系到整体效率和效益的发挥。高速铁路运营调度系统主要解决两个问题，即如何运营和如何调度，如图10-2所示。运营问题主要通过编制高质量的运输计划予以解决，调度问题主要通过调度指挥系统各功能子系统的相互配合来解决。

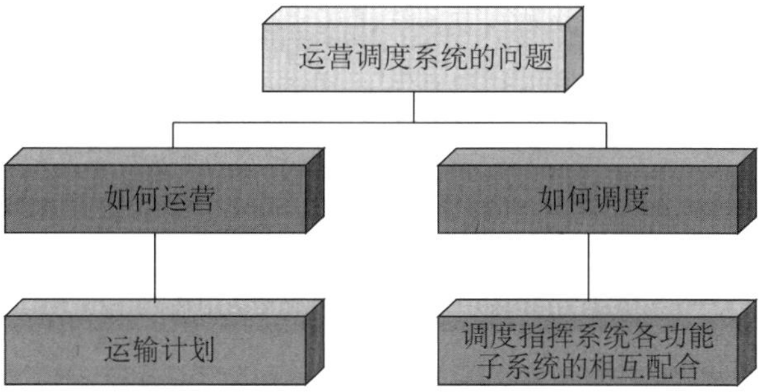

图 10-2　高速铁路运营调度系统的问题

我国高速铁路调度指挥机构的设置以满足高速铁路调度指挥需要为前提，在充分考虑高速铁路运营管理模式、行车组织特点、调度指挥模式及功能的基础上。按照一般组织机构设置的原则来合理设置调度指挥机构。遵循“分工明确，业务不交叉”的原则，我国高速铁路调度指挥机构采取两级调度架构，即国铁集团调度中心、铁路局集团公司调度所。

1. 国铁集团调度中心(管理层)

国铁集团调度中心总体负责组织协调高速铁路的运输调度指挥工作。国铁集团调度中心高速铁路调度设值班副处长以及计划、列车、动车、客运、供电、电务、工务等调度台。国铁集团调度中心作为铁路调度指挥的领导者,主要负责铁路列车运行的协调、监控,具体可以概括为:负责铁路列车基本列车运行图的编制;组织跨线列车的开行;协调高速铁路公司和既有线铁路局集团公司之间以及高速铁路公司之间的利益冲突;监视铁路列车的运行状况;非正常情况下指示相应调度机构的应急处理工作,必要时接管指定区域列车运行的指挥工作等。

2. 铁路局集团公司调度所(高速铁路调度指挥中心)

高速铁路调度指挥涉及计划、列车、工务、电务、供电、动车、客运以及维修等部门,为满足高速铁路调度指挥业务的需要,在调度指挥中心设置相应的业务调度台,由各业务调度台直接指挥现场工作。铁路局集团公司调度所是列车运行的实际控制中心,主要负责实施计划的制订,组织列车按图运行,在列车运行偏离计划时实时进行列车运行调整,在非正常情况下开启应急处置或救援模式等。要保证高速铁路运营的安全,离不开各高速铁路调度台之间的紧密联系与密切配合。高速铁路调度值班主任的任务主要是领导和协调各工种调度,督促各岗位按章、按标作业,共同确保高速铁路列车运行的安全畅通,保证高速铁路调度指挥的安全稳定。中国铁路上海局集团公司调度所如图 10-3 所示。

图 10-3 中国铁路上海局集团公司调度所

站、段(所)、车(执行层):接收高速铁路调度所的指挥和控制,按照调度指令办理各类作业。基层调度拥有最高级别的优先控制权,特殊情况下直接办理本站作业。

3. 高速铁路调度系统的组成与功能

我国高速铁路运营调度系统的构成如图 10-4 所示。

高速铁路调度系统主要由营销管理、计划编制、列车调度、供电调度、动车管理、维修管

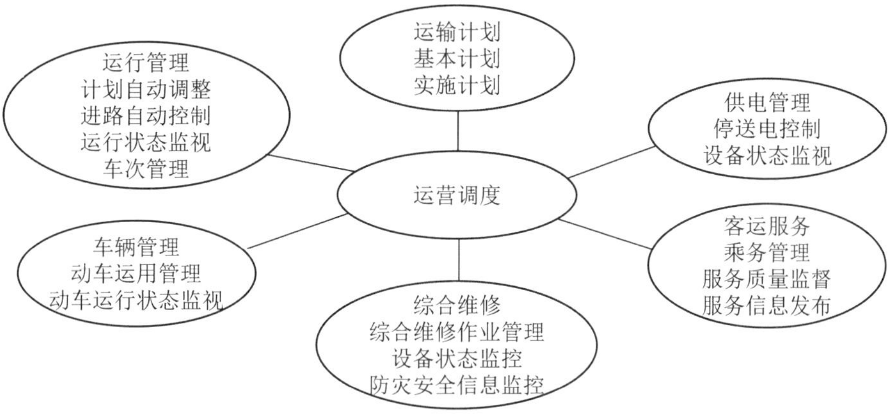

图 10.4　我国高速铁路运营调度系统构成

理、客运调度和数字铁路等部分组成。具体而言，计划调度主要负责列车运行计划、动车组运用计划、乘务计划以及维修计划的编制，列车运行实绩统计分析，并负责高速铁路日班计划编制及列车运行图数据维护、高速铁路计划子系统基础数据维护等。列车调度又称行车调度，列车调度台是确保高速铁路调度指挥安全、列车安全畅通运行的中枢与关键，负责组织列车按计划运行，在列车运行偏离计划时能实时进行运行调整等。列车调度员作为调度部门的关键岗位，是日常运输组织指挥工作的"大脑"，担负着保障运输安全、组织客货运输、保证国家重点运输、提高客货服务质量的重要责任。凡是与行车组织有关的日常生产活动都必须在运输调度的统一组织指挥下进行，按照集中领导、统一指挥、逐级负责的原则，一个调度区段内由本区段列车调度员统一指挥，列车调度员作为一个调度区段行车的统一指挥者，其发布的调度命令和指示，相关行车人员必须执行。列车调度一般由列车调度员和助理调度员两个人协同配合完成。工务、电务、供电调度分别负责辖区范围内的工务、电务、电力调度及牵引供电调度以及被控设备的监视、控制等。动车调度负责监控管辖范围内动车的运用情况，合理安排动车组的运用、检修以及安排动车组司机及乘务组等。客服调度负责管辖范围内车站与旅客服务相关的各项事务，积极应对各种突发情况，做好旅客的疏导、安抚工作等。施工（综合维修）调度负责收集基础资料及各种报表信息，制订维修计划，监视线路以及列车运行状况等。根据工作量的情况，综合设施调度的职能可并入列车调度岗位，也就是说，不单列综合设施调度，其工作职能由列车调度员完成。同样地，在没有设置综合维修调度的调度所，其职责并入列车调度员。

10.2.2　调度日班计划工作组织

列车调度根据组织方式可以分成两方面，即列车开行方案以及列车运行计划。其中，列车运行计划主要是在列车开行方案的基础上确立各次列车占用区间的顺序，列车在每个车站的到达和离开时刻、通过时刻以及列车在区间的运行时间等。列车开行方案和列车运行计划的内容构成了高速铁路列车的静态调度。当发生突发事件，列车无法按照预定计划运行时，就需要对基本应用图进行调整，这可以从两方面进行分析：一方面可以调整列车运行的进入，使列车尽快到达目的地；另一方面运行计划层可以调整列车的发到站时间或者缩减列车区间运行，目标就是要使列车晚点时间最小，这两方面的调整内容就构成了高速铁路列车的动态调度。因此，整个高速铁路列车调度包含了开行方案的动态调度和静态调度，以及运行计划的动态调度和静态调度。

调度日班计划是一日内的运输工作计划，包括列车开行计划和施工、维修计划。调度日班计划的起止时间为 0:00—24:00，由铁路局集团公司调度所主任（副主任）负责组织编制。计划编制的主要依据有：列车运行图、有关文件、电报、调度命令、动车组运用（车型、组数）、检修计划、月度施工计划和设备维修作业计划申请等。

(1) 制定日班计划。日班计划包括列车开行计划、施工计划以及列车交路计划等，是一个复杂的包括实时控制系统和信息系统的综合系统，包括人-机-环境-信息-决策等要素，是充分发挥高速铁路运输效能、协调铁路运输各部门、确保铁路行车安全和优质服务的基本保证。我国现行的调度指挥系统构架在功能和架构设置方面采用属地化管理的区域集中二级调度指挥系统构架。

(2) 构建计划管理平台。基于基本图、时刻表、交路图以及日班计划管理功能，确保行车组织指挥有序。由客运段、动车段、机务段形成次日运用计划，并根据日班计划中的动车开行计划、股道安排、运用计划等形成动车及编组调整信息，客调根据以上计划和信息，再结合列车运行基本图及图外加开、停运信息，生成包含次日动车开行、运用、交路接续等信息的客调命令，经动车调度推算和检验开行计划的正确性后，反馈到日班计划，下达至相关单位、部门和行调等岗位，等待执行。

列车开行计划编制和下达的流程如下：客运计划调度员每日 10:00 前根据列车运行图及相关文件、电报、调度命令来确定次日动车组开行方案，转交动车调度员和相关的机务段、动车段、客运段。15:00 前，动车调度员将动车组车底运用方案、热备车及重点事项，施工调度员将路用列车运行方案分别转交给客运计划调度员。客运计划调度员 16:00 前与相关调度所交换列车开行计划，17:30 前形成次日列车开行计划。计划经调度所主任（副主任）审核批准后，报国铁集团运输局调度部，并于 18:00 前以调度命令下达至有关单位、调度台。

施工日计划编制和下达的基本流程如下：施工单位于施工前 3 日将施工日计划申请报铁路局集团公司主管业务部室审核后，于施工前 2 日 9:00 前向施工办提报施工日计划申请，施工办核对无误后，组织编制施工日计划（其中Ⅰ级施工和国铁集团管理施工项目的施工日计划需报国铁集团运输局调度处审核批准）。编制的施工日计划经调度所主任（副主任）审核后，施工办于施工前 1 日 12:00 前（0:00—4:00 执行的施工日计划于前 1 日8:00 前）将施工日计划下达至本局有关的机务段、动车（车辆）段和车务段（直属站），传（交）主管业务部室和相关计划调度台、列车调度台、供电调度台。

维修计划的流程与上述施工日计划流程大致类似。施工或维修计划下达后，不得随意取消日计划，因特殊原因需临时取消计划时，须经铁路局集团公司分管运输副总经理（总调度长）批准。如果是Ⅰ级施工和国铁集团管理施工项目还须经国铁集团运输局调度部主任或副主任批准。

在市场化调度调整开车方面，上海铁路局集团公司高速铁路客流占总客流的近 80%，主要是通勤流、探亲流、旅游流和商务流。高速铁路开通并逐渐成网后，时空距离的拉近改变了旅客的出行习惯。通过长期的市场跟踪和客流分析发现，不同类型的客流在时空分布上均呈现出一定的周期变化规律。四股主要客流总体呈现出周二至周四平峰，周五与周日上午低谷、下午至晚间高峰，周六白天高峰、晚间低谷，周一上午高峰、下午至晚间低谷的模式，概括而言就是周二至周四基本相似、周五至周一各不相同的以周为周期的客流循环规律。在精确掌握客流波动规律后，遵循"运力跟着客流走"的基本原则，须做到以下几点：

(1) 细分"一日一图"，明确了一周以周二至周四为基本图、周五至周一各不相同周末图的组合，且基本图从紧安排以保证基本客流的需要，周末图全面安排以满足个性需求。

(2) 坚持高速铁路"一次铺画、按需开行"的编图方针，运行图铺画时预先将各日开车需求线条落在图上，做到周末开车一般实施选线开车，特殊情况才图外拉线。

(3) 实行"弹性编组"策略，以运能匹配客流和先重再开为前提，区分长短不同车型对应安排，周客流饱满的优先使用长编，对规律波动较大的列车实施弹性编组，如周二至周四单组，其他重联；周五重联，其他单组；周一至周四、周六使用检备单组车底，周五、周日客流高峰套用图定大编组车底等。

(4) 采用灵活交路，结合动车组网络修的试点与推广，根据客流需要安排复合型交路，如周一至周四两个交路独立，周末套开列车并在异地网络修；两日交路改三日交路，打破动车运用所配属车型对车底运用的限制。

为保证灵活开车的需要，建立周期开车工作模式。由客运部主导，车辆、运输、机务、调度等多部门合力共为，建立沟通汇报、会商协同、方案集成和联动执行的开车保障机制，并形成了周运力优化"五步曲"工作模式，具体如下：

(1) 周一收集需求、分析客流，由客运部营销科会同客票管理所牵头组织分析历史同期和上周的旅客列车开行上座率、客座率、区段客流等情况，并收集站段需求建议，形成本周重联、启用高峰线、增开图外临客等形式的分优先级开车需求。

(2) 周二形成方案、对接落实，由客运部营销科与车辆、运输、机务等多部门会商确定开车资源供给，并形成周运营方案。

(3) 周三审批方案、下达调令，由客运部将运营方案报集团公司主管领导签发，并转客调下达命令。

(4) 周四生成票额、组织实施，由客票管理所制订增开列车的售票策略并生成票额，指导站段发售车票，同时各部门、各单位做好组织实施准备工作。

(5) 周五跟踪反馈、局部微调，由客运部营销科、客票管理所、客运调度分别跟踪站段落实情况，加强沟通反馈，并根据客流、售票情况，局部调整运营方案。

10.2.3　列车运行调整

列车运输计划的核心是列车运行图。与普速铁路相比，高速铁路列车开行频率更高、密度更大，对准时性和可靠性的要求更高，对列车运行计划编制的一体化、调度指挥的灵活性、列车运行调整响应的快速性等提出了更高的要求。列车调度员是日常生产运输的指挥者和管理者。高速铁路拥有现代化的技术设备和管理手段，列车运行稳定性较好，但实际运输生产过程中难免受到诸如恶劣天气、自然灾害、事故、设备故障等各种随机因素的影响或干扰。列车运行调整就是在列车运行过程中，由于某种因素或突发事件的干扰使得列车运行的实际状态偏离预定值，需要重新编制列车运行计划，尽快恢复列车的有序秩序。列车运行调整是行车调度指挥工作的基础和核心。

通常，调度指挥是围绕"天、地、人、车、图"五大要素展开的。天是指天气状况；地是指线路条件及沿线地质状况；人是指调度及车站工作人员状况；车是指各类列车运行状态信息；图是指列车运行计划图和实际图。在当前行车指挥自动化的基础上，随着行车速度和密度不断提升，这个过程组织形式发生了巨大的变化。"天、地、人、车、图"采用了互联网、移动通信、先进传感器等技术，具有更广泛的信息资源，主要表现在：采用信息自动化采集装置完成对信号设备和列车实际运行信息的收集，通过计算机实现列车运行的自动追踪与管理。该调度指挥系统能够根据运输的变化情况自动调整列车运行信息，自动安排车站列车接发进路，自动统计、分析列车运行实际情况并将结果进行记录和显示，从而实现列车追踪、进路控制和运行调整。调度指挥需要强化调度日班计划的制订、优化和管理，以提升列车运行安全、提高列车正点率、提高调度工作的质量。特别是针对不同运行图执行过程中的重点和难点要全面掌控，而且更加重视恶劣天气下的列车运行限制。

列车调度员通过调度指挥系统获取调度日(班)计划中的"一日一图"信息，从而形成各个阶段的动车组客车运行线条，若遇临时加开列车等特殊情况，需从基本图读取或手工铺画列车运行线，此时要加强核对列车运行径路、办客站等重要信息。列车调度员根据列车实际运行、车站股道使用情况确定会让计划及股道调整，计划编制完毕并确认无误后将计划下达至车站。

针对多种速度共线运输组织模式，列车运行调整问题尤为突出，从列车运行干扰来看，上线晚点列车是高速铁路列车运行的主要干扰，是调度指挥工作中的一个重点，调整原则是：由列车调度员单一指挥，以安全为前提，以正点为核心，以全线整体优化为目标，尽可能地减少对正点列车的影响，不断编制列车运行调整计划来实现相应的调整措施。一般采取人机对话形式，由计算机编制初步方案，人工进行局部调整。调度指挥系统能实时自动地将调整计划传输给相关站段与调度。

(1) 列车运行实时调整。列车调度员按列车运行图指挥列车运行，然而列车运行受到各种随机因素的影响，导致列车运行时间的偏离、停站时间的延长等打扰正常运行秩序的情况时有发生，这就要求列车调度员要实时地调整列车运行计划。

(2) 调度系统应实时向调度区段管内各站传送列车运行信息，包括到达列车车系、到达时间、发车时间、停靠站台、晚点列车车次、预计晚点时间等。各站列车出发或通过后在向调度中心传报发车或通过时刻的同时，也传送给前方邻站。收到上述信息后，车站服务系统经过编排，定时或实时向旅客发布。

(3) 列车运行秩序紊乱必然导致动车组折返交路紊乱，特别是在列车密度较大、高速动车组采用不固定区段使用方法时，问题更加突出。列车运行调整实质上是在满足一定间隔时间要求的条件下，处理好列车与车站、列车与区间以及列车之间的相互关系。这些关系通过列车到发顺序与到发时间体现出来。由于天气不良、自然灾害、设备故障等原因，高速铁路列车晚点的情况不可避免，列车大面积晚点现象也时有发生，列车运行调整方法主要包括：利用冗余时间和储备能力；压缩停站时间；运行速度的控制与调整；变更越行点；利用备用运行线等。

高速铁路列车运行调整与控制一体化涉及列车到发时刻、顺序、路径、速度、间隔等多个相互制约的因素。调度决策需充分考虑到列控系统的特性，如信号系统布置、列控降级、紧急制动等。以乘客出行服务（便捷性、准时性）为出发点，一般采用数学规划方法生成初始图，在此基础上人工调整，并借助仿真软件等进行评估。

我国铁路调度指挥自动化已基本实现，但作为铁路运输基层生产单位的铁路车站虽然集中了绝大多数技术设备，其自动化和智能化水平却不高，复杂大型车站作业计划的智能编制和调整水平较低，并不能满足日益增长的运输需求，这已逐步成为推进铁路信息化和智能化进程的瓶颈。

车站的基本任务之一是高效合理地运用股道资源，保证安全、不间断地接发列车，确保列车按图正点运行。在铁路运输实际工作中，车流易受到各种主、客观因素的影响，列车的实际运行状态难免会偏离预定的时刻表，如列车股道冲突无法接发车，造成列车晚点，大量的旅客在车站候车室，增加了事故发生的风险。因此，合理高效地安排车站的列车股道运用计划，对列车正点运行、提高运输质量和服务水平具有至关重要的作用。同样地，车站股道运用计划对保障铁路运输生产安全起到了至关重要的作用，确保了晚点列车股道调整方案的可靠性、安全性与准确性。同时，严格按照《铁路技术管理规程》《铁路局集团公司高速铁路行车组织工作细则》和站段《车站行车工作细则》规定进行晚点列车的股道运用调整，是车站行车作业过程的根本要求。

我国高速铁路全部采用动车组进行旅客运输，基于安全考虑，铁路系统规定动车组必须固定接发列车股道，正常情况下车站值班员和列车调度员都不能随意变更调整。但在遇到列车大面积晚点的情况下，对晚点列车股道进行临时调整的情况在所难免，这时就需要值班员根据当前车站股道的运用情况，并综合考虑接发车计划、列车作业、客运组织等因素，从而对车站股道运用方案进行调整，以保障整个运输网络畅通。

10.3　应急处置

高速铁路调度指挥系统是在开通运营的高速铁路线路上，运用一定数量的高速动车组及相关设备和服务人员，依据高速动车组列车开行日计划，同时考虑当日的客流量、突发故障和天气变化等情况，及时调度指挥动车组列车运行，以确保高速动车组列车的运行安全。

高速铁路调度指挥系统每日以 0:00 为分界，根据高速铁路调度日计划铺画运行图，再下达 3～4 h 列车运行调整计划，实时盯控高速动车组列车运行。

由此可见，设备故障、不良天气等情况会影响高速铁路列车的安全运行，给高速铁路调度指挥系统带来一定的风险。

当遇有突发故障、自然灾害等情况时，通过临时调整并下达 3～4 h 列车运行调整计划指挥列车运行，从而尽量减少对列车运行秩序的影响，确保高速动车组列车开行日计划的实现。

当出现列车晚点、停运、换乘等情况时，通过协调各部门将影响控制到最小，尽最大可能维护高速铁路列车运行秩序稳定，满足旅客出行需要。

高速铁路调度指挥系统风险可以是在某一时段、某一线别的高速铁路调度指挥过程中，对高速动车组列车运行安全和秩序产生不同程度影响的各种因素。

10.3.1 应急处置流程

高速铁路设备先进、技术完善是高速铁路运营安全的前提。但由于设备具有负载、损耗大、技术条件要求高等特点，这便决定了高速铁路设备会有一定的故障率，再加上外界不可控因素的影响，故突发事件不可避免。因此，非正常情况下高速铁路调度指挥的应急处置就显得尤为重要，它是高速铁路行车安全工作的重中之重，也是高速铁路应急响应能力的综合体现。

高速铁路应急管理包括预防、预备、响应和恢复四个阶段。预防是指从高速铁路应急管理的角度出发，防止突发事件或事故的发生，从而避免应急行动的一系列相关工作。预备是指事故发生前采取的行动，目的是应对事故和设备故障的发生，并提高应急行动能力，推进有效的响应工作，主要任务为制订应急预案及完善应急保障系统。响应是指事故发生后立即采取的行动，目的是使生命、财产损失降至最低。恢复是指在响应结束后立即采取列车运行恢复等措施，目的是使高速铁路运营恢复到正常状态或得到进一步改善。高速铁路系统安全影响因素如图 10-5 所示。

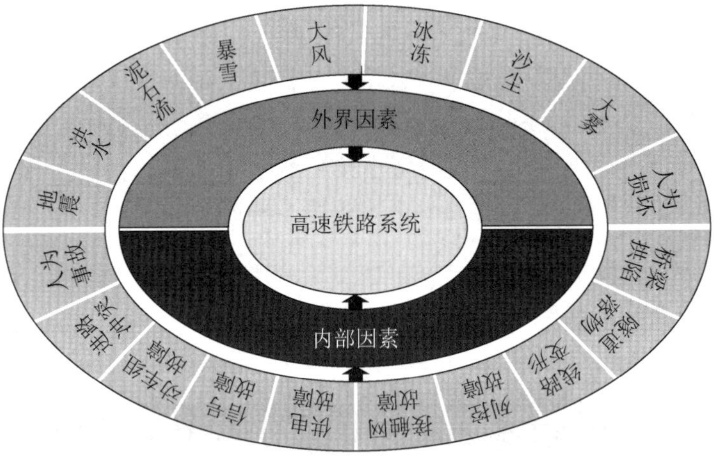

图 10-5　高速铁路系统安全影响因素

应急处置是指针对行车过程中发生的设备故障、自然灾害、突发事件、行车事故等做出迅速、准确、有效的响应，并果断采取相应措施，及时控制事态发展，在最短的时间内恢复列车运行，尽最大可能降低对行车造成的影响和损失。

应急响应分为特别重大、重大、较大、一般四级（即Ⅰ、Ⅱ、Ⅲ、Ⅳ级）。当发生突发事件时，应按规定及时启动应急预案，并做出相应级别的应急响应。其中Ⅰ级、Ⅱ级应急响应由铁路局集团公司报告国铁集团后，Ⅰ级应急响应由国务院或其授权国铁集团启动，Ⅱ级应急响应由国铁集团启动。铁路局集团公司负责启动Ⅲ级、Ⅳ级应急响应。

当高速铁路发生突发事件时，按照分级响应的原则决定启动相应预案，组织突发事件应急处置，并根据实际需要调动应急队伍，集结相关设备、物资、药品等，落实处置措施。上海铁路局集团公司调度所的交通事故(设备故障)应急处置流程如图 10-6 所示。

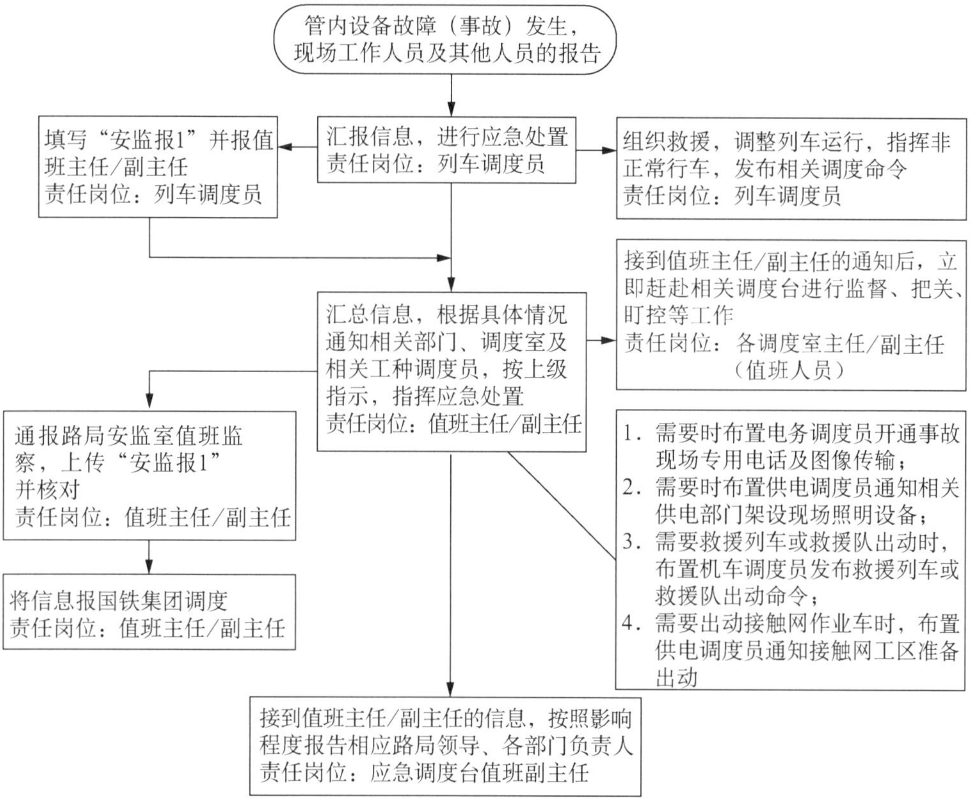

图 10-6　上海铁路局集团公司调度所的交通事故(设备故障)应急处置流程

10.3.2　常见故障及处置

高速铁路具有速度快、技术构成复杂、耦合程度高和组织一体化等特点。高速铁路是由线路、桥梁、轨道、供电、车辆、通信、信号和控制等子系统构成的复杂系统，只有各子系统之间高度耦合、优化，才能实现高速铁路系统整体最优，以及保障高速列车的高速、可靠运行。当高速铁路行车在非常态情况下，即监控系统检测到相关危及安全行车的故障或高科技系统出现故障时，由于列车运行速度快、密度高，为快速恢复正常的运输秩序，应急处置的思路就是以确保列车运行和旅客安全为首要原则，充分体现高科技与运输组织一体化的思想，正确且及时地启动相关应急预案。

高速铁路设备故障主要分为以下几类：CTC 故障、动车组故障无法继续运行、列控车载设备故障、列车在区间被迫停车须返回后方站、列车停在接触网分相无电区、人员临时下车上道检查处理异状、信号故障、轨道电路红光带、联锁失效、接触网停电处理、接触网异物、大风报警、调度命令传输失败、晃车处理等。铁路局集团公司设了高速铁路突发事件应急领导小组对管内高速铁路区段发生的交通事故、自然灾害、相关设备故障等突发事件的应急处置进行组织、指导和协调，决定启动或终止Ⅲ、Ⅳ级预案，提请国铁集团启动Ⅰ、Ⅱ级预案。应急领导小组组长由铁路局集团公司分管副局长担任，总调度长任副组长，成员由铁路局集团公司办公室、安监室、运输、客运、货运、机务、供电、工务、电务、车辆、调度所、公安局等部门的负责人组成。应急领导小组下设办公室，办公室设在调度所（应急调度台）。站（段）也相应地设置应急领导小组。

常见故障处理的一般原则是：充分考虑设备特点，统筹兼顾最佳方式、最快速度、最短时间、最小影响、最合理资源投入等。

各铁路局集团公司编制的高速铁路应急预案实施细则中均规定了各应急救援场景的应急处置流程，以及应急处置中涉及的调度员、司机、机械师、乘务员等各工种的职责，以便更好地组织应急救援，最短时间内消除故障或事故影响，最大限度保障旅客的生命、财产安全。例如，高速铁路列车集中晚点应急处置过程主要包括以下几方面。

1. 应急预案制订

当车站（调度所）遇到列车集中晚点或者有可能发生列车集中晚点时，应立刻逐级向上级领导汇报，并根据指示启动相应的应急预案。高速铁路列车集中晚点应急处置预案应动员所有相关的铁路部门，尽可能组织起更多力量参与。预案应包括逐级报告制度、影响范围控制、行车组织、乘务组织、旅客安排、治安维护、医疗救助、疫情防治、后勤保障、信息发布、新闻宣传等内容，并根据晚点高速铁路列车列数、晚点时间等划分应急预案启动等级，分别由国铁集团启动实施Ⅰ级应急预案、铁路局集团公司启动实施Ⅱ级应急预案、车站（车务段）负责组织启动实施Ⅲ级应急预案。

2. 应急预案启动响应条件

Ⅰ级应急预案启动响应：当发生旅客列车晚点 2 h 以上并达 30 列及以上、繁忙干线双线之一线因各种原因中断行车在 6 h 内无法恢复通车时，站段应急领导小组应立即向铁路局集团公司客运部、调度所报告，客运部、调度所接到信息后应立即向铁路局集团公司应急领导小组和铁路局集团公司总值班室（铁路局集团公司应急办）报告。铁路局集团公司调度所则向国铁集团调度部值班处长报告，由国铁集团公司决定启动Ⅰ级应急预案。

Ⅱ级应急预案启动响应：当发生旅客列车晚点 1 h 以上 2 h 以内并达 15 列及以上 30 列以内（不含）、繁忙干线双线之一线或其他干线因各种原因中断行车且在 4 h 内无法恢复通车时，站段应急领导小组立即向铁路局集团公司客运部、调度所报告，由调度所转报铁路局集团公司应急办及国铁集团调度部值班处长，铁路局集团公司应急办向主管运输的副局长报告，由主管运输的副局长发布启动Ⅱ级应急预案的命令。

Ⅲ级应急预案启动响应：当发生旅客列车晚点 30 min 以上 1 h 以内（不含）并达 10 列及以上 15 列以内（不含）、繁忙干线双线之一线或其他干线因各种原因中断行车且在 2 h 内无法恢复通车、客运站 4 h 内滞留旅客超过候车能力 100%时，站（段）值班室在接到现场岗位的报告后，立即报告站（段）长，由站（段）长负责发布Ⅲ级应急预案命令。

3. 应急预案执行

铁路单位各相关部门均应建立应急响应联系制度，以保证在应急预案启动时，人员能在规定时间内到位。铁路局集团公司应急指挥中心设在铁路局集团公司调度所，站(段)应急指挥中心设在站(段)安全指挥中心，同时保证应急指挥中心电话、网络的畅通。高速铁路列车集中晚点应急预案如图 10-7 所示。

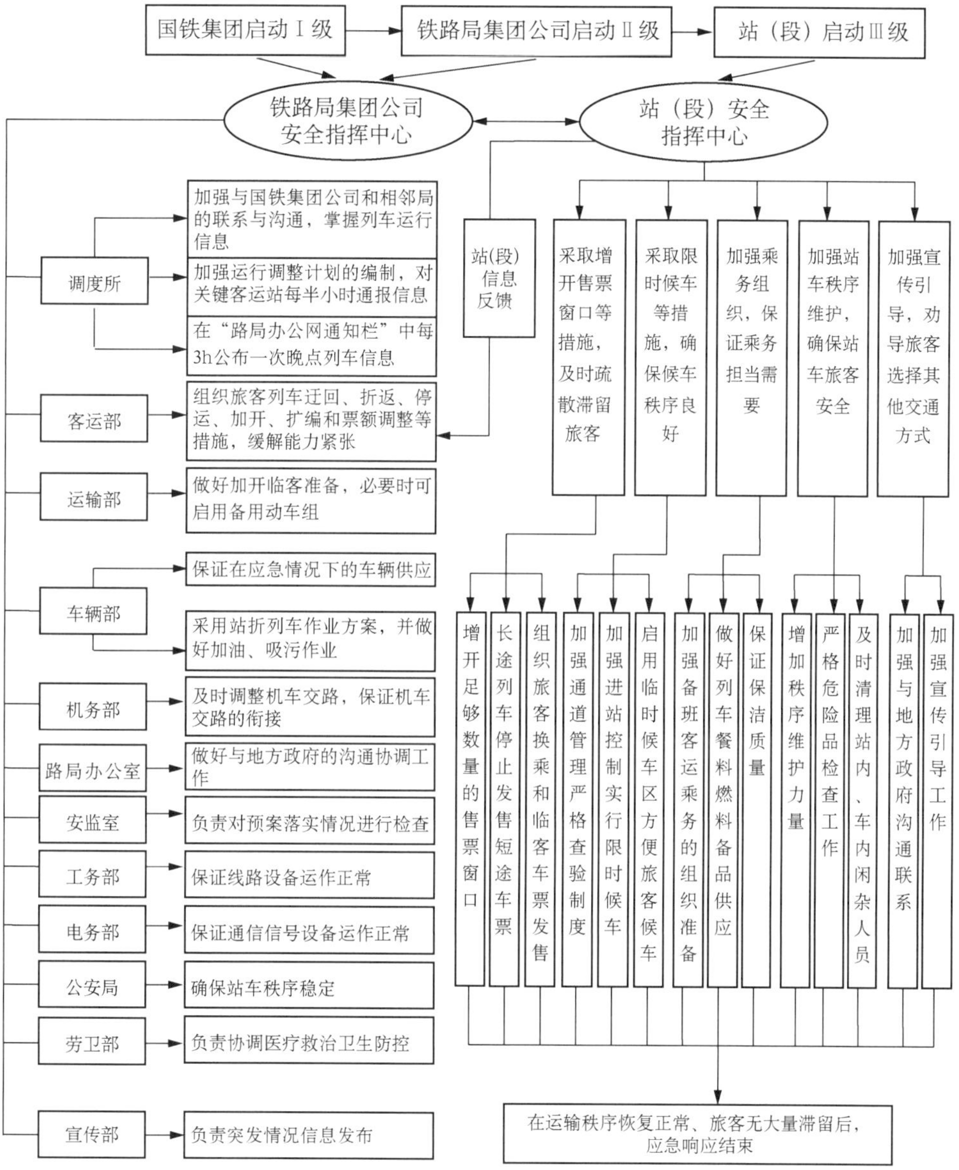

图 10-7 高速铁路列车集中晚点应急预案

10.3.3 调度协同组织

提高运输指挥的综合协调力是确保系统稳定性的重要保障。随着旅客对服务质量要求的逐渐提高，高速铁路旅客运输系统的稳定性也越来越重要。在因天气、人为等外界因素导致运行秩序扰乱的情况下，通过调度指挥调整尽可能地减少与原定计划的差距，而这种调整往往超出传统行车调度的范畴。然而，减少对旅客出行的影响，提高整个系统的综合协调能力，是高速铁路必须面对的新挑战。

目前，与高速铁路运营相关的信息系统的基本功能已经达到了基础信息完备、功能稳定的水平。例如，动车管理信息系统涵盖了当日动车组开行交路情况及每个车组的车型及动车组的备用、检修等实时状态信息和动车组乘务人员的信息；通过客票系统可实时分析各次列车的各站上、下车人数及座位；行车调度指挥系统(CTC)、防灾安全监控系统、旅客服务系统、供电数据采集与监视控制系统(SCADA)、铁路运输管理信息系统(TMIS)等相关系统均较为成熟。但高速铁路调度应急处置是一项系统工程。在非常态情况下，即监控系统检测到危及安全行车的故障或高科技系统出现故障时，由于列车运行速度快、密度高，为快速恢复正常的运输秩序，调度应急处置的思路就是以确保列车运行和旅客安全为原则，充分体现高科技与运输组织一体化的思想，正确及时地启动相关应急预案，并在事后不断总结应急处置的经验，积累所采取方案的可行性、安全性和便利性。

围绕“信息报告准确及时、应急指挥稳妥得当、应急响应快速全面、现场处置安全有序”的目标，上海铁路局集团公司建立了以铁路局集团公司应急调度台、站(段)应急指挥中心为核心的横向两级应急指挥层和纵向“行车指挥、应急把关”两条线构成的网络体系，形成了“监控—评估—决策—指导—盯控”应急指挥模式，实施了铁路局集团公司调度所“一元化”指挥和铁路局集团公司专业部室、站(段)专业科室技术支持并参与决策的应急工作机制。通过应急资源系统整合和应急信息集中处置，增强了专业间、站(段)间的横向信息共享和系统内的纵向信息交流，实现了应急指挥集中管理，有效防止了多头指挥、多专业决策和反应迟缓等现象的发生。同时，基于各类应急预案、案例知识库、应急资源以及现场状况等大数据的辅助决策平台，在应急处置时，根据设备故障影响的范围和时间，自动提供影响范围内旅客列车相关资料，如影响区段内旅客列车车次、编组情况、车底交路、售票情况、直供电、乘务担当、运行速度、列车实际运行点等基本资料，自动生成多套应急调整方案以供选择，选择最优方案，并生成相关调度命令和调整方案，实现调整方案的下达和执行。

从应急台人员和设备来看，相应地建立由各个专业系统人员组成的应急指挥调度台，建立并完善了高速铁路应急预案及各种情况下的应急处置办法，规范了应急处理流程。应急指挥调度台可由调度所主任/副主任带班，铁路局集团公司运输、机务、供电、车辆、工务、电务等部门指派胜任人员以及值班人员组成应急指挥调度台值守基本队伍。遇特定情况时，可根据需要指定其他有关部门参与应急值守。值守人员均由各处室挑选责任心强、业务技能过硬的专业管理干部，并经业务部室主要领导认可后方可上岗。为正确处置设备故障、突发事件等，应急指挥调度台应配备一些辅助决策系统，主要有：站(段)主要领导单键直拨调度电话、CTC/TDCS 复示系统、微机监测系统、视频监视系统、局站应急专线视频电话会议系统、客票查询系统、供电 SCADA 复示系统。

应急指挥台处理高速铁路故障主要涉及固定设备、移动设备、恶劣天气、调度设备等。遇设备故障、突发事件、铁路交通事故等情况时，应急调度台相关人员到列车调度台组织应急处置。值班人员根据具体情况向有关领导报告，按等级启动响应，按照事故导向安全、按章处置、减少损失、单一指挥（不得干扰调度员单一指挥，维护调度员的集中统一指挥）的原则，主要承担以下工作：①为调度员提供辅助决策。及时掌握相关信息并及时提供本系统的行车限制条件，在应急处置中涉及规章制度、应急处置方法等方面，给作业人员提供技术指导和支持。②督促协调，掌握进度。督促本系统站段开展应急处置，加强应急处置中的协调和配合，掌握现场应急处置进度，同时掌握站段安全生产指挥中心、现场作业点干部到岗，应急抢修、应急处置人员到位情况。③对故障处置情况进行统计、分析，查找存在的问题，以便进一步改进应急处置工作。高速铁路运营调度协同指挥系统结构和应急指挥台应急处置关系分别如图 10-8和图 10-9 所示。

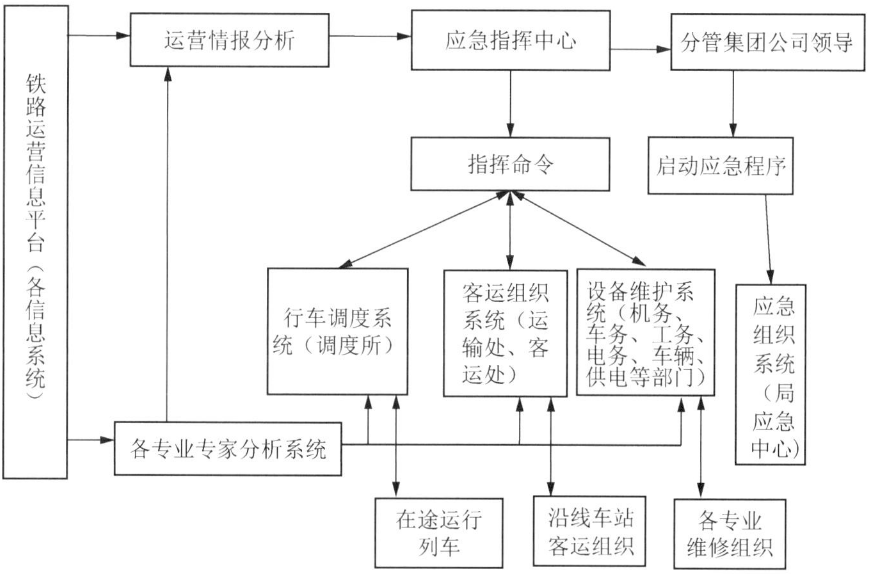

图 10-8　高速铁路运营调度协同指挥系统结构

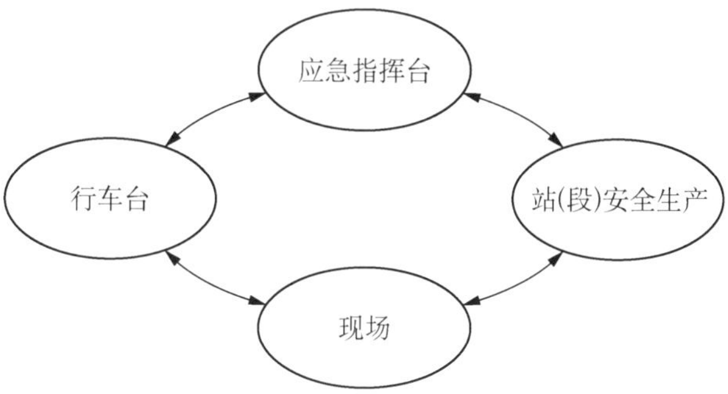

图 10-9　应急指挥台应急处置关系

遇有设备故障或恶劣天气影响较大时，铁路局集团公司安全生产指挥中心值班主任立即通报应急指挥调度台调度、供电、运输、工务、电务应急值守人员以及电务、工务段安全生产指挥中心进行处置。

处置评价：一是应急指挥调度台值守人员处置及时，技术支持正确，及时联系段指挥中心安排添乘动车组赶赴现场，后续运行调整方案有效；二是电务、工务段应急抢修人员出动及时，故障范围判断准确，抢修现场组织严密，分工明确，紧张有序。

高速铁路调度指挥应急处置方面存在以下制约因素：

(1) 应急处置信息收集和汇总滞后。设备故障后，应急指挥人员需立即掌握“列车工况、坡道曲线、桥隧堤堑、三乘人员”等信息，上述资料分别通过文电公布、司机汇报、其他工种人员提供等不同渠道获取。由于没有自动提取信息的平台，故需人工逐项收集、汇总、梳理，从而造成应急信息掌握滞后，影响处置时间。

(2) 发生非正常情况后，调度人员很难第一时间掌握现场信息，准确掌握现场故障（事故）情况，并做出合理的应急处置决策。当前调度人员仅凭 CTC 显示和司机的简要报告，难以准确、清晰地掌握现场具体情况，并且铁路局集团公司调度员、业务部门及站段应急指挥人员等同时通过电话向司机、随车机械师询问情况，因而无法实现信息同步共享，甚至有时会严重干扰司机、随车机械师对故障的处置。

(3) 集团公司、站（段）应急专家仅能通过电话与现场人员联系，根据现场人员描述的故障情况，推断产生故障的可能原因，再通过电话指导现场人员进行处置，无法实现专家“面对面”指挥。这种应急指挥过程不但容易发生错误的描述、理解和推断，而且对整个现场处置过程缺乏直接、可视的监控和卡控，易发生“判断不清耽误时间、处置失误扩大后果”等问题。

(4) 故障判断和处置缺少技术支持。在高速铁路故障应急处置过程中，铁路局集团公司应急指挥中心对故障判断、处置指导、安全卡控的技术支持主要依赖应急值班人员的个人能力。但是，由于较难保证每名应急值班人员都具备较好的故障判断和现场指导能力，因而会造成应急指挥中心无法有效指挥现场处置，同时也无法向应急领导小组提供准确的决策依据。

综上所述，综合构建应急指挥协同平台应包括以下几方面内容：

(1) 构建大数据路网视图。以高速铁路线路、接触网、信号等 LKJ 数据为基础，构建 2D 路网视图；将防灾、视频、疏散通道等所有铁路设备设施纳入视图管理；将沿线铁塔、上跨桥、电力线等外部可能侵害因素一并纳入视图管理；将基于 GIS 系统准确定位的山体、河流自然情况和医院、消防、车站等地方救援资源同步纳入视图管理。

(2) 搭建音视频互通平台。在铁路局集团公司应急指挥中心配置音视频直播系统；在站（段）应急指挥中心装设高清摄像机及接入控制系统，并开发手机 App 系统；在现场接入既有综合视频系统、路网通系统、智能视频语音穿戴设备，从而打造铁路局集团公司、站段、现场三级应急指挥体系，通过音视频会议的模式使各方在一个平台进行“会诊”流程及处置方案，并自动关联对应的技术图表和参数信息。同时，对铁路和地方救援资源按照“最近距离、最快速度”原则确定救援半径，统一划区、归类管理并自动关联其他信息系统，将车辆组、三乘人员和旅客人数等信息均纳入应急指挥系统数据库管理。

(3) 准确映射故障现场信息。发生非正常情况后，通过定位列车位置或故障地点来准确映射现场情况，精准描述列车与设备对应关系，调度人员能够第一时间掌握现场情况，迅速确定最优救援方案。例如，动车组掉进分相区，以前是根据司机报告的停车位置，通过计算得出列车各受电弓位置，再查询接触电分相区资料，判断各受电弓对应接触网是否有电，还需查询现场坡道、曲线条件，最终确定选择换弓、越区供电等方案。整个过程既需要大量时间，可能会延误救援时机，又容易发生误算、误判。目前，在高速铁路调度应急指挥系统的路网视图上，只需根据列车停车位置即可准确映射列车各受电弓在分相区的位置以及坡道条件，据此可直接判断。

(4) 专家“面对面”指挥。通过司机、随车机械师等佩戴的“智能眼镜”，可随时将视觉范围内的视频及语音信息传送至调度台应急专家组。由此，铁路局集团公司与站(段)应急指挥中心可实时查看现场视频，外出应急指挥专家还可通过办公电脑或手机 App 接入平台。而专家组研究确定应急处置方案后，同样可以视频、语音、文字等方式将指令信息直接传给现场作业人员。应急指挥专家与现场作业人员“面对面”交流，实现专家判断故障、专家指导现场、专家监控操作。

(5) 提供应急处置技术支持。当发生非正常情况时，高速铁路调度应急指挥系统通过录入的故障现象自动提取数据库相关信息，自动生成故障判断建议、明示排查项点和排查顺序。待故障原因明确后，自动提取故障的处置流程、关键环节和注意事项，为应急指挥人员指导、卡控现场作业提供技术支持。

(6) 应急处置信息自动提取。当发生非正常情况时，自动提取车辆编组和三乘人员、旅客人数等信息，自动关联故障(事故)地点相应半径范围内铁路应急资源和周边医院、消防、企业、厂矿等应急资源信息。通过关联卫星地图查看周边水文、地形地貌等信息，使应急指挥中心决策者能第一时间掌握故障(事故)概况和就近的应急资源，加快处置效率。

(7) 应急处置信息实时共享。铁路局集团公司各部门应急指挥人员收集汇总现场最新处置进展信息，并将其实时推送至高速铁路调度应急指挥系统。调度应急指挥平台通过“可视化”“会诊式”的指挥方式，使铁路局集团公司调度台和应急指挥中心、站(段)应急指挥中心、各级应急专家、现场人员在同一个平台进行应急处置，实现各种信息实时共享，从而有利于协调各部门同时行动，做到科学决策、高效处置。

10.4 高速铁路车站行车工作

10.4.1 高速铁路车站类型

高速铁路车站是高速铁路运营组织的基层生产单位，是旅客运输的始发、中转、换乘和终到作业的地点，承担着旅客购票取票、进站候车乘车、换乘其他交通方式等任务。车站工作组织包括行车作业和旅客服务工作组织。其中，行车作业包括接发列车作业和调车作业。

高速铁路车站是设有配线的高速铁路分界点，具有保证行车安全和必要通过能力的作用，主要办理行车技术作业和客运作业。行车技术作业只要办理列车的接发作业、到发技术作业和越行作业，其具体内容随车站类型的不同而不同。客运作业主要是办理客票的发售、旅客的乘降以及文化和生活服务等。高速铁路车站数量的分布主要取决于城市分布和市场需求等情况。根据高速铁路沿线人口和城镇分布情况，并考虑运输组织、设计能力、技术条件及工程条件等，我国高速铁路车站的站间距离一般为 30～60 km。

从车站性质及列车作业种类角度，高速铁路车站包括中间站、越行站、始发(终到)站、接轨站等类型。其中，中间站是高速铁路上最普遍、最常见、最基本的车站，主要办理高速列车的通过(包括停车通过)作业，多数为通过列车。中间站包括只办理旅客乘降作业的中间站、一般中间站和有立即折返作业的中间站三种类型：①只办理旅客乘降作业的中间站一般位于客流量较小的城镇，不办理旅客列车越行、折返、始发终到作业；②一般中间站除了办理旅客乘降作业，还需要办理旅客列车越行作业；③有立即折返作业的中间站一般位于客流量较大的地区，需要办理旅客列车折返作业。

越行站的主要业务是办理不同速度等级列车的越行作业，但不办理旅客乘降作业。始发(终到)站主要办理旅客列车的客运业务，如始发、终到、动车组出入段和折返作业，动车组的整备、检修作业等。接轨站是指衔接多个方向高速铁路的车站，并根据运输组织需要开行跨线列车。

从线路的敷设形式角度，高速铁路车站包括地下站、地面站、高架站等类型。地下站和高架站相对地面站对城市的影响较小，但是施工难度较大，这两种车站类型一般适用于车站周围用地紧张的情况。地面站的优点是施工比较简单、安全性好、投资少、改扩建比较方便，适用于地形平坦且客流量大的情况。由于高速铁路车站多选择在城市的建成区或规划区，从节省用地和减少拆迁的角度出发，车站多设为高架站或地下站，因而造成车站投资较大，如此车站站型选择就显得尤为重要。

高速铁路车站布置图型与下列因素有关：本线、跨线动车组列车共线运行模式；车站性质；运营需要；动车段(所)、客车整备所的配置以及地形条件等。

根据《高速铁路设计规范》(TB 10621—2014)规定，我国的高速铁路客运站按技术作业性质可分为越行站、中间站和始发(终到)站；按客运量可分为特大型、大型、中型、小型车站；根据高速铁路车站在枢纽中设置的方式可分为单独设置、与普速铁路车站合设等类型；根据高速铁路车站车场布置形式可分为一场式、多场式等。

1. 按技术作业性质分类

我国高速铁路车站根据技术业务性质的不同主要划分为三类：越行站、中间站和始发(终到)站。车站平面布置应根据引入线路数量、线路输送能力、车站作业量及列车开行方案等因素确定，宜采用横列式布置图型。图型于运营而言至关重要，图型的选用应当从运营需要出发，考虑行车量、行车组织、客运组织以及安全等方面因素。地形地貌和工程条件对中间站的图型影响不大，但对始发站的图型影响可能较大，因此这类车站图型的选择还应充分考虑工程条件和工程造价。

1) 越行站

越行站设于站间距离较长的区间，只办理列车通过、越行作业，一般不办理客运业务。为了避免降低列车过站速度，此类车站咽喉区和到发线布置简单，作业也相对简单。

越行站的主要作业是办理速度较快的列车越行速度较慢的列车，仅需设 2 条待避的到发线，原则上可不设站台。越行站是我国高速铁路特有的。日本和法国的高速铁路，当速度较低的列车等待高速列车越行通过时，这些车站都兼办客运业务，因而它们没有单纯的越行站。越行站在高速线上的布局，应根据不同速度列车的比例、列车开行方案、高速线需要的通过能力等因素来决定。越行站图型如图 10-10 所示。

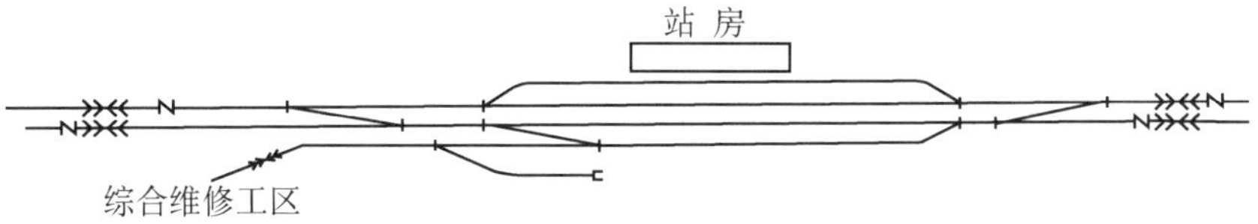

图 10-10　越行站图型

2）中间站

高速铁路的中间站除了办理列车通过、越行作业，还办理一定的客运业务，以及少量的动车组夜间存车作业，因此，设置的站台和线路设备较少。

中间站一般位于高速铁路线路中间，不办理列车始发和终到作业，而主要办理以下作业：高、中速列车通过或停站；低等级高速列车待避高等级高速列车；办理停站的各种旅客列车的客运业务；当始发（终到）站存线不足时，少量高速列车在中间站夜间折返停留。

中间站一般采用对应式为宜。但当有停站的旅客列车较多时，为充分利用站台也可采用岛式中间站。

一般的中间站除正线外，上、下行各设一条到发线，但考虑到发生事故时的运行调整、故障车的停留、维修车辆的进出等，也可各设两条到发线，部分中间站可不设到发线。

为便于动车组列车停留折返，会有少量动车组折返停留作业的中间站，折返用到发线应根据折返列车到达时不切正线原则，中间站基本图型如图 10-11 所示。

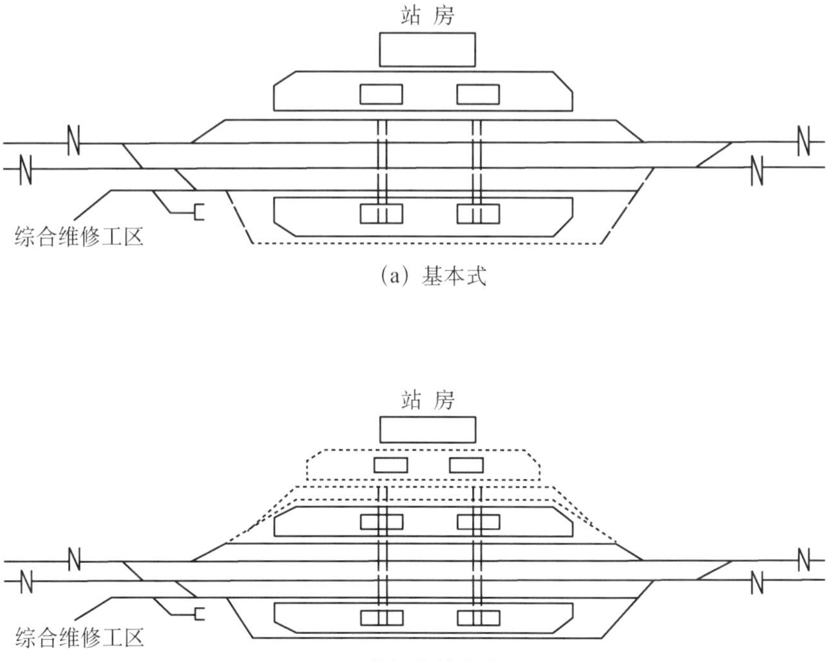

(a) 基本式

(b) 多站台式

图 10-11　中间站图型

图 10-11 中中间站基本图型与日本的对应式和岛式相同，只是股道数量有区别。

中间站的到发旅客由少数停站客车运输，对于有大量旅客到发的中间站，则另加开该站始发终到列车。因此，中间站正线通过列车多、使用频率高，若采用岛式图型，停站客车停在正线上，会影响通过列车运行，降低线路通过能力。同时，在正线一侧站台，有高速通过列车，对候车旅客构成安全威胁，需采取防护措施。因此，对繁忙高速铁路的中间站应采用侧式图型，只有在运输量少、线路能力富裕的线路，为了利用正线作到发线以及停站列车可以不侧向通过道岔，才有可能采用岛式图型。日本四条繁忙干线 80%以上车站采用对应式即侧式图型，而运输量少的北陆线采用了岛式站和无配线站。德国的客运量相对较小，已建成的高速线大多采用岛式图型。

另外，还有一种有列车折返的中间站的图型。例如，高速铁路位于经济发达城市连绵地带，一些中间站客运量相当大，需要开行立即折返的始发终到列车。这种车站从全线来看属中间站，但还具有始发站性质。这类车站图型也出现在长三角、珠三角地区的高速铁路线路中，中间站的能力有可能成为未来全线能力的控制点。

这种类型的车站，还有的车站设置有存车场，即动车组列车到站后可经走行线进入存车场与客运整备。动车组列车可在存车线过夜停留存放。

日本的这类车站采用了正线外包式图型，如三岛、名古屋等站。该图型最大的优点为折返列车不切割正线，不影响正线通过列车运行，车底在站内必要时的临时存放和取送十分方便。而不论对应式还是岛式图型，折返列车都必须与一个方向的正线通过列车平面交叉(除非折返列车停在该列车到达方向的正线上，而这是不可能的)。当折返列车数量较多，高峰时列车间隔时间短时，将影响正线的通过能力。从使用上分析，正线外包式图型有利；但从工程上看，这种图型建造起来十分困难。因此，宜选用对应式图型，若影响能力大、地形条件可能时，也可采用正线外包式图型。

关于中间站安全线设置问题，目前我国高速铁路停站列车进站速度考虑不超过 80 km/h，列车自动控制系统完善可靠。因此，除需有隔开进路等特殊情况外，可以不设安全线。

3) 始发(终到)站

始发(终到)站位于高速铁路起终点，承担大量客运业务、列车始发终到作业和动车组整备作业，一般根据客流量规模设置相应站台及到发线，设备数量较大。

始发(终到)站办理如下作业：高速列车的客运业务和旅客中转换乘作业；高速列车的始发、终到，动车组的取送和折返作业；高速旅客列车的清洗、整备和检修作业等；动车组合并或少量的分解作业。

始发(终到)站应设有与到发线相衔接的动车段(所)或综合维修基地，靠近车站设置并留有发展余地，以纵列配置于车站到发列车较少一端的咽喉区外方为宜。

始发(终到)站和有立即折返作业的中间站的到发线数量可根据旅客列车对数及其性质、列车开行方案、引入线数量和车站技术作业过程等因素确定，并满足高峰时段列车密集到发的需要，其图型如图 10-12 所示。

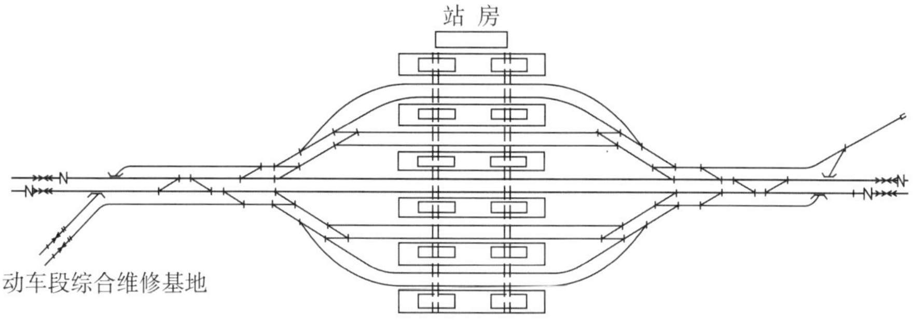

图 10-12　始发(终到)站图型

有的始发站利用既有站略加改扩建,如京沪高速铁路的北京站和上海站均利用了现有车站,就不存在选用图型问题。若新建始发站,图型的选择一般应考虑客运专线铁路网的规划,将来是否另有客运专线引入的可能;城市站前广场和城市交通的规划情况;动车段与车站的相互位置等。一般情况下,通过式图型应是首选方案。

4）枢纽站

枢纽站一般位于铁路枢纽或省会、直辖市,有大量的列车始发和终到作业,但不办理动车组的日检等技术作业,其图型如图 10-13 所示。

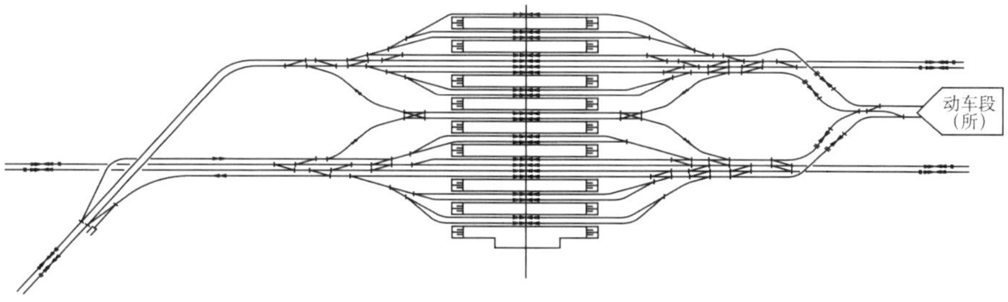

图 10-13　枢纽站图型

枢纽站除了办理始发终到作业外,尚有以下作业:

(1) 有较多的始发终到高速列车作业,白天在车站到发线上进行作业并立即折返,夜间终到后,配属本站的高速车底通过走向线进入运用维修所或运用所进行日检、存放。次日早晨,动车组从运用维修所进入车站到发线并准备发车。

(2) 枢纽高速站一般均设有与既有铁路车站之间的各种联络线。联络线的设置一般有两种:一是在枢纽高速站外高速列车出岔后与既有线或既有站连接;二是在枢纽高速站出岔平行高速正线引出至既有线或既有站。

2. 根据客运量分类

目前,仍然沿用《铁路旅客车站建筑设计规范》(2011 年版)(GB 50226—2007)和《铁路旅客车站设计规范》(TB 10100—2018)中最高聚集人数和高峰小时发送量来确定高速铁路的车站规模,具体可分为四级:特大型、大型、中型和小型,分别如表 10-1 和表 10-2 所列。不同等级的车站,其客运设备、站场设备、行车量的规模均有很大差异。一般情况下,特大型及大型高速铁路车站担负着路网性客运中心或区域性客运中心的功能，其周围需要建设动车段、动车运用所等相关设施，承担大量动车组的始发、终到、检修、存放等任务。

表 10-1 根据最高聚集人数确定铁路客运站规模等级

铁路客运站规模等级	最高聚集人数/人
特大型	≥10 000
大型	≥2 000，<10 000
中型	>400，<2 000
小型	≥50，≤400

表 10-2 根据高峰小时发送量确定铁路客运站规模等级

铁路客运站规模等级	高峰小时发送量/人
特大型	≥10 000
大型	≥5 000，<10 000
中型	≥1 000，<5 000
小型	<1 000

其中，高速铁路车站中的中间站、越行站主要以通过列车为主，由于到发线少，车站咽喉短，对线路的通过能力没有很大影响。而京沪、京广高速铁路中的始发站、终到站、枢纽站是客流聚集地，由于停站列车较多，因而它们是对线路通过能力影响最大的车站。

10.4.2 高速铁路车站行车作业

1. 行车组织特征

1）行车作业自动化

CTC 应能实时自动采集列车运行及现场信号设备的状态信息，并将其传送到国铁集团公司调度指挥中心和铁路局集团公司调度所，从而完成列车运行实时追踪、无线车次号校核、自动报点、正晚点统计分析、交接车自动统计、列车实际运行图自动绘制、阶段计划人工和自动调整、调度命令及列车计划下达、站间透明、行车日志自动生成等功能。另外，CTC 还应实现列车编组信息管理、调车作业管理、综合维修管理、列车/调车进路人工和计划自动选排、分散自律控制和临时限速设置等功能。

对于调度集中区段而言，一个调度区段内可不办理发车预告手续；两相邻调度集中的调度区段间或调度集中区段车站（线路所）向非调度集中区段车站（线路所）发车时，由系统自动办理发车预告，若遇设备故障无法自动办理时，采取人工办理发车预告（相邻调度区段列车运行调整计划一致时可不办理发车预告）。当非调度集中区段车站（线路所）向调度集中区段车站（线路所）发车时，车站值班员应向列车调度员（车站控制时为车站值班员）办理发车预告。

2）行车组织集中化

(1) 高速铁路列车调度台原则上应独立设置。高速铁路与普速铁路间联络线的行车调度指挥原则上纳入高速铁路调度指挥。

(2) 集控站由该区段列车调度员直接指挥，当转为车站控制时，根据列车调度员指示，由车站值班员指挥。非集控站由车站值班员统一指挥。

(3) 列车和单机由司机负责指挥。列车或单机在车站时，所有乘务人员应按列车调度员（车站控制时为车站值班员）的指挥进行工作。

(4) 司机等相关人员应直接向列车调度员报告有关行车工作；在非集控站及转为车站控制的集控站，应向车站值班员报告。

(5) 当 CTC 不能自动触发进路时，列车调度员（车站控制时为车站值班员）应采取人工触发进路或人工排列进路方式办理，并通知电务部门进行处理，在“行车设备检查登记簿”内登记。

(6) 遇无进路预告信息时，司机须报告列车调度员（车站控制时为车站值班员），当列车由正线通过改为侧线接车时，列车调度员（车站控制时为车站值班员）应提前预告司机。

行车组织集中化减少了行车指挥层级，实现了领导与指挥的一体化。

3）行车作业无人化

集控站设车务应急值守人员，由车务具有车站值班员职名的人员担任。在正常情况下，车务应急值守人员不参与行车工作，如表 10-3 所列。

表 10-3　行车作业无人化

应急值守岗位职名	调度集中模式	行车指挥权	应用场景
非行车人员	分散自律	列车调度员	正常运营
行车人员	分散自律	列车调度员	设备故障、施工维修、非正常行车等情况
车站值班员	车站操作（非常站控）	车站值班员	根据列车调度员的指示，指挥车站行车工作

2. 行车作业

1）基本要求

在分散自律控制模式下，无论是中心操作方式还是车站调车操作方式，车站的行车工作均由本区段列车调度员统一指挥。在非常站控模式或车站操作方式下，车站的行车工作由车站值班员（应急值守人员）统一指挥，对于划分车场的车站而言，各车场的行车工作由该车场值班员统一指挥。

车站主要的技术工作就是按照列车运行图的规定，准点、高效、无冲突地完成接发列车，以及方便旅客乘降。到发线运用是车站作业计划的核心工作之一，其运用涉及站场布局、旅客人身安全、旅客乘降等多种因素。同时，到发线运用质量直接决定了高速铁路车站的作业效率，其也是整个运输网络畅通的保障。尤其是在列车密集到发的高峰时段，合理安排列车占用到发线，提高列车作业抗干扰能力，减少咽喉区的进路冲突干扰，保证接发列车的准点和方便旅客乘降是高速铁路车站工作组织的难点。

在实际工作中，到发线的占用需符合以下约束条件：①同一站台两侧的到发线最好不要同时安排 2 列出发时刻相近的列车，或者 1 列出发和 1 列到达的列车；②具有换乘关系的列车应尽量安排停靠相同站台；③高等级列车的接发应尽量安排靠近基本站台的到发线；④由于客运站旅客列车到发时刻相对固定，为方便车站的客运工作组织，应尽量按照到发线固定使用方案安排到发线的使用；⑤减少交叉干扰等。

2）接发列车作业

（1）在分散自律模式下：

接发列车进路采用列车运行调整计划自动控制方式，必要时由调度员人工直接控制。对于有特殊运行要求的列车（如专特运列车、电力机车及其牵引的列车、动车组），调度员须依照相关规定在列车运行调整计划中进行相应的特别设置和标注。

当车站值班员（应急值守人员）发现危及行车安全的情况时，应立即按下非常站控按钮转为非常站控，并及时报告列车调度员。处理完毕后，是否转回分散自律控制，须按照列车调度员指示办理。

遇区间因故需要封锁或站内线路需要停用时，由调度员负责对站内股道或区间施行封锁。

办理客运业务的旅客列车进入车站停车，列车尚未停稳，当 CTC 系统自动触发开放出发信号机时，司机不得通过。

（2）在非常站控模式下：

在分散自律车站调车操作方式或中心操作方式下，遇到下列非正常情况时，列车运行的应急处理如下：

① 当列车尾部停在警冲标外方时，调度员（车站值班员）应使用列车无线调度通信设备及时通知列车司机使列车向前移动进入接车线内。

② 当列车头部越过出站（发车进路）信号机发车时，在进路准备妥当后，调度员应及时向司机发布调度命令并组织发车。

③ 当进站（接车进路）信号机故障时，列车调度员在“行车设备检查登记簿”（运统 46）内进行登记，并通知工务、电务人员处理。同时，应正确及时地准备接车进路，在确认进路准备妥当后，开放引导信号接车，调度员向司机发布引导接车的调度命令。

④ 在引导接车时，如进路准备妥当后引导信号不能开放，则由调度员向列车司机和车站发布允许列车越过关闭的进站信号机进入站内的调度命令，司机凭该调度命令越过关闭的进站（接车进路）信号机进入站内。

⑤ 当出站（发车进路）信号机故障时，列车调度员在“行车设备检查登记簿”（运统 46）内进行登记，并通知工务、电务人员处理。同时，应正确及时地准备发车进路，在确认进路准备妥当后，向司机发布调度命令并组织发车。

⑥ 当反方向接发列车时，列车调度员须按规定向车站和司机发布反方向行车的调度命令，列车占用区间的凭证为出站信号机显示的进行信号；列车凭反方向进站信号机的显示进站或通过。在变更列车运行方向之前，须确认站间区间空闲，之后方可使用允许改方按钮。

3）调车作业

高速铁路车站的调车作业包括动车组出入库、重联与摘解、动车组整理等作业。

动车段或运用所设动车组调车司机，其负责动车组在动车段内调车、试运行等移动组作业。动车组调车作业时原则上采用自走行方式，并应执行下列规定：

（1）当动车组调车作业时，司机应在动车组运行方向的前端操作，前方进路的确认由动车组司机负责。在迫不得已的情况下必须于后端操作时，应指派随车机械师或其他可胜任人员站在动车组运行方向的前端指挥，且与后端司机间的通信必须畅通可靠，当发现危及行车或人身安全时，应立即通知司机停车。后端操作时，速度不得超过 15 km/h。

（2）动车组禁止连挂其他机车车辆进行调车（救援、附挂回送过渡车以及动车组无动力调车时的调车机除外）。

（3）当站内动车组列车重联时，前车应关闭驾驶台，列控车载设备转为待机模式，后车使用调车模式与前车连接。

（4）当站内摘解动车组列车时，重联列车在车站股道停车后，通过转换为调车模式可以将其分解为两列车。例如，针对高速铁路客流特征，早通勤区段客流密度大，不同于旅游商务客流出行时段，通过在线解编和交路替换方式，在日常和节假日灵活调整运力供给，提升供给的精确性。以某年 7 月 1 日列车运行图实施前后效果对比为例，G7461-7464-7463-7466 逢周一到周四及周六，G7464 列车到达杭州东站后，在站内进行解编作业，甬端车底接续开行 G7463 次及其后续交路。实施在线解编后，G7463 和 G7466 客座率均有不同程度的提升，在交路整体客座率提升的同时，运营成本也实现了大幅降低，如表 10-4 所列。

表 10-4　G7461-7464-7463-7466 在线解编实施前后客座率效果比较

车次	区段	在线解编前客座率	在线解编后客座率
G7461	上海虹桥—温州南	74.3%	73.3%
G7464	温州南—杭州东	48.1%	48.1%
G7463	杭州东—温州南	51.1%	64.8%
G7466	温州南—杭州东	22.9%	24.4%

10.5 智能调度系统的构建与分析

10.5.1 智能调度系统功能需求

1. 安全智能

由于高速列车运行具有速度高、密度大的特点，且一旦发生事故影响较大，因此必须保证高速列车运行的绝对安全。这就要求调度指挥体系能够实时掌握列车运行及各种行车设备的状况，及时接收各类危及行车安全的信息，并做出正确的判断和决策，迅速有效地处置各种异常情况，从而保证列车运行安全和正常运输秩序。而安全智能体现在系统快捷感知、迅速响应和及时决策。安全风险防控如图10-14所示。

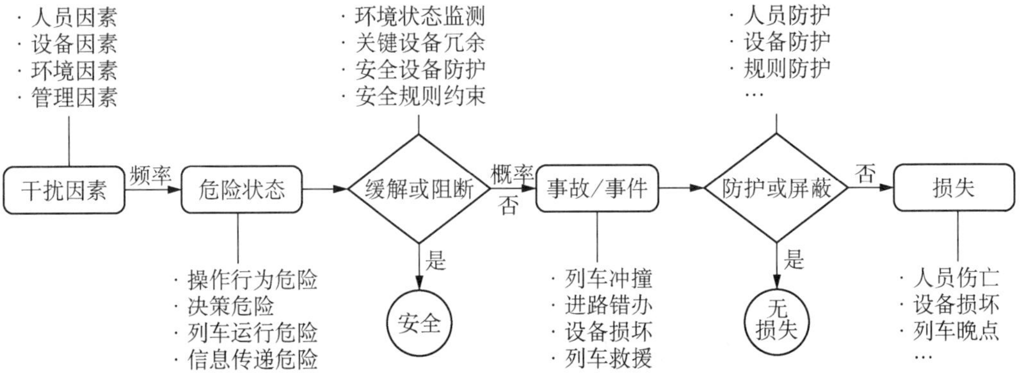

图10-14　安全风险防控

（图片来源：张琦.高速铁路智能调度技术[M].北京：中国铁道出版社有限公司，2021.）

2. 服务智能

安全、正点、舒适、便捷是高速铁路旅客服务的目标。为此，高速铁路的运输组织和智能调度系统将集成全面而周密的行车组织方案，能够通过机器对海量数据实现搜索和瞬间判据响应，协助人工判断和人脑决策，以适应客运市场、旅游市场、物流市场需求的快速变化，有效满足不同层次客流和货物的运输需求，同时还能及时应对突发客流，与城市轨道交通精准对接、高效换乘，并且具备特殊情况下快速制订各种疏导客流方案的能力。京张高速铁路是目前世界上最先进的350 km/h智能高速铁路，“智能大脑”是智能车站的核心系统。步入京张高速铁路各个车站，旅客只需一部手机、一刷脸就可以轻松乘车，处处感受到“智能大脑”给旅途带来的前所未有的出行感受。例如，购票时旅客不用再去售票厅排队，而只需一部手机即可轻松地在12306网站买到车票。当然，旅客也可以到综合服务中心体验类似银行一样的叫号等候服务，综合服务中心提供购票、退票、改签、打印报销凭证、打印临时身份证等服务，免除了旅客排队等候的烦恼。

3. 协调智能

高速铁路智能调度系统保障了列车的高速、高频率发车，使高速铁路客运能够在大都市城市群、中心城市之间以及中心城市与邻近的省会城市之间高效运行，如在京津城际的日开行137对速度350 km/h的“复兴号”列车，通过京津快速通道，实现了北京和天津这两大直辖市的“同城”效应——通过智能调度系统协调时空，实现小编组、高密度、公交化运输，满足地区大容量客运的需求。

4. 管理智能

随着我国高速铁路建设的迅速发展，智能调度系统快速适应了发展要求，在纵向上能够实现控制中心对系统和设备的直接管理与控制，在横向上能够对计划、行车、供电、机车、维修等业务进行集成指挥，并且能够根据需要对管理的范围和内容以及人员结构进行动态管理，履行“指挥”这一重要管理职能，不断提高高速铁路的运输效率。

10.5.2 智能调度系统框架和关键技术

整体上看，智能调度系统包括运营层、控制层和运行层。

(1) 运营层。运营层是行车调度的决策中枢，是在日班计划的基础上，根据列车运营过程中的实际情况，结合系统感知到的内、外部环境信息，实现列车运营的综合决策、监控预警、自动诊断和仿真培训。其核心功能包括：列车运行计划自动调整、决策安全卡控、运行晚点预测与分析、行车综合仿真、设施设备监测、应急预警处置等。

(2) 控制层。控制层是行车调度的执行机构，根据运营层的决策实现对列车运行指挥决策的具体执行和监控，并基于运营层的决策结果对运行层下达调度指令，实现提升运输组织效率、提高安全保障能力的目的，具体功能包括：列车进路的自动排列、列车的速度监视、紧急停车处置、对系统的自动诊断预警等。

(3) 运行层。运行层是行车调度的底层组织机构，其响应控制层的决策指令，并实现对列车运行内外部状态的数据感知和融合以及对控制指令的执行反馈，即通过传感器、物联网等多种手段，自动获取铁路行车状态、设备健康状况、自然环境条件等信息，全方位地了解整个铁路运输系统的运行情况，为运营层和控制层提供全面的信息支撑。

10.5.3 智能运营计划编制及集成

1. 基本概述

利用信息系统可大量采集历史客流数据、客运市场发展状况以及社会、经济、行业等信息数据的功能，在此基础上加强数据分析，科学研判预测客流变化趋势；科学编制列车开行方案，围绕客流集中体现出客运产品(如高峰列车、夕发朝至列车、核心列车、跨线列车、“红眼”列车)和列车运行线的匹配，在一张列车运行图中完整体现出(周一至四、周五、周末、周日)运营方案。另外，运行图的智能化编制还要实现枢纽地区、冲突检查、车站程序自动铺画的功能。将运行图和客流场景集中动态体现，以便及时更新列车开行方案。

高速铁路智能调度指挥系统可实现智能动态调度、智能协同控制、智能换乘调度、智能故障诊断等功能，能站在整个路网的角度进行列车调度，使之达到效率最优，还能够提升系统应急决策和处置能力。铁路部门还将建成我国铁路大数据中心，以便实施更加精准的运力资源配置，完善“一日一图”运输组织模式，使高速铁路调度指挥、运营组织更加灵活高效。通过调度系统与列车自动驾驶(Automatic Train Operation，ATO)系统相配合，合理优化列车的站间驾驶策略，实现列车的安全、准点、舒适、节能运行。未来，我国的高速铁路智能动车组还可实现智能供电调度、自然环境自动监测与报警等功能，也可实现灾害及时预警、自动应急处置。

智能 CTC 系统是建设智能铁路的重要组成部分，其目标是利用大数据、机器学习、物联网等智能技术构建一个信息泛在互联，具备智能决策、自主适应能力的智能化系统。智能 CTC 系统由五个层面组成，自底向上可分为感知层、传输层、数据层、平台层和应用层，可以实现信息的采集、传输、处理、存储与使用等功能，如图 10-15 所示。

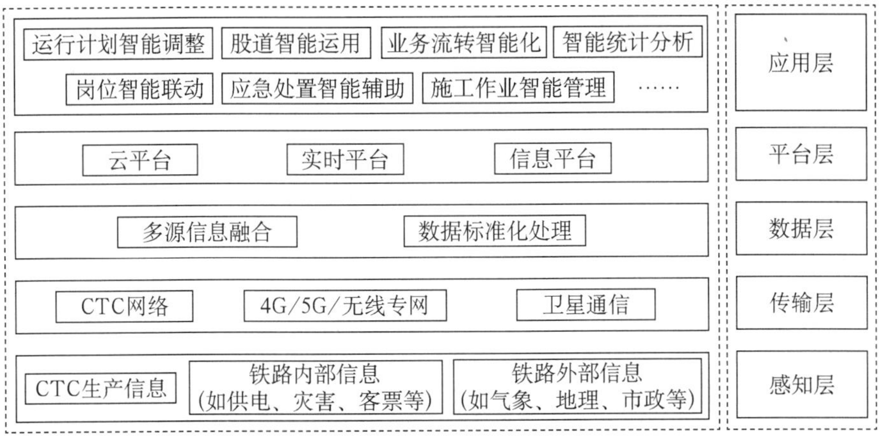

图 10-15　智能 CTC 系统

（图片来源：张琦.高速铁路智能调度技术[M].北京：中国铁道出版社有限公司，2021.）

1）CTC 系统内部智能化构想

CTC 系统内部智能化是对行车调度指挥相关的业务进行内部整合和深化研究，以进一步提高工作效率和保障安全。

其中，列车运行计划智能调整是 CTC 系统智能化的典型应用。智能 CTC 系统可通过机器学习等人工智能方法，建立起在不同应急情况下的运行图调整模型，可结合灾害信息、客票信息、机车交路/车底运用、现场设备运行状况等动态信息实现运行线的智能化调整，从而有效提升调度员的应急处置效率。

另外，智能统计分析同样也是 CTC 系统智能化的一个典型应用。CTC 系统积累了大量的运营数据，包括地面、车载和运营计划等，通过数据挖掘、统计学等方法深入发掘生产过程中各类数据之间的内在关系，发现数据间新的模式、规律以及生产安全的潜在风险，可进一步指导生产、提升设备效能。

2）CTC 系统外延智能化构想

CTC 系统外延智能化是以 CTC 系统为中心，充分利用其共享的信息资源，进行业务外延式的拓展研究。

未来，利用 4G/5G 或者无线专网等安全通信手段，采用移动智能终端等设备，智能 CTC 可为客运、货运、施工等不同作业提供全方位的岗位联动信息，完成对作业人员、作业过程从粗放式管理到精细化管理的转变，使跨作业的合作更为高效。另外，智能 CTC 系统还可通过信息化共享平台，实现与其他诸如地铁系统、航空系统、公交系统、出租车调度系统等多种运输行业信息化系统间的信息融合，实现“出行即服务”的先进理念，并为铁路应急指挥等提供便利。

综上所述，我国高速铁路智能调度系统是独立于列车运行图编制系统、调度集中系统以外的调度辅助决策系统，该系统以高速铁路运营历史数据和实时数据为基础，运用数据科学和人工智能的方法，建立了列车晚点和冲突预测模型、高速列车运行调整智能化模型，实现对列车未来运输态势的预测和评估,进而提出调度决策建议,进一步实现数据管理—列车运行管理—调度决策—可视化等一系列功能。

需要说明的是,CTC 系统具备针对我国国铁集团、铁路局集团公司、站段层的不同权限和开放功能。在国铁集团层和铁路局集团公司层调度所,系统应分别具有对全路和铁路局集团公司高速列车运行态势全局数据综合管理、列车运行分析预测、态势推演、调度调整决策、综合可视化等全部功能;在铁路站段层,系统应具备数据综合管理、列车运行态势实时动态显示、综合可视化等基本功能。

2. 业务范围

高速铁路调度日班综合计划编制包含列车运行图编制、列车开行方案编制、日班计划编制、作业计划编制、计划兑现反馈与趋势分析等阶段。

(1) 列车运行图编制:结合线路能力、运输需求和经营能力,编制基本列车运行图,规定各车次列车在每个车站的到达和出发(或通过)时刻及在区间的运行时间和列车在车站的停站时间及机车交路、列车重量和长度等,编制日常图、高峰图、周末图等运行图,从而形成基本运输计划。基本运输计划主要包含基本列车运行计划、基本编组计划、基本机车交路计划和基本三乘计划等。

(2) 列车开行方案编制:在基本运输计划的基础上,通过客票销售信息、客流分析、客流预测等渠道,获取动态需求,确定列车开行方案,具体包含列车运行区段调整、列车加开停运、车底运用、车辆检修等相关方案的制订。

(3) 日班计划编制:包含列车开行日计划、车底交路日计划、车底运用日计划、施工维修日计划、三乘计划等相关计划的编制和动态调整,还包含次日综合运输计划的编制落成和发布。

(4) 作业计划编制:基于客运日班计划,结合站场设备设施状态,编制站段生产作业计划,包括列车到发计划、上水吸污计划、乘务作业计划、动车作业计划等。

(5) 计划兑现反馈及趋势分析:收集站段作业计划的执行实际和执行状态反馈,进行计划兑现反馈和运输效率效益趋势分析,并将分析结果反馈到列车运行图编制环节,分析列车运行图编制的合理性和精益性,从而提高列车运行图的编制水平。

3. 业务流程

高速铁路运输综合计划协同编制方案研究是高速铁路运输调度指挥水平提升的关键,通过借鉴平台化的服务理念,构建运输综合计划协同编制平台,纵向实现国铁集团、铁路局集团公司、站段(动车所或基地)的信息资源优势互补、流程贯通,横向实现各专业协同联动,做到计划编制执行和动态调整一体化全过程管理,以便更好地实现铁路智能运输、旅客智能出行,为全面提升安全生产运营管理、客运服务的现代化水平提供技术支撑,并为探索我国高速铁路智能综合调度系统总体方案提供理论依据。

高速铁路调度日班综合计划编制纵向包含国铁集团、铁路局集团公司、站段(动车所或基地)三级,横向涉及铁路局集团公司之间的数据交换。

(1) 基本运输计划编制。基本运输计划编制包括基本列车运行计划、基本动车组交路计划、基本车辆分配计划和基本乘务计划等。列车运行图编制完成后,发布基本运输计划,实现基本运输计划与综合调度系统及其他客运相关系统等的数据共享。

(2) 运输综合计划编制。运输综合计划编制是以列车运行计划为基础,结合基本动车组交路计划和施工维修计划等,形成图定列车开行计划,并协同安排车底运用计划和确认三乘计划信息,编制图定列车开行计划。根据临客申请,编制临客开行计划。

(3) 开行方案调整。客运部门根据客运售票分析、客流预测分析等掌握旅客的运输需求,进而提出客运加开或停运调整申请,并与车辆部门进行车底交路确认,确认审批后生成客运开行调整方案。涉及跨局列车的开行调整方案须提交国铁集团申请批准。国铁集团批准反馈调度命令后,自动生成临客开行方案并发布给相关单位。

(4) 车底编组管理。以基本动车组车底交路计划为基础,实时关联动车组状态信息、修程信息,结合动车组检修计划,对动车组交路变更申请进行定员、车型等相关参数的安全卡控,提出合理的车底变更申请,提交相关部门进行审批变更,落成车底变更命令的同时形成车底运用计划,并关联到运输综合计划编制,发布给相关的部门和站段。

4. 协同编制

1) 构建高速铁路调度日班综合计划协同管理平台

通过构建高速铁路调度日班综合计划协同管理平台,实现运输计划闭环、专业作业协同、生产信息互融,确保相关专业系统有效协作、计划流贯通。运输计划协同管理平台分为四个层级:统一资源描述、信息动态采集、业务流程卡控和综合监控冲突检测。

(1) 统一资源描述。该层由铁路数据服务平台提供基础支撑,主数据类信息包括:固定设施、移动设备、物资设备、运输产品、人员机构等运输专业信息,动态采集到的车底运用、车型编组等数据,以及采集到的视频、音频、天气、安全报警等相关环境数据。统一资源描述层根据各相关专业自身的业务需求划分专业数据应用,包括调度数据应用、客运数据应用、动车数据应用、“工电供”数据应用等,为数据共享和融合提供基础支撑。

(2) 信息动态采集。该层根据相关业务领域分为调度计划域、基本能力规划域、客运营销决策域、施工维修域、车站值乘域、动车组管理综合视频监控域等,各相关专业系统内部的业务处理在各自的业务处理域内完成。相关业务域之间的运输生产信息则通过构建运输生产信息库进行实时动态传递,实现各业务域之间列车运行图编制的智能数据共享交换。

(3) 业务流程卡控。该层包含业务规则定义、业务流程管理定制、协同消息定制、冲突校验定义及安全检查等。业务流程定义和管理为综合计划协同编制提供了流程引擎和冲突规则处理,为业务流程协同提供了技术支撑。

(4) 综合监控冲突检测。该层包含运输计划综合展示、冲突提醒、冲突推送、运输指标统计分析、运输综合监督项目、重点揭示管控要点、评价考核等,实现运输计划协同编制过程中的全面盯控、综合展示及动态考核评价。运输计划协同管理平台在统一资源描述和信息动态采集基础之上,通过流程卡控实现一体化平台协同管理和编制,通过与各业务领域系统流程的互控与信息交互,实现统一运输计划、运输资源实时发布,实现运输作业的统一协调管理。

2) 高速铁路调度日班综合计划协同编制

基于构建的综合运输计划协同管理平台,将列车运行图编制系统、智能综合调度系统、客票客营管理平台、综合维修管理系统、机务管理系统、客运站段生产管控与旅客服务平台、动车组管理系统等各系统及平台协同管理,实现高速铁路调度日班综合计划协同编制。综合运输计划编制以列车开行计划为核心，统领施工维修计划、动车交路计划、车底运用计划、站段作业计划和三乘计划，覆盖运输生产全过程以形成有机整体，实现高速铁路调度日班综合计划协同编制。

（1）列车开行计划。以列车运行基本计划为核心，形成图定列车开行计划，具体包括列车车次运行轨迹、经由客运站、时刻表和基本车型定员等要素。列车开行计划协同编制主要针对临客停运或加开等场景，涉及国铁集团、铁路局集团公司、站段三级协同过程，在图定列车开行计划编制基础上，各部门协同编制临客加开、停运和调整计划，进而形成完整的列车开行计划。

（2）动车交路计划。主要形成同一车底各运行车次的接续关系，担当交路的车底信息。结合基本交路信息和列车开行计划，设置列车开行规律和新旧交替启用日期，自动生成动车交路计划。动车交路计划结合列车运行计划中的动车运行轨迹时刻表和客运营业站等信息并自动绑定列车运行线数据，通过导入和维护提前下达的调度命令或下发的文电，形成临时加开或停运的动车交路计划。

（3）车底运用计划。根据列车开行计划和动车交路计划，推导编制车底运用计划，具体包含车底、车型、定员等，与动车组运用状态进行校核，如需变更则提出变更申请，按照变更申请流程编制车底变更命令，最后形成车底变更计划，纳入统一的车底运用计划管理，并在交路计划的基础上完成车型、车号的绑定。结合不同的路网能力、客流量、动车组类型等条件构建模型，对列车开行和动车组运用二者进行同步优化，这对于提高运输能力、节约动车组运用具有重要的实用价值。

（4）三乘计划。三乘计划包含随车列车长、司机和机械师值乘计划。三乘计划的编制是以乘务交路为基础，以值乘的高速列车运行区段及其到发点为依据，在满足乘务规章规定的各项作息时间标准的条件下，确定每天需值乘的交路方案和月度乘务排班计划，且要满足交路数最少、交路接续最紧凑、动车组司机间休时间较均衡三个目标。三乘计划的编制可由动车段、动车运用所、机务段、客运段等相关岗位在收到下达列车开行计划后，根据乘务交路基础数据以及司机、机械师、列车长等基础数据，分别安排和分配对应的乘务信息。

（5）站段作业计划。站段作业计划主要包括为列车分配到发线、安排进出站以及车底调转进路等。根据列车开行计划、列车到达出发班计划和段计划并结合调度命令，围绕按要求准点开车的目标，分阶段编制本站的到达计划、作业计划和出发计划，安排全站的到发线运用、调机运用和机车运用，指挥全站按计划完成生产任务，并将站段作业计划绑定到列车运行线上。一个车站的作业计划安排是否合理不仅影响本站的设施利用和客运服务质量，还可通过列车的传导作用在路网范围内产生影响。

（6）施工维修计划。综合计划协同编制即实现计划编制一体化，自动平衡施工与运输的矛盾，实现施工维修月、日、周计划的编制审查管理。自动进行施工日计划与列车运行计划的冲突检查并进行自动提醒，针对施工影响范围、行车限制条件、限速影响等进行自动检测、关联卡控。

5. 高速铁路调度日班综合计划发布与实施

高速铁路调度日班综合计划闭环管理分为计划编制、运输作业执行、计划动态调整三部分，实现运输计划闭环、计划作业协同、作业实绩反馈等应用效果。

(1) 计划编制。基于各专业信息互融，所有维修、机务、客运、车站作业工作都围绕着列车开行计划展开。通过平台可以获取运输需求信息，进而决策列车开行方案及加开或停运申请，各业务依托于平台协同确认开行的列车运行时刻、列车车底分配和司机乘务分配等，最后审批落成综合运输计划并发布给各相关单位。

(2) 运输作业执行。计划下达后，监督列车开行实际，并跟踪列车运行轨迹，做出列车运行正、晚点预测预警。同时，监督各个站段作业计划的执行进度、预计完成时间等，与综合计划进行比对，自动感知列车运行异常状态。通过对列车动态定位、列车故障感知、列车运行状态监测、预警模型设计，构建客运应急监测预警，为计划动态调整提供支撑。

(3) 计划动态调整。针对高速铁路列车运行调整复杂性高的特点，采用贪婪算法建立列车到发时刻与进路同步优化的高速铁路列车运行调整模型，从而进行实时列车计划调整。例如，遇应急情况或临时停运加开、车底运用变更请求时，各部门协同处置生成变更调度命令，同时落成动态调整计划。计划调整的同时，所有工作都能同步调整。

6. "一日一图"与高速铁路日计划

什么叫"一日一图"？"图"指的是列车运行图。"一日一图"就是动态地安排列车运行计划，即根据客流需要进行灵活调度，列车运行图一天一调整。

高速铁路运输的源头是高速铁路日班计划，必须保证全路日均 2 900 余条高速铁路列车运行线绝对正确，守好安全底线。面对如此复杂的线路和站点，动车组的"行程表"该如何制作？铁路运输调度管理系统（TDMS）被趣称为"智能秘书"，动车组列车什么日子开行，在哪些站点办理旅客乘降业务，在哪里"歇脚"进行整备等，都被它安排得明明白白。

TDMS 每天要为"上班"的列车编制好"行程表"，如遇加开、停运、变更编组、回送、试运行等调度命令，还会迅速运算出最合理的行车路线。调度员则会在电脑上勾选好相关信息，只需几秒，系统就会自动生成列车运行线。当出现气象灾害、疫情防控等特殊情况时，TDMS 可协助铁路部门迅速调整好列车交路，极大地缩短应急处置时间。

此外，TDMS 还能完善安全卡控功能、优化调整复杂交路以及自动检测停站是否合理，从而进一步强化高速铁路的运输安全保障。与此同时，调度员则会对 TDMS 进行全程监控，并结合实际情况进行严格的复审复核，以确保动车组安全、平稳、有序运行。

10.5.4 智能调度系统的核心技术

智能调度系统的核心技术体现在列车运行智能调整、安全卡控以及模拟仿真系统等方面。

1. 列车运行智能调整

在日常铁路运营过程中，列车通常按照既定的运行图运行，但由于恶劣天气、设施设备故障、异物侵限等突发事件，列车实际运行往往会偏离既定的运行计划。列车可能在运行线路上产生新的冲突，包括列车与列车之间时空冲突、列车与设备之间资源冲突、列车和运行组织之间规则冲突等，为避免冲突传递引起的列车大面积晚点或延误，并确保列车运行安全，同时最大限度地调整整个铁路网络的运行效率，调度指挥便起到了至关重要的作用。高速铁路列车运行自动调整技术主要是根据不同场景提供不同的调整策略，调整后的计划符合相关约束条件，且具有可用性和便捷性。采用运筹学理论、最优化理论、控制论中的动态平衡理论和方法（混合整数规划、动态规划、分制定界、启发式算法、机器学习），综合构建自动调整模型和框架来实现对动态环境下的冲突进行检测和消解。

高速铁路列车运行自动调整技术主要根据不同的场景提供不同的调整策略，使调整后的计划符合相关约束条件，且具有可用性和便捷性。在制订自动调整原则和调整策略的基础上，搭建列车运行自动调整软硬件结构，并分别构建单调度区段自动调整和多调度区段自动调整模型，对调整策略进行优化，并将调整方案以运行图形式输出供列车调度员参考，待时机合适时将调整计划应用于实绩图。

在风雨雪等恶劣天气或设备故障等应急情况下，系统应提供列车运行计划的快速和自动调整功能，以提高调度员应急处置效率。列车自动调整的原则主要有：

（1）系统应根据不同的运输场，以及预先设置的调整策略，为调度员提供需人工确认的智能调整方案，从而实现列车运行计划的快速和智能化调整。

（2）系统应建立列车交路、最小折返时间和股道运用等关键信息数据库，为实现系统列车运行计划智能调整功能提供相关基础数据。

（3）系统应建立与限速值相关联的高速铁路列车运行计划智能调整策略和模型，在临时限速区域，依照不改变列车运行先后顺序和停靠站点的原则，实现列车运行计划的快速智能调整。

（4）系统应建立晚点车次、总晚点时间、股道运用等综合调整模型，针对设备故障、自然灾害、非正常停车等影响列车正常运行的情况，采用使整体晚点时间最少或影响车次最少的方案，选择列车待避车站、股道调整，实现后续列车计划的智能调整。

（5）系统应建立高速铁路线路和调度管区接续关系模型，实现运行列车的晚点分析以及方案调整等。

（6）系统应建立高速铁路列车计划调整专家知识库，对不同因素造成的晚点和方案调整进行归类，实现调整案例和经验的积累。

2. 安全卡控

安全卡控本是在安全约束的条件下，对行车资源的规划和再分配。在此过程中，调度指挥需要严格遵守铁路规章和作业流程，以安全和效率为前提，结合基础设施、移动装备等相关的刚性行车约束，制订柔性行车调度策略来保障列车的安全、可靠和高效运营。安全卡控是从高速铁路行车调度指挥的作业流程和关键业务角度出发，结合信号系统安全约束的运输组织规章，基于安全和效率前提，对自动进路的错办、车站作业的执行、复杂站场拓扑的进路触发卡控，以及车站能力的评估预警、列车追踪预警等，实现固定进路卡控、车站作业卡控、车站满线卡控、复杂站场进路触发优化控制、无线发车进路预告、车次号自动变更、人工确认的侧线通过进路自动触发等安全功能，从而确保调度决策的安全性和可行性。

3. 模拟仿真系统

模拟仿真系统实现了 CTC 系统运行所需的外部接口环境，主要包括联锁系统模拟、列控系统模拟、RBC 系统模拟、GSM-R 系统模拟、列车运行模拟以及故障设置和系统操作等功能。

目前，经过对京张高速铁路调度集中系统相关智能功能技术的研究、试验以及通过京张高速路示范工程的应用，进一步提高了列车调度指挥和列车运行安全保障的能力以及智能化水平，也保持了我国高速铁路技术在国际上的先进性，为智能铁路建设和“走出去”战略提供支撑。具体技术创新如下：

（1）智能CTC系统的列车运行计划自动调整试验模型和场景符合调度员操作习惯和日常调度指挥的要求，调整后的计划符合相关约束条件，具有可用性和便捷性，提高了调度员的应急处置效率。

（2）智能CTC系统扩展了列车进路和命令安全卡控范围，增加了发车进路无线预告、场间进路自动办理、行车作业完整性检查等功能，进一步提高了进路办理的安全卡控关系和自动办理效率。

（3）智能CTC系统提升了行车调度综合仿真技术，为行车指挥人员提供了实训和日常练兵环境，进一步提高了调度指挥的应急处置能力。

（4）智能CTC系统通过行车信息数据平台，实现了行车与客票、电调、灾害监测等信息共享，降低了沟通成本和出错概率，进一步提高了行车组织的效率和安全。

（5）智能CTC系统通过与ATO相结合，实现列车运行计划上车和站台门状态显示，为ATO系统提供精确的区间运行时分，提高旅客舒适度。

智能CTC系统主要新增功能包括列车运行计划自动调整、列车进路和调度命令安全卡控、行车信息数据平台、行车调度综合仿真和ATO功能应用。结合“智能铁路”的发展需求，智能CTC系统以现有CTC系统为基础，在不改变现有CTC系统架构的基础上，对现有CTC系统进行优化完善。智能CTC系统完全兼容既有系统的软硬件设备，增加的智能调整服务器、接口服务器可以和既有系统无缝衔接，从而极大地提高了系统的可用性、可维护性和安全性。

（1）根据风雨雪等恶劣天气或在设备故障等应急情况下，列车运行自动调整功能提供不同的调整策略，实现列车运行计划的智能和快速调整，而调整后的计划符合相关约束条件，具有可用性和便捷性，降低了调度员的劳动强度，提高了调度员的应急处置效率。

（2）列车进路和调度命令安全卡控功能拓展了现有系统的自律卡控条件和自律检查范围，增加了固定进路卡控、发车进路无线预告、场间进路自动办理、行车作业完整性检查等功能，从而提高了命令和进路的安全程度，完善了行车调度指挥的闭环控制程度，也提高了命令和进路安全综合智能卡控的程度。

（3）行车信息数据平台在既有CTC系统结构的基础上，通过加强与运输信息集成平台、供电调度、灾害监测等系统的结合，在保证信息安全的基础上，采用符合国铁集团信息共享有关规定的统一数据通信规程，实现系统与客运、供电、工务、机务、车辆等专业信息系统的信息共享扩展，扩展了与客票系统、供电调度系统、灾害监测信息系统相关工种之间的信息共享和联动，如此有利于非正常情况下的应急指挥，提高行车组织的安全性。

（4）行车调度综合仿真功能实现了正常CTC业务操作演练和应急场景模拟演练，实现了调度员实景模拟仿真培训。

(5) ATO 功能实现了列车运行计划上车功能，并接收、显示站台门工作状态，为实现动车组按图行车提供了实时且可行的列车运行计划。

10.6　案例分析：郑州铁路局集团公司“7·20”水害应急调度指挥

全国铁路运输组织如同一盘大棋，牵一发而动全身。2021 年 7 月 20 日起，受河南特大暴雨影响，从北京、天津、石家庄等地开往水害地段的上百趟高速铁路、普速列车停运，另有多趟列车折返运行。国铁集团充分利用高速铁路成网优势，科学决策，统一部署，增加迂回运行的旅客列车，最大限度地提供运力保障。例如，列车从西安开出后，利用平行径路迂回，也就是通过大西高速铁路(太原—西安)直接进入太原，再通过石太高速铁路进入石家庄，最后回到北京，这样就避开了郑州的水害区段。迂回列车的开行是在国铁集团的统一部署下，北京、太原、郑州、西安、成都等多个铁路局集团公司进行大联动的结果。但为了保障迂回运输路线的铁路运输秩序，数量并不多。

在河南水害发生期间，列车停运、开行都要听从接到的调度命令后进行落实。与此同时，铁路部门组织各地“12306”客服中心人员做出快速响应，耐心解答旅客有关退票、改签等咨询，并组织通过新闻媒体、官方微博、官方微信等渠道及时发布列车运行的动态信息。

调度指挥中心堪称铁路部门的“神经中枢”。郑州铁路局集团公司调度所时刻处于高强度运转模式，电话铃声此起彼伏。7 月 20 日 17 时，雨水漫进大楼，随后雨水又漫进了调度指挥中心，地下一层的配电所也灌进了雨水，抢险人员迅速进行围堵、排水，但由于雨势太猛、水量太多，竭尽全力后仍无法阻止水位上涨。不久后，整个调度指挥中心跳闸断电。应急人员只能迅速启动备用电源，继续指挥列车行车。调度指挥人员一方面协调各方力量，请求地方政府支援；另一方面，高效指挥相关单位迅速调配应急物资。当日 22 时，虽然国家电网第一台应急发电车迅速赶到，但却因水势过大导致汽车抛锚而无法供电。为了保障列车正常的运行秩序，调度指挥人员利用尚可接通的有线电话，与沿线各车站保持紧密联系，进而指挥区间列车运行，并不断地协调工务、供电、电务等部门加派人员巡查设备，全力确保旅客和行车安全。7 月 21 日 9 时，郑州铁路局集团公司机关大楼门前又来了 2 台应急发电车，并最终涉水到了指定地点，工作人员立即开始铺设电缆，但由于地面积水，导致无法正常铺设，他们只能用绳索将 1 000 多米长的线缆“吊”进位于大楼 6 楼的设备间。在调度指挥中心调度系统恢复供电后，指挥系统也恢复正常运行。此次暴雨导致很多列车运行方案调整，调度指挥中心里十分忙碌，调度员们日夜坚守，尽最大努力尽快恢复列车运行秩序。

面对此次“7·20”水害，调度指挥人员始终沉着应对、科学调度，迅速组织沿途列车避险避难。同时，组织数千名干部职工抢修线路，组织沿线各车站干部职工不惜一切代价购买方便食品和饮用水送往沿途滞留旅客列车，还向地方政府请求协助安排车辆，接送旅客至沿线城市进行安置。

第 11 章　高速铁路客运组织与服务

11.1　高速铁路客运服务需求与特点

11.1.1　客运服务需求

为满足人们对高质量运输服务的需求，世界各国铁路秉持以人为本的运输服务理念，积极开展运输服务技术研发与应用，致力于为铁路用户提供更加便捷、贴心、优质的运输服务，提升用户获得感。

1. 发展综合信息服务系统，适应"一站式"运输服务要求

随着交通运输基础设施的不断完善，各类运输方式的衔接也更加顺畅，国外铁路加强先进的用户信息服务系统建设，为旅客和货主提供综合化、个性化的运输服务和政策支持，"一站式"及"门到门"客货运输服务比重逐步加大。欧盟提出要改进客售票系统和货主信息系统、加快引进一体化客货运服务系统，实现无缝跨境客货运输以及不同路网间和不同运输方式之间的无缝连接，并提出到 2020 年要建成欧洲的多模式运输信息、管理和支付系统。德国、法国、英国、美国也都特别重视各种交通方式的融合发展，将能够实现多式联运、无缝衔接的科技创新，如综合信息服务系统、标准化运输装备等，作为未来铁路科技发展的重点方向之一。

2. 利用信息化、智能化技术，提升铁路服务的便捷性

国外铁路围绕旅客出行及站车服务全过程，开发新型购票、支付、购物、商务、资讯、安检、进站等旅客服务系统，不断提升铁路服务的便捷化程度。英国发布数字化时代下铁路发展蓝图，提出利用蓝牙技术和生物识别技术帮助旅客快速进站，以电子票替代传统纸质车票，利用手机进行非接触验票，从而缩短检票进站时间；此外，未来还将进一步采用指纹扫描、虹膜识别等技术进行验票。瑞典国家铁路运营商在一条铁路线上开展了微芯片检票试点服务，允许旅客使用植入微芯片的方式进行检票。法国铁路提出要开发非接触智能卡售检票系统，用无接触式智能车票替代现有的纸质车票，开展利用手机的售检票服务，开发提供换乘站信息、旅游信息和储存大量信息的电子客票系统。

3. 研究舒适性、娱乐性服务技术，提升旅客出行体验

随着生活水平的不断提高，旅客对出行舒适性和娱乐性的要求也日益凸显。国外铁路积极把握这一趋势，着力研究舒适性技术，开发娱乐性设施，以满足旅客的需求。法国发布的《保持法国在超高速铁路运输领域优势规划》中将创新运输服务作为 2020—2050 年铁路

发展战略的重要方向，并指出要优化列车使用及空间利用，提高旅客舒适度，在列车高速行驶状态下，采用 Wi-Fi 及卫星技术实现与互联网宽带的稳定连接，为乘客提供服务。

11.1.2　客运服务特点

(1) 车上服务要求较高。选择高速铁路出行的乘客一般其时间价值非常高，而且其经济承受力较强，他们除了对乘车舒适性有较高要求外，还会对列车上的娱乐、餐饮和通信等相关服务提出很高的要求。因此，高速列车上需要配置齐全的服务设施。

(2) 人们乘降车的时间较短。高速铁路列车具有停站时间短、起停车速度快的特点，短的仅需 5 min，长的也只有 23 min，所以人们乘降车的时间大为缩短。为此，要求铁路站台上要有明显、清晰的乘降车指示标志。若标志模糊不清，乘客在站台上就不易找到通道或车厢，从而延误列车运行，降低运输效率，给乘客造成不便。

(3) 旅客集结时间较短。实际上，高速铁路可通过高效合理的运输组织，完全实现"旅客不用在车站候车太久和随到随走"的目标，为此旅客进出高速铁路车站必须更快捷，程序要更简便。同时，高速铁路的到发车次比较频繁，致使单位时间内进出车站的旅客人数大量增加。如果进出车站的程序和手续繁杂、通道不顺畅，必然会降低高速铁路车站的服务水平，并会影响高速铁路的运营效率及其声誉。基于上述高速铁路的主要特点，有关国家在推动高速铁路技术发展的同时，还在进一步开发与完善可以满足旅客要求的高速铁路客运服务系统，从而为旅客提供方便快捷的运输服务，全面提升高速铁路客运竞争力的目标。

(4) 针对大团体票市场，可研究预售期延长后团体票的组织模式，积极与各大旅行社接洽，把握组团规律，完善办票政策和组织办法，改进订票平台，通过"互联网＋团体"的形式增加团体办票量，提前锁定客源。

(5) 通过供给侧调整，提高淡季列车客座率。按照"旺季提高列车开行质量，淡季节约经营成本"的原则，配合车辆运用，试点动车组在线替换，缩减部分列车的编组辆数，停运同时段、同方向、同径路列车，从而减少阶段性、时段性车票供给量，减少过剩票额，提高淡季客座率，并利用节约下来的车底适当增加重点方向的运能。

11.2　客运站服务

11.2.1　进出站服务

1. 进站检票

进站检票的过程会涉及自动检票设备、岗位作业联控、异常情况处理等几方面内容。车站自动检票机通道和人工检票通道正常启用，通道数量适应客流情况，设两侧检票口的对长编组、重联动车组列车同时开启。对于使用自动检票闸机的车站，应同时留有人工通道。车站自动检票系统由集成管理平台获取检票车次、检票时间、候车室、检票口、检票闸机等信息，从而自动生成检票计划，并下发到相应的检票闸机。闸机检票车次、开始检票和停止检票等指令要与综合显示和广播终端发布的信息相吻合。开始、停止检票时间的设置应适应客流量和站场条件，进站口有提前停止检票时间的提示，开始检票或列车到站前，应通告车次、停靠站台等检票信息。

检票作业时，车站客运人员按照先重点、后团体、再一般的原则，引导旅客通过自动检票机、人工检票通道分别排队等候、检票进站，对于那些持磁介质车票、中铁银通卡、二代居民身份证直接乘车的旅客应引导其使用检票闸机检票进站，宣传自动检票机的使用方法，提醒旅客拿好车票或身份证，防止尾随。具备居民身份证自动识读检票条件的自动检票机正常启用。人工检票口核验车票和其他乘车凭证，对车票进行加剪。对于仅凭手机中互联网购票信息的旅客不得进站乘车。停止检票前，通告候车室，保证无漏乘；停止检票时，关闭检票口，通告候车室和站台。遇系统故障检票闸机无法使用时，应采取人工检票方式。

人脸识别技术是基于人的脸部特征信息进行身份识别的一种生物识别技术。用摄像机或摄像头采集含有人脸的图像或视频流，并自动在图像中检测和跟踪人脸，进而对检测到的人脸进行脸部的一系列相关识别技术，通常也称人像识别、面部识别。人脸识别主要包括人脸检测、特征提取、人脸分类三个过程。“刷脸”进站不仅提高了实名制验票的准确率，还缩短了旅客的验票时间(只需 3～6 s)。

2. 安全检查

安全检查会涉及安检设备、携带品规定、查获危险品处置等内容。车站安检设备的设置应适应客流量和站场条件，秩序良好，通道顺畅。车站安检设备配备主要包括安检仪、手持金属探测器、安全门、防爆毯、防爆罐等。安检岗位人员配备主要包括：引导员、视频监控员、人工手检员和处置员等。车站安检查危区域应设置专用弃物箱，用于对旅客放弃物品的收置和暂存。对旅客声明放弃的携带品，由车站安检查危人员收集保管；对旅客提出暂时保存限制携带的物品，应注明物品品名、数量、保存和领回期限等，旅客前来领取时，由安检人员负责发还；对应当收缴的爆炸、有毒、放射、腐蚀性等危险品和国家明令禁止携带的管制刀具等禁止性物品及携带者，由安检岗位公安民警依法处理。列车上发现旅客携带品可疑及无人认领的物品时，配备了乘警(或列车安全员)的列车通知乘警(或列车安全员)到场处理；未配备乘警(或列车安全员)的则由列车长按规定处理，对危险品做好登记、保管及现场处置，并交前方停车站(公安部门)处理。旅客应当接受并配合车站、列车实施的安全检查，不得违法携带、夹带管制器具，不得违法携带、托运烟花爆竹、枪支弹药等危险物品或者其他违禁物品。禁止或者限制携带的物品种类及其数量由国务院铁路行业监督管理部门会同公安机关规定，并在车站、列车等场所公布。

3. 候车组织

进入高速铁路时代后，随着大城市轨道交通的不断完善，乘客平均候车时间不断缩短(然而候车人数却突飞猛进)，而大跨度建筑技术的进步使得线上大型高架候车室迅速普及，大大改善了候车环境。

4. 站台组织

站台组织包括旅客引导、岗位联控、站车交接、发车确认、站台清理等。站台客运人员提前到岗，检查电梯状态、引导屏状态和显示内容、站台及股道情况。站台客运人员巡视站台时，清理闲杂人员，清除障碍物，注意防止旅客下站台、穿越线路和钻爬车底；检票放客时，电梯口、楼梯口等关键部位安排人员安全宣传、引导防护，组织旅客按站台车厢位置标志在站台安全线或屏蔽门内排队等候，有序乘降。当个别车厢上车旅客较多时，进行分流组织。铃响时，巡视站台，确保无漏乘。组织旅客上下车时，提醒旅客注意脚下，防止踩空，照顾重点旅客，防止掉下站台，关注站台两端，发现情况立即处理。

5. 出站组织

出站组织作业包括出站旅客验票、违章乘车旅客处理、出站厅清理等。出站检票人员提前到岗，检查自动检票机、广播、电梯、照明、出站显示屏状态和内容，发现故障及时报修。引导持磁介质车票、二代居民身份证、中铁银通卡等旅客使用自动检票机验票出站，具备居民身份证自动识读检票条件的自动检票机正常启用。人工检票口核对车票及其他乘车凭证，对未加剪的车票补剪，维持良好秩序，防止尾随。对发现的无票或票证人不符等情况按规定处理。

11.2.2 乘降组织

乘降组织是车站工作人员通过设置各种设施设备，合理安排候车区域，组织旅客乘降的工作。乘降组织的好坏将影响旅客候车、上下车、出站体验。

旅客乘降工作组织是指有秩序地组织旅客在站内通行、检票进站，走向列车停靠站台上车，以及到达车站下车旅客在出站口交票出站，是客运站的一项重要工作。高速铁路车站必须装备完善的旅客向导系统，采用多媒体技术在候车区、检票口、进出站口、站台等旅客活动场所设立醒目、明确的电子指示牌等指明车站各种旅客服务设施的方向和位置、列车到发去向、到发时刻、列车停靠站台、晚点变更等情况，引导乘客方便地使用车站的各种服务设施以及按规定的路径便捷地乘降列车和换乘，使站内旅客能便捷地办理各种旅行手续，尽量避免各种流线在站内各类通道上形成交叉干扰。大客运站应从市内交通的停车场起，对入站购票、候车的长途以及市郊客流分别组织。

跨线通道是站房与站台之间、站台与站台之间往来的通道。跨线设备的类型、数量和位置对站场内的流线组织起着重要作用，尤其是在大量旅客下车出站时，跨线通道就成了人流疏散过程中的重要控制地段。高速铁路车站的跨线设备可分为天桥和地道。

为预防闲杂人员通过高速铁路车站站台端部进入线路而产生安全隐患，于是铁路部门便研制了“高速铁路站台端部防穿越报警系统”。该系统由穿越探测单元、视频摄录单元、车站报警主机、服务器管理平台、移动接收终端等部分组成，如果有闲杂人员误入高速铁路站台端部报警区域，红外线及雷达扫描便将探测到的信息无线传输给系统管理平台及管理人员的手机终端，系统在给出现场灯光和语音报警的同时，启动摄录一体机取证，为确认侵入行为提供视频依据，管理人员也能第一时间通过手机上的视频监控平台和站台防穿越报警平台掌握现场情况并及时进行处理。

11.2.3 换乘服务

旅客换乘的便捷性是体现车站工作人性化的重要一面，包括旅客在站换乘、旅客出站与其他交通方式的换乘等都应该成为车站工作组织中的重要一环。旅客在站换乘要根据列车不同发车时刻进行。旅客可根据自己的需要和爱好选择不同的换乘方式，能以最短径路或最短时间方便换乘，即各种交通方式相互协调、优势互补，共同承担枢纽内中转旅客的换乘任务，做到各种交通方式的乘客互为客源，使各种交通方式的发展相得益彰，体现换乘服务人性化的一面。

站内中转给旅客带来了方便。例如，旅客从杭州站乘坐某高速铁路列车到上海虹桥站后，换乘另一高速铁路列车到汉口，站内仅花 7 min 即可完成换乘。上海虹桥站检票口的反向自动验票机，不仅可以正面“读票”进站，也可以让需要中转的旅客反向“读票”出门，并在出站闸机左侧增设了人工检票通道。车站根据新的换乘路线，统一了换乘标志和换乘广播，从而缩短了旅客中转换乘的路程。同时，旅客不用出站，只需在下车的站台乘垂直电梯，即可直达候车厅，省时省力。客运服务变得越来越精细化和人性化。每月还要进行专项检查及保养，清理、调试设备安全性能，另外，技术维修人员接到车站报修后，10～15 min 内要赶到现场抢修。

以上海虹桥站为例，车站大量配置自动售取票机、自动检票系统、自动引导系统等自助服务设备。作为综合交通枢纽的重要组成部分，上海虹桥站与民航、城市轨道交通、公交、出租车紧密衔接，形成了多种交通方式一体化的现代化综合交通枢纽，实现了旅客“零换乘”。自 2017 年 4 月起，上海先后有 10 多条轨道交通线路将常态化延时 1 h，意味着中心城区轨道交通服务将超过午夜零点，这就给高速铁路到达时刻较晚的列车乘客带来交通衔接方式的方便，满足了这部分旅客的出行需求。另外，实现同台交互换乘之后，市民只需在站内步行2～3 min 即可找到换乘入口，整个过程只需要 5 min，比起之前不同台的换乘，至少节约了 10 min。

11.2.4 车站信息服务

车站信息服务是根据各服务处所和服务设备设施的功能、用途设置揭示揭挂，采取电子显示屏、公告栏等方式公布规章文电摘抄、旅客乘车安全须知、客运杂费收费标准、列车运行信息等服务信息。图 11-1 显示上海虹桥站的站内指示牌，可在车站内用于指引站内及站外周边设施的位置。

图 11-1　高速铁路车站站内指示牌

车站各处具体的信息设置如下：售票处、候车区（室）、出站检票处和补票处设有儿童标高线；售票处、候车区、站台设有时钟，且要求显示时间准确；特大型和大型车站进站大厅（集散厅）设置进站显示屏，显示车次、始发站、开车时刻、候车区（检票口）、状态等发车信息；候车区内设置候车引导屏，显示车次、始发站、开车时刻、站台、状态等信息；天桥和地道内设置进、出站通道屏，显示当前到发列车车次、始发站、终到站、站台、到开时刻、列车编组前后顺位等信息；站台设置站台屏，显示当前车次、始发站、终到站、实际开点（终到站为到点）、列车编组前后顺位、引导提示等信息；出站口外侧设置出站屏，显示到达车次、始发站、到达时刻、站台、状态等信息；售票处和候车区可设置自助查询终端，显示车站概况、列车时刻等信息。

11.2.5　客运站服务案例

北京南站坐落于北京市丰台区开阳桥南开阳路（原永定门火车站西南），地处西城区、东城区及丰台区交界处，南二环、南三环、马家堡东路、马家堡西路之间，凉水河北侧。北京南站作为高速铁路车站，日均发送旅客十余万人次，春运、节假日高峰期间更是经常突破 20 万人次。北京南站开启地下 7 个快速进站通道，实现车站所有始发车次全覆盖，将地下换乘层旅客最快进站时间缩短至 10 min。在功能布局上，北京南站改变以往平面布局模式，采用上下五层立体化布局模式，将地铁、公交等市内交通引入车站内部，从而较好地解决了车站与市内各种交通方式的换乘和地下空间的统筹利用等问题，实现了车流的无缝衔接。在流线设计上，北京南站采用“上进下出”和“下进下出”相结合的流线设计方式，使得车站内部各种流线便捷顺畅以及路径最短，实现了客流“零距离换乘”。2021 年，在北京和天津之间，北京南站每天往返的高速铁路有 251 趟，平均每 10 min 就有一班，比 2016 年增加了 30%，出门坐高速铁路已经变得和公交、地铁一样便利了。

另外，随着铁路换乘地铁安检单向免检、停车“先离场后付费”、“智慧杭东”App 智能指路等项目陆续在杭州东站落地，它们为旅客出行带来了美好体验。5G 具有高速度、低时延、低功耗的特点，覆盖了 5G 网络的火车站为旅客提供了更加美好的乘车、候车体验。在 5G 网络下，智慧机器人问路、送餐等互动也将走进人们的生活。随着 5G 室内数字系统应用场景的多样化，未来的 5G 车站除了可以满足大量人群场景下的高速上网、随时随地移动支付的需求外，还可以支持 4K 高清视频通话、超高清多路视频回传等业务，不仅让旅客的体验更加美好，同时也为车站管理和服务提供了强有力的保障。杭州东站 5G 网络的启用，标志着杭州东站枢纽的城市大脑建设进入了新的阶段，服务提升工作踏上了新的台阶。未来，杭州东站还将配备无人行李运输车和移动式问询机器人，并准备在商业区内开设无人超市、无人餐厅等。

11.3　应急组织

针对高速铁路车站发生火灾、爆炸事故，线路中断、列车严重晚点、客票系统故障、旅客服务系统故障，以及遇到恶劣天气等各种客运突发事件，梳理并完善客运各项应急处置预案、应急指挥流程和信息传递流程，做到处置流程清晰顺畅，处置方法适时、容易操作。按计划定期组织应急演练，有效提高演练质量。另外，针对旅客容易发生的突发事件，如电梯摔落、跌落站台、进入线路、扒乘列车等，制订文字精炼、通俗易懂的应急处置流程及措施，以便于岗位人员能够快速掌握，从而提高应急预案的针对性和可操作性。同时，把非正常应急处置纳入常态化管理范畴，确保在任何情况、任何条件下都能做到让旅客安全出行。重点从强化应急指挥体系、完善应急处置措施、加强日常应急演练、完善引导揭示系统等方面着手，提高高速铁路站班组的应急快速反应和突发事件的现场处置能力。

例如，郑州东站应急处置流程如图 11-2 所示，管理信息系统可实现突发事件信息汇总、历史资料对比、安全评估研判、应急组织响应、应急资源调配、现场应急处置等功能。该站通过挖掘移动终端的潜力，实现应急预案智能启动和执行，包括现场情况速报模块和客运应急指挥模块。现场情况速报模块可以通过手持式摄像机实时直播现场情况并可录像、拍照，以便及时编辑上传速报信息，第一时间将现场情况推送至相关层级手持机。客运应急指挥模块将电子版应急预案操作流程移植到手持机，并在该流程基础上开发应急指挥流程，辅助应急指挥决策，根据现场作业情况和任务等级，以报警模式将相关岗位安排推送至相关人员的手持终端 PDA 上。构建车站固定的技术资料库，包括车站示意图、设备设施名称，并实现 3D 效果。同时，可将应急预案编制成应急处置操作流程整合到应急处置平台系统中，遇有突发情况时，可以及时将应急处置流程下发到现场工作人员的手持终端 PDA 上，工作人员按照岗位分工做好应急处置工作。当列车大面积晚点时，综合控制室确认符合触发条件后，利用安全应急处置系统向各科室、车间、部门下发应急处置启动信息。接到信息后，各科室、车间及相关部门立即赶赴现场做好应急处置的盯控、协调工作。

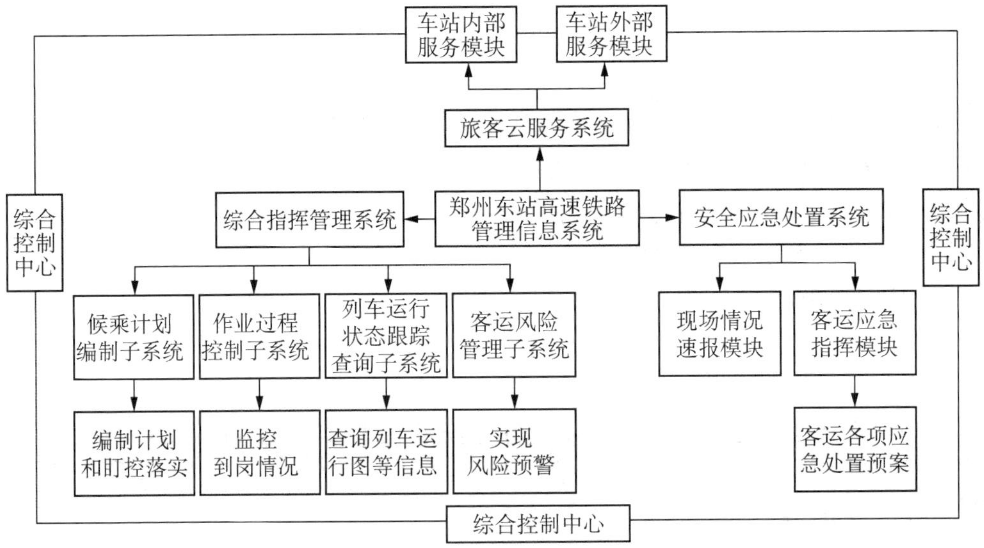

图 11-2　郑州东站应急处置流程

客运站信息平台是实现调度指挥一体化、实现调度指挥系统信息共享的载体。通过客运站信息平台可实现调度指挥系统的有机联动，及时处理生产过程中的紧急事件和突发事件，达到生产调度一体化的目标，以提高高速铁路车站段的生产管理水平。信息平台应实现生产管理信息化，一方面各类信息要及时上传到平台，并实现信息共享和融合；另一方面，根据需要，平台能实现生产业务指令的下达、业务流程的管理、工序的流程卡控等功能。客运站生产调度指挥信息平台应实现信息整合全局化，可将现有的信息系统整合到综合信息平台，实现客运站业务信息的集中管理与运行，做到“站内有平台、部门有系统、岗位有界面”。考虑到今后发展，信息平台还应实现决策依据科学化，将所有的业务信息集中到统一的信息平台上来，为管理者提供及时、完整、准确、可靠的第一手现场信息，为科学决策提供事实依据。此外，平台还应显示应急处置典型问题的成功处理案例，以及建议决策方案，以便为科学决策创造条件。

例如，为积极应对大客流，上海铁路警方在上海虹桥站正式启用热力感应成像系统。该系统采用热力感应采集数据，通过指挥中心大屏成像，能够实时监控候车大厅各区域的客流情况，为公安机关及时掌握客流积压预警和科学布警提供依据。上海虹桥站的候车大厅是全开放的空间，最高可同时容纳 1 万人候车。为了打造客流实时监测平台，上海铁路警方以大数据融合共享应用为引领，强力推进科技信息化建设，努力实现指挥调度可视化和智能化。上海铁路警方将上海虹桥站候车室划分为 12 个网络区域，采用热力感应设备采集数据，对客流进行实时监测，根据站房区域设计容量，科学设定客流阈值，后台智能分析预警，然后以图表形式直观呈现，实现警情、风险精准预测预警，为精准布警提供依据。比如，当大屏幕出现大面积红色区域时，公安机关就会有针对性地增加警力，强化现场巡逻和秩序维护，确保旅客乘车安全。相比较以往通过民警现场肉眼观察、查看监控视频等监测客流的方法，热力成像系统的运用更具直观性、实时性和准确性。

11.4　其他服务

11.4.1　旅客服务系统

旅客服务信息系统简称旅客服务系统，是铁路客服系统的一部分，主要由引导揭示、广播、视频监控等子系统组成。它通过对引导揭示、广播、监控、查询、求助、应急、寄存等服务资源进行有机整合，形成统一的旅客服务平台，是为车站客运组织提供技术手段的信息系统。通过该系统的运行，可以全面实现各种静态、动态引导信息和广播信息的自动执行，并自动引导旅客进站、候车、乘降及出站，较好地兼顾了智能化、自动化和人性化等特点。旅客服务系统由过去的车站层面各系统独立运行发展为如今铁路局集团公司层面对多站集中远程控制的模式，不仅实现了信息展示的智能化和自动化，也大大减少了人员配置，提高了工作效率。高速铁路客服系统直接面对旅客，实时向旅客提供售、检票服务及信息服务。旅客服务系统体系框架如图 11-3 所示。

旅客服务系统通过与列车调度指挥系统 CTC/TDCS、票务系统等网络连接，完成对车站旅客服务系统各功能模块的业务综合处理，实现旅客服务信息的共享和功能联动，为旅客进出站、候车、乘降等提供实时、准确的信息和服务。一般而言，旅客服务系统集成管理平台分为铁路局集团公司集中控制模式、大站代管小站控制模式和本站控制模式三种形式。大

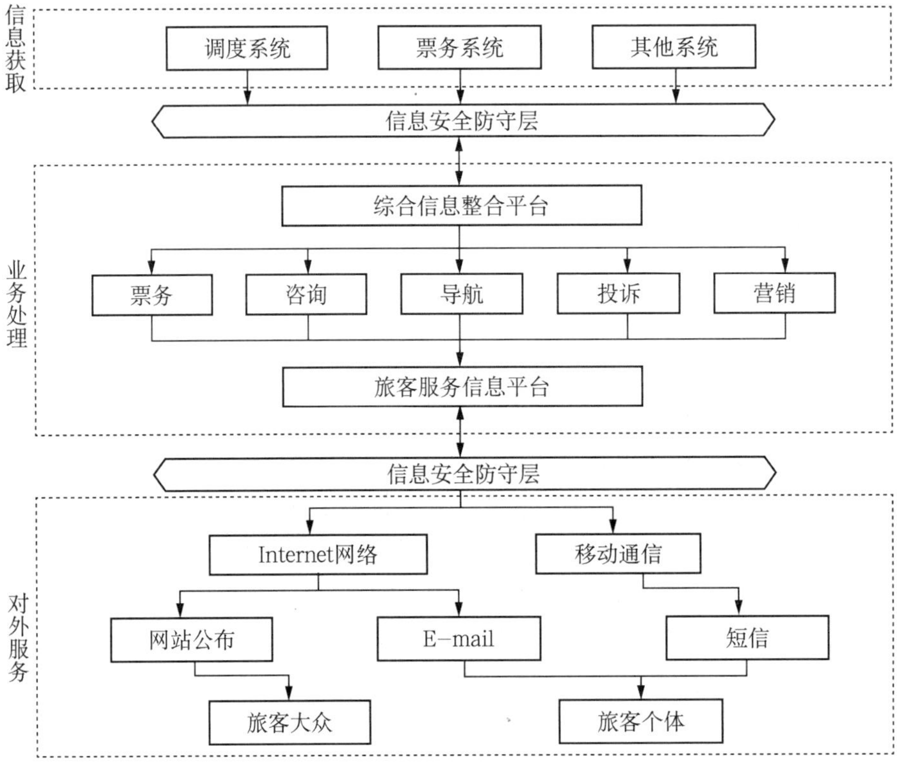

图 11-3 旅客服务系统体系框架

客运站设置的综控调度台属于铁路局集团公司集中控制模式，即由综控调度员通过旅客服务系统集成管理平台对若干条线路、车站进行集中管理。

11.4.2 咨询服务

客运部门通过铁路客户服务电话、互联网（12306.cn、微信公众平台、手机 App、电子邮件）、信函等方式受理客户投诉、表扬、建议、咨询、求助、延伸服务等；督办责任单位妥善处理客户投诉。目前，全国最大的铁路客服中心——上铁 12306 客服中心承担着长三角地区江苏、安徽、浙江、上海三省一市铁路客运咨询、求助和增值服务等重任（无订票功能），一年呼入电话数量超过 1 100 万个，日均达 3 万个。除了票务咨询之外，上铁 12306 客服中心通过电话、网络、移动客户端等途径，向旅客提供多种特色服务，打造“一站式”解决旅客需求的客服平台，比如提供重点旅客预约、遗失物品查找、器官转运绿色通道等特色服务。上铁 12306 客服中心还充分运用“移动互联网＋”模式提升旅客的咨询体验，集成官方 App、微信公众号、QQ 服务号等主流平台，嵌入智能问答功能，以满足旅客全媒体交流互动的需求。同时，上铁“12306”客服中心还应用智能语音、智能机器人等技术推出“智能客服”，并在部分重点车站充电桩加载“智能问答”程序，为旅客提供全天候、全维度的售票、乘车、进出站等业务的自助查询服务。

另外，客服方面还有重点服务、特色服务、网上订餐、接续换乘与自主选座、积分换车票、厕所革命等方面的措施，让旅客出行变得更加舒适和方便。

11.4.3　列车服务

(1) 乘务礼仪:指高速铁路列车乘务员应该具备一定的服务素养,包括乘务员的外在精神面貌,如容貌、服装统一、个人卫生整洁等,能够让旅客在出行过程中感到舒心。同时,乘务员应该具备基本的礼仪,言谈举止文明,让旅客感受到人文关怀。

(2) 乘务服务:指在旅客出行过程中,乘务员提供的维护正常列车运行秩序和列车运行安全的服务,如检票、验票、补票、广播等工作。乘务员是铁路直面旅客的一个窗口,是列车客运服务的执行者,其工作代表着铁路形象,因此要做到公平、公正。

(3) 餐饮服务:指为满足旅客在出行过程中的饮食需求提供服务,其服务场所主要在高速铁路的列车餐车上。主要的服务内容包括:餐车的经营以及餐饮食品、休闲食品和日常用品的供应。高速铁路列车餐饮要保证安全、卫生,能够让旅客在出行过程中吃得放心、吃得开心、吃得舒心。

(4) 保洁服务:指乘务员要随时对列车进行清扫,以保持列车的卫生环境,为旅客提供一个清爽、舒适的乘车环境。列车保洁服务是高速铁路列车良好服务质量的重要保证,对提升铁路形象有着重要作用。

第 12 章　高速铁路运营安全风险管控体系

12.1　高速铁路运营风险主要特征

高速铁路运营安全的风险特征具有多样性、复杂性、耦合性和随机性。因高速铁路具有运行速度快、设备技术新、涉及结合部多、外部环境复杂等特点，其风险管理呈现出专业性强、涉及面广、风险认知难度大等特征。高速铁路运营风险可以由单因素或多因素叠加引发，并且高速铁路运营风险是在特定地点和特定情况下的某种可能性和后果的耦合。分析我国高速铁路十多年来运营安全风险引起的事故原因，其中主要的影响因素有：设备设施质量、作业人员违章违纪、自然灾害和社会治安等。

1. 设备设施风险

1）基础设备设施风险

（1）工务设备设施风险包括钢轨和道岔伤损、无砟线路轨道板伤损、路基变形及翻浆冒泥、桥墩偏移、隧道渗水和衬砌掉块，以及系杆拱桥、钢桁梁桥、简支箱形梁桥、连续箱形梁桥等的结构状态、支座劣化、部件疲劳损伤等。

（2）电务设备风险包括列车运行控制设备数据设置错误、临时限速报文错误或丢失，以及软件修改、信号联锁试验不彻底，设备防干扰及防雷失效，导致道岔错误解锁或转动、行车信号许可升级等。

（3）牵引供电设备风险主要体现在外部供电中断、防雷失效、牵引所内跳闸、弓网故障、接触网断线、接触网倒杆等。

（4）高速铁路客站的设备设施主要有电梯和自动扶梯、消防设备设施、旅客服务系统的相关设备、电动伸缩门、卷闸门设备等 18 类，一旦发生故障，易造成旅客拥挤踩踏、发生火灾爆炸、旅客意外伤害等风险。

2）移动设备设施风险

移动设备设施风险主要包括动车组部件脱落、晃车、车轴断裂、车轮疲劳伤损以及制动力丧失等。

此外，设备设施风险还包括技术管理方面不足存在的风险，如信号联锁软件等高速铁路行车安全关键产品的设计审查有缺陷，认证、准入和安全评估制度不履行等风险。

2. 人员作业风险

（1）人员因素造成的风险主要包括高速铁路关键岗位人员（如动车组司机、车站应急值守人员、高速铁路运营维护人员）业务素质不符合要求、培训不足等，还包括非正常情况或应急情况下行车调度指挥失误、工电供维护人员提前上道或延后下道、维修作业机具遗留在高速铁路线路等。

(2) 操作现场的不安全行为风险包括作业现场的违章违纪(如检修接触网等带电设备时在配电开关处不断电或不挂警示牌),以及违章拆除设备上的照明、信号、防火、防爆装置和警示标志等违反操作规程的行为。

3. 环境因素风险

环境因素主要包括自然环境、外部环境和社会环境。

(1) 自然环境风险主要包括风、雨、雪、雷电、地震等自然灾害,以及洪水、滑坡、泥石流等地质灾害。

(2) 外部环境风险主要包括建(构)筑物、树木种植、堆放类(含大型弃土弃渣),飘浮物体、坠落类(广告彩钢瓦),上跨线缆、杆塔类,违法施工,危险品类,采矿采石爆破,抽取地下水类,下穿管线类,并行、上跨桥隐患类,挖砂取土采空类,空气污染、腐蚀性气体,河道危害类(围垦造田、拦河筑坝、采砂淘金、疏浚),卫生垃圾环境类(排污弃物)以及其他。2021 年 4 月 4 日,沪宁城际高速铁路苏州园区至阳澄湖区间,因风筝缠绕接触网引发设备故障,导致部分列车晚点,原本 18 min 的车程最长晚点了 65 min。2021 年 5 月 1 日,京广高速铁路定州市境内因大风天气吹扬地膜导致接触网故障,造成京广高速铁路动车晚点到达北京西站,导致北京西站当日和次日 24 趟列车停运,旅客因等候始发车底积压。为确保人民群众的生命财产安全,保障铁路运输安全畅通,铁路部门提醒沿线单位和居民严格遵守《铁路法》《铁路安全管理条例》,严禁向电气化铁路接触网抛掷物品,严禁在铁路电力线路导线两侧各 500 m 范围内升放风筝、气球等低空飘浮物体。

(3) 社会环境风险包括非法扰乱高速铁路运输秩序、人为破坏高速铁路设备设施、列车或车站火灾爆炸以及大量旅客滞留等。

4. 管理运作风险

管理运作风险主要是由于高速铁路规章制度、安全管理、运营维护管理、双重预防机制等方面存在欠缺而导致的,具体包括安全生产法律法规的符合性、安全管理体系的构建及落实的有效性、预防事故发生的预警措施的完善性以及对于不安全作业行为等的控制是否到位。

12.2 构建高速铁路运营安全风险管控的途径和方法

12.2.1 高速铁路运营前的安全保障

我国高速铁路在设计、建设阶段就建立了包括技术标准、工程建设、设备质量、安全防护、联调联试、运行试验、安全评估等一系列源头质量保障机制。

(1) 高速铁路技术标准保障。我国建立了涵盖动车组、基础设施等各方面的高速铁路技术标准体系,注重采用和借鉴国际先进标准,特别是等同采用了 IEC/EN 的铁路安全标准,不仅从技术和安全层面严格保障了高速铁路建设、运营质量,还实现了我国与欧洲国家高速铁路技术兼容。

(2) 工程建设和设备质量保障。我国通过严格制度标准以及对原材料、工艺工法、检测检验、验收开通等关键环节管控,加强工程建设质量问题的检查和整治,强化合同约束和行业监督管理,建立了高速铁路工程建设质量控制体系;通过强化高速铁路物资采购审核和产品质量检验检测,实施行政许可、产品认证、上道审查等准入制度,加强高速列车及其重要配件的监造管理,强化铁路统一的物资供应商信用评价,建立了高速铁路设备质量源头控制体系。

(3) 高速铁路安全防护保障。我国高速铁路在设计阶段即采用全封闭、全立交方案,如线路两侧设置防护栅栏封闭、桥涵设置限高防护架及合理的人畜通道、公铁并行路段设置防护桩、上跨铁路桥设置防抛网等。

(4) 联调联试及运行试验保障。我国对新建高速铁路项目实施系统性能测试及优化等联调联试工作,检验高速列车运行的安全性、平稳性和舒适性,检验线路基础设施的安全性、稳定性,评价设计参数、设备选型和系统接口的合理性,验证减振降噪措施的有效性;在接下来的运行试验工作中,检验高速铁路设备设施及行车组织方式能否满足运营要求,检验各种非正常行车能力,为优化设备配置、提高设备性能、制定运输组织和应急救援方案等提供技术依据。

(5) 安全评估保障。在新建高速铁路开通运营前,国铁集团组织行业内的管理和技术专家,按照专业分为多个安全评估小组,针对运营维护单位在安全管理、规章制度、员工素质、设备管理等方面的开通运营准备情况实施安全评估。

12.2.2 "人防、物防、技防"概念的提出

高速铁路运营安全保障体系涉及人、机、环境、管理四个因素,是一个以人员管理为核心,人、机和环境控制、监测及管理为基础的综合系统,具有很强的针对性和实用性,其主要目的就是将影响高速铁路运营安全的各因素处于被约束与受控状态。其中,管理是协调人-机-环境这三者的中枢,我国正在着力构建人防、物防、技防"三位一体"的铁路安全保障体系。从人的不安全行为、设备的不安全状态、环境的不安全因素入手,运用人防、物防、技防相结合的理念、方法和措施,系统防控安全风险,及时排查治理安全隐患。人防主要是对安全管理和现场作业全过程的问题实施超前防控和管理。物防主要是充分发挥设备设施的安全保障作用,实施科技创新丰富完善硬件功能,持续增强安全保障。技防主要是充分运用现代信息技术、物联网技术、大数据技术等现代科技手段,丰富完善对作业、设备、环境的检测监控功能,实时评估评价安全受控状态,形成安全预警综合管控。以技防为引领,整合人防管控和物防保障功能,实现安全防控能力的跨越。

在以人防、物防、技防为主体的"三位一体"安全保障体系中,高速铁路运营安全保障体系是以保障高速铁路运营安全为总体目标,结合相关固定设备和移动设备等为检测、监控和管理对象,以先进、成熟、实用、可靠的信息技术为支撑,以信息系统为管理手段,通过不断集成与创新,形成对高速铁路运营安全态势分析、对可能发生的事故进行预警以及事故发生后应急救援的有机整体,以指导高速铁路运营安全保障的控制、管理和决策工作。高速铁路安全保障体系各因素之间的关系如图 12-1 所示。

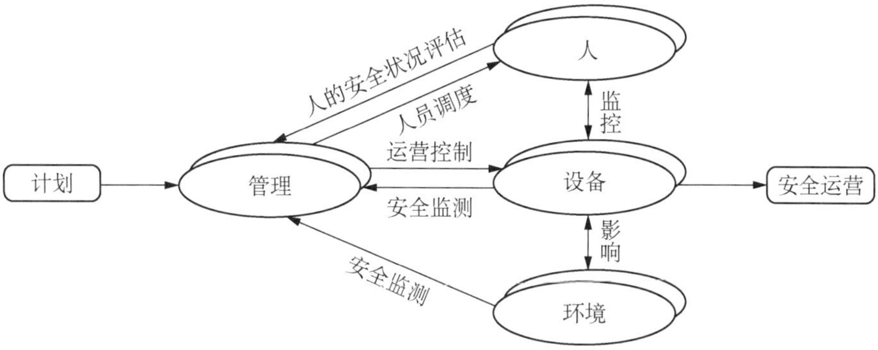

图 12-1　高速铁路运营安全保障体系各因素之间的关系

12.2.3　高速铁路运营安全风险管控构建途径

高速铁路运营安全风险管控侧重战术层，是安全风险管理的具体实施，其构建途径主要包括：

(1) 一个理念：突出风险管理思维（风险识别与评估、风险预警、风险控制）贯穿控制始终。其中，安全风险的识别与评估是安全风险管理的前提和基础，通过定期和动态地开展安全风险识别和研判，不断根据变化的情况排查潜在的风险，制订出具有针对性的风险管控措施，为风险预警和管控打好基础。根据风险可接受原则及风险危害程度、发生频率的不同，可将安全风险划分为四类：

① 不接受风险：发生的问题危及高速铁路运行安全。

② 不期望风险：发生的问题影响高速铁路运输秩序。

③ 可容忍风险：发生的问题虽然不影响高速铁路运行安全和运输秩序，但随其发展可能会影响高速铁路运行安全和运输秩序，以及影响高速铁路形象和运营品质。

④ 可接受风险：发生的问题在受控状态下不影响高速铁路运行安全、运输秩序、高速铁路形象和运营品质。

风险预警就是通过在线监测、人工巡视、人工检修得到风险评估等级，对发生问题的风险进行等级预警，当安全风险发生变化、程度提升时，就要及时采取多种方式进行预警，提示相关单位、部门迅速采取针对性措施，以确保安全风险始终处于可控状态。风险控制就是采取防控手段或应急处置预案进行管控，以确保各级风险得到有效控制。

(2) 两个平台：构建预警平台和应急指挥综合管理平台。利用信息化和智能化等方式，做到预警和应急的一体化、精细化，形成"互联网+"风险防控技术体系，促进智能物联网、人工智能等先进技术的推广应用。

(3) 三个机制：实现多元共治、多部共治理、多重保障。健全完善多元共治机制，积极协调地方政府、企业等支持和配合，发挥合力作用，共同保障高速铁路安全风险有序可控；同时突出安全风险管控机制有序规范化运作，积极推进风险防控多部门协调运作以及专业人员队伍建设，实现高速铁路运营安全风险管控的专业化。

12.3 设备设施管控体系

12.3.1 风险评估和等级划分

高速铁路基础设施包括高速铁路线路、桥隧、信号、通信、牵引供电设备等。移动设备设施主要是指动车组。为了加强高速铁路基础设施运用状态检测管理工作，就需要不断提高检测、维修和运输效率，以便能够预防事故及降低故障率，从而确保铁路运输安全。工务、电务、供电、动车组设备设施是高速列车运行安全、平稳的基础。例如，工务设备主要包括线路、桥梁、路基、轨道结构等，高速铁路工务设备要满足高可靠性、高稳定性和高平顺性等要求，维护单位要按照风险管理要求，采取一定的手段对风险进行识别和评估，并以此为依据，采取检查检测、日常维修、专项整治等预警和防控手段，整治工务设备病害，合理控制风险，及时消除可能会危及行车安全的隐患，保持设备设施处于良好状态。我国高速铁路路基检修规程、检修标准均明确规定了路基检修周期和限度标准。在规定的检修周期内，通过人工检查、设备检测等手段和方法进行严格检查，按照标准进行风险评估，并采取针对性的措施来控制风险。路基设备风险评估见表 12-1，线路偏差见表 12-2。

表 12-1 路基设备风险评估

风险项	风险评估			
	可接受风险	可容忍风险	不期望风险	不接受风险
路基变形	影响轨道平顺，造成线路Ⅰ级偏差	影响轨道平顺，造成线路Ⅱ级偏差	影响轨道平顺，造成线路Ⅲ级偏差	影响轨道平顺，造成线路Ⅳ级偏差

表 12-2 线路偏差

内容	线路等级/($km \cdot h^{-1}$)	偏差等级			
		Ⅰ级	Ⅱ级	Ⅲ级	Ⅳ级
轨距/mm	200～250	−3～4	−4～−3 和 4～6	−6～−4 和 6～8	−8～−6 和 8～12
	250～350	−3～4	−4～−3 和 4～6	−5～−4 和 6～7	−6～−5 和 7～8
水平/mm	200～250	5	8	10	13
	250～350	5	6	7	8

再如，高速铁路电务设备风险控制主要是通过日常维修手段、加强应急处置、强化监测监控设备的预警、预判功能来实现的。CTC 调度中心硬件系统主要包括核心服务器、核心网络设备、楼层网络设备、终端设备（调度台、复示终端、维护终端）等。高速铁路 CTC 设备一旦存在上述硬件系统故障的风险，就需要进行风险评估，以确定风险严重程度，评估等级见表 12-3。

表 12-3　CTC 系统风险等级评估

风险类型	可接受风险	可容忍风险	不期望风险	不接受风险
设备故障	巡检相关规章、制度未落实,未造成不良后果	单块板卡故障、单个服务器故障;电源设备局部故障	维修不良或设备缺陷处置不当,互为冗余板卡、双系设备或中心电源系统故障而导致耽误列车	应急处置不当延时导致列车大面积晚点;系统严重受损影响使用
网络设备不良、故障	巡检质量不高,网络通道质量下降,未影响使用	巡检相关规章、制度未落实,网络通道局部故障;车站间网络故障	GSM-R 数据不能正确交换;网络大面积通道中断	网络风暴导致全线 CTC 设备停用
软件数据错误	软件数据版本管理不细致,版本未及时更新		版本管理不到位或数据复核错误导致车次信息有误、轨道占用信息不一致、进路不能自动触发	软件(数据)版本复核确认不到位、不一致,站细数据错误

针对不同的运营情况,可设计制订出工务、电务、供电、动车组等不同设备的风险等级评估表。对此,上海铁路局集团公司共制订出高速铁路 32 种不同设备状况下的风险等级评估表,以便为应急处置工作提供辅助参考。

12.3.2　设备设施监测和预警

继续完善并建立高速铁路全覆盖行车安全和基础设施的数十种检测监测系统,通过推进建设高速铁路供电安全检测监测系统(6C 系统)、机车车载安全防护系统(6A 系统)、车辆运行安全监控系统(7T 系统)、工务安全检测监测系统(8M 系统)等,实现高速铁路行车设备的不间断检测监测,及时发现和消除安全隐患。在此基础上,有序研发和推进新的监控设备,对高速铁路线路、桥梁、牵引供电、通信信号等固定设备安装安全监测和检测系统,实现动静结合、人机结合的全方位、立体化监控并实现相应的预警功能。

同时,通过人工巡视、动态或在线检测监测等手段加强设备检查,及时掌握设备状态,一旦出现不期望或不接受的风险,便加强预警措施,如在暴雨、大风、极寒天气到来前及时发布预警信息,铁路供电部门根据预警信息及时启动应急预案,配齐相关应急材料、机具,必要时可采取接触网停电、动车组降弓通过等手段来有效避险,从而将风险造成的损失降至最小。

高速铁路状态检测是指依据相关标准或者技术规范,利用动、静态测试手段对高速铁路基础设施运用状态进行的检查、测试、监测及对其运用质量进行的安全评定。高速铁路状态检测工作应当贯彻检修分开、以检定修的理念,遵循安全、准确、高效的指导思想,科学合理地利用天窗,实现高速、及时、精确检测。高速铁路状态检测工作应当积极采用新技术、新设备、新方法,运用成熟可靠的高速铁路车载等检测设备,推广实时在线监测技术,提高检测质量和检测效率。

高速铁路线路、桥隧等工务设备运用状态检测的主要项目包括:轨道几何状态,轨道结构状态，钢轨伤损，路基沉降及结构状态，防护栅栏、挡风墙和声屏障状态，桥涵结构状态，隧道结构状态。根据检测项目的需要，配置轨道测量仪、轨道检查仪、双轨式钢轨超声波探伤仪、钢轨探伤仪、焊缝探伤仪等静态检测设备和钢轨探伤车、线路检查仪、巡检设备等动态检测设备。

高速铁路信号、通信设备运用状态检测的主要项目包括：联锁、闭塞、列控系统设备以及道岔转辙设备、信号机、轨道电路、补偿电容、应答器、电源设备等状态，系统设备接口，铁路数字移动通信系统（GSM-R）网络状态，通信漏缆状态。根据检测项目的需要，装备信号集中监测系统、通信监控监测系统和网管系统。

现以高速铁路牵引供电设备运用状态检测为例进行具体介绍，其主要检测项目包括：接触网几何参数，接触网悬挂状态，接触网平顺性，接触网受流性能，供变电、电力设备。根据检测项目的需要，配置高速弓网综合检测装置、接触网安全巡检装置、车载接触网运行状态检测装置、接触网悬挂状态检测装置、受电弓滑板监测装置、接触网及供电设备地面监测装置等检测设备和检测综合数据处理中心。运用高速综合检测列车对高速铁路基础设施开展周期性状态检测工作，特殊时期可以加大检测频次，并优先利用运用中的动车组开展高速铁路状态检测工作。另外，在每日开行的首趟确认列车上和一定比例运用中的动车组上搭载车载式基础设施动态检测装置，以实现实时动态检测。

高速铁路供电安全检测监测系统（6C 系统）的主要功能是对高速铁路的牵引供电系统进行全方位、全覆盖的综合检测监测，如图 12-2 所示，主要包括对高速铁路接触网悬挂参数和弓网运行参数的等速检测（1C 装置），在运营的动车组上对接触网的悬挂部分进行周期性图像采集和分析（2C 装置），在运营的动车组上对接触网参数及技术状态的在线检测（3C 装置），对接触网悬挂、腕臂结构、附属线索和零部件的高清图像检测（4C 装置），对动车组受电弓滑板状态的实时监测（5C 装置），对接触网运行参数和供电设备参数的实时在线检测（6C 装置），综合各接触网安全检测监测数据并进行集中分析（6C 装置——数据中心）。

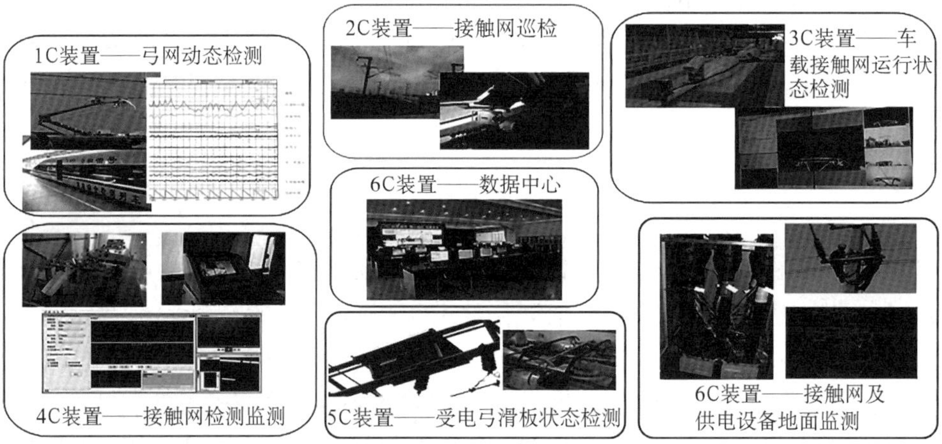

图 12-2　高速铁路供电安全检测监测系统(6C 系统)

在组织与实施方面，制订年度、月度检测计划和实施方案。在制订检测计划和实施方案时，应当坚持质量和效率并重，最大限度地实行天窗共用。结合季节变化等影响因素，对故障率高或者状态易发生变化、影响高速铁路正常运行及其他与行车安全直接相关的高速铁路基础设施检测项目进行调整。结合高速铁路基础设施运用状态和变化规律，确定、优化检测周期。建立检测数据平台，加强检测数据综合分析处理，利用分析结果指导日常检查工作，掌握设备运用状态变化规律，为科学合理地安排设备维修提供支撑。另外，对于检测中发现的问题应及时处理，有安全隐患的应当立即采取安全保障措施。

我国在研究设计高速铁路弓网检测监测体系方面，始终坚持自主化路线，通过吸收供电6C系统运用成果，重点破解智能化程度不高、信息化共享困难、深层次数据分析不足等难题，融合边缘计算、5G通信、大数据、深度学习、泛在智能等先进手段，聚焦弓网检测监测项点，突出全面感知、信息高效传输、数据融合共享、状态综合评价、精准维修决策等关键技术，同步形成技术标准规范，建成层次清晰、技术先进、科学规范的高速铁路弓网检测监测体系。

其中，感知层针对弓网系统中的关键检测监测项点，采用光纤传感、微信号测量、图像测量、热辐射测量等技术，对受电弓静态状态、动态性能、接触网状态、外部环境及弓网关系耦合的弓网接触力、振动、接触线升量、温度等进行全面测量，并设计了专用的检测监测装置。

传输层根据检测监测装置的安装位置、运用条件，采用光宽带、5G、毫米波、Wi-Fi等传输技术，利用专用铁路专网、移动通信、卫星通信等通道，丰富数据保密策略，提升数据安全性，实现检测监测数据的安全高效传输。

数据层采用大数据技术，合理布局硬件资源，对结构化数据和非结构化数据进行联合处理，开展数据清洗、数据标准治理、数据质量管理、数据安全控制、共享服务等工作，实现检测监测数据的高效存储、科学管理和广泛共享。

分析层加强各类检测监测数据在时间、空间等维度的多源融合分析，基于时间序列信息开展趋势预测，对图像、视频类信息开展深度学习，实现图像特征智能识别，有效挖掘检测监测数据信息。

应用层充分应用多源数据分析结果，有效指导健康管理和维修决策，实现弓网系统全生命周期管理。基于大数据分析结果，紧密贴合现场运用需求，科学指导弓网系统运用安全。

另外，同步构建技术标准体系，涵盖检测监测装置技术条件、评定检验规则、数据传输规范、数据处理规约、数据评价方法、运行维修规则等内容，以保障高速铁路弓网检测监测体系的健康发展。

12.3.3　防灾与异物侵限监测系统

1. 大风监测系统

与普速铁路相比，高速铁路列车运行速度快、轴重轻。因此，风对于高速铁路安全的影响是不容忽视的。在强横风作用下，接触网可能引起强烈摆动、翻转；作用于车辆的侧向大风则会影响列车运行的横向稳定性，可能造成列车倾覆。长大桥、车站一般要设置风向风速计，在风期长、风力强劲的风口也应设置风向风速计。由于气象部门只能提供大面积范围内的气候概况，不能满足高速铁路特定点、线和具体数据的实时性要求，所以，高速铁路针对大风灾害所采取的安全对策是建立大风监测子系统（该系统还需与气象部门联网以保证数据的合法性和对未来天气的预测需要）。大风监测系统由风向风速计、发送装置、接收分析记录显示装置组成，在风速达到定值时，系统自动通知中央控制中心，从而控制列车减速或停止运行。

通常，当风速超过报警值时，系统自动弹出报警点和建议限速值。此时，调度员根据报警点前后两个监测点的公里坐标确定限速区段，并立即向相关列车司机发布调度命令，对来不及发布调度命令的列车，立即通知司机。当大风监控系统发出禁止运行的报警信息后，列车调度员及时关闭相关信号并通知司机停车地点或指示司机立即停车。当大风监测系统报警解除后，列车调度员向相关列车发布恢复正常运行的调度命令。根据规定，当风速大于15 m/s、小于20 m/s时，列车限速300 km/h；当风速大于20 m/s、小于25 m/s时，列车限速200 km/h；当风速大于25 m/s、小于30 m/s时，列车限速120 km/h；当风速大于30 m/s时，列车禁止进入该区段。

2. 异物侵限系统

为确保高速铁路行车安全，应在公跨铁立交桥上安装异物侵限监控装置，如图12-3所示，检测机动车、大型货车因故越过护栏（防撞墙）、护网（防抛网）而侵入高速铁路限界。京津城际高速铁路全线设置了5处公跨铁立交桥异物侵限监测点，在公跨铁立交桥的两侧均设置了防护网，当异物落下砸断防护网侵入铁路限界时，防灾系统向CTC系统发送异物侵限报警信息，同时通过列控联锁触发列车自动停车。列车调度员接到落物报警的信息后，应立即呼叫有关列车停车，并通过视频监视系统进行查看，同时汇报给调度所值班主任。值班主任应立即通知工务、电务、供电、公安等部门赶赴现场检查。当视频监视系统不能显示、显示不清或显示无异状时，列车调度员应进行相关处理。列车通过该地段前通知司机改为按目视模式行车，以遇到障碍时能随时停车的速度（限速20 km/h）运行。列车调度员接到现场开通线路的报告后，由助理调度员根据现场请求，点击临时通车按钮恢复行车。遇有信息系统或网络故障等原因，限速情况无法设置成功时，只能发调度命令让司机限速，改为非自动模式。

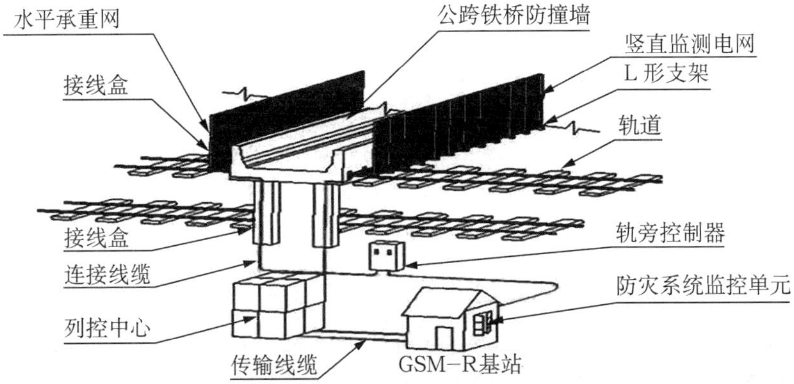

图12-3 异物监测

3. 雨量监测系统

铁路雨水灾害不像地震、风灾那样具有突发性，而是积少成多、循序渐进的，如京沪高速铁路多处于河流下游的平原地区，沿线地区日最大降雨量均大于 100 m，降雨大多集中在汛期(6—9 月)，铁路桥及线路易受汛期江河灾害、江河决堤、水库溃决等影响，路基常处于淹没状态，从而造成线路沼坡、沉降、坍塌等灾害。

对此，需建立雨量及洪水监测子系统，该系统根据高速铁路沿线气象、水文、灾害历史以及线路的路基、桥梁等设计状况，有针对性地设置监测终端，并有效地制订运营及防洪措施。高速铁路受降雨及洪水的破坏，主要表现为路堤、桥梁以及路堑、边坡破坏三大方面。路堤破坏主要有边坡侵蚀、堤内水位上升、排水不良等。桥梁破坏主要为桥墩台过度冲刷、桥梁撞击、水位过高等。路堑、边坡破坏很大一部分也是由雨水冲刷造成的。

雨量及洪水监测子系统由数据采集、数据传输、监测终端等设备构成。设置在各地点的雨量计通过各自的带阻滤波器连接在一对芯线上，通过各自对应的频率发生器发送信号，接收记录装置则分别接收各自频率的信号，从而分析、统计各监测点的雨量信息。发布降雨警报的标准是非常复杂的问题，报警、限速虽然保证了灾害发生时的安全，但如果灾害没有发生就会使列车误点或停运，从而破坏正常运输。为此，在设定限速标准时，要确实把握现场情况，既要保证安全，又要使运输损失控制在最低程度，同时还要根据环境变化及时予以调整。例如，日本东海道新干线明确规定了降雨警报的发布标准及限速措施，当连续雨量(24 h 的累计)达 140 mm 或每小时雨量达 40 mm 时，要实行限速 170 km/h 运行，且每 30 min 须报告一次雨量。

4. 地震预警系统

在影响高速铁路运行安全的自然灾害中，地震是一种发生概率相对较低但危害性最大的特殊灾害，例如京沪高速铁路沿线穿越了四条较大的地震构造带，历史上发生可能危及高速铁路行车的地震就有 20 余次。借鉴国外地震预警的经验，开发适合我国高速铁路线路、构造物特点，并能反映历史震灾情况及未来发展趋势的高速铁路地震预警系统。结合智能京张、智能京雄、京津城际等高速铁路地震预警示范应用，加快推进地震预警信息服务能力建设；借鉴国内外已有实践经验，开展高速铁路地震预警社会风险性分析，推动高速铁路地震预警信息发布与紧急处置等方面的政策法规建设；持续跟踪高速铁路地震监测预警系统的应用情况，继续深化高速铁路地震预警技术研究和应用，不断提高系统的准确性和可靠性。

高速铁路地震预警系统由高速铁路地震预警监测系统和车载紧急处置装置组成，可以实现高速铁路沿线地震实时监测。地震警报信息和紧急处置信息通过车地联动的方式，对列车采取紧急处置措施。当地震发生时，高速铁路沿线传感器监测到地震波信息后便紧急发送到铁路局集团公司中心系统，铁路局集团公司中心系统结合国家地震台网信息，计算出震源、震级、影响范围，在地震波到达线路前，通过 GPRS 将信息发送至车载紧急处置装置，对行驶中的列车发出预警信号，提前使列车减速或紧急制动，确保车上人员的生命安全。

5. 雪害监测系统

在年降雪量和积雪深度大的地区，下雪时积雪对高速铁路的主要危害有：暴风雪形成的雪堆过高时影响行车安全；高速列车气动力卷起积雪并凝结在列车车体底部，导致车辆绝缘失效;列车从降雪地区行至温暖地区,车下积雪或结冰脱落,使道砟飞起,危害车辆设备及附近建筑物和人员;积雪使道岔转换扳动失灵等。

为应对雪害,应在风口地段设置防雪栅或防护林,防止线路和设施上形成积雪,同时在适当地点设置防雪崩柱,以阻止斜坡发生雪崩;降雪路段配备自动喷水器进行融雪;人工或机械清除积雪;车体下部易凝雪的地方加设防护装置和加热融雪装置;道岔处采用融雪装置;设置雪害监测设备等。雪害监测设备包括降雪计、积雪深度计、自动控制部分及除雪(热风融雪、温水喷射融雪)设备等。

12.3.4 构建养护维修体系

(1) 建立高速铁路主要行车设备电子履历档案。运用大数据方法定期评估设备安全状态,加强设备技术状态的养修履历过程管理,以便科学制订设备维护周期、范围和维修技术条件,逐步实现和推进智能化设备精准养护维修。同时,通过建立设备管理单位的巡查巡检制度,及时有效地排查设备的安全隐患,以便提前做好隐患治理工作。

(2) 推进预防性维修方式。预防性维修主要包含三个方面的关键技术:状态检测、故障诊断和状态预测,三种关键技术相互配合使用,以设备诊断技术为基础,结合设备故障的电子履历档案,参考运行环境,进行综合判断分析,查明设备故障和异常等情况,预测设备安全隐患的发展趋势,提出防治和治理对策。

(3) 精细做好维修工作。高速铁路基础设施实行"天窗修"制度,维修天窗基本上实行夜间的垂直天窗方式,工务、电务和供电部门融合在一起,通过优化设计施工方案,共用一个时段的天窗时间,各工种互相协作和配合,以便充分合理地利用好施工天窗时间,并采用动态检查为主、动/静态检查相结合的检查模式检查天窗修的施工质量,另外,还可通过定期开行综合检测列车、"天窗修"结束后开行确认列车,以及使用精密测量控制网、车载式和便携式线路检查仪等方式检查确认工务、电务、供电设备的状况。

12.4 人员防控体系

1. 作业人员防控

对作业人员要有监控,督促其执行标准化作业;同时,还要采取必要的监控手段来监控作业人员操作安全及人身劳动安全,必要时需要定位和跟踪其轨迹。例如,可监控作业人员疲劳程度、作业环境状况等;还要采取卡控等技防手段让人员的操作不失误。又如,CTC3.0系统完善了多方向接发列车安全控制,实现技防和人防的协调与卡控的统一。同时,为提高动车调车作业的安全性和效率,以安全卡控防止错排调车进路为目标,实现调车作业进路的错办卡控、设备条件卡控、作业流程条件卡控等进路安全防护。

2. 改变培新方式和手段

应用仿真理论和现代仿真技术建立一个综合、集中、透明的现代化仿真系统,该系统可模拟相关实战场景来拓宽培训内容,设置出各种设备故障类型和铁路交通事故,建立并导入各种应急预案和事故处理方案数据库,实现高速铁路各相关工种的仿真集成环境,为作业人员提供先进的培训环境，并可对作业人员的模拟操作进行综合评析，提出修正方案，以提高作业人员的实操能力和应急处置能力。如根据调度指挥的实际需求，以安全风险识别、评估、预警与防控为研究重点，为调度员提供先进的调度指挥训练环境，提高其应急处置能力和列车运行调整能力，并且能够完全模拟真实环境下的列车正常运行以及恶劣天气和设备故障条件下的安全风险管理与应急处置，支持真实案例的再现和分析。现代化仿真系统的功能主要有：模拟调度日常工作、模拟列车运行和故障场景、支持多种模拟场景、支持真实场景再现、具备培训和评估功能等。

12.5 环境管控体系

12.5.1 自然环境管控

1. 防灾系统风险评估

针对自然灾害和异物风险，维护单位根据不同的风速、雨量、雪深、地震强度以及异物造成的影响等，制订相应的限度标准。在规定的检修周期内，通过人工检查、设备检测等手段和方法进行严格检查，按照标准进行风险评估，并采取针对性措施来控制风险。自然灾害风险评估见表 12-4。

表 12-4　自然灾害风险评估

风险项	风险评估			
	可接受风险	可容忍风险	不期望风险	不接受风险
大风	风速小于 15 m/s	风速为 15～20 m/s	风速为 20～30 m/s	风速大于 30 m/s
强降雨	1 h 降雨量为 20 mm 及以下	1 h 降雨量为 20～45 mm	1 h 降雨量为 45～60 mm	1 h 降雨量达 60 mm 及以上
暴雪	无砟轨道区段轨枕板积雪厚度为 3 cm 以下、有砟轨道区段道砟面积雪厚度为 1 cm	无砟轨道区段轨枕板积雪厚度为 3～5 cm、有砟轨道区段道砟面积雪厚度为 1～3 cm	无砟轨道区段轨枕板积雪厚度为 5～10 cm、有砟轨道区段道砟面积雪厚度为 3～5 cm	无砟轨道区段轨枕板积雪厚度大于 10 cm、有砟轨道区段道砟面积雪厚度大于 5 cm
地震	2 级以下地震	3 级地震	4～5 级地震	6 级地震
异物侵限	—	异物临近线路，进一步发展则存在掉落在线路上的可能	异物存在掉落在线路上的可能	异物掉落在线路上

2. 强化防灾系统功能

高速铁路运营安全需要装备功能全面、精确可靠的防灾报警监控系统，可明确强风、暴雨、异物侵限、地震相应等级的预测报警系统，并结合我国各地区实际，相应地需要启动相关预案和安全措施。目前，高速铁路灾害监测系统在对高速铁路沿线风、雨、雪及上跨高速铁路的道路桥梁的异物侵限实现有效、准确、实时监测的基础上，可为调度指挥及维护管理提供报警、预警信息。但系统仍需强化实时监测以显示风速、风向、雨量、雪深等数据，需实时监测异物侵限双电网状态，实时监测现场监测设备、网络设备、终端设备及其服务状态，并要具备地震监测预警试验系统服务器状态监测功能；展示大风、大雨、异物侵限报警，系统展示设备状态报警，并进行声光报警及限速提示。

另外，还需开发拥有新的监控技术和手段的设备。例如，上海铁路局集团公司在金温公司沿线配置了“铁路沿线安全综合监测系统”，主要通过智能感知信息技术，利用光纤具有感知、应变和振动的特性，将高速铁路线路上的既有光纤接到线路旁的 56 处边坡、隧道口等部位，同时加装具备智能识别功能的摄像头，并在宁波工务段调度指挥中心和集团公司防洪办均接有终端平台。平时可在终端平台上实时查看线路两侧边坡、隧道口及轨道状况。一旦遇到边坡发生变形、坍塌及落石等突发情况，光纤感应后，系统会第一时间向终端平台发出报警信息，列车调度员可通过终端平台迅速掌握现场灾害情况，做出应急响应处置。

12.5.2 外部环境管控

(1) 强调共同加强外部环境隐患治理。高速铁路外部环境的安全风险和隐患是高速铁路运营安全管理的薄弱环节，从安全风险管理实践来看，需要铁路运输企业、地方政府和行业监管部门共同加强安全隐患治理和风险管控。伴随着高速铁路发展和城市扩张，外部环境安全风险日益突出，高速铁路外部环境安全问题不断显现，这就迫切需要铁路部门和地方政府加强对高速铁路外部环境安全风险的管控。

(2) 综合实施分级管控。外部环境安全隐患具有体量大、问题杂、整治难、易反复、成本高、成效低等特点。例如，由于铁路沿线居住人员复杂，建(构)筑物、轻质飘浮物体等整治难度大，管控、治理联动机制不健全，因此就需要分级、分层、分专业进行风险管控，落实企业主体责任、规范安全隐患处置流程，充分发挥地方政府和铁路监管机构的作用，加大路外宣传力度、净化外部环境，构建路地隐患治理协调及应急联动机制，综合实施治理。其中，分级管控就是运用定性和定量的统计分析方法确定外部环境存在的危险、有害因素的风险严重程度，从高到低分别用红、橙、黄、蓝四种颜色表示，进而确定风险管控的优先顺序。分层管控就是按照基层站段、专业部门、集团公司三层建立路外环境安全风险问题库，以明确管控主体、制订管控措施等。分专业管控就是要发挥专业优势，促使铁路外部安全环境风险管控工作向精细化方向转变。

现以 2021 年“五一”假期为例加以说明。京广高速铁路供电接触网“中招”，这些捣乱的异物包括农用地膜、彩钢板、防尘网。为何铁路接触网这么怕大风、怕“异物”侵扰？接触网真的很“脆弱”吗？有什么办法可以进行防护？高速铁路沿线“安全红线”如何守好？

5 月 1 日是铁路旅客发送的最高峰日，受保定市境内大风天气影响，京广高速铁路定州东—保定东间接触网挂异物，导致京广高速铁路上、下行部分列车晚点，大批晚点列车造成北京西站站内大量旅客滞留。事情发生后，北京西站启动了应急预案，根据列车晚点情况加强广播宣传提示，进行旅客疏导，同时增加现场作业力量，做好候车旅客的引导工作。

高速铁路接触网是动车组动力来源的重要组成部分，正常工作时，接触网带电设备对地电压为 27.5 kV。从材料类型来说，对接触网造成影响的异物分为两种：一种是导电型异物，比如锡箔纸、含金属丝的风筝线等，如果一端接触到供电线路而另一端接地，就会造成接触网短路跳闸，从而导致动车组失去动力；另一种是绝缘型异物，虽然不导电，但是一旦侵入高速行驶动车组的受电弓动态包络线，也能瞬间造成受电弓故障，从而导致动车组无法从接触网获得电流，造成动车组没电。

一旦这些异物侵入，通常有两种解决办法。对于较大的异物，首先需要让线路上的列车停车，接触网设备停电，随后牵引供电专业人员进入铁路护网，在做好相应安全措施后人工进行清理，而特别大的异物往往还需要调动接触网作业车进行辅助操作，这类操作耗时可能稍长，影响也较大。对于比较小的轻飘物，专业人员可以通过登乘动车组的方式，反向乘坐至故障点进行人工操作，这类故障处理起来较快。此外，一些特别小的异物，如果对运行影响不是很大，也会采取受电弓降弓运行，通过异物点位后再升弓取流的方式，从而减小对运营造成的影响。

接触网设备本身稳定性较强，目前存在的问题是外来风险因素太多且不稳定，把可能影响接触网的物体主要分为轻飘物和硬飘物。供电段负责沿线"潜伏"轻飘物的治理，这些轻飘物包括工地防尘网、农村塑料大棚、菜市场的塑料包装袋以及每年都会处理很多的风筝线。而这些外来物动态性极强，特别不好控制。毕竟铁路除了部分隧道区段，大多都是露天开放式环境，经过城区、村庄就会存在各种隐患。目前，对于异物来扰，铁路部门主要靠人防，通过定期安排人员沿线巡视、登乘机车巡视等对异物进行巡视检查。科研单位也在研究，通过卫星图像对比分析，确定铁路沿线周边新增"潜伏"轻飘物，从而提前研判以加大提示力度。

事实上，铁路部门有着明确的"安全红线"要求，根据交通运输部等七部门联合印发的《高速铁路安全防护管理办法》，在高速铁路线路两侧各 500 m 范围内，不得升放风筝、气球、孔明灯等飘浮物体，不得使用弓弩、弹弓、气枪等攻击性器械从事可能危害高速铁路安全的行为。同时，在这 500 m 范围内，针对线路两侧的塑料大棚、彩钢棚、广告牌、防尘网等轻质建筑物、构筑物，其所有权人或者实际控制人应当采取加固防护措施，并及时清理塑料薄膜、锡箔纸、彩钢瓦、铁皮等建造、构造材料，防止大风天气时危害高速铁路安全。

工务段负责对区段沿线彩钢板这类"潜伏"的硬飘物进行治理。从 4 月 30 日大风预警发布开始，工务段就有五六十人每天在不同的工区步行巡视，同时还通过"添乘"机车方式巡检，以便及时发现问题并及时消除安全隐患。铁路部门虽然已对沿线存在的彩钢棚等定期调查并建立了台账，但是许多施工单位这类建筑物是动态变化的，施工成本也很低廉，由于个别地方政府相关部门、施工企业"红线意识"不强，往往会出现加固措施不到位的情况，从而形成影响铁路运行的安全隐患。

除了彩钢板，铁路部分区段附近的危树也是一个隐患，但在日常检查中，存在个别地方管理部门不重视、不配合铁路部门的情况，想要管理办法真正要落实到位，须有地方政府部门的重视，双方联合起来，加大执法力度。目前，不仅高速铁路有接触网，普速铁路由于实现了大规模电气化，同样需要接触网来维持日常工作，因此，对于其沿线环境的安全性同样应该引起重视。

12.6 管理防控体系

针对高速铁路运营管理的特点，围绕高速铁路安全风险管理，铁路运营部门已建立了定期研判、动态研判等安全风险辨识机制，突出高速铁路安全风险，围绕健全和规范双重预防机制运作，按照“检查有计划，评价有标准，考核有依据，整改有反馈，履职可追溯”的要求，组织各级安全管理人员深入一线，针对性地开展安全管理、专业管理、教育培训、生产组织、现场作业、设备质量、外部环境、应急处置和结合部安全检查等工作，不断夯实安全基础。各级安全管理人员按照“发现问题、分析问题、解决问题”的要求，加强对关键部位、关键岗位、关键作业、关键时段的监督检查，一旦检查发现现场问题，必须分析管理原因，查明失管失控及管理不到位的根源，盯控落实整改措施。对惯性、倾向性和安全风险关键管控措施、挂牌督办治理隐患不落实等问题必须进行深度分析，围绕解决本质安全问题这一目标，从生产组织、规章制度、安全管理运行机制、职工队伍素质建设、设备管理、应急处置等方面剖析存在的问题，并提出针对性的对策措施，提高安全监督检查质量。

12.7 案例分析：京沪高速铁路“复兴号”动车组 350 km/h 运营安全保障体系

1. 构建思路

高速铁路运营安全保障体系的基本要求如下：监控和检测技术的应用需要实现精细化，包括维持轨道的高平顺性、高稳定性和关键设备的运用状态实时自诊断等；增强对自然灾害的预防；外部环境的检测需要采取必要措施；需要运用大数据等数据分析手段，构建数字化、信息化、互动化、可视化、智能化的新一代铁路运输系统；作业人员的违章违纪防控；管理和控制相结合；强化安全分析与评价，找出安全管理的薄弱环节，加以整改，持续改进；预警、预报和应急处置需求一体化；加强日常应急处置和重大事故的应急救援组织等。考虑到京沪高速铁路“复兴号”动车组 350 km/h 运营具有特殊性，需要在一般高速铁路运营安全保障体系的基础上，围绕动车组 350 km/h 安全运营特征，进一步强化有针对性且全方位的相关安全保障措施，主要体现在：

(1) 基于“复兴号”动车组新的车体构造、更高的运行速度、不同的运行条件需求，组织对既有线路、信号、通信、接触网等设备实施全面达标改造，确保按 350 km/h 的速度运营后质量优良、状态稳定。如针对“复兴号”动车组重心更高、轨道平顺性影响列车运行稳定性、列车高速运行产生的空气负压更大、无砟轨道板胀板等引起轨道状态不平顺、高速铁路外部环境对高速铁路运行安全的影响等安全风险进行研判，并有针对性地安排整治。

(2) 在对线路、牵引供电、动车组、联锁及列控、轨旁设备等加强检测监控和维护的基础上，研究设备的变化规律，完善和统一设备设施的修程修制。设备检修方式带来了运营管理上的创新，需要结合检修方式的变化，进行检修管理方式的变革，不断优化维修组织模式。从维修计划编制入手，周密安排、提高效率，力求天窗综合利用最大化，并将其作为运营保障体系的一部分。

(3) 设置智能化感知系统，对动车组走行部状态、制动系统状态等进行全方位实时监测，多维度故障诊断，为设备维修提供支持。当车辆出现异常时，可实现自动预警或报警，并能根据“导向安全”策略自动采取停车或限速等措施。

(4) 通过强化设备状态的实时掌控，特别是对 CTC、防灾系统、视频监控系统等的运行重点盯控，强化故障信息的处置和反馈，包括现场动车组、行车设备等故障信息的处置和反馈，第一时间强调应急处置，并组织相关部门协同动作，尽快排除故障或将故障造成的影响降到最低程度。

2. 设备设施保障

1) 固定设备符合 350 km/h 运营需要

(1) 工务设备达标。

对线路进行精调，以满足“复兴号”动车组 350 km/h 运营需要；组织实施规模化、智能化轨道精调，京沪高速铁路 350 km/h 运营的轨道质量指数(TQI)标准为不大于 3.0，上海铁路局集团公司管段 TQI 平均值达到 2.45，其中实施精调区段达到 1.75；加强无砟轨道板防胀预防性工作。组织研究和分析京沪高速铁路路基地段覆盖隔热涂层、桥梁地段轨道板注浆孔植筋等预加固技术方案和整治计划，开展技术攻关和最优方案比选，集中完成 350 km/h 轨道板防胀加固预防性整治工作，并加密高温时段无砟轨道检查周期，及时发现整治胀板问题。

(2) 电务设备达标。

① 实施信号设备升级。针对“无线闭塞中心(RBC)”进行软件升级和密钥更新，在列控中新增区间逻辑检查功能，实现列车占用丢失后自动报警、自动限速，提高列车在区间占用丢失的防护能力；开展地面列控系统和车载 ATP 设备软件升级工作，对车站、线路所、中继站和京沪高速铁路中心设备以及所有型号 ATP 设备进行软件达标升级，满足 350 km/h 运营要求。

② 实施通信设备升级。将 CTC 系统的数据传输通道由原来的单通道升级为双路通道，将原来的 2 M 宽带网络接口升级为 FE 光纤接口，并通过为核心路由器、交换机增设光接口板，增强通道冗余，确保达速运行后信号传输稳定；将数据通信网链路带宽由原来的 155 M 拓宽至 1 000 M，把铁路运输管理信息系统(TMIS)接入数据通信网，提升 TMIS 系统的承载能力。

(3) 供电设备达标。

① 确保动车组正常获取电流。针对接触网四跨非绝缘锚段关节中心柱处接触线设计抬高 20～40 mm 后运营过程中容易产生硬点及火花的问题，组织对京沪高速铁路管内接触网四跨非绝缘锚段关节结构参数进行了降低调整，保证动车组能够平滑通过，同时也增加了受电弓和接触网的使用寿命。针对京沪高速铁路 350 km/h 运营后将加大接触网振动的实际情况，通过试点开展接触网振动、应力腐蚀研究工作，研发安装了接触网振动检测装置，动态做好适应性调整，防止接触网振动疲劳。

② 补强接触网设备能力。加强接触网防雷能力，实现全线接触网避雷线覆盖率达 70%

以上；增加接触网融冰装置，为接触网防（融）冰方案决策提供依据；针对“屋脊”问题导致接触网弹性较差，在运营维护过程中，通过采取智能监测设备及时发现定位器、定位支座、定位器U形销存在磨损问题，精调四跨关节，以改善接触网的弹性，保证非绝缘锚段关节处受电弓过渡时接触悬挂处于良好的工作状态。

2）固定设备智能监测

（1）不断丰富监测手段。

① 工务方面：主要加强对便携式线路检查仪、车载式线路检查仪和综合检测车相关检测数据的分析，结合高速铁路防灾系统风监测数据，对大胜关长江特大桥、曲线等地段动静态检测数据进行分析研究，掌握“复兴号”动车组350 km/h运营后对线路的影响规律。

② 电务方面：会同相关系统研发厂家，开展区间综合监测试点，完成部分区间监测及轨道电路诊断系统试点，加强区间轨道电路运用的监测监控，在一定程度上提升故障的预测预判能力，降低设备故障的发生概率。

③ 供电方面：组织全面平推检查，对接触网分相、分段绝缘器、隔离开关、锚段关节、软索式硬横梁、特殊设计处所、绝缘距离等进行全面监测检查，开展设备缺陷整治，确保质量动态检测评价优良率达到100%、一级缺陷为零。通过远动系统加强牵引所亭、电力所亭设备及接触网开关状态实时监测，持续提高远动系统运行中发现缺陷问题的处置效率，最大效能地发挥远动系统在应急处置时的作用。

（2）开发新的固定设备监控系统。

① 工务方面：研发“复兴号”动车组车载式晃车仪，可实时记录高速铁路沿线晃车处所，通过数据分析比对，为有针对性地实施局部线路精调提供参考。

② 电务方面：研发运用区间轨道电路室外监测系统，当发现设备异常时可及时报警，从而提高区间轨道电路设备的故障检测率。

③ 供电方面：开发智能移动巡检系统，主要实现现场数据填写采集、数据查询和数据分析判断功能，也可实现无纸化巡视、检修、检测，即通过系统平台实现了数据化、信息化管理。

3）“复兴号”动车组运用检修

优化生产组织，推进维修体系改革，一级修主要解决高峰期检修瓶颈问题；二级修主要实施均衡修、流水修，适应客流潮汐；高级修主要推进精益生产，推行“节拍化、流水化、模块化”作业。动车组高级修分为三、四、五级修，维修修程按照“三—四—三—五”的顺序循环。

（1）补强检修设备功能和规范作业流程。结合“复兴号”动车组车型特点，对既有检修平台、地面电源线等设施进行适应性改造，配套购置轮辋轮辐探伤样板轮、镟轮下压爪、空心轴探伤适配器等专用设备，同时升级相应的检修软件，完善相关功能，满足日常检修以及探伤、镟轮等工作需要。另外，考虑到“复兴号”动车组与“和谐号”动车组检修的不同之处，推行自动化检测、智能化组装、数字化质量控制，规范检修作业流程和工艺，提高检修质量和效率。

（2）加强动车组智能化检修维护。组织研发应用动车组健康管理运维决策系统，在动车组车辆评价分析、故障感知及预测、维修决策等方面逐步智能化，并通过对“复兴号”动车组上线运行数据全程采集记录，以便于研究掌握相关运营规律，发现故障自动筛选报警。对

"复兴号"动车组关键部件长期跟踪监测，盯控磨耗、振动、车辆平稳性等指标变化，结合大数据分析技术，科学指导检修维护。利用远程数据分析平台对故障进行实时跟踪，重点关注车轮磨耗、转向架关键部件振动、车辆平稳性、轮轨关系、弓网关系等的数据分析，不断提高故障情况下的应急处置效率。

3. 现场作业人员保障

1）现场作业人员选配

京沪高速铁路现场作业人员主要包括动车组司机、列车调度员、应急值守人员（车站值班员）、随车机械师、设备检修维护人员以及列车服务人员等，每个岗位都制订了相应的准入高标准，作业人员均需通过选拔，并由业务能力、综合素质、作业技能等方面表现突出的作业人员担当，并严格落实持证上岗和月考、抽考等考核制度，确保在岗作业人员100%具备相应岗位资格。

2）作业岗位培训

考虑到京沪高铁 350 km/h 运营后，弓网接触状态、轮轨接触状态变化较大，加之应急处置要求更高，京沪高速铁路现场作业人员的综合业务素质和应急处置能力就显得尤为重要。因此，各专业都有针对性地开展培训，主要内容包括熟悉掌握提速后相关规章制度、作业标准的修订及设备环境的变化情况，特别针对新车型特点、设备变化等内容进行培训。如上海虹桥站充分利用与车站联锁终端操作界面、操作方式及联锁方式一致的接发列车模拟仿真系统，做好人员培训。上海铁路局集团公司调度所深入总结经验教训，特别是 2018 年"1·25"京沪高速铁路 G281 次火灾在定远站应急处置的成功经验，牢牢把握应急处置的关键点和结合部。

4. 管理保障

1）规章制度

（1）梳理涉及京沪高速铁路的技术规章及管理制度。根据《高速铁路行车组织细则编制规则》，上海铁路局集团公司组织修订《高速铁路行车组织细则》，各专业部门对涉及高速铁路的技术规章及管理制度进行了全面梳理，如机务系统从作业流程、质量控制等方面，对列车操纵示意图、提示卡等现场人员作业标准做了进一步的补充、修订和完善。

（2）修订岗位作业指导书。结合"复兴号"动车组 350 km/h 运行等情况，各专业部门从作业流程、质量控制等方面，对作业指导书等现场作业标准进行了补充、修订。如铁路局集团公司运输部组织对京沪高速铁路的"高速铁路作业指导书"进行全面检查，重点检查相关内容中是否存在违反上级技术规章的条款，是否将原时速 300 km/h 的行车要求删除，以及分散自律、非常站控接发车作业标准是否完备。

2）安全风险防控和隐患排查

（1）风险防控。规范安全风险"动态研判、责任认领、周期评价、预警干预"一整套运作流程，每年开展一次全面、全过程的安全风险辨识，对影响"复兴号"动车组运营安全的风险进行重点研判分析，并将其纳入安全风险库，同时分级分类制订预防控制措施，对照部门、岗位职责逐级认领和落实。安全监管部门和专业部门定期对站段开展"体检式"检查验证，评价风险管控效果，及时预警干预。如上海站制订并公布了上海虹桥站行车岗位主要安全风险控制表，主要涉及接发临客列车、动车组列车大面积列车晚点、按规定做好应急处置、动车组列车临时变更进路、多方向接发列车等共计10项安全风险项点，还制订了相应的预防控制和应急措施以及确定了相应的责任部门、责任人员。

(2) 安全隐患排查治理。围绕作业人员防控、设备质量、现场作业、外部环境等安全管理重点风险，建立隐患排查治理机制，逐项明确责任、治理要求和完成时限，分级、分类纳入安全隐患库，并对"高速铁路桥梁下方违建存放易燃易爆物品""应急救援管理体系不完善、应急救援力量布局不合理""复兴号动车组CTCS3-300H型ATP设备BTM软件缺陷"等重大安全隐患挂牌督办，细化制订治理方案，严格落实整治责任，限期完成整治，严格验收销号闭环，确保"复兴号"动车组列车350 km/h运营安全。

(3) 安全监督检查。根据"专业负责、分工负责"原则，建立干部现场检查量化、安全包保、跟班写实、履职督查等制度机制。集团公司专业部门、站段按月公布京沪高铁安全监督检查计划，突出重点安全风险和关键控制措施落实，明确查什么、怎么查、到哪查，把检查评价及抽查验证责任落实到人；各级安全管理人员细化编制个人月度安全检查计划，围绕认领安全风险，至少开展1次(班、批、趟、项)跟班写实，通过对现场作业全过程的检查写实，发现和解决安全问题，做到风险项点月度检查全覆盖。

3) 应急管理体系保障

(1) 完善京沪高速铁路应急预案和应急手册。为了最大程度地减少突发事件对运输组织的影响，按照"一事一预案"和"变化就是风险"原则，以信息化、可视化、智能化、流程化、集成化和决策化等方式补充相关场景下的处置流程、作业程序及安全卡控重点，对高速铁路事故、突发事件、防洪防汛、非正常行车、扫雪除冰等项目的应急预案进行修订和完善并不断优化，保证作业人员的可操作性。同时，全面研判"复兴号"动车组在京沪高铁运行途中可能发生的各类非正常情况，编制"复兴号"动车组应急故障处理手册，细化35项常见应急操作流程和52类故障处置方法，并明确应急指挥和现场处置人员的职责和操作内容。在手册编制过程中，逐项审核、模拟验证、动态完善，确保手册管用有效、便于操作，并实行"一案一跟踪、一案一分析"，有针对性地优化应急预案。

(2) 完善应急响应机制。在京沪高速铁路沿线的上海虹桥、南京南、徐州东等重点车站设置应急响应点，每个点安排厂家技术骨干24 h驻守，以确保动车组突发故障后能够快速有效地处置。在上海虹桥、南京南动车运用所各安排2组重联的"复兴号"动车组热备车体，在沿线车站安排热备内燃机车，并随时做好应急上线救援准备。对"复兴号"动车组出现的问题，按照"上升一级"管理方式，安排管理干部和技术人员对列车放行条件、调度命令发布、CTC按钮操作和现场登销记等内容进行重点盯控把关。

(3) 开展应急演练。将"复兴号"动车组故障应急处置办法转化为演练内容，结合不同专业的特点，定期设置故障场景，开展故障处置应急演练，并严格演练过程写实和评估分析。京沪高速铁路列车调度员人人每月手工画图一次，强化手工作业能力，并全面参与上海铁路局集团公司层面的相关演练，提高协同实战技能。京沪高速铁路沿线车站结合月度学习计划，组织京沪高铁应急值守人员(车站值班员)在联锁(CTC)模拟机上进行非常站控接发列车、信号机故障、道岔失去表示、CTC设备故障等非正常行车内容的实作演练。同时，充实各级应急管理人员、应急救援专家队伍、应急救援后备队伍，推动专兼职应急救援队伍建设，加强队伍指挥机制建设，大力培养应急管理人才，定期开展应急救援实训演练，构建铁路重特大交通事故情景，提升事故先期处置和自救互救能力。

（4）加强铁路应急救援体系建设。按照综合协调、分类管理、分级负责的总体要求建立健全铁路各级应急领导机构和工作机构。建设高效响应、立体联动、快速反应的铁路应急救援体系，构建路地应急救援联动机制，把铁路应急救援体系纳入地方政府应急救援体系中，依托公安消防、医疗卫生等社会救援力量，合理调配社会应急资源，充分利用直升机等先进救援技术和设备器材，提升铁路应急救援的社会协同能力。建设国铁集团、铁路局集团公司、站段联动互通铁路应急救援联动指挥平台，完善现场救援统一指挥机制，完善信息传递、远程指导、技术支持、风险管控功能，确保应急处置过程正确迅速、安全可靠。

（5）完善应急救援预案管理体系。坚持应急处置导向安全的理念，建立健全总体应急预案和重点岗位、重点作业、重点场所的现场应急处置方案，完善各类非正常情况下的应急处置办法和程序，落实应急预案管理及响应责任。建立应急准备能力评估和专家技术咨询制度，根据应急预案在执行过程中反映出来的问题及设备状况、人员配置、救援资源等变化，对预案进行定期评估并动态修订完善。建立健全应急处置常态化演练制度，提高应急处置组织与现场处置能力。开展事故情景再现、态势推演和后果评估研究，完善应急决策体系，为提高应急救援能力提供科学、可行的建设性方案。

（6）加强铁路应急救援装备建设。规范铁路应急救援装备配备，提升铁路应急救援装备的科技含量，加强装备配套管理与维护保养。加快国家级铁路救援基地建设，建立应急救援物资快速运输机制和应急救援联动机制，加强应急物资装备实物储备、市场储备和生产能力储备。完善动车组应急点布局，优化应急热备内燃机车布局。推进高速铁路、长大铁路隧道和桥梁等专用救援技术装备的研发、成果转化工作。深入研究复杂条件下铁路的事故预防预警、应急保障、处置平台技术，研发运输工具主动与被动安全技术、交通运输事故再现技术、交通应急反应系统和快速搜救技术；研究接触网停电、深埋特长隧道等特殊情况下的应急救援技术，提升铁路对突发事件和灾害的应急处置能力。

4）外部环境共治

2013 年，为了依法加强铁路安全管理，国家出台了《铁路安全管理条例》，对路地互保提出了明确要求，赋予地方政府保护高速铁路安全的职责，要求地方政府对高速铁路外部环境进行管控。高速铁路运营十多年来，外部环境安全风险事件影响高速铁路运行安全屡有发生，造成高速铁路延误、设备故障、列车撞击等不同程度的影响。如 2018 年京沪高速铁路河北省境内安全保护区范围内违规搭建彩钢瓦大棚，由于高速铁路外部环境安全隐患问题没有得到及时整治，最终造成彩钢瓦被大风吹到高速铁路上与动车组相撞的安全事故。高速铁路沿线外部环境安全隐患突出，高速铁路沿线环境随地区开发、工程建设、周边居住和市场环境变化呈现出多变性，因而整治的复杂性和难度非常大，尤其是路地信息沟通方面缺乏有效的渠道。京沪高速铁路外部环境问题主要是沿线存在部分生产企业不符合安全防护距离要求，周边生产活动和轻飘物大量存在；违法占地、违法建设等现象没有杜绝，私搭乱建问题在城乡接合部尤为严重；城市近郊区域脏乱差问题突出，造成视觉污染，沿途风貌亟待提升。2018 年，京沪高速铁路环境问题经过专项排查，基本摸清了外部环境的风险和隐患，经过北京、济南、上海铁路局集团公司的共同努力，京沪高速铁路沿线外部环境得到了根本性的改善。通过京沪高速铁路外部环境整治，围绕落实《铁路安全管理条例》相关规定，不仅取得路地双方联合整治的经验，也促进了地方政府落实确保高速铁路安全的责任，对于持续提升我国高速铁路安全保障水平具有十分重要意义。

综上所述，自京沪高速铁路“复兴号”动车组按 350 km/h 运营以来，杜绝了责任行车事故，没有发生严重影响运输秩序的设备故障，在向世界充分展示我国高速铁路的技术先进性和安全运营管理能力的同时，也形成了一套较为完整的中国高速铁路动车组维护技术和京沪高速铁路运营管理模式，其安全保障处于世界领先水平，同时也推动了中国高速铁路标准体系的建设。

参考文献

[1] 曲思源.高速铁路运营安全保障体系及应用[M]. 北京:中国铁道出版社,2018.

[2] 曲思源.铁路运输组织管理与优化[M]. 北京:中国铁道出版社,2016.

[3] 曲思源.城际铁路运营组织与管理[M]. 北京:中国铁道出版社,2017.

[4] 杨中平.高速铁路技术概论[M]. 北京:清华大学出版社,2015.

[5] 赵鹏.高速铁路运营组织[M]. 北京:中国铁道出版社,2015.

[6] 彭其渊,文超.高速铁路运输组织基础[M].2 版.成都:西南交通大学出版社,2014.

[7] 王慈光.运输模型及优化[M].2 版.成都:西南交通大学出版社,2010.

[8] 曲星照.站细编制与学习问答[M].3 版.北京:中国铁道出版社有限公司,2021.

[9] 王勇.列车运行指挥工作问答[M]. 北京:中国铁道出版社,2017.

[10] 丁亮.关于客运专线车站能力分析方法的探讨[J].铁道经济研究 2015(3):5 - 12.

[11] 刘林芽,钟自锋.高速铁路导论[M]. 成都:西南交通大学出版社,2020.

[12] 刘建国.高速铁路运输组织[M].2 版.北京:中国铁道出版社,2015.

[13] 应慧刚.长三角高速铁路运营管理实践与探索[M]. 北京:中国铁道出版社有限公司,2019.

[14] 中国铁路总公司.高速铁路客流组织[M].北京:中国铁道出版社 ,2014.

[15] 中国铁路总公司.高速铁路售票组织及关键技术[M]. 北京:中国铁道出版社,2014.

[16] 中国铁路总公司.高速铁路列车间隔时间查定办法:Q/CR 471—2015[S]. 北京:中国铁道出版社,2015.

[17] 高金科,祝继常,李博,等.高速铁路北京南站高速场能力研究[J].铁道运输与经济,2020(2):6-15.

[18] 曲思源.铁路运营组织与管理系统分析[M].北京:北京交通大学出版社,2019.

[19] 黄民.新时代交通强国铁路先行战略研究[M].北京:中国铁道出版社,2020.

[20] 倪少权,赵春雷,庄河,等.计算机编制列车运行图原理与方法[M].成都:西南交通大学出版社,2017.

[21] 上海铁路局集团公司和同济大学联合课题组.铁路运输组织技术创新与应用研究:沪杭高速铁路列车间隔时间研究课题研究报告[R].[S.l.]:[s.n.]:2018.

[22] 上海铁路局集团公司和同济大学联合课题组.铁路客货运输组织优化技术研究:通道型高速铁路列车运行组织优化研究报告[R].[S.l.]:[s.n.]:2019.

[23] 曲思源.高速铁路运营管理纵横[M].成都:西南交通大学出版社,2018.

[24] 曲思源.高速铁路运营安全风险管控[M].上海:科学技术文献出版社,2021.

[25] 曲思源.大国重器:高速铁路技术发展纵横[M].成都:西南交通大学出版社,2021.
[26] 周晶晶,康仁伟,高鹏飞.高铁漫谈[M].北京:五洲传播出版社,2019.
[27] 张琦.高速铁路智能调度技术[M].北京:中国铁道出版社有限公司,2021.